David Gero

Flüge des Schreckens

Anschläge und Flugzeugentführungen seit 1931

David Gero
Flüge des Schreckens
Anschläge und Flugzeugentführungen seit 1931

Einbandgestaltung: Andreas Pflaum,
unter Verwendung der Orginalvorlage

© Copyright David Gero 1997

Die englische Originalausgabe erschien
1997 unter dem Titel *Flights of Terror* bei
Patrick Stephens Limited, Sparkford, Nr Yeovil,
Somerset, BA22 7JJ.

Ins Deutsche übertragen von *Wolf Westerkamp.*

ISBN 3-613-01931-0

Copyright © by Motorbuch Verlag,
Postfach 103743, 70032 Stuttgart.
Ein Unternehmen der
Paul Pietsch Verlage GmbH + Co.

1. Auflage 1999

Lektorat: Anja Behrendt und Martin Benz M.A.
Innengestaltung: Klaus Necker
Druck: Henkel, 70435 Stuttgart
Bindung: E. Riethmüller, 70176 Stuttgart
Printed in Germany

Inhalt

Einleitung

Gewalt in der Luftfahrt: Der bloße Gedanke an eine tickende Bombe, die in einem Koffer versteckt ist, oder an einen Terroristen, der mit einer Pistole oder mit einem Messer herumfuchtelt, um ein Verkehrsflugzeug in seine Gewalt zu bringen, läßt auch abgehärteten Flugreisenden den Schreck in die Glieder fahren.

Aber Terror bleibt – wie Zusammenstöße in der Luft, widrige Wetterbedingungen oder technisches Versagen – eine echte Bedrohung der Flugsicherheit, der man, wie anderen Gefährdungen der Flugsicherheit auch, entschlossen und verantwortungsbewußt entgegentreten muß. In *Flüge des Schreckens* habe ich mich bemüht, die verschiedenen Arten von Gewalt, die seit den frühesten Tagen des Luftverkehrs Passagierflugzeuge bedrohen, anschaulich, aber sachlich zu beschreiben.

Anders als in *Luftfahrtkatastrophen*, das streng chronologisch aufgebaut ist, habe ich mich für dieses Buch zu einem eher lockeren Aufbau entschlossen. Ich habe die Gewalttaten in verschiedene Kategorien zusammengefaßt, so zum Beispiel alle Entführungen, die in Kuba endeten oder dort enden sollten. Alle ernsthaften Terrorakte sind in diesem Buch erfaßt, und ein Kapitel schildert die eng verwandten Fälle, in denen Flugzeuge unter fast kriegsähnlichen Bedingungen angegriffen oder sogar abgeschossen wurden – Bombendrohungen allerdings habe ich generell ausgelassen. Um Detailbesessenen entgegenzukommen, habe ich bei den Vorfällen, bei denen die Flugzeuge zerstört wurden, die Eintragungsnummer angeführt.

Wie bei früheren Arbeiten ist auch *Flüge des Schreckens* das Ergebnis intensiver und weltweiter Recherchen, die ich zum Teil selbst, zum Teil mit Hilfe anderer durchgeführt habe, und wie in *Luftfahrtkatastrophen* habe ich Vorfälle aus allen Gegenden der Erde aufgenommen. Zwar hoffe ich, daß jeder in diesem Buch etwas von Interesse findet – viel wichtiger aber ist für mich, mein Steckenpferd und mein umfangreiches Wissen mit anderen Luftfahrtbegeisterten zu teilen – wo immer sie leben mögen.

David Gero
San Gabriel, Kalifornien

Dank

Der Verfasser bedankt sich bei folgenden Personen und Organisationen, die ihm bei der Zusammenstellung dieses Buches geholfen haben:

Airclaims Ltd; Air Incident Research; (UK) Civil Aviation Authority; Chris Kimura, Autor und Forscher; (US) Federal Aviation Administration; Graham K. Salt, Forscher; Holly Jones, Wide World Photos; International Civil Aviation Organisation (ICAO); London Guildhall Library; London Newspaper Library; Poly-Languages Institute; Terry Denham, Autor; Victoria Aranda, Übersetzerin; Marie Candice, Übersetzerin; Rosana Volpert, Übersetzerin.

Ausgewertete Publikationen:

Accident to Itavia DC-9, veröffentlicht von A. Frank Taylor, Cranfield University (ISASI-Forum, März 1995).

Aircraft Hijackings and Other Criminal Acts Against Commercial Aviation, Statistical and Narrative Reports (US Department of Transportation, Washington, DC).

Airliner Production Lists von John Roach und Tony Eastwood (The Aviation Hobby Shop).

Air Piracy, Airport Security and International Terrorism: Winning the War Against Hijackers von Peter St John (Quorum Books).

Aviation Week, Zeitschrift.

Aviation Terrorism, Historical Survey, Perspectives and Responses von Jin-Tai Choi (St Martin's Press).

Bloodletters and Badmen von Jay Robert Nash (M. Evans & Co.).

Flight International, Zeitschrift.

Great Mysteries of the Air von Ralph Barker (Macmillan).

Hostile Actions Against Civil Aviation von Michael Morris (Air Incident Research).

La Opinion, Zeitung.

Lloyd's List, Zeitung.

Los Angeles Times, Zeitung.

Major Loss Record (Aviation Information Services Ltd).

New York Times, Zeitung.

The Times' Atlas of the World.

Times of London, Zeitung.

Washington Post, Zeitung.

World Aircraft Accident Summary (Airclaims Ltd).

World Airline Accident Summary (UK Civil Aviation Authority).

World Commercial Aircraft Accidents von Chris Kimura.

World Directory of Airliner Crashes von Terry Denham (Patrick Stephens Ltd).

Erste Anfänge

Bevor das Flugzeug weltweit alltägliches Verkehrsmittel für Handel und Tourismus wurde, diente es als Kriegswaffe. Der kommerzielle Luftverkehr entwickelte sich erst nach dem Ersten Weltkrieg, indem er Passagiere und Post beförderte – aber es dauerte gar nicht lange, und die in Friedenszeiten entstandene Luftfahrtindustrie erlebte ihre eigenen Feindseligkeiten: das Phänomen des Luftfahrtterrors war geboren.

Die ersten Gewalttaten waren Flugzeugentführungen, erzwungene Zieländerungen, die auch bei uns schon *hijacking* – oder, in Abgrenzung zur

Eine Armstrong Whitworth Argosy der Imperial Airways – eine derartige Maschine war vermutlich das erste Verkehrsflugzeug, das einem Akt von Luftfahrtsabotage zum Opfer fiel.

Seepiraterie – *skyjacking* genannt werden. Dann folgten, in der Perspektive noch erschreckender, Fälle von Luftfahrtsabotage.

Die Zahl der Flugzeugentführungen stieg nach dem Zweiten Weltkrieg sprunghaft an, allerdings waren die ersten Entführungen nach dem Krieg eher Fluchtaktionen, mit denen Flugzeuge aus Ländern hinter dem Eisernen Vorhang »umdirigiert« wurden. Es entbehrt nicht einer gewissen Ironie, daß die Entführungen nach dem kommunistischen Umsturz auf Kuba erneut stark zunahmen – diesmal allerdings in die andere Richtung (mit diesem Phänomen befaßt sich das anschließende Kapitel). Ende der 50er Jahre betraten auch paramilitärische und Guerillakräfte die Szene, und ein Jahrzehnt später waren politische Ziele des Nahen Ostens Motiv vieler derartiger Aktionen.

Mit Ausnahme des nordamerikanischen Schemas von Sabotage, bei dem es in den 50er und 60er Jahren um hohe Versicherungssummen ging, werden hier alle Terrorakte angeführt, die vor 1967 geschahen.

21. Februar 1931
DIE kommerzielle Luftfahrt bekam einen ersten Vorgeschmack des Terrorismus, als 1931 eine dreimotorige Fokker F.7 der Pan American World Airways in Peru entführt wurde. Das in den USA registrierte Postflugzeug geriet in die Gewalt peruanischer Rebellen, die Flugblätter abwerfen wollten. Es wurde niemand verletzt.

28. März 1933
OBWOHL nicht völlig gesichert, geht man heute davon aus, daß die erste Luftfahrtkatastrophe, die auf einem Sabotageakt beruhte, die Zerstörung der »City of Liverpool« der Imperial Airways war. Die dreimotorige Armstrong Whitworth Argosy (G-AACI) stürzte nahe dem Ort Dixmude in Belgien, etwa 100 km westlich von Brüssel, brennend zu Boden. Sie kam von Köln, wollte nach London und war planmäßig in Brüssel zwischengelandet.

Das Verkehrsflugzeug flog in 1200 m Höhe mit einer Reisegeschwindigkeit von 160 km/h, als Feuer in der Nähe des Hecks entdeckt wurde. Der Pilot ging in den Sinkflug, da er offensichtlich eine Notlandung auf freiem Feld versuchen wollte – aber um etwa 14.30 Uhr Ortszeit zerbrach die Argosy nach Strukturversagen in rund 75 m Höhe in zwei Teile, stürzte ab und brannte aus. Alle 15 Personen an Bord, unter ihnen drei Besatzungsmitglieder, kamen ums Leben. Untersuchungen ergaben, daß das Feuer im hinteren Teil der Passagierkabine ausgebrochen war, entweder im Waschraum oder im Gepäckraum. Dafür hatte man nur zwei Erklärungen: ein Brandsatz mit Zeitzünder war in einem Gepäckstück explodiert oder das Feuer war absichtlich im Waschraum gelegt worden – es gab keinerlei Hinweise auf technisches Versagen des Flugzeugs oder seiner Motoren.

Etwa 1,5 km vom Flugzeugwrack entfernt fand man den Leichnam eines Passagiers namens Albert Voss, er rückte jetzt in den Mittelpunkt des Interesses. Voss, ein 69jähriger Zahnarzt, war auf dem Rückweg von einer Geschäftsreise nach Brüssel. Da er Brandwunden nur an Händen und Gesicht aufwies, war er vermutlich aus der Argosy gefallen oder gesprungen, bevor der Brand sich ausgeweitet hatte. Er hatte ganz allein im Heck der Kabine gesessen, womit er Gelegenheit hatte, Feuer zu legen, ohne beobachtet zu werden. Und dafür schien es auch reichlich Gründe zu geben: er war hochverschuldet, hatte beruflich Zugang zu hochbrennbaren Betäubungsmitteln, und soll – selbst drogenabhängig – mit Drogen gehandelt und von Selbstmord gesprochen haben. Die Beweise reichten nicht aus, um Voss den Absturz der »City of Liverpool« anzulasten – aber könnte er nicht verantwortlich gewesen sein? Diese Frage bleibt unbeantwortet.

10. Oktober 1933
ALLE sieben Personen an Bord, darunter drei Besatzungsmitglieder, verloren ihr Leben, als eine Boeing 247 (NC-13304) der United Air Lines auf einem Linienflug in den USA abstürzte: es war der erste belegte Sabotagefall in der Geschichte der Verkehrsfliegerei. Die zweimotorige Linienmaschine war von Newark/New Jersey über Cleveland/Ohio nach Chicago/Illinois unterwegs, als sie kurz nach 21.00 Uhr Ortszeit etwa 100 km vor Chicago am Südende des Michigansees brennend abstürzte.

Die Unfalluntersuchung ergab für United Air wie Bundesbehörden, daß das Flugzeug durch einen Sprengsatz aus Nitroglyzerin, wahrscheinlich mit Zeitzünder, zerstört worden war. Die Sprengkraft hatte das Leitwerk vom Rumpf abgetrennt. Der Sprengsatz war vermutlich auf dem Flugplatz Newark an Bord gebracht worden, möglicherweise in braunem Packpapier. Trotzdem wurde in diesem Fall niemand angeklagt.

6. April 1948
DER erste Fall von Luftpiraterie, der mit einer Flucht aus dem kommunistischen Machtbereich zusammenhing, betraf eine DC-3 der Ceskoslovenske Aerolinie (CSA) auf der Route von Prag nach Preßburg.

Etwa Dreiviertel der 26 Passagiere an Bord, darunter der Kapitän und zwei Besatzungsmitglieder, brachten die Maschine in ihre Gewalt. Sie landete sicher in der amerikanischen Zone in der Nähe von München.

4. Mai 1948
EINE DC-3 der Ceskoslovenske Aerolinie (CSA), unterwegs von Brünn nach Budweis, wurde mit Waffengewalt von fünf Passagieren zur Landung im Westen Deutschlands gezwungen.

Der erste nachweisbare Fall von Luftfahrtsabotage: er geschah am 10. Oktober 1933 und betraf eine Boeing 247 – wie diese hier – der United Air Lines.

4. Juni 1948
ÜBER eine jugoslawische Verkehrmaschine, vermutlich eine DC-3 der Jugoslovenski Aerotransport (JAT), übernahmen auf einem Linienflug von Belgrad nach Sarajevo der Funker und ein Passagier das Kommando. Die Maschine landete wohlbehalten im süditalienischen Bari.

17. Juni 1948
EINE dreimotorige Ju 52 der Transporturi Aeriene Romana Sovietica (TARS) wurde auf einem innerrumänischen Linienflug mit 23 Peronen an Bord gezwungen, in Salzburg zu landen.

30. Juni 1948
GEWALT kennzeichnete die Inbesitznahme einer dreimotorigen Ju 52 der Bulgarske Vazdusne Sobsteine (BVS), die mit 21 Personen an Bord von Varna nach Sofia flog, durch ein halbes Dutzend Entführer: der Flugzeugführer wurde getötet, zwei weitere Besatzungsmitglieder erlitten Verwundungen. Das Flugzeug landete sicher im türkischen Istanbul.

16. Juli 1948
DER erste Absturz nach einer Entführung betraf eine Consolidated Catalina, ein Flugboot (VR-HDT) der britischen Cathay Pacific Airways auf einem planmäßigen Flug von Macau nach Hongkong. Kurz nach 18.00 Uhr Ortszeit, etwa zehn Minuten nach dem Start, stürzte die Zweimotorige in die Mündung des Pearl River, die im Delta des Canton River rund 16 km nordöstlich von Macau liegt. Bis auf einen Passagier wurden alle 26 Personen an Bord getötet, auch die dreiköpfige Besatzung. Die Leichname fast der Hälfte der Opfer wurden nie gefunden.

Der einzige Überlebende gestand später, Mitglied einer vier Mann starken Diebesbande gewesen zu sein, die das Kommando über das Flugzeug übernommen hatte. Es geriet außer Kontrolle und stürzte ab, nachdem sie Pilot und Kopilot erschossen hatte.

12. September 1948
AUF einem Linienflug von Athen nach Saloniki mit 23 Personen an Bord wurde eine DC-3 der griechischen Technical Aeronautical Exploitations (TAE) von acht Passagieren entführt; einige sollen sogar Besatzungsmitglieder geschlagen haben. Das Flugzeug landete sicher im jugoslawischen Tetovo bei Skopje.

4. Januar 1949
WÄHREND eines planmäßigen Fluges von Fünfkirchen nach Budapest wurde eine Lisunow Li-2

der Magyar-Szoviet Legiforgalmi Tarseaag mit 25 Personen an Bord nach Deutschland entführt und landete in München. Einer der Verschwörer, zu denen auch der Pilot zählte, hatte während des Fluges die Steuerung übernommen.

30. Januar 1949
SECHS Personen entführten ein Verkehrsflugzeug – vermutlich eine DC-3 oder eine C-46 – der China National Aviation Corporation auf der Route Schanghai-Tsingtau nach Tainan in Taiwan. Die restlichen Passagiere wurden erst nach einem Monat freigelassen, das Flugzeug blieb in Taiwan.

29. April 1949
EIN mit einem Revolver bewaffneter Mann entführte eine Maschine der Transporturi Aeriene Romana Sovietica (TARS) – vermutlich eine Ju 52, mit 16 Personen auf dem planmäßigen Flug von Temeschwar nach Bukarest – und zwang sie zur Landung auf einem Flugplatz nahe dem griechischen Saloniki.

29. April 1949
EIN Flugzeug der Polskie Linie Lotnicze (LOT), wahrscheinlich eine zweimotorige Li-2, wurde auf einem Linienflug von Danzig nach Lodz mit 16 Personen an Bord von vier Entführern zur Landung auf einem Fliegerhorst bei Stockholm gezwungen.

7. Mai 1949
EINE Douglas DC-3 (PI-C-98) der Philippine Air Lines stürzte auf einem Linienflug von Tacloban auf Leyte über Daet auf den Camarines in die Sibuyan-See vor der mittelphilippinischen Insel Elalat. Alle 13 Menschen an Bord (zehn Fluggäste und drei Besatzungsmitglieder) verloren dabei ihr Leben. Die letzte Funkverbindung bestand kurz nach 16.00 Uhr Ortszeit.

In der Folgewoche konnte man Wrackteile und den Piloten bergen, und eine Untersuchung des Wracks wies auf eine plötzliche Explosion im Heck der Maschine hin.

Zwei ehemalige Sträflinge gestanden später, eine Zeitbombe in die DC-3 geschmuggelt zu haben, um den Ehemann einer Frau umzubringen, die ein Verhältnis mit einem anderen Mann hatte. Ihr Entgelt für den Massenmord: knapp DM 400 nach damaligem Kurs.

9. September 1949
DIESES Dreiecksverhältnis denaturierte zu einem der gräßlichsten Verbrechen Kanadas und endete damit, daß die Verbrecher den höchsten Preis für ihre Taten zahlen mußten.

Eine Douglas DC-3 (CF-CUA) der Quebec Airways, einer Tochtergesellschaft der Canadian Pacific Airlines, war um 10.25 Uhr Ortszeit in Quebec gestartet; sie befand sich auf einem Inlandflug von Montreal nach Comeau Bay. Gut 20 Minuten

später wurde die Zweimotorige über dem St.-Lorenz-Strom in der Nähe des Ortes St. Joachim gesehen, als plötzlich eine Explosion den Vorderrumpf erschütterte: das Flugzeug drehte nach rechts ab und verlor an Höhe. Es bohrte sich schließlich in einen Hügel am Nordufer des Flusses in der Nähe des Dorfes Sault-au-Cochon, etwa 65 km nordöstlich von Quebec. Es brannte nicht, aber trotzdem verloren alle 23 Menschen an Bord (19 Passagiere und vier Besatzungsmitglieder) ihr Leben. Eine Untersuchung ergab, daß eine heftige Explosion im vorderen Gepäckraum stattgefunden und vermutlich die beiden Piloten getötet oder handlungsunfähig gemacht hatte, was dann den Absturz verursachte.

Polizeiliche Ermittlungen führten zur Verhaftung von zwei Männern und einer Frau wegen vorsätzlicher Zerstörung eines Flugzeugs unter Vortäuschung eines Flugunfalls. Treibende Kraft des Anschlags war J. Albert Guay, ein Juwelier, dessen Ehefrau als Passagier dieses Fluges mit 10 000 Dollar zugunsten ihres Ehemanns versichert worden war. Die Frau, mit der er ein Verhältnis hatte, war Marie Pitre, und man verdächtigte sie, den Sprengsatz an Bord gebracht zu haben. Auch ihr Bruder Genereux Ruest war in das Verbrechen verstrickt. Alle drei wurden später gehängt.

9. Dezember 1949
MIT 24 Personen an Bord wurde ein Flugzeug der Transporturi Aeriene Romana Sovietica (TARS), möglicherweise eine dreimotorige Ju 52, auf einem Inlandflug von Hermannstadt nach Bukarest von vier Fluggästen gekapert. Ein Sicherheitsbeamter wurde erschossen, bevor die Maschine im jugoslawischen Belgrad landete.

16. Dezember 1949
AUF einem planmäßigen Inlandflug von Warschau nach Gdingen wurde eine Li-2 der Polskie Linie Lotnicze (LOT) in den Westen entführt und landete bei Rönne auf der dänischen Insel Bornholm. Alle bis auf zwei der 18 Menschen an Bord waren an der Massenflucht beteiligt.

24. März 1950
DREI Verkehrsmaschinen des Typs DC-3 der Ceskoslovenske Aerolinie (CSA) mit insgesamt 83 Personen an Bord flohen mit Besatzungen und Passagieren nach Erding bei München. Alle drei bei der Massenflucht benutzten Flugzeuge hatten sich auf planmäßigen Inlandrouten von Brünn beziehungsweise Ostrau und Preßburg nach Prag befunden.

13. April 1950
UNTERWEGS von Paris nach Northolt Airport bei London hatte eine Vickers Viking 1B der British European Airways den Ärmelkanal in 1050 m Höhe gerade zur Hälfte überquert, als sie durch die

Ein erschütterndes Bild vom Absturz der Canadian DC-3 im September 1949 in der Provinz Quebec. Er erwies sich als Massenmord an 23 Menschen.

Detonation einer »Höllenmaschine« in der Toilette nachhaltig beschädigt wurde; sie war vermutlich im Behälter für gebrauchte Handtücher versteckt worden. Von den 32 Personen an Bord wurde nur eine Stewardeß ernsthaft verletzt – die Maschine kehrte wohlbehalten zum Ausgangspunkt zurück.

17. April 1950
MOTIV für diesen Fall versuchter Sabotage waren sowohl Geldgier als auch Leidenschaft. Der Saboteur, John Grant, hatte den Sprengsatz in einer Reisetasche verborgen, die an Bord einer Maschine der United Air Lines geladen werden sollte; ihre Route war Los Angeles – San Diego in Kalifornien. Unter den Fluggästen waren auch seine Frau und seine Kinder: er hatte sie mit 25 000 Dollar versichert.

Wie verlautete, war er hochverschuldet und mit einer Stewardeß liiert. Der Sprengsatz allerdings detonierte bereits, als er an Bord verladen wurde –

verletzt wurde niemand. John Grant wurde angeklagt und zu 20 Jahren Zuchthaus verurteilt.

17. Oktober 1951
PLANMÄSSIG auf einem Inlandflug in Jugoslawien unterwegs, wurde eine DC-3 der Jugoslovenski Aerotransport (JAT) vom Piloten und Kopiloten, die von ihren Frauen und zwei Kindern begleitet wurden, nach Zürich geflogen, wo sie um politisches Asyl baten. Die drei anderen Besatzungsmitglieder und 22 Passagiere kehrten nach Jugoslawien zurück.

26. Juni 1952
DREI Entführer brachten eine DC-3 der Jugoslovenski Aerotransport (JAT) mit 32 Personen auf einem Inlandflug von Zagreb nach Pola in ihre Gewalt. Zwei der Männer hielten die Flugreisenden mit Waffen in Schach, während der dritte mit einer Axt ins Cockpit einbrach und die Steuerung übernahm. Sie landeten auf einem Behelfsflugplatz bei

Eine Vickers Viking der British European Airways, wie sie den Sabotageversuch vom 13. April 1950 über dem Ärmelkanal überlebte.

Foligno in Italien, wo sie auch politisches Asyl beantragten.

24. September 1952
ERNSTHAFT verletzt wurden zwei Passagiere einer DC-3 der Compañía Mexicana de Aviación SA, als auf einem planmäßigen Inlandflug von Mexico City nach Oaxaca de Juárez ein Sprengsatz in einem Koffer im Gepäckraum explodierte. Dem Piloten gelang – trotz erheblicher Schäden an der Maschine – eine sichere Notlandung.

30. Dezember 1952
PILOT und Chefsteward einer DC-3 der Philippine Air Lines wurden bei einer versuchten Flugzeugentführung auf einem Inlandflug von Laoag nach Aparri erschossen. Obwohl der Schütze verlangte, nach China geflogen zu werden, wurde die Maschine durch Maschinengewehrgarben eines nationalchinesischen Jagdflugzeugs beschädigt: es landete auf der taiwanischen Insel Quemoy. Der Mörder wurde später auf den Philippinen zu lebenslänglichem Zuchthaus verurteilt.

23. März 1953
EINE mit 29 Personen besetzte DC-3 der Ceskoslovenske Aerolinie (CSA) wurde von vier Entführern übernommen, als sie planmäßig von Prag nach Brünn flog. Pilot Miroslav Slovak flog die Maschine in Baumwipfelhöhe über die Zonengrenze nach Westdeutschland, wo er etwa eine halbe Stunde lang kreisen mußte, bevor er von den amerikanischen Behörden die Landeerlaubnis für den Flughafen Rhein-Main erhielt. Zwei weitere Fluggäste baten zusammen mit den Entführern um Asyl.

6. Juli 1954
BEWAFFNET stürmte ein 15jähriger Junge auf dem Hopkins Municipal Airport bei Cleveland/Ohio an Bord einer DC-6 der American Airlines: er wollte sie in seine Gewalt bringen – der

Pilot Miroslaw Slowak (Mitte) und vier weitere Fluggäste aus der kommunistischen Tschechoslowakei freuen sich im März 1953 über ihre gelungene Flucht, für die sie eine Linienmaschine kaperten.

Flugkapitän erschoß ihn. Die Viermotorige war in Hopkins auf einem Linienflug von New York City nach Mexico City zwischengelandet.

11. April 1955
POLITISCHER Terrorismus war offensichtlich das Motiv für einen Sabotageakt an einer Lockheed 749A Constellation (VT-DEP) der Air India International.

Die Viermotorige war zu einem außerplanmäßigen Flug in Hongkong gestartet; ihre Passagiere waren chinesische Delegierte und Journalisten auf dem Weg zu einer Konferenz im indonesischen Bandung. Als sie in etwa 5500 m Höhe das Südchinesische Meer überflog, war eine gedämpfte Detonation zu hören, und umgehend füllte sich die Kabine mit Rauch. Kurz darauf wurde ein örtlich begrenzter Brand in der rechten Tragfläche entdeckt.

Die Besatzung, die bereits einen Notsinkflug eingeleitet hatte, ergriff jetzt Brandbekämpfungs-maßnahmen und stellte Propeller 3 auf Segelstellung, aber aufgrund der Detonationswucht fielen auch die elektrischen und hydraulischen Systeme aus. Dichter Rauch im Cockpit verringerte die Sicht auf nahezu Null. Schließlich stürzte die Constellation um etwa 17.30 Uhr Ortszeit 160 km nördlich von Kutsching vor Sarawak in die Malaiensee. Von den 19 Personen an Bord überlebten nur drei Besatzungsmitglieder.

Ein chinesischer Flugzeugreiniger soll angeblich bestochen worden sein, einen Sprengsatz im rechten Fahrwerkschacht von VT-DEP abzulegen: die anschließende Detonation hatte Kraftstofftank Nr. 3 durchlöchert und den unkontrollierten Brand ausgelöst.

4. März 1956
EIN Sprengsatz explodierte im vorderen Frachtraum einer Handley Page Hermes 4 der Skyways Limited, als die in England gebaute und registrierte Verkehrsmaschine auf dem zypriotischen Flug-

hafen Nikosia abgestellt war. Es entstand erheblicher Sachschaden, verletzt wurde jedoch niemand.

13. Juli 1956
SIEBEN Entführer brachten eine mit 20 Personen besetzte Li-2 der Magyar-Szoviet Legiforgalmi Tarseaag auf einem Inlandflug von Raab nach Steinamanger in Ungarn in ihre Gewalt. Nach einem Handgemenge mit Besatzungsmitgliedern und Fluggästen, bei dem einige verletzt wurden, übernahm einer der Entführer die Steuerung und landete die Verkehrsmaschine auf einem unbenutzten Flugplatz bei Ingolstadt. Die Entführer baten in Westdeutschland um politisches Asyl; Geiseln und Flugzeug kehrten nach Ungarn zurück.

19. Dezember 1957
EINE Sud-Est Armagnac der Air France war auf einem planmäßigen Flug von Oran in Algerien nach Paris, als im Waschraum ein Sprengsatz detonierte und ein großes Loch in den Rumpf riß. Die 95 Personen an Bord wurden nicht verletzt, und die Maschine landete – etwa eine halbe Stunde nach der Explosion – sicher in Lyon.

16. Februar 1958
FLUG 302, eine DC-3 der Korean National Airlines auf einem Inlandflug von Pusan nach Seoul in Südkorea mit 34 Personen an Bord, wurde – vermutlich von nordkoreanischen Agenten – entführt: die Maschine landete in der nordkoreanischen Hauptstadt Pjöngjang und wurde Südkorea nicht zurückgegeben, die meisten Passagiere und Besatzungsmitglieder jedoch wurden gut drei Wochen nach dem Vorfall in den Süden entlassen. Südkorea verschärfte daraufhin seine Sicherheitsmaßnahmen im Luftverkehr.

9. April 1958
DIE erste einer Reihe von Flugzeugentführungen vor Castros Machtübernahme richtete sich gegen eine DC-3 der Compañía Cubana de Aviación SA auf einem Inlandflug von Havanna nach Santa Clara: die Besatzung flog nach Mérida in Mexiko. Flugzeug und Fluggäste wurden an Kuba zurückgegeben.

13. April 1958
EINE DC-3 der Compañía Cubana de Aviación SA, mit 15 Personen auf einem planmäßigen Inlandflug von Havanna nach Santa Clara, setzte sich mit seiner Besatzung nach Miami ab – sie beschwerte sich, daß die kubanische Regierung sie zwinge, auf Kuba Gebiete zu überfliegen, in denen Guerillakämpfe stattfänden.

22. Oktober 1958
EINE DC-3 der Compañía Cubana de Aviación SA wurde mit 14 Personen an Bord von regierungsfeindlichen Aufständischen auf einem In-

landflug von Cayo Mambi nach Moa Bay gekapert. Der Pilot wurde angeschossen und verwundet, die Geiseln wurden anschließend freigelassen.

1. November 1958
FLUG 495 der Compañía Cubana de Aviación SA, eine Vickers Viscount 755D (CU-T603) mit vier Turboprop-Triebwerken, war am Abend zuvor in Miami mit Ziel Varadero auf Kuba gestartet, eine Flugstrecke von etwa 320 km: aber sie kam nie dort an – sie war von fünf kubanischen Umstürzlern gekapert worden. Später wurde sie beobachtet, wie sie in der Nähe von Antilla in der Provinz Oriente kreiste, dann flog sie eine weite Kurve und stürzte nach Überfliegen der Stadt in die Nipe Bay. Nur drei Fluggäste überlebten, 17 Personen, unter ihnen die vierköpfige Besatzung, kamen ums Leben.

Der Absturz geschah kurz nach 02.00 Uhr morgens in der Dunkelheit, als die Viscount auf dem Flughafen Preston zu landen versuchte. Beim Endanflug war der Kraftstoff praktisch aufgebraucht – nur noch etwa 30 Liter befanden sich in den Tanks. Nachdem sie nicht mehr zu steuern war, fiel sie etwa 400 m vor der Küste und etwa 2 km vom Flughafen entfernt in rund 3 m tiefes Wasser. Das Heck berührte die Wasseroberfläche zuerst und brach vom Rumpf weg.

Die meisten Wrackteile und fast alle Leichname konnten später geborgen werden.

6. November 1958
AUF einem planmäßigen Inlandflug von Manzanillo nach Holguín entführt, wurde eine DC-3 der Compañía Cubana de Aviación SA mit 25 Personen an Bord auf einer Piste der Rebellen festgehalten, bevor die Geiseln freigelassen wurden. Folge dieses letzten Vorfalls war, daß die Fluggesellschaft fast alle Inlandflüge einstellte.

9. April 1959
EIN halbes Dutzend Rebellen riß das Kommando über eine DC-3 der haitianischen Fluggesellschaft COHATA an sich, die mit 34 Personen auf einem regulären Inlandflug von Auxcayes nach Port-au-Prince unterwegs war. Die Entführer töteten den Piloten und zwangen den Kopiloten, in Santiago de Cuba zu landen.

16. April 1959
DREI Hijacker brachten eine Curtiss C-46 Commando der Fluglinie Aerovías »Q« SA in ihre Gewalt, als die kubanische Verkehrsmaschine mit 22 Personen an Bord auf einem planmäßigen Inlandflug von Havanna zur Isla de Pinos unterwegs war. Das zweimotorige Mittelstreckenflugzeug landete anschließend in Miami/Florida.

25. April 1959
KURZ nach dem Start war eine Viscount der Compañía Cubana de Aviación SA mit 16 Personen an

Bord auf einem planmäßigen Inlandflug von Varadero nach Havanna Entführern in die Hände gefallen.

Die vier Entführer – unter ihnen ein General, der noch unter dem früheren kubanischen Präsidenten Fulgencio Batista gedient hatte, sowie zwei Frauen, die angeblich Pistolen unter ihren Röcken trugen – wollten nach Miami gebracht werden; da aber bis dorthin der Kraftstoff nicht reichte, einigte man sich auf Key West im Süden Floridas.

8. Juli 1959
AUF einem Routine-Inlandflug von Cattaro nach Belgrad wurde eine Verkehrsmaschine, wahrscheinlich eine DC-3, der Jugoslovenski Aerotransport (JAT) von einem mit einer Pistole Bewaffneten entführt: er gab einen Warnschuß ab und befahl dann dem Piloten, den nächsten italienischen Flugplatz anzufliegen – es war Bari.

8. September 1959
EIN Passagier an Bord einer Douglas DC-3 der Compañía Mexicana de Aviación SA, von dem man annimmt, daß er einen Sprengsatz im Handgepäck bei sich hatte, wurde aus einer Flugzeugtür geschleudert und getötet, als der Sprengstoff in etwa 3400 m Höhe über der Bucht von Campeche detonierte. Die DC-3 war auf einem planmäßigen Inlandflug von Mexico City nach Mérida de Yucatán. Von den anderen 15 Personen an Bord, die drei Besatzungsmitglieder eingeschlossen, wurden sechs Passagiere und der Kopilot verletzt.

Nach der Explosion um etwa 12.30 Uhr Ortszeit machte die DC-3 – trotz eines Feuers, das die Crew aber bereits gelöscht hatte – eine erfolgreiche Notlandung in Poza Rica bei Veracruz.

2. Oktober 1959
DREI mit Pistolen und Handgranaten bewaffnete Fluggäste rissen in einer Viscount der Compañía Cubana de Aviación SA, die mit 37 Personen auf einem planmäßigen Inlandflug von Havanna nach Santiago de Cuba unterwegs war, das Kommando an sich. Die Turboprop-Maschine landete wohlbehalten in Miami/Florida.

2. Dezember 1959
EINE Constellation der Panair do Brasil SA auf planmäßigem Inlandflug von Rio de Janeiro nach Belém wurde von einer Gruppe Rebellen entführt, die sich gegen die brasilianische Regierung stellten. Die Constellation flog nach Buenos Aires in Argentinien.

12. April 1960
DER Pilot, zwei weitere Angehörige der Besatzung und ein Passagier übernahmen das Kommando über Cubana-Flug 800, als die Viscount auf einem planmäßigen Inlandflug von Havanna nach Santiago de Cuba unterwegs war. Nach der Landung in Miami/Florida machten die Entführer die Turboprop-Maschine flugunfähig, indem sie ihre vier Triebwerke in Brand setzten.

28. April 1960
EINE Douglas DC-3 (YV-C-AFE) der Linea Aeropostal Venezolana, auf planmäßigem Inlandflug von Caracas nach Puerto Ayacucho, stürzte nach einer Explosion in der Luft etwa 16 km vor Calabozo/Guárico, einem Zwischenlandeplatz, brennend ab. Alle 13 Personen an Bord, auch die vier Besatzungsmitglieder, verloren ihr Leben. Zwei Opfer lebten noch, als man sie fand. Bevor sie ihren Verletzungen erlagen, bestätigten sie, daß das Flugzeug durch eine in der Kabine detonierte Handgranate zerstört worden war, die ein anderer Passagier – später als russischer Einwanderer identifiziert – an Bord gebracht hatte. Die Detonation hatte um etwa 08.20 Uhr Ortszeit stattgefunden: als der Flugkapitän versuchte, den Mann zu entwaffnen, der das Flugzeug vermutlich entführen wollte.

5. Juli 1960
EIN Cubana-Verkehrsflugzeug, möglicherweise eine vierstrahlige Turboprop-Maschine des Typs Bristol Britannia, wurde von zwei seiner Besatzungsangehörigen nach Miami/Florida entführt, als es einen planmäßigen Transatlantikflug von Havanna nach Madrid durchführte.

17. Juli 1960
DER Pilot einer Viscount der Cubana flog die Turboprop-Maschine von Havanna aus nicht, wie planmäßig vorgesehen, nach Miami, sondern landete in Jamaika.

19. Juli 1960
DER Versuch, eine Lockheed Electra, eine Verkehrsmaschine mit vier Turboprop-Triebwerken, der Trans-Australia Airlines von der planmäßigen Route Sidney-Brisbane nach Singapur zu entführen, mißlang, als der Luftpirat kurz vor dem Ziel vom ersten Offizier und einem dienstfreien Piloten überwältigt wurde.

28. Juli 1960
EIN Cubana-Verkehrsflugzeug auf einem planmäßigen Inlandflug von Kubas Provinz Oriente nach Havanna wurde von seinem Piloten mit Hilfe zweier Fluggäste entführt. Als die Maschine in Miami landete, stießen noch zwei Frauen und zwei Kinder zu dem Trio.

21. August 1960
DER Plan eines Ehepaares, eine Passagiermaschine der Aeroflot von ihrer planmäßigen UdSSR-Inlandroute abzubringen, scheiterte, als Angehörige der Besatzung – obwohl verwundet – das Paar außer Gefecht setzten.

29. Oktober 1960
NEUN Männer brachten eine kubanische C-46, die vermutlich der Aerovías »Q« gehörte, auf einem planmäßigen Inlandflug von Havanna zur Isla de Pinos mit 38 Personen an Bord in ihre Gewalt.

Ein Sicherheitsbeamter wurde dabei erschossen, Pilot und Copilot sowie ein Fluggast, ein 13jähriger Junge, wurden verwundet – trotzdem landete das Flugzeug sicher in Key West/Florida.

8. Dezember 1960
DIE versuchte Entführung einer kubanischen C-46 auf einem planmäßigen Inlandflug durch fünf ihrer Fluggäste endete in einer Schießerei, die einen Toten und vier Verwundete hinterließ.

Danach machte die Verkehrsmaschine, die wahrscheinlich Aerovías »Q« SA gehörte, eine Bruchlandung auf dem Flugplatz des kubanischen Cienfuegos, womit der Luftpiratenakt fehlgeschlagen war.

1. Januar 1961
ZWEI männliche Entführer nahmen einen Piloten im Flughafengebäude von Havanna als Geisel und zwangen ihn, mit einem Cubana-Verkehrsflugzeug in die Freiheit zu fliegen. Die Maschine landete danach in New York City.

1. Mai 1961
DIE erste erfolgreiche Flugzeugentführung auf einem US-Inlandflug betraf Flug 337 der National Airlines, eine zweimotorige Convair 440 auf dem Flug von Miami/Florida nach Key West mit zehn Personen an Bord. Mit einem Revolver und einem Messer bewaffnet, zwang der Luftpirat die Maschine zur Landung auf Kuba. 14 Jahre später wurde er in Miami verhaftet und wegen Menschenraubs zu 20 Jahren Zuchthaus verurteilt – damals gab es in den USA noch kein Gesetz gegen Luftpiraterie.

10. Mai 1961
EINE Lockheed 1649A Starliner (F-BHBM) der Air France stürzte über der ostalgerischen Sahara ab und brannte aus, etwa 50 km südwestlich der libyschen Grenzstadt Ghadames. Alle 78 Personen an Bord (69 Passagiere und neun Besatzungsmitglieder) kamen dabei ums Leben.

Die als Flug 406 geführte Verkehrsmaschine war auf dem Flug von Ndschamena/Tschad nach Marseille gewesen, Teilstück der Route Brazzaville/Kongo – Paris. Sie hatte unter guten Wetterbedingungen bei Dunkelheit abgehoben und eine Reisehöhe von etwa 6000 m eingehalten. Die Fluggesellschaft kam zu dem Schluß, daß der wahrscheinlichste Grund für diese Katastrophe Sabo-

Die erste erfolgreiche Flugzeugentführung auf einem Inlandflug in den USA geschah im Mai 1961 und betraf eine Convair 440 wie diese hier, sie gehörte aber National Airlines, nicht Metropolitan..

tage mit einem Nitrozellulose-Sprengsatz (Schieß-baumwolle) war.

3. Juli 1961
ELF Männer und drei Frauen bemächtigten sich auf einem planmäßigen Inlandflug von Havanna nach Varadero einer DC-3 der Cubana. Bei der Entführung wurde ein dem Flugzeug zugeteilter Sicherheitsbeamter angeschossen und verwundet – sie endete dann in Miami.

24. Juli 1961
FLUG 202, eine Turboprop-Electra der Eastern Air Lines, wurde von einem Bewaffneten auf einem innerstaatlichen Flug von Miami nach Tampa/Florida mit 38 Personen an Bord nach Kuba entführt.

31. Juli 1961
WÄHREND eine DC-3 der Pacific Air Lines, geführt als Flug 327, sich auf dem Flugplatz Chico/Kalifornien auf einen Inlandflug nach San Francisco vorbereitete, wurden ihr Pilot und ein Flugkartenverkäufer angeschossen und verwundet; der Pilot erblindete. Der Gewalttäter wurde später wegen dreifach versuchten Mordes zu dreimal 14 Jahren Gefängnis verurteilt, die nacheinander abzubüßen seien.

3. August 1961
EINE vierstrahlige Boeing 707 der Continental Air Lines, mit 73 Personen an Bord als Flug 54 unterwegs von Phoenix/Arizona nach El Paso/Texas, wurde von einem Mann und seinem 16jährigen Sohn, beide mit Pistolen bewaffnet, gewaltsam übernommen. Die versuchte Entführung nach Kuba endete jedoch auf dem Flughafen El Paso am Boden, nachdem Polizei die Reifen des Flugzeugs zerschossen und die beiden Luftpiraten festgenommen hatte. Da es damals noch kein amerikanisches Gesetz gegen Luftpiraterie gab, wurde der Vater wegen »Behinderung des Verkehrs durch Erpressung« und »innerstaatlichen Transports eines gestohlenen Flugzeugs« angeklagt und zu 20 Jahren Gefängnis verurteilt. Der Sohn, der derselben Vergehen angeklagt wurde, verbrachte nach Jugendstrafgesetzen drei Jahre in einer Erziehungsanstalt.

9. August 1961
PAN American World Airways Flug 501, eine vierstrahlige DC-8, die mit 79 Personen an Bord von Mexico City nach Guatemala flog, wurde von einem Pistolero nach Kuba entführt. Der Entführer wurde anschließend nach Mexiko überstellt und dort wegen Raubs und illegitimen Waffenbesitzes zu acht Jahren und neun Monaten Gefängnis ver-

August 1961: Polizeibeamte in vier Fahrzeugen zerschießen mit Maschinenpistolen die Reifen einer Boeing 707 und beenden damit die Entführung des Düsenflugzeugs.

urteilt. Er soll später per Schiff über Frankreich in die USA zurückgekehrt sein.

9. August 1961
BEI der Entführung einer C-46 der Aerovías »Q« SA auf Inlandflug von Havanna zur Isla de Pinos wurden der Pilot und zwei andere Personen getötet und sechs weitere verwundet. Der Kopilot machte nahe der Hauptstadt eine Bruchlandung.

10. November 1961
IN der Absicht, über der portugiesischen Hauptstadt Flugblätter abzuwerfen, bemächtigten sich sechs Männer einer Super Constellation der Transportes Aéreos Portugueses (TAP), als sie von Lissabon nach Casablanca/Marokko flog. Das Flugzeug landete im marokkanischen Tanger, und die Entführer wurden nach Senegal ausgewiesen; ihnen wurde anschließend in Brasilien politisches Asyl gewährt.

27. November 1961
EINE DC-6B der AVENSA wurde auf einem planmäßigen venezolanischen Inlandflug von Caracas nach Maracaibo mit 43 Personen an Bord entführt. Das Flugzeug landete auf Curaçao in den niederländischen Antillen, von wo die fünf Luftpiraten wieder an Venezuela ausgeliefert wurden: hier wurden sie jeweils zu über vier Jahren Gefängnis verurteilt.

28. November 1963
SECHS Entführer bemächtigten sich einer zweimotorigen Convair 440 der venezolanischen AVENSA, mit elf Personen auf planmäßigem Inlandflug von Ciudad Bolívar nach Caracas. Das Flugzeug landete auf Trinidad, von wo die Gewalttäter zur Bestrafung an Venezuela ausgeliefert wurden.

Herbst 1964
BEIDE Piloten wurden verwundet, als zwei Männer versuchten, einen An-2-Doppeldecker der Aeroflot zu entführen, der sich auf planmäßigem UdSSR-Inlandflug von Schadur-Lungu nach Ismail in der Ukraine befand. Die Luftpiraten wurden nach der Landung in Kischinjow verhaftet.

8. Dezember 1964
ALLE 17 Personen (13 Passagiere und vier Besatzungsmitglieder) kamen beim Absturz einer DC-3 (CP-639) der Aerolíneas Abaroa bei Tripuani nahe dem bolivianischen La Paz ums Leben. Die Verkehrsmaschine war auf einem außerplanmäßigen Inlandflug von Caranavi nach La Paz unterwegs und kurz nach 10.00 Uhr Ortszeit in der Luft explodiert; sie stürzte danach in die dort 4300 m hohen Anden. Als Ursache des Unglücks wurde eine heftige Explosion »kriminellen Ursprungs« im Heck des Flugzeugs angegeben, die das Leitwerk

absprengte. Als Motiv vermutete man einen Selbstmord aus Versicherungsgründen.

Frühjahr 1965
BEI der versuchten Entführung eines Verkehrsflugzeugs der Aeroflot auf einem planmäßigen Inlandflug in der UdSSR durch einen Mann und eine Frau wurde der Bordingenieur erschossen, bevor die Entführer von anderen Besatzungsmitgliedern überwältigt werden konnten.

31. August 1965
EINER DC-3 der Hawaiian Airlines, die als Flug 358 planmäßig von Honolulu/Oahu zur Hawaii-Insel Kauai unterwegs war, bemächtigte sich ein 16jähriger Junge, der mit einem Messer und einer zerbrochenen Flasche bewaffnet war: er wollte die Rückkehr zum Ausgangspunkt erzwingen. Er wurde nach der Landung auf dem internationalen Flughafen von Honolulu verhaftet. Der Nötigung von Besatzungsmitgliedern angeklagt, wurde er in eine Besserungsanstalt eingewiesen und erst im November 1967 auf Bewährung freigelassen.

11. Oktober 1965
ZWEI mit Messern bewaffnete Matrosen der amerikanischen Marine versuchten Flug 755, eine zweimotorige Fokker F.27 der Aloha Airlines, zu entführen, als sie auf der Hawaii-Insel Molokai Passagiere für einen Flug nach Honolulu/Oahu an Bord nahm. Die Täter wurden von der Besatzung überwältigt. Die Marine stellte sie vor ein Militärgericht, das sie zu jeweils vier Jahren Gefängnis und unehrenhafter Entlassung aus dem Dienst verurteilte.

26. Oktober 1965
BEWAFFNET mit einer Luftpistole, versuchte ein Luftpirat eine Turboprop-Maschine des Typs Lockheed Electra der National Airlines, die als Flug 209 von Miami nach Key West in Florida unterwegs war, in seine Gewalt zu bringen. Er wurde von der Besatzung außer Gefecht gesetzt und kam ins Gefängnis, wurde später aber als geistesgestört von der Anklage des Überfalls und der versuchten Flugzeugentführung freigesprochen.

17. November 1965
SCHARF geschossen wurde bei dem Versuch, das Kommando über eine DC-8-Düsenmaschine der National Airlines zu übernehmen, die als Flug 30 die Inlandroute Houston/Texas – Melbourne/Florida beflog. Der 16jährige Entführer wurde von einem anderen Passagier überwältigt und später wegen bewaffneten Überfalls verurteil. Er verbrachte 18 Monate in einer Jugendstrafanstalt.

27. März 1966
ZWEI Besatzungsmitglieder wurden bei dem erfolglosen Versuch erschossen, eine Iljuschin-

Eine Iljuschin Il-18 in der Aufmachung der sowjetischen Fluggesellschaft Aeroflot: diesen Typ flog Cubana bei der erfolglosen Entführung im März 1966.

Turboprop des Typs Il-18V der Empresa Consolidada Cubana de Aviación zu entführen, die mit 91 Personen an Bord planmäßig von Santiago de Cuba nach Havanna flog. Entführer war der Bordingenieur, der erst einen Sicherheitsbeamten und dann den Piloten tötete, der ihm vorgespiegelt hatte, er sei in Miami/Florida gelandet, in Wirklichkeit jedoch im Schutz der Dunkelheit auf dem Flughafen José Martí bei Havanna aufgesetzt hatte. Als er dessen gewahr wurde, verwundete er auch den Copiloten, wodurch das Flugzeug von der Landebahn abkam und einen Zaun durchbrach. Der Täter konnte zunächst zwar entkommen, wurde zwei Wochen später aber festgenommen.

7. Juli 1966
DIESE erfolgreiche Entführung einer Il-18 der Empresa Consolidada Cubana de Aviación wurde von neun Personen – darunter auch dem Piloten – auf dem Linienflug von Santiago de Cuba nach Havanna durchgeführt. Der Copilot wurde dabei zwar verwundet, im übrigen aber landete das Flugzeug wohlbehalten auf Jamaika.

August 1966
EIN Fluggast wurde verwundet bei dem Versuch, eine Maschine der Aeroflot auf einem UdSSR-Inlandflug zu entführen. Nach der Landung im georgischen Batumi wurden die drei Entführer verhaftet.

28. September 1966
EINE Gruppe von 20 Personen brachte eine DC-4 der Aerolíneas Argentinas in ihre Gewalt, die planmäßig von Buenos Aires nach Río Gallegos fliegen sollte – sie landete auf den Falkland-Inseln. Nachdem sie an Argentinien ausgeliefert worden waren, wurden die fünf Anführer der Gruppe zu fünf, der Rest zu drei Jahren Gefängnis verurteilt.

22. November 1966
DURCH Sabotage wurde eine Douglas DC-3 (VR-AAN) der Aden Airways auf planmäßigem Inlandflug von Meifah nach Aden zerstört. Etwa 20 Minuten nach dem nachmittäglichen Start stürzte die Verkehrsmaschine nach einer Explosion aus 1800 m Höhe rund 210 km östlich von Aden in die Wüste: alle 30 Personen an Bord (27 Fluggäste und drei Besatzungsmitglieder) verloren dabei ihr Leben.

Der Absturz wurde der Detonation eines Sprengsatzes im Handgepäck zugeschrieben, das auf der linken Seite der Kabine knapp oberhalb der Tragfläche abgestellt war.

Ziel Kuba

Als Fidel Castro 1959 in Kuba die Macht übernahm, war das für die westliche Welt, besonders aber für die Vereinigten Staaten, ein harter Schlag: erstmals seit einem Jahrhundert sahen sich die USA – direkt vor ihrer Küste – einer feindlichen Nation gegenüber.

Wie in Osteuropa, so flohen auch auf Kuba in den ersten Jahren des Kommunismus Menschen per Flugzeug in die Freiheit. Danach jedoch wurde die Insel zum Auffangbecken für Aussteiger, Außenseiter und Unzufriedene, die sich mit der westlichen Kultur überworfen hatten. Nach eini-

Das war Ende der sechziger Jahre ein gewohnter Anblick: amerikanische Flugreisende kehren von einem ungeplanten Abstecher nach Kuba in die USA zurück.

gen Vorfällen in den frühen 60er Jahren, von denen nur wenige erfolgreich verliefen, kam gegen Ende dieser Dekade die Masche der »Auf-nach-Kuba«-Entführungen so richtig in Schwung und erreichte in den Jahren von 1968 bis 1970 ihren Höhepunkt. Zwar waren die meisten der nach Kuba entführten Flüge amerikanisch, sie hätten aber auch an jedem anderen Punkt der Erde beginnen können. Im folgenden sind alle Flugzeugentführungen mit Ziel Kuba nach 1966 aufgeführt – mit Ausnahme derjenigen, die tödlich endeten.

6. August 1967
MIT 78 Personen geriet eine DC-4 der kolumbianischen Fluggesellschaft Aerovías Cóndor de Colombia Ltda (Aerocóndor) auf einem planmäßigen Inlandflug von Barranquilla zur Insel San Andrés in die Gewalt von fünf Männern, die sie zwangen, nach Havanna zu fliegen.

9. September 1967
AUF einem planmäßigen Inlandflug von Barranquilla nach Magangue wurde eine DC-3 der kolumbianischen Aerovías Nacionales de Colombia (AVIANCA) von drei Männern nach Kuba entführt.

21. Februar 1968
ERNSTHAFT begann das moderne Hijacking mit der Entführung von Flug 843, einer DC-8 der Delta Air Lines, die kurz nach dem Start in West Palm Beach in Florida auf dem letzten Teil der Inlandroute Chicago – Miami gewaltsam übernommen wurde. Um etwa 17.00 Uhr landete die Maschine sicher auf dem Flugplatz José Martí bei Havanna, der in den nächsten Jahren noch viele amerikanische Linienmaschinen sehen sollte. Das Flugzeug mit 108 Personen an Bord, darunter sieben Besatzungsmitglieder, kehrte wohlbehalten in die USA zurück – allerdings ohne den pistoleschwingenden Entführer.

Zwei Jahre später stellte sich der Luftpirat in Spanien, und nach seiner Auslieferung an die USA wurde er in eine psychiatrische Klinik eingewiesen.

5. März 1968
EINE viermotorige DC-4 der kolumbianischen Fluggesellschaft AVIANCA wurde auf der Inlandroute von Ríohacha nach Barranquilla mit 32 Personen an Bord entführt. Die Luftpiraten waren drei junge Männer, von denen zwei angeblich ihren Rebellenführer zur medizinischen Behandlung nach Kuba bringen wollten. Die Maschine landete sicher in Santiago de Cuba, allerdings war der Kraftstoff fast zu Ende, da sie gegen starken Gegenwind hatte ankämpfen müssen.

12. März 1968
EINE als Flug 28 geführte DC-8 der National Airlines wurde über Florida entführt, während sie die Teilstrecke Tampa – Miami einer innerstaatlichen Route abflog, die in San Francisco in Kalifornien begonnen hatte. Das Flugzeug mit 58 Personen an Bord war von drei bewaffneten Männern übernommen worden, von denen einer in Havanna weinend von Bord ging – er hatte offensichtlich vor der Landung wegen der Entführung die Nerven verloren. Unbestätigten Berichten zufolge sollen zwei der drei Männer später auf Kuba gestorben sein.

21. März 1968
EINE zweistrahlige Turboprop-Maschine des Typs Convair 580 der AVENSA war das erste venezolanische Verkehrsflugzeug, das nach Kuba entführt wurde. Die Maschine, die mit 50 Personen von Caracas nach Maracaibo unterwegs war, landete sicher in Santiago de Cuba – allerdings mit gefährlich wenig Kraftstoff.

19. Juni 1968
FLUG 797 der Venezolana Internacional de Aviación SA (VIASA) wurde auf dem Flug von Santo Domingo in der Dominikanischen Republik nach Curaçao in den Niederländischen Antillen entführt, einem Teilstück der Gesamtroute Miami-Caracas. Die zweistrahlige DC-9, Serie 10, landete mit 78 Personen wohlbehalten in Santiago de Cuba.

Nachdem der Entführer Kuba verlassen hatte, wurde er im August 1970 von einem dominikanischen Gericht zu 20 Jahren Gefängnis verurteilt.

29. Juni 1968
SOUTHEAST Airlines' Flug 101, eine zweimotorige DC-3, war in Florida von Key West nach Miami unterwegs, als sie von einem Passagier, einem von 17 Insassen, nach Havanna beordert wurde. Nach Freilassung der Maschine blieben der Entführer und der Pilot in Kuba zurück: Flugkapitän George Prellezo hatte acht Jahre zuvor eine Verkehrsmaschine in die Freiheit geflogen, die er entführt hatte – jetzt mußte er als Überläufer ins Gefängnis. Nach mehr als drei Wochen im Gefängnis wurde er jedoch von den kubanischen Behörden in die USA entlassen.

1. Juli 1968
DER aus Minneapolis/Minnesota stammende Flug 714 der Northwest Airlines wurde auf der Teilstrecke Chicago – Miami mit 92 Personen an Bord gekapert. Die dreistrahlige Boeing 727 kehrte ohne Passagiere in die USA zurück – die wurden von einer kolbengetriebenen Douglas DC-7B heimgeholt. Das war der Anfang einer Politik der kubanischen Behörden, vollbeladene westliche Düsenflugzeuge nicht auf Flugplätzen starten zu lassen, die sich dafür nicht eigneten.

12. Juli 1968
DIESE vergebliche Flugzeugentführung, die damit endete, daß sich der Luftpirat dem Ersten Offizier

(Kopilot) ergab, betraf Flug 977 der Delta Air Lines, eine vierstrahlige Convair 880, die mit 55 Personen auf einem Inlandflug von Baltimore/Maryland nach Houston/Texas war. Die Anklage gegen den pistoleschwingenden Täter, der nach Kuba gebracht werden wollte, wurde jedoch fallengelassen: er wurde in eine Nervenheilanstalt eingewiesen.

17. Juli 1968
FLUG 1064 der National Airlines, eine DC-8, die mit 64 Personen auf einem transkontinentalen Inlandflug von Los Angeles nach Miami unterwegs war, wurde kurz nach dem Start in Houston, wo die Düsenmaschine zwischengelandet war, entführt. Dem Piloten gelang es jedoch, den Entführer – einen Kubaner, den man sagen hörte: »Fidel hat mich zurückbeordert!« – zu einer weiteren Zwischenlandung in New Orleans zu überreden, um auftanken zu können, bevor er nach Havanna weiterflog.

Dort wurden die Fluggäste nach Varadero gefahren und dann mit einer Chartermaschine in die USA zurückgeflogen – wieder einmal zeigten sich die kubanischen Behörden nicht gewillt, den Start einer vollbeladenen Düsenverkehrsmaschine auf dem Flughafen José Martí zu riskieren.

11. September 1968
EIN Staatsbürger der USA ergriff das Kommando über eine Turboprop-Maschine des Typs Viscount 700 der Air Canada, die planmäßig von Moncton/New Brunswick nach Toronto/Ontario flog. In Montreal/Quebec ergab er sich und bat um Asyl in Kanada. Dort jedoch wurde er zu Gefängnis verurteilt, und nachdem er 1971 in die USA überstellt worden war, wurde er erneut eingesperrt: diesmal wegen Bankraubs und eines ähnlichen Deliktes – Taten, die er einen Monat vor der Flugzeugentführung in Texas begangen hatte.

20. September 1968
MIT 53 Personen unterwegs von San Juan/Puerto Rico nach Miami/Florida wurde Flug 950 der Eastern Air Lines über den Bahamas von einem bewaffneten Passagier entführt, der sich als Kubaner ausgab.

Die vierstrahlige Boeing 720 kehrte aus Kuba ohne ihre Fluggäste zurück – die flogen mit einem Turboprop-Flugzeug des Typs Lockheed Electra nach Hause.

22. September 1968
ZWEI Flugzeuge der kolumbianischen Fluggesellschaft Aerovías Nacionales de Colombia (AVIANCA) wurden nach dem Start in Barranquilla/Kolumbien nach Kuba entführt. Das erste war eine dreistrahlige Boeing 727-59 mit 78 Personen an Bord; sie landete in Camaguey. Etwa drei Stunden später setzte die zweite, eine viermotorige DC-

4, mit 61 Fluggästen wohlbehalten in Santiago de Cuba auf.

6. Oktober 1968
EINE zweistrahlige Turboprop-Maschine des Typs Hawker Siddeley 748 der Aeromaya SA wurde auf dem Flug von der Insel Cozumel nach Mérida/Yucatán entführt: eine bewaffnete, von zwei Kindern begleitete Frau zwang die mexikanische Maschine mit insgesamt 17 Fluggästen zur Landung in Havanna, wo sich noch ein vierter Passagier zur Flucht entschloß.

4. November 1968
EINE dreistrahlige Boeing 727-235 der National Airlines, Flug 186 mit 65 Personen an Bord, brachte kurz nach dem Start in New Orleans/Louisiana, wo sie auf der Strecke Houston/Texas – Miami/Florida zwischengelandet war, ein selbsternannter »schwarzer nationalistischer Freiheitskämpfer« in seine Gewalt. Vor der Landung in Havanna beraubte der Luftpirat noch die Passagiere und befahl einer Stewardeß, die Beute in einem Sack einzusammeln. Das Geld wurde den Opfern anschließend von den kubanischen Behörden zurückgegeben – nicht aber der Räuber.

18. November 1968
AUF dem planmäßigen Inlandflug von Mérida nach Mexico City wurde eine viermotorige DC-6 der Compañía Mexicana de Aviación SA mit 23 Menschen an Bord von zwei bewaffneten Männern zur Landung in Havanna/Kuba gezwungen.

23. November 1968
EINE Gruppe von fünf Männern, einer Frau und drei Kindern, die sich über »Jugendkriminalität und Korruption in den USA« beschwerte, bemächtigte sich des Fluges 73 der Eastern Air Lines, als er von Chicago nach Miami unterwegs war. Insgesamt 90 Personen waren an Bord der dreistrahligen Boeing 727-25, die daraufhin auf dem José-Martí-Flughafen von Havanna landete.

Später wurde ein Mann verhaftet, der angeblich die Flugkarten der Luftpiraten besorgt haben soll, an der eigentlichen Entführung aber nicht teilgenommen hatte.

24. November 1968
NUR Stunden nach der Eastern-Air-Lines-Entführung wurde Flug 281, eine vierstrahlige Boeing 707 der Pan American World Airways, die mit 103 Personen von New York City nach San Juan/Puerto Rico flog, von drei bewaffneten Männern gekapert, die einer Stewardeß erklärten, dies sei der »einfachste Weg«, nach Kuba zu gelangen. Zwei von ihnen wurden Mitte der 70er Jahre unabhängig voneinander in Puerto Rico festgenommen und zu 15 und 12 Jahren Gefängnis verurteilt – der dritte Luftpirat blieb auf Kuba.

Eastern Airlines erlebte mehr Flugzeugentführungen als jede andere Fluggesellschaft – auch eine Boeing 727-25 wie diese mußte im November 1968 Kuba anfliegen.

30. November 1968
FLUG 532 der Eastern Air Lines, eine vierstrahlige Boeing 720, wurde auf der planmäßigen Inlandroute von Miami/Florida nach Dallas/Texas mit 45 Personen an Bord zur Landung auf Kuba gezwungen, wo sie wohlbehalten landete.

3. Dezember 1968
FLUG 1439, eine dreistrahlige Boeing 727 der National Airlines mit 35 Personen an Bord, wurde von einem mit Pistole und Handgranate bewaffneten Luftpiraten nach dem Start in Tampa/Florida, wo sie auf der Inlandroute von New York City nach Miami zwischengelandet war, gewaltsam entführt.

11. Dezember 1968
EINE dreistrahlige Boeing 727-31 der Trans World Airlines mit 39 Personen an Bord, die als Flug 496 eine neue Inlandroute von St. Louis/Missouri nach Miami/Florida einweihte, wurde nach dem Start in Nashville/Tennessee, einem Zwischenlandeplatz, von einem Ehepaar entführt. Das Flugzeug erreichte Havanna ohne weitere Zwischenfälle.

19. Dezember 1968
EASTERN Air Lines' Flug 47, eine McDonnell Douglas DC-8 Super 61 mit 151 Personen an Bord, wurde auf dem Weg von Philadelphia/Pennsylvania nach Miami von einem Mann mit einer vierjährigen Tochter nach Havanna entführt. Der kubanische Rundfunk beschrieb die von ihm benutzten »Waffen« später als eine Spielzeugpistole und einen vorgetäuschten Nitroglyzerinbehälter. Der Entführer kehrte etwa ein Jahr später über Kanada in die USA zurück und verbrachte 16 Monate im Gefängnis wegen Nötigung einer Flugzeugbesatzung.

2. Januar 1969
DAS neue Jahr war gerade zwei Tage alt, als eine vierstrahlige McDonnell Douglas DC-8 Super 61, die als Flug 401 geführt wurde, auf dem Inlandflug von New York City nach Miami mit 146 Personen an Bord in die Gewalt eines Ehepaars mit einer jungen Tochter geriet. Der Mann wurde zwei Jahre später bei einem Banküberfall in New York City getötet.

7. Januar 1969
EINE viermotorige DC-4 der kolumbianischen Fluggesellschaft AVIANCA, die auf einem planmäßigen Inlandflug von Ríohacha nach Maicao unterwegs war, wurde von einem Luftpiraten nach Kuba entführt.

9. Januar 1969
FLUG 831 der Eastern Air Lines, eine dreistrahlige Boeing 727 auf der internationalen Route von Miami/Florida zu den Bahamas, wurde mit 79 Personen an Bord von einem messerschwingenden Entführer nach Kuba dirigiert. Der Täter kehrte im Laufe des Jahres über Kanada in die USA zurück, wo er 1972 wegen Luftpiraterie zu 20 Jahren Gefängnis verurteilt wurde.

11. Januar 1969

EINE vierstrahlige Convair 990A Coronado der Aerolíneas Peruanas SA (APSA), die als Flug 60 mit 118 Personen von Buenos Aires/Argentinien Richtung USA unterwegs war, wurde gekapert, als sie sich auf die Landung in Miami vorbereitete – sie setzte statt dessen in Havanna auf. Der Luftpirat wurde vier Jahre danach nach Mexiko überstellt, wo er zu 25 Jahren Gefängnis verurteilt wurde. Später kehrte er zusammen mit 29 anderen Gefangenen, die Mexiko freigelassen hatte, nach Kuba zurück.

11. Januar 1969

UNITED Air Lines stieß zum Kreis der Fluggesellschaften, die schon Erfahrung mit Flugzeugentführungen hatten, als Flug 459 auf dem innerstaatlichen Flug von Jacksonville/Florida nach Miami mit 20 Personen an Bord entführt wurde. Die dreistrahlige Boeing 727 erreichte Havanna ohne weitere Vorkommnisse. Vier Monate später kehrte der Luftpirat über Kanada in die USA zurück, eine Anklage gegen ihn wurde jedoch wegen vorübergehender Unzurechnungsfähigkeit fallengelassen.

13. Januar 1969

KEINEN Erfolg brachte der Versuch, Flug 297 der Delta Air Lines zu entführen: er endete mit der Gefangennahme des bewaffneten Täters, der anschließend wegen Nötigung einer Flugzeugbesatzung zu 15 Jahren Gefängnis verurteilt wurde. Die vierstrahlige Convair 880 war mit 77 Personen auf der Inlandroute Detroit – Miami unterwegs gewesen.

19. Januar 1969

ZEHN Personen wurden festgenommen, nachdem sie versucht hatten, eine Turboprop-Maschine des Typs Lockheed Electra der Compañía Ecuatoriana de Aviación SA zu entführen, die sich mit 88 Personen an Bord auf einem planmäßigen Inlandflug von Guayaquil nach Quito befand. Alle zehn wurden später verurteilt.

24. Januar 1969

FLUG 424 der National Airlines, eine dreistrahlige Boeing 727 mit 47 Personen an Bord, wurde von einem 19jährigen Deserteur der amerikanischen Marine entführt, der sagte, er wolle nicht nach Vietnam. Auf einem innerstaatlichen Florida-Flug von Miami nach Key West hielt er einer Stewardeß ein Messer an die Kehle und erzwang eine Landung in Havanna.

28. Januar 1969

NATIONAL Airlines' Flug 64, eine vierstrahlige McDonnell Douglas DC-8 Super 61 auf Transkontinentalflug von Los Angeles nach Miami, wurde mit 32 Personen an Bord von zwei Männern gekapert, die mit einem Revolver und Dynamit bewaffnet waren. Es waren Ausbrecher aus dem »California Institute for Men« (Männergefängnis), wo sie wegen Raubes eingesessen hatten. Das Flugzeug landete sicher in Havanna.

28. Januar 1969

STUNDEN nur nach der National-Airlines-Entführung wurde Eastern Air Lines Flug' 121 auf der Route Philadelphia – Miami von drei bewaffneten Männern nach Kuba entführt. An Bord der DC-8 Super 61 befanden sich 113 Menschen. Einer der Geiselnehmer wurde 1975 in Cleveland/Ohio festgenommen und zu fünf Jahren Haft verurteilt, die aber auf Bewährung ausgesetzt wurden. Seine beiden Mittäter kehrten 1978 in die USA zurück und wurden später zu je sieben Jahren Gefängnis wegen Nötigung einer Flugzeugbesatzung verurteilt.

31. Januar 1969

EINE DC-8 der National Airlines, Flug 44, wurde auf einem Inlandflug von San Francisco nach Tampa/Florida mit 63 Personen an Bord nach Kuba entführt. Der Luftpirat, der die Maschine mit einer Pistole in seine Gewalt gebracht hatte, wurde 1976 von Jugoslawien an die USA ausgeliefert, wo er im Jahr darauf zu einer 15jährigen Haftstrafe wegen Nötigung einer Flugzeugbesatzung verurteilt wurde.

3. Februar 1969

BEWAFFNET mit einem Messer und einer Insektizid-Sprühdose versuchte ein Ehepaar, eine dreistrahlige Boeing 727 der National Airlines zu entführen, die als Flug 11 auf einem Inlandflug von New York City nach Miami unterwegs war. Der Pilot konnte sie jedoch zur Landung am vorgesehenen Bestimmungsort Miami überreden, wo sie dann verhaftet wurden. Beide erhielten 19 Monate Gefängnis wegen minderschwerer Nötigung einer Flugzeugbesatzung.

3. Februar 1969

FLUG 7, eine dreistrahlige Boeing 727-25 der Eastern Air Lines, die mit 94 Personen an Bord von Newark/New Jersey nach Miami flog, wurde von drei Luftpiraten entführt, die mit einem Messer und einem angeblichen Sprengsatz bewaffnet waren; sie erreichte Havanna ohne weitere Zwischenfälle.

5. Februar 1969

EINE DC-4 der kolumbianischen Fluggesellschaft Sociedad Aeronáutica de Medellín Consolidada SA (SAM) wurde auf der Inlandroute Barranquilla – Medellín von einem Luftpiraten nach Kuba entführt. Er floh später in die Tschechoslowakei und dann nach Schweden, wo er 1972 festgenommen und zu 20 Monaten Gefängnis verurteilt wurde.

8. Februar 1969

DIE versuchte Entführung einer DC-6 der Compañía Mexicana de Aviación SA, die planmäßig die Strecke von Mexico City nach Villahermosa/Tabasco beflog, endete, als der Luftpirat von anderen Passagieren überwältigt und festgenommen wurde.

10. Februar 1969

FLUG 950, eine vierstrahlige DC-8 Super 61 der Eastern Air Lines, die mit 119 Personen auf der internationalen Route von San Juan/Puerto Rico nach Miami/Florida unterwegs war, wurde von einem Pistolero zur Landung in Havanna gezwungen.

11. Februar 1969

EINE zweistrahlige DC-9 der Línea Aeropostal Venezolana mit 73 Menschen an Bord wurde auf einem planmäßigen Inlandflug von Maracaibo nach Caracas von drei Männern nach Kuba entführt.

25. Februar 1969

EINE DC-8 der Eastern Air Lines, die als Flug 955 mit 67 Personen auf der Inlandroute Atlanta/Georgia – Miami unterwegs war, wurde von einem Luftpiraten mit einem Revolver nach Kuba entführt. Im September 1969 stellte er sich amerikanischen Behörden in Prag, und im Juli darauf wurde er wegen Luftpiraterie und Menschenraubs zu lebenslanger Haft verurteilt.

5. März 1969

FLUG 97, eine dreistrahlige Boeing 727 der National Airlines, die mit 26 Personen von New York City nach Miami flog, wurde von einem – wie Augenzeugen es beschrieben – »schmuddelig aussehenden Typen« mit einem Revolver nach Havanna entführt; er beraubte während der Entführung auch noch einige Passagiere. Mehr als zehn Jahre danach kehrte der Täter in die USA zurück, wo er 1981 wegen Luftpiraterie zu fünf Jahren Gefängnis mit Bewährung verurteilt wurde.

15. März 1969

EINE viermotorige DC-6 der Fluggesellschaft Aerovías Cóndor de Colombia Ltda (Aerocóndor) wurde auf dem Inlandflug von Barranquilla zur Insel San Andrés von einem Erpresser mit 47 Personen an Bord nach Kuba entführt.

17. März 1969

WÄHREND eines Inlandfluges von Dallas/Texas nach Charleston/South Carolina wurde eine zweistrahlige DC-9 der Serie 30 der Delta Air Lines, geführt als Flug 518, zwischen Atlanta/Georgia und Augusta/Georgia von einem Mann entführt, der behauptete, einen Schuhkarton voller Dynamit bei sich zu haben.

Der Sprengsatz erwies sich später als Fälschung, aber sie brachte ihm – und den übrigen 62 Personen an Bord – immerhin einen Trip nach Havanna ein.

Eine DC-9 der Delta Air Lines wie diese hier mußte am 17. März 1969 auf Kuba landen; es war eine von zwei Flugzeugentführungen an einem einzigen Tag.

Im selben Jahr noch kehrte der Entführer über Kanada in die USA zurück, wo er für drei Jahre in eine Nervenheilanstalt eingewiesen wurde.

17. März 1969

WENIGER als zwei Stunden, nachdem die entführte DC-9 der Delta Air Lines in Havanna gelandet war, setzte eine Boeing 727 der peruanischen Fluggesellschaft Compañía de Aviación Faucett SA auf dem Flughafen José Martí auf: sie war auf einem planmäßigen Inlandflug von Lima nach Arequipa gekapert worden. Bei einer Zwischenlandung zum Auftanken in Guayaquil/Ecuador erlaubten die Luftpiraten, die mit Sprengkörpern bewaffnet waren, den anderen 69 Fluggästen, von Bord zu gehen – dann flog die Maschine weiter nach Kuba.

19. März 1969

DELTA Air Lines' Flug 918, eine vierstrahlige Convair 880 mit 97 Personen an Bord, war zwischen Dallas/Texas und New Orleans/Louisiana Ziel einer versuchten Entführung durch einen mit einem Revolver bewaffneten Mann. Die Anklage gegen ihn wurde später wegen Geistesgestörtheit fallengelassen – er wurde in Arizona in eine Nervenheilanstalt eingewiesen.

25. März 1969

FLUG 821, eine vierstrahlige Douglas DC-8 der Delta Air Lines auf Transkontinentalflug von Newark/New Jersey nach Los Angeles, wurde kurz nach dem Start in Dallas, einer von zwei Zwischenlandungen, entführt. Unter den 114 Personen an Bord der Maschine waren auch gut zwei Dutzend Marinerekruten, die auf dem Weg nach San Diego/Kalifornien waren. Der Luftpirat soll 1975 auf Kuba gestorben sein.

11. April 1969

EINE Gruppe von Entführern, die aus etwa zehn Männern sowie drei Frauen und vier Kindern bestand, bemächtigte sich einer viermotorigen DC-6 der Compañía Ecuatoriana de Aviación SA, die mit 60 Personen auf einem planmäßigen Inlandflug zwischen Guayaquil und Quito eingesetzt war: sie wurde nach Kuba dirigiert.

13. April 1969

VIER Männer bemächtigten sich des Fluges 460 der Pan American World Airways, die mit mehr als 90 Personen von San Juan/Puerto Rico nach Miami/USA fliegen sollte, und zwangen die dreistrahlige Boeing 727 zum Flug nach Havanna.

14. April 1969

EINE DC-4 der Sociedad Aeronáutica de Medellín Consolidada SA (SAM) wurde auf der Inlandroute Medellín – Barranquilla/Kolumbien mit 29 Menschen an Bord nach Kuba entführt.

5. Mai 1969

ZWEI Luftpiraten bemächtigten sich einer dreistrahligen Boeing 727 der National Airlines, die als Flug 91 mit 75 Personen an Bord planmäßig von New York City nach Miami unterwegs war. Beide Männer kehrten ein Jahrzehnt später nach Kanada zurück, wo einer von ihnen zu sechs Monaten Gefängnis wegen Bombenlegens in Kanada verurteilt wurde – eine Auslieferung an die USA wurde jedoch in beiden Fällen abgelehnt.

20. Mai 1969

EIN zweistrahliges Verkehrsflugzeug des Typs Boeing 737 der Aerovías Nacionales de Colombia (AVIANCA) wurde mit 59 Personen an Bord auf der kolumbianischen Inlandroute Bogotá – Pereira nach Kuba entführt.

26. Mai 1969

FLUG 6 der Northeast Airlines wurde auf dem Flug von Miami nach New York City von drei bewaffneten Männern gekapert.

Die dreistrahlige Boeing 727 und ihre 20 Fluggäste erreichten Havanna ohne weitere Zwischenfälle.

30. Mai 1969

EIN Mann, der behauptete, er trage eine Handgranate bei sich, in Wirklichkeit aber unbewaffnet war, versuchte vergeblich, Flug 669 der Texas International Airlines, eine zweistrahlige Turboprop-Maschine des Typs Convair 600 auf innerstaatlichem Flug von Alexandria nach New Orleans/Louisiana in seine Gewalt zu bringen. Auf eine Anklage gegen ihn wurde später wegen Geisteskrankheit verzichtet – er wurde für zwei Jahre in eine psychiatrische Anstalt eingewiesen.

17. Juni 1969

EINE vierstrahlige Boeing 707 der Trans World Airlines, geführt als Flug 154, wurde mit Waffengewalt von einem Mann nach Kuba entführt, nachdem sie mit 89 Personen an Bord in Oakland/Kalifornien zum Transkontinentalflug nach New York gestartet war.

20. Juni 1969

EINE betagte DC-3 der kolumbianischen Fluggesellschaft Líneas Aéreas La Urraca wurde auf der Inlandroute Villavicencio – Monterrey von drei Männern und einer Frau nach Kuba entführt.

22. Juni 1969

AUF dem Inlandflug von Newark/New Jersey nach Miami wurde Flug 7 der Eastern Air Lines, eine vierstrahlige DC-8 Super 61 mit 89 Menschen an Bord, von einem Luftpiraten, der mit einem Messer und einem Behälter mit der Aufschrift »Gift« bewaffnet war, zur Landung auf Kuba gezwungen.

25. Juni 1969
UNGEFÄHR eine Viertelstunde nach dem Start in Los Angeles wurde Flug 14 der United Air Lines, eine DC-8 Super 61, die mit 58 Personen an Bord nach New York fliegen sollte, noch über Kalifornien von einem Bewaffneten entführt – sie landete am frühen Morgen in Havanna.

28. Juni 1969
EASTERN Air Lines' Flug 173, eine dreistrahlige Boeing 727 mit 104 Personen an Bord, wurde vor der Küste Floridas auf dem Flug von Baltimore/Maryland nach Miami von einem messerbewerten Mann gekapert und nach Kuba entführt. Fünf Monate später kehrte der Luftpirat über Kanada in die USA zurück, wo er 1970 wegen Nötigung einer Luftfahrzeugbesatzung zu 15 Jahren Gefängnis verurteilt wurde.

3. Juli 1969
EINE Gruppe von 13 Personen brachte eine DC-3 der Sociedad Anónima Ecuatoriana de Transportes Aéreos (SAETA) in ihre Gewalt, die mit 21 Fluggästen die Inlandroute Tulcán – Quito beflog.

10. Juli 1969
DER Versuch, sich einer DC-4 der kolumbianischen Fluggesellschaft AVIANCA auf der Inlandroute Barranquilla – Santa Marta zu bemächtigen, endete mit der Überwältigung des Luftpiraten. Das Flugzeug kehrte sicher zum Ausgangspunkt zurück.

10. Juli 1969
ZUM zweiten Mal an einem einzigen Tag wurde eine kolumbianische DC-4 Ziel eines Entführungsversuchs auf einem Inlandflug: dieses Mal flog die Viermotorige für die Sociedad Aeronáutica de Medellín Consolidada (SAM) auf der Strecke Cali – Bogotá. Aber auch dieser Versuch schlug, wie der erste, fehl: der Luftpirat wurde überwältigt, und die Maschine landete sicher in Kolumbien.

26. Juli 1969
ES war eine der relativ seltenen Flugzeugentführungen Mexikos: eine DC-6 der Compañía Mexicana de Aviación SA wurde mit 32 Personen an Bord auf der Inlandroute Minatitlán/Veracruz – Villahermosa/Tabasco nach Kuba entführt.

26. Juli 1969
ÜBER Flug 156 der Continental Air Lines, eine zweistrahlige DC-9, ergriff nach dem Start in El Paso/Texas ein messerschwingender Mann das Kommando. Das Flugzeug tankte in Midland/Texas, seinem planmäßigen Zielort, und flog dann, nachdem den Passagieren erlaubt worden war, von Bord zu gehen, nach Havanna weiter. Noch im selben Jahr kehrte der Entführer in die USA zurück:

hier wurde er 1970 wegen Luftpiraterie zu 50 Jahren Gefängnis verurteilt.

29. Juli 1969
AUF einem Inland-Linienflug versuchte ein Luftpirat, der sich als Frau verkleidet hatte, eine nicaraguanische Verkehrsmaschine in seine Gewalt zu bringen, möglicherweise eine zweimotorige Curtiss C-46 der Líneas Aéreas de Nicaragua SA (LANICA) – er wurde überwältigt und festgenommen.

31. Juli 1969
DIESE gewagte Flugzeugentführung wurde von einem Mann begangen, der wegen eines Bankraubs einsaß, den er vier Jahre zuvor begangen hatte. Der Häftling wurde auf Trans World Airlines' Flug 79, einer Boeing 727-231 auf dem Wege von Pittsburgh/Pennsylvania nach Los Angeles, von zwei Wächtern begleitet, als er darum bat, die Toilette aufsuchen zu dürfen. Dort hatte er offensichtlich eine Rasierklinge gefunden, die er – auf den richtigen Moment wartend – zunächst verbarg, dann aber plötzlich einer Stewardeß an die Kehle hielt: er erzwang einen Flug nach Kuba.

Zwölf Jahre später wurde der Entführer in Indiana verhaftet und noch im selben Jahr wegen Luftpiraterie und Menschenraubs zu 25 Jahren Gefängnis verurteilt.

4. August 1969
EINE DC-4 der kolumbianischen AVIANCA auf planmäßigem Inlandflug von Santa Marta nach Ríohacha wurde von drei Männern nach Kuba entführt.

5. August 1969
DER erfolglose Versuch, Flug 379, eine DC-9 der Eastern Air Lines auf der Inlandroute Philadelphia/Pennsylvania – Tampa/Florida zu entführen, endete mit der Festnahme des 73jährigen Täters, der mit einem Messer und einem Rasiermesser bewaffnet war. Eine Anklage gegen ihn wurde im Jahr darauf fallengelassen – er wurde später in eine Heilanstalt eingewiesen.

14. August 1969
FLUG 43 der Northeast Airlines, eine Boeing 727 auf dem Wege von Boston nach Miami, wurde mit 52 Personen an Bord in der Nähe von Jacksonville/Florida von zwei Männern entführt, die mit einem Revolver und einem Messer bewaffnet waren: sie landete auf Kuba.

23. August 1969
ZWEI Männer entführten eine zweistrahlige Turboprop-Maschine des Typs Avro 748 der AVIANCA nach Kuba. Sie war mit 30 Personen an Bord auf einem planmäßigen kolumbianischen Inlandflug von Bucaramanga nach Bogotá gewesen.

29. August 1969
FLUG 183, eine dreistrahlige Boeing 727 der National Airlines, die mit 55 Personen an Bord von Miami nach New Orleans fliegen sollte, wurde von einem Bewaffneten zum Flug nach Kuba gezwungen.

7. September 1969
EINE vierstrahlige DC-8 Super 61 der Eastern Air Lines, die als Flug 925 mit 96 Personen an Bord von New York City nach San Juan/Puerto Rico unterwegs war, wurde von einem mit einer Pistole Bewaffneten nach Kuba entführt.

Ende 1997 wurde der Luftpirat, der sich der amerikanischen Justiz nahezu drei Jahrzehnte lang entziehen konnte, auf einem ganz normalen Ausflug von Kanada, wo er seit sieben Jahren gelebt hatte, in die USA von amerikanischen Behörden verhaftet.

10. September 1969
DER Versuch, Eastern Air Lines' Flug 929, eine mit 202 Personen besetzte DC-8 Super 61, auf der Strecke New York City – San Juan/Puerto Rico nach Kuba zu entführen, scheiterte, als Besatzungsmitglieder und einige Passagiere den unbewaffneten Täter überwältigten. Im Januar 1970 wurde er in eine Nervenklinik eingewiesen.

24. September 1969
AUF dem Inlandflug von Miami/Florida nach Charleston/South Carolina wurde Flug 411, eine Boeing 727 der National Airlines, nach Kuba entführt. Der Luftpirat, der bei der gewaltsamen Übernahme eine Pistole und einen vorgetäuschten Sprengkörper benutzt hatte, kehrte 1980 mit kubanischen Flüchtlingen in die USA zurück: im Jahr darauf wurde er wegen Nötigung einer Luftfahrzeugbesatzung zu fünf Jahren Gefängnis verurteilt.

8. Oktober 1969
EINE zweistrahlige Caravelle der brasilianischen Fluggesellschaft Serviços Aéreos Cruzeiro do Sul SA mit 67 Personen an Bord wurde während eines Inland-Linienflugs von Belém nach Manaus von vier Männern nach Kuba entführt.

8. Oktober 1969
MIT 50 Insassen wurde eine vierstrahlige Boeing 707 der Aerolíneas Argentinas auf der internationalen Route vom argentinischen Buenos Aires nach Miami von einem Luftpiraten nach Kuba entführt.

9. Oktober 1969
EINE als Flug 42 geführte DC-8 der National Airlines wurde auf einem transkontinentalen Inlandflug von Los Angeles nach Miami mit 70 Personen an Bord entführt: das Flugzeug landete wohlbehalten auf dem José-Martí-Flughafen von Havan-

na. Der bewaffnete Luftpirat soll dem Piloten gesagt haben, er habe Heimweh.

21. Oktober 1969
EINE vierstrahlige Boeing 720B der Pan American World Airways, die als Flug 551 die mexikanische Inlandroute Mexico City – Mérida beflog, wurde von einem mit einem Revolver bewaffneten 17jährigen zur Landung in Havanna gezwungen.

28. Oktober 1969
EINE von zwei Propellerturbinen angetriebene kolumbianische Beechcraft, die mit acht Personen an Bord als Zubringer von Buenaventura nach Bogotá flog, wurde von zwei Männern nach Kuba umdirigiert.

4. November 1969
DIE erste Entführung dieses Tages betraf eine Boeing 707 der brasilianischen Fluggesellschaft SA Empresa de Viaçao Aérea Rio Grandense (VARIG), die als Flug 863 von Buenos Aires/Argentinien nach Santiago/Chile fliegen sollte: sie wurde mit 101 Personen an Bord zur Landung auf Kuba gezwungen.

4. November 1969
DIE zweite Entführung dieses Tages wäre fast vereitelt worden: eine BAC One-Eleven der Líneas Aéreas de Nicaragua SA (LANICA), die mit 32 Personen planmäßig von Managua/Nicaragua nach San Salvador/El Salvador fliegen sollte, landete auf Grand Cayman Island in der Absicht, ihre beiden Luftpiraten glauben zu machen, sie seien nunmehr auf Kuba. Einer der Entführer ging tatsächlich von Bord und wurde festgenommen – er wurde aber wieder freigelassen, als der andere an Bord eine Stewardeß mit einer Pistole bedrohte. Die Zweistrahlige flog daraufhin mit beiden Gewalttätern nach Kuba weiter.

8. November 1969
DIESE Entführung eines argentinischen Düsenverkehrsflugzeugs hätte tragisch ausgehen können, hatte aber ein friedfertiges Ende. Die BAC One-Eleven der Austral Líneas Aéreas SA wurde auf einem Routine-Inlandflug von Córdoba nach Buenos Aires von einem Mann gekapert, der drohte, ein Kind zu erschießen, wenn der Pilot nicht Kurs auf Kuba nähme. Als das Flugzeug dann allerdings in Montevideo/Uruguay zum Auftanken landete, konnte der Pistolero überredet werden, alle Passagiere von Bord zu lassen – etwa 80 Minuten später ergab er sich den Behörden.

12. November 1969
ZWEI Jugendliche, die eine Caravelle der Línea Aérea Nacional de Chile (LAN-Chile) auf planmäßigem Inlandflug von Santiago nach Puerto Montt entführen wollten, wurden von zwei Besat-

zungsangehörigen nach dem Start in Antofagasta/Chile überwältigt.

12. November 1969
AUF einem Routine-Inlandflug von Manaus nach Belém wurde eine NAMC YS-11 – eine zweistrahlige Turboprop-Maschine japanischer Produktion, die von der brasilianischen Serviços Aéreos Cruzeiro do Sul SA betrieben wurde – von einem Einzeltäter nach Kuba entführt.

13. November 1969
MIT 61 Personen an Bord wurde eine DC-4 der Aerovías Nacionales de Colombia (AVIANCA) auf der Inlandlinie Cúcuta – Bogotá von sechs Männern nach Kuba entführt. Beim Auftanken in Barranquilla durften eine schwangere Frau und ein weiterer Passagier das Flugzeug jedoch verlassen.

29. November 1969
ERSTMALIG wurde ein Flugzeug aus Europa nach Kuba entführt: eine Boeing 707 der brasilianischen SA Empresa de Viaçao Aérea Rio Grandense (VARIG), die mit 95 Personen an Bord den Atlantik von London nach Rio de Janeiro überqueren wollte, wurde über Portugal von einem Luftpiraten, der mit einem Revolver und einem Messer bewaffnet war, nach Kuba umdirigiert.

2. Dezember 1969
TRANS World Airlines' Flug 54, eine Boeing 707 auf US-Inlandflug von San Francisco nach Philadelphia, wurde mit 28 Passagieren an Bord von einem Passagier nach Kuba entführt, der einer Stewardeß ein Messer an die Kehle hielt und sich so Zutritt zum Cockpit erzwang. Die 707 erreichte Havanna wohlbehalten – aber ein Düsenjäger des Typs F-102 Delta Dagger der US Air National Guard, der die Verkehrsmaschine begleiten sollte, stürzte bei Jacksonville/Florida ab: der Pilot rettete sich mit dem Schleudersitz. Ein Jahrzehnt später kehrte der Luftpirat in die USA zurück und wurde dort wegen Nötigung einer Flugzeugbesatzung zu zehn Jahren Freiheitsstrafe verurteilt.

19. Dezember 1969
EINE dreistrahlige Boeing 727 der Línea Aérea Nacional de Chile (LAN-Chile), die mit 99 Personen an Bord planmäßig von Santiago nach Arica fliegen sollte, wurde von einem Luftpiraten zum Flug nach Kuba gezwungen.

23. Dezember 1969
EINE schon betagte zweimotorige C-46 der Líneas Aéreas Costaricenses SA (LASCA) wurde von einem Luftpiraten auf dem planmäßigen Inlandflug von Puerto Limón nach San José gewaltsam übernommen. Bei einer Zwischenlandung durften 30 Passagiere das Flugzeug verlassen; es flog anschließend nach Kuba weiter.

26. Dezember 1969
ALS Flug 929 von New York City nach Chicago unterwegs, wurde eine Boeing 727 der United Air Lines mit 32 Personen an Bord kurz nach dem Start auf dem Flughafen La Guardia von einem Bewaffneten nach Havanna entführt. 1983 stellte sich der Entführer den Behörden in San Juan/Puerto Rico – im Jahr darauf wurde er wegen Luftpiraterie zu lebenslanger Einschließung verurteilt.

1.–3. Januar 1970
DIESE Entführung, die sich lange hinzog, betraf eine Sud Aviation Caravelle der brasilianischen Serviços Aéreos Cruzeiro do Sul SA: die zweistrahlige Verkehrsmaschine war auf dem Flug von Montevideo/Uruguay nach Rio de Janeiro gekapert worden. Wegen technischer Probleme mußte das Flugzeug in Lima/Peru zwischenlanden, wo die Polizei hilflos mit ansehen mußte, wie ein neuer Generator aus Santiago/Chile eingeflogen und installiert wurde. Damit war das Abenteuer aber noch nicht ausgestanden: wegen erneuter Generatorprobleme mußte die Caravelle in Panama zwischenlanden. Nachdem Elektriker 22 Autobatterien miteinander verkabelt hatten, um die Triebwerke anzulassen, hob die Maschine endlich Richtung Havanna ab – sie landete 46 Stunden nach Beginn der Entführung.

24. Januar 1970
ZWEI Männer und zwei Frauen brachten eine Fokker F.27 Friendship der ALM Dutch Antillean Airlines auf planmäßigem Linienflug von Santo Domingo in der Dominikanischen Republik nach Curaçao in den Niederländischen Antillen in ihre Gewalt und zwangen die zweistrahlige Turboprop zur Landung auf Kuba.

16. Februar 1970
AUF der Strecke von Miami nach Newark/New Jersey wurde Flug 1, eine Boeing 727-225 der Eastern Air Lines, von einem Spanisch sprechenden Mann gekapert, der von seiner Frau und zwei Kindern begleitet wurde. Während des Fluges hielt der Mann einmal einen brennenden Molotowcocktail in der Hand und rief: »Viva Cuba!« Trotz der Branddrohung landete die Maschine aber mit insgesamt 104 Personen an Bord sicher in Havanna.

11. März 1970
FLUG 361, eine Boeing 727-222 der United Air Lines, die mit 106 Personen an Bord die inneramerikanische Strecke Cleveland/Ohio – Atlanta/Georgia beflog, wurde von einem bewaffneten Mann gekapert, der von seiner Frau und vier Kindern begleitet wurde. Beim Ausbruchsversuch aus einem kubanischen Gefängnis wurde er 1973 erschossen – seine Familie kehrte im Jahr darauf in die USA zurück.

Eine Boeing 727-225 der Eastern Air Lines wurde im Februar 1970, als die Luftpiraterie in eine neue Dekade mündete, nach Kuba entführt.

11. März 1970
EINE dreistrahlige Boeing 727 der kolumbianischen Fluggesellschaft AVIANCA wurde auf der Inlandroute Bogotá – Barranquilla mit 78 Personen an Bord von vier Männern nach Kuba entführt.

12. März 1970
EINE Boeing 707 der brasilianischen VARIG, die als Flug 866 auf der Transatlantikroute vom chilenischen Santiago nach London fliegen sollte, wurde mit 41 Personen an Bord zur Landung auf Kuba gezwungen.

24.–25. März 1970
EINE vierstrahlige Comet 4 der Aerolíneas Argentinas, die mit 68 Personen an Bord von Córdoba nach Tucumán unterwegs war, wurde von einem Ehepaar gekapert. Nach einem Reparaturaufenthalt in Lima/Peru landete sie tags darauf auf Kuba.

25. April 1970
EIN Luftpirat bemächtigte sich auf einem Routine-Inlandflug von Brasilia nach Manaus einer Boeing 737 der brasilianischen Viação Aérea São Paulo SA (VASP). Alle Geiseln bis auf einen, der freiwillig an Bord blieb, wurden bei einer Zwischenlandung zum Auftanken in Guayana freigelassen, bevor Kuba angeflogen wurde.

1. Mai 1970
ZWEI Luftpiraten ergriffen das Kommando über eine dreistrahlige Boeing 727 der British West Indian Airways, die mit 68 Personen an Bord planmäßig die Route Kingston/Jamaika – Grand Cayman Islands abflog. Nach der Landung auf Kuba konnten die dortigen Behörden die Entführer davon überzeugen, daß der gewünschte Weiterflug nach Algerien die Reichweite des Flugzeugs überstieg.

12. Mai 1970
ACHT holländische Verschwörer, die mit automatischen Waffen und Handgranaten bewaffnet waren, bemächtigten sich einer zweistrahligen Fokker F.27 Friendship-Turboprop der ALM Dutch Antillean Airlines, die mit 33 Personen von Santo Domingo in der Dominikanischen Republik nach Curaçao in den Niederländischen Antillen fliegen sollte, und zwangen sie, Kuba anzufliegen.

14. Mai 1970
EINE zweistrahlige Boeing 737 der brasilianischen Fluggesellschaft Viação Aérea São Paulo SA (VASP) wurde auf einem Routine-Inlandflug von Brasilia nach Manaus mit 48 Personen an Bord von einem Luftpiraten gekapert, der mit einer Pistole und Sprengstoff bewaffnet war. Auf dem Weg nach

Kuba mußte die Maschine zweimal zum Auftanken zwischenlanden.

21. Mai 1970

EINE DC-3 der kolumbianischen Aerovías Nacionales de Colombia (AVIANCA) wurde auf einem planmäßigen Inlandflug von Yopal nach Sogamoso en Boyaca mit 26 Personen an Bord von vier Luftpiraten nach Kuba entführt. Sie landete in Barrancabermeja und Barranquilla in Kolumbien, bevor sie nach Kuba weiterflog.

24. Mai 1970

DIE mexikanischen Fluggesellschaften, die regelmäßige Flugverbindungen nach Kuba unterhielten, waren verständlicherweise weitaus seltener Flugzeugentführungen ausgesetzt als amerikanische Fluglinien. Aber in diesem Fall war offensichtlich die Tötung eines guatemaltekischen Rebellenführers durch mexikanische Behörden zwei Jahre zuvor das Motiv: vier Männer kaperten eine dreistrahlige Boeing 727 der Compañía Mexicana de Aviación SA, die mit 79 Personen an Bord von Mexico City nach Mérida unterwegs war.

25. Mai 1970

DIE erste von zwei Entführungen amerikanischer Flugzeuge betraf Flug 206, eine Boeing 727 der American Airlines, die mit 74 Personen die Inlandroute Chicago – New York City beflog. Ein Luftpirat erzwang die Kursänderung nach Kuba mit einer Pistole.

25. Mai 1970

FLUG 199, eine vierstrahlige Convair 880 der Delta Air Lines, wurde auf der Strecke Chicago – Miami nach dem Start in Atlanta/Georgia mit 102 Personen an Bord nach Kuba entführt: eine bewaffnete, Spanisch sprechende Frau, deren 12jähriger Sohn als Dolmetscher fungierte, bemächtigte sich der Maschine. Ein Jahrzehnt später kehrte sie mit kubanischen Flüchtlingen in die USA zurück und wurde dort wegen Luftpiraterie zu 20 Jahren Gefängnis verurteilt.

31. Mai 1970

EIN Ehepaar mit fünf Kindern ergriff auf dem Inland-Linienflug von Bogotá nach Bucaramanga das Kommando über eine Avro 748, eine zweistrahlige Turboprop-Maschine der kolumbianischen Fluggesellschaft AVIANCA, und entführte sie nach Kuba.

26. Juni 1970

EINE Boeing 727 der kolumbianischen Aerovías Nacionales de Colombia (AVIANCA) mit 99 Personen an Bord wurde auf dem Inland-Linienflug von Cúcuta nach Bogatá von zwei Luftpiraten nach Kuba entführt.

1. Juli 1970

FLUG 28, eine vierstrahlige DC-8 der National Airlines mit 39 Personen an Bord, wurde auf dem Flug von New Orleans/Louisiana nach Tampa/Florida, einer Teilstrecke der Transkontinentalroute

Delta Air Lines – eine Fluggesellschaft mit zahlreichen Flugrouten im Südosten der USA – war häufig Opfer von »Skyjackings«: im Mai 1970 wurde eine Convair 880 entführt.

San Francisco – Miami, zur Landung auf Kuba gezwungen. In Havanna wurden, wie verlautet, vier
Fluggäste – allesamt amerikanische Soldaten – von
kubanischen Behörden mißhandelt.

1. Juli 1970
BEI dem Versuch, die Passagiere einer Caravelle
der brasilianischen Fluggesellschaft Serviços
Aéreos Cruzeiro do Sul SA als Geiseln im Austausch für verurteilte Terroristen in ihre Gewalt zu
bringen, wurden vier Männer, die die Maschine
nach Kuba entführen wollten, in Rio de Janeiro,
dem Ausgangspunkt des planmäßigen Inlandfluges nach São Paulo, noch am Boden überwältigt.
Der Pilot der Maschine und ein Polizeibeamter
wurden dabei verletzt.

4. Juli 1970
EINE zweistrahlige Turboprop-Maschine des ja-
panischen Typs NAMC YS-11 der brasilianischen
Serviços Aéreos Cruzeiro do Sul SA, die von
Belém mit 63 Personen an Bord eigentlich nach
Macapá fliegen sollte, wurde von einem Mann ge-
kapert, der eine angeblich mit Nitroglyzerin ge-
füllte Flasche bei sich trug. Auf zwei der insgesamt
fünf Zwischenlandungen, die auf dem Weg nach
Kuba eingelegt werden mußten, gestattete er allen
Passagieren, von Bord zu gehen.

25. Juli 1970
NACHDEM er Luftpiraten in die Hände gefallen
war, landete Flug 600, eine zweistrahlige DC-9 der

Aeronaves de Mexico SA auf planmäßigem Flug
von Acapulco nach Mexico City, mit 31 Personen
an Bord in der Hauptstadt, um vor dem Weiterflug
nach Kuba aufzutanken. Drei der vier Entführer
waren dominikanische Häftlinge, die im Austausch für einen im Jahr zuvor verschleppten US-
Diplomaten freigelassen und nach Mexiko abgeschoben worden waren.

28. Juli 1970
EINE zweistrahlige Boeing 737 der Aerolíneas Argentinas wurde auf einem planmäßigen Inlandflug
von Salta nach Buenos Aires mit 32 Personen an
Bord gekapert. Etwa die Hälfte der Passagiere stieg
in Córdoba aus, auf dem Weiterflug nach Kuba jedoch geriet das Flugzeug über den Anden in einen
Schneesturm und mußte umkehren.
  Der Entführer, der mit zwei Pistolen bewaffnet
war, ergab sich nach der Landung in Córdoba der
Polizei.

2. August 1970
DIE Kubaner sahen ihren ersten »Jumbo«, als Flug
299, eine Boeing 747-121 der Pan American World
Airways, mit 377 Personen an Bord auf der Route
New York City – San Juan/Puerto Rico entführt
wurde. Der Luftpirat, der die Maschine mit einer
Pistole und einem angeblichen Nitroglyzerin-
Sprengsatz in seine Gewalt gebracht hatte, kehrte
1978 in die USA zurück und wurde des Men-
schenraubs angeklagt: er wurde zu lebenlanger
Haft verurteilt.

*Die Kubaner sahen ihren ersten »Jumbo-Jet«, als eine Boeing 747 der Pan American Airlines im August 1970 dorthin
entführt wurde.*

19. August 1970

EINE DC-8 der Trans Caribbean Airways, geführt als Flug 401, wurde auf der Route Newark/New Jersey – San Juan/Puerto Rico mit 154 Personen an Bord nach Kuba entführt.

20. August 1970

EINE zweistrahlige DC-9 der Delta Air Lines, die als Flug 435 mit 82 Personen an Bord von Atlanta nach Savannah/Georgia flog, wurde von einem Luftpiraten, der angeblich einen Sprengkörper trug, nach Kuba entführt.

Fünf Jahre später wurde er in San Juan auf Puerto Rico festgenommen und in die USA überstellt, dort bekam er wegen Luftpiraterie 20 Jahre Gefängnis.

24. August 1970

EIN Mann, der behauptete, er trage einen Sprengsatz bei sich – was sich später als falsch erwies –, brachte Flug 134 der Trans World Airlines, eine Boeing 727, auf der Strecke Las Vegas/Nevada – Philadelphia/Pennsylvania mit 86 Personen an Bord in seine Gewalt.

Im Monat darauf wurde der Entführer von Kuba in die USA abgeschoben, aufgrund von Geistesgestörtheit aber nicht wegen seiner Tat verurteilt. Er wurde für drei Jahre in eine Nervenklinik eingewiesen.

19. September 1970

FLUG 730, eine dreistrahlige Boeing 727 der Allegheny Airlines auf Inlandflug von Pittsburgh nach Philadelphia, wurde mit 98 Personen an Bord von einem Luftpiraten nach Kuba entführt, der eine Pistole und – seinen Angaben zufolge – Sprengstoff bei sich trug. 1978 kehrte er in die USA zurück und wurde wegen Luftpiraterie zu 15 Jahren Gefängnis verurteilt.

22. September 1970

EIN Luftpirat drohte an Bord von Flug 945, einer vierstrahligen DC-8 der Eastern Air Lines auf dem Wege von Boston/Massachusetts nach San Juan/Puerto Rico, Feuer zu legen – aber das Flugzeug landete trotzdem am geplanten Zielort. Hier ergab sich der Täter. Anstelle von Luftpiraterie wurde er jedoch des versuchten Mordes und Raubes angeklagt und zu lebenslanger Haft verurteilt.

21. Oktober 1970

ÜBER eine zweimotorige Curtiss C-46 der Líneas Aéreas Costricenses SA (LASCA), die mit 44 Personen planmäßig von Limón nach San José fliegen sollte, ergriffen fünf Männer und zwei Frauen das Kommando.

Das Flugzeug landete zum Nachtanken auf der vorgelagerten kolumbianischen Insel San Andrés, wo die Entführer für ihre Flucht nach Kuba an Bord eines anderen Flugzeugs gingen.

30. Oktober 1970

FLUG 43, eine vierstrahlige DC-8 der National Airlines, die mit 58 Personen an Bord von Miami nach Tampa/Florida flog, wurde von einem Mann, der von seiner Frau und fünf Kindern begleitet wurde, nach Kuba entführt.

1. November 1970

EINE Boeing 727 der United Air Lines, die als Flug 598 in Kalifornien von San Diego nach Los Angeles unterwegs war, wurde von einem Bewaffneten mit zwei Kindern gekapert.

Die Düsenmaschine landete im nordmexikanischen Tijuana zum Auftanken, bevor sie nach Kuba weiterflog.

13. November 1970

MIT 78 Personen an Bord wurde Flug 257, eine zweistrahlige DC-9 der Eastern Air Lines, auf einem Inlandflug von Raleigh/North Carolina nach Atlanta/Georgia von einem bewaffneten Mann nach Kuba entführt.

19. Dezember 1970

DER Versuch, eine DC-9 der Continental Air Lines zu entführen, die sich als Flug 144 mit 30 Personen auf einem Inlandflug von Albuquerque/New Mexico nach Tulsa/Oklahoma befand, endete mit der Festnahme des unbewaffneten Luftpiraten. Er wurde später wegen »Übermittlung falscher Informationen zum Zwecke der Luftpiraterie« zu fünf Jahren Gefängnis verurteilt.

3. Januar 1971

ZWEI mit Pistolen bewaffnete Paare, eines davon in Begleitung seiner vier Kinder, brachten eine vierstrahlige DC-8 der National Airlines in ihre Gewalt, die mit 96 Personen an Bord als Flug 36 von Los Angeles nach Miami fliegen sollte.

Das verheiratete Paar und seine Kinder wurden 1975 in San Juan auf Puerto Rico festgenommen; der Mann wurde wegen Luftpiraterie zu 20 Jahren Gefängnis verurteilt, die Anklage gegen seine Frau jedoch fallengelassen.

Das andere Paar wurde noch im selben Jahr in Chicago verhaftet: der Mann bekam ebenfalls 20 Jahre Gefängnis, die Frau wegen geringerer Anklagepunkte fünf Jahre Haft.

22. Januar 1971

BEWAFFNET mit einem Tomahawk und – angeblich – einem Sprengsatz, übernahm ein Luftpirat das Kommando über Flug 433 der Northwest Airlines, eine mit 60 Personen besetzte Boeing 727 auf Inlandflug von Milwaukee/Wisconsin nach Detroit/Michigan. Er wollte zunächst nach Algerien, entschloß sich dann aber für Kuba. Als er 1978 in die USA zurückkehrte, erhielt er wegen Luftpiraterie und Menschenraubs 15 Jahre Gefängnis.

26. Januar 1971
DER Versuch, eine in der Dominikanischen Republik registrierte Lockheed Constellation der Aerovías Quisqueyanas C por A auf der Strecke Santo Domingo – San Juan/Puerto Rico mit 74 Personen an Bord zu entführen, endete damit, daß die Viermotorige wieder im Staat ihrer Registrierung landete – die Besatzung hatte den Luftpiraten überwältigt.

4. Februar 1971
FLUG 379, eine zweistrahlige DC-9 der Delta Air Lines, die mit 27 Personen an Bord von Chicago nach Nashville/Tennessee fliegen sollte, wurde nach Kuba entführt. Der Täter, der angeblich Nitroglyzerin bei sich trug, wurde vier Jahre später festgesetzt und wegen Luftpiraterie zu 20 Jahren Gefängnis verurteilt.

25. Februar 1971
EINE zweistrahlige Boeing 737 der Western Air Lines, die als Flug 328 mit 98 Personen an Bord die Strecke San Francisco – Seattle/Washington beflog, wurde von einem 19jährigen Wehrpflichtigen, der zunächst nach Kuba wollte, nach Vancouver in Kanada umdirigiert. Einen Monat später wurde er an die USA ausgeliefert und später wegen Nötigung einer Flugzeugbesatzung zu zehn Jahren Gefängnis verurteilt.

31. März 1971
EIN 14jähriger Junge versuchte, Flug 400 der Delta Air Lines, eine zweistrahlige DC-9 mit 22 Insassen, noch vor dem Start in Birmingham/Alabama in seine Gewalt zu bringen. Er wurde später zu drei Jahren Gefängnis mit Bewährung verurteilt – wegen Tragens einer Waffe an Bord eines Flugzeugs.

31. März 1971
EASTERN Air Lines' Flug 939, eine DC-8 mit verlängertem Rumpf, die mit 82 Personen die Route New York City – San Juan/Puerto Rico bediente, wurde von einem Luftpiraten, der angeblich eine Pistole und einen Sprengsatz mitführte, nach Kuba entführt.
Er kehrte 1974 über die Bermudas in die USA zurück und wurde im Jahr darauf auf Bewährung entlassen.

25. April 1971
DIE versuchte Entführung einer DC-4 der Aerovías Nacionales de Colombia (AVIANCA) auf der innerkolumbianischen Route Barranquilla – Medellín endete mit der Überwältigung des Täters durch Passagiere und Besatzung.

29. April 1971
EINE vierstrahlige Boeing 707 der kolumbianischen Fluggesellschaft AVIANCA wurde auf dem Flug Los Angeles/USA – Bogotá/Kolumbien nach Kuba entführt; der Luftpirat wurde aber festgenommen, als das Flugzeug in Panama landete.

29. Mai 1971
EIN mit zwei Messern bewaffneter Entführer riß das Kommando über Flug 442 an sich, eine Boeing 707 der Pan American World Airways, die mit 69 Personen an Bord von Caracas/Venezuela nach Miami/USA fliegen sollte.

18. Juni 1971
DIE versuchte Entführung von Flug 25 der Piedmont Airlines, einer Boeing 737, die auf dem Flughafen Winston-Salem/North Carolina stand, endete mit der Festnahme des Täters, der gesagt hatte, er habe einen Sprengsatz und einen Behälter mit Säure bei sich – tatsächlich aber unbewaffnet war. Er wurde wegen des minderschweren Verbrechens der Falschinformation zum Zwecke der Luftpiraterie zu fünf Jahren Gefängnis verurteilt.

21. Juni 1971
EIN Luftpirat, der versuchte, eine viermotorige DC-4 der kolumbianischen Fluggesellschaft AVIANCA auf dem planmäßigen Inlandflug von Montería nach Medellín zu entführen, wurde von der Besatzung überwältigt und entwaffnet.

24. Juli 1971
FLUG 183, eine Vierstrahlige der National Airlines, die mit 83 Personen an Bord innerhalb Floridas von Miami nach Jacksonville unterwegs war, wurde von einem Mann mit einer Pistole und einer Stange Dynamit nach Kuba entführt. Ein Fluggast und eine Stewardeß wurden angeschossen und leicht verwundet.

3. September 1971
WACHFREIE Besatzungsmitglieder und weitere Passagiere überwältigten einen Luftpiraten, der mit einem Eispickel die Gewalt über Flug 993 der Eastern Air Lines an sich reißen wollte, eine zweistrahlige DC-9, die mit 86 Personen die Inlandstrecke Chicago – Miami beflog. 1972 wurde er wegen Nötigung einer Flugzeugbesatzung zu 20 Jahren Gefängnis verurteilt.

9. Oktober 1971
EASTERN Air Lines' Flug 953, eine Boeing 727, die mit 46 Personen an Bord von Detroit/Michigan nach Miami/Florida flog, wurde von einem Bewaffneten nach Kuba entführt. 1976 wurde er in Michigan verhaftet und anschließend zu 40 Jahren Gefängnis verurteilt.

12. Oktober 1971
EINE zweistrahlige Turboprop-Maschine des Typs Convair 580 der venezolanischen Fluggesellschaft AVENSA, die als Flug 564 mit 41 Personen an

Bord auf der Inlandstrecke Barcelona – Caracas unterwegs war, wurde nach Kuba entführt.

18. Oktober 1971
DER Versuch, eine zweistrahlige Boeing 737 der amerikanischen Wien Consolidated Airlines zu entführen, die als Flug 15 mit 35 Personen innerhalb Alaskas von Anchorage nach Bethel flog, endete damit, daß sich der bewaffnete Täter in Vancouver kanadischen Behörden ergab. Er wurde an die USA ausgeliefert und in der Folge wegen Luftpiraterie zu 20 Jahren Gefängnis verurteilt.

20. Oktober 1971
SECHS Entführer, zwei von ihnen Frauen, bemächtigten sich einer Viscount 700 der Sociedad Anónima Ecuatoriana de Transportes Aéreos (SAETA), als die Turboprop-Maschine die innerekuadorianische Strecke Quito – Cuenca beflog, und entführten sie nach Kuba.

25. Oktober 1971
AUF der Route New York City – San Juan/Puerto Rico wurde Flug 98, ein Boeing-747-Jumbo-Jet der American Airlines mit 236 Personen an Bord, von einem Luftpiraten mit einer Spielzeugpistole nach Kuba entführt. Der Täter kehrte 1978 in die USA zurück und wurde dort wegen Nötigung einer Flugzeugbesatzung zu drei Jahren Gefängnis verurteilt.

17. November 1971
EINE Verkehrsmaschine der Arawak Airlines, vermutlich eine zweimotorige Convair 440, versuchte ein Luftpirat auf einem Inlandflug zwischen Trinidad und Tobago in seine Gewalt zu bringen. Er ergab sich, als das Flugzeug zu seinem Ausgangspunkt zurückkehrte.

27. November 1971
FLUG 106, eine dreistrahlige Boeing 727 der Trans World Airlines, wurde mit 49 Personen an Bord von drei Männern, die mit Pistolen und einem Messer bewaffnet waren, auf dem Flughafen von Albuquerque/New Mexico vor dem Abflug nach Chicago/Illinois gekapert. Einer der drei Entführer soll 16 Monate später in kubanischen Gewässern ertrunken sein.

26. Dezember 1971
BEI einer der seltenen Entführungen kanadischer Verkehrsmaschinen wurde eine zweistrahlige DC-9 der Air Canada, die als Flug 932 insgesamt 89 Personen beförderte, auf der innerkanadischen Strecke Thunder Bay – Toronto nach Kuba beordert. Der Luftpirat war mit einer Pistole und einer Handgranate bewaffnet. Der Flughafen Thunder Bay hatte zu der Zeit noch kein Waffenspürgerät.

7. Januar 1972
PACIFIC Southwest Airlines' (PSA) Flug 902, eine Boeing 727-214 auf der innerkalifornischen Route San Francisco – Los Angeles, wurde mit 151 Personen an Bord von einem Ehepaar entführt, das mit einer Pistole und einer Schrotflinte bewaffnet war und von einem Kind begleitet wurde. Es wollte zunächst nach Afrika, gab sich dann aber auch mit Kuba zufrieden. Der männliche Täter kehrte 1978 in die USA zurück, wo er wegen Luftpiraterie zu 50 Jahren Gefängnis verurteilt wurde.

26. Januar 1972
EIN Turbinen-Transporthubschrauber des Typs Sikorsky S-61N der San Franciso & Oakland Helicopter Airlines war Ziel einer versuchten Entführung auf dem Flughafen des kalifornischen

Eine DC-9 der Air Canada wie diese hier war in eine der wenigen kanadischen Flugzeugentführungen verwickelt: am zweiten Weihnachtsfeiertag 1971.

Berkeley. Der pistolenschwingende Täter gab jedoch auf und wurde später in eine Nervenheilanstalt eingewiesen.

7. März 1972

ZWEI bewaffnete Männer brachten ein Flugboot des Typs Grumman 73 Mallard des amerikanischen Lufttaxi-Unternehmens Chalk's International Airline auf dem Flug von Miami/USA zu den Bahamainseln mit neun Personen an Bord in ihre Gewalt. Einer der beiden Luftpiraten wurde drei Jahre später auf Jamaika erschossen, der zweite wurde 1985 zu zehn Jahren Gefängnis verurteilt.

8. April 1972

ZWEI Entführer, die sich auf dem planmäßigen Inlandflug von Piura nach Chiclayo einer Boeing 727 der peruanischen Fluggesellschaft Compañía de Aviación Faucett SA bemächtigen wollten, wurden von der Besatzung überwältigt und entwaffnet.

5. Mai 1972

WESTERN Air Lines Flug 407, eine Boeing 737, die mit 81 Personen an Bord von Salt Lake City/Utah nach Los Angeles fliegen sollte, wurde von einem Bewaffneten gekapert, der zunächst nach Nordvietnam gebracht werden wollte, sich dann aber – aufgrund der mangelnden Reichweite der Zweistrahligen – mit Kuba abfand. 1975 kehrte er in die USA zurück, wo er zu zehn Jahren Gefängnis verurteilt wurde.

15. August 1972

EINE zweistrahlige BAC One-Eleven der Austral Líneas Aéreas SA, die als Flug 811 mit 96 Personen an Bord die argentinische Inlandstrecke Trelew – Buenos Aires beflog, kaperten zehn Terroristen und Sträflinge, die in Südargentinien aus einem Gefängnis ausgebrochen waren. Das Flugzeug landete daraufhin in Santiago de Chile, wo den Gewalttätern politisches Asyl gewährt wurde, bevor sie später in einem regulären Flugzeug nach Kuba weiterreisten.

25. August 1972

VIER Männer flohen mit einer Turboprop-Maschine des Typs Viscount 785D der Aerolíneas TAO nach Kuba, die sie auf der kolumbianischen Inlandstrecke Neiva – Bogotá mit 30 Personen an Bord in die Hand bekommen hatten.

6. November 1972

EIN Luftpirat, der eine Boeing 727 der Japan Air Lines auf dem planmäßigen Inlandflug von Tokio nach Fukuoka in seine Gewalt gebracht hatte, forderte zwei Millionen Dollar und einen Flug nach Kuba, wurde aber von der Polizei gestellt, als er in eine DC-8 mit größerer Reichweite umsteigen wollte. Er wurde später zu 20 Jahren Gefängnis verurteilt.

8. November 1972

EINE Boeing 727 der Compañía Mexicana de Aviación SA, die als Flug 705 mit 110 Personen die Inlandstrecke Monterrey – Mexico City bediente, wurde von vier Terroristen gewaltsam übernommen. Sie forderten die Freilassung von sechs inhaftierten Gesinnungsgenossen sowie vier Millionen Pesos, automatische Waffen und einen Arzt, der einen verwundeten Gefangenen begleiten sollte. Alle ihre Forderungen wurden erfüllt, und die zehn flogen nach Kuba, das die automatischen Waffen und das Lösegeld an Mexiko zurückgab.

10.–12. November 1972

DIE längste und vielleicht sogar aufreibendste aller Flugzeugentführungen nach Kuba betraf Flug 49 der Southern Airways. Die zweistrahlige DC-9 war kurz nach dem Start in Birmingham/Alabama auf der innerstaatlichen Route nach Montgomery/Alabama von drei Männern gekapert worden, und während ihrer 30stündigen Odyssee beflog sie fast den gesamten amerikanischen Südosten und mittleren Westen: sie landete in Jackson/Mississippi, Lexington/Kentucky, Key West/Florida, Cleveland/Ohio und sogar im kanadischen Toronto, bevor sie dann endlich Havanna auf Kuba erreichte.

Dabei kreiste sie einmal über dem Landsitz des amerikanischen Präsidenten Richard Nixon, dann wiederum drohten die Entführer damit, das Flugzeug auf ein Kernkraftwerk bei Oak Ridge in Tennessee stürzen zu lassen. Bei ihrer letzten Zwischenlandung in den USA setzte die DC-9 auf dem Fliegerhorst McCoy bei Orlando/Florida auf: hier beschloß die US-Bundeskriminalpolizei FBI einzugreifen und zerschoß die beiden linken Reifen der Maschine. Das brachte die Luftpiraten in Rage – sie schossen auf den Ersten Offizier (Kopiloten), als das Flugzeug noch am Boden stand, und verletzten ihn. Trotz der zerschossenen Reifen gelang es dem Flugkapitän wie durch ein Wunder, die Maschine wieder in die Luft zu bringen.

Die Maschine kehrte dann mit ihren 31 Insassen nach Havanna zurück, wo sie zuvor schon einmal gelandet war, und kam hier schlitternd zum Stehen. Die kubanischen Behörden gaben später die zwei Millionen Dollar zurück, die die Entführer anstelle der geforderten zehn Millionen erhalten hatten, und schickten die drei Männer ins Gefängnis. 1980 wurden sie in die USA überstellt, wo sie weitere Gefängnisstrafen erhielten: einer bekam 25 Jahre, die beiden anderen je 20 Jahre.

18. Mai 1973

DREI Männer und eine Frau brachten eine zweistrahlige Turboprop-Maschine des Typs Convair 580 der Aerovías Venezolanas SA (AVENSA) in ihre Gewalt, die in Venezuela mit 37 Personen an Bord laut Flugplan von Valera nach Barquisimeto fliegen sollte: sie verlangten die Freilassung von 79

Sicherheitskräfte übergeben im November 1972 mit einem Tankwagen Lösegeld und Verpflegung an die entführte DC-9 der Southern Airways.

in Venezuela einsitzenden Häftlingen. Als ihre Forderung zurückgewiesen wurde, setzten sich die Entführer nach Kuba ab.

4. Juli 1973
EINE Boeing 737 der Aerolíneas Argentinas auf planmäßigem Inlandflug von Buenos Aires nach Tucumán wurde von einem Luftpiraten mit einer eigenartigen Forderung gekapert: die argentinische Regierung solle 200 000 Dollar für medizinische Einrichtungen im Lande bereitstellen. Bei Zwischenlandungen in Argentinien, Chile, Peru und Panama durften die Passagiere von Bord gehen – dann flog die Maschine weiter nach Kuba.

20. Oktober 1973
VIER Luftpiraten bemächtigten sich einer zweistrahligen Boeing 737 der Aerolíneas Argentinas, die mit 49 Insassen auf einem planmäßigen Inlandflug von Buenos Aires nach Salta unterwegs war. Sie entließen die meisten der Fluggäste nach der Landung im bolivianischen Yacuiba; zwei Tage später ließen sie auch die restlichen Passagiere frei, nachdem ihnen freies Geleit nach Kuba zugesichert worden war.

31. Oktober 1973
DER Luftpirat einer DC-9 der venezolanischen AVENSA, der bei einem planmäßigen Inlandflug von Barquisimeto nach Caracas eine Stewardeß mit seiner Pistole bedrohte, wollte sich erschießen,

als der Pilot ihm sagte, die Maschine sei knapp an Kraftstoff und müsse landen – er verletzte sich dabei jedoch nur schwer.

21. Januar 1974
EINE Turboprop-Maschine des Typs Viscount 700 der Aeropesca Colombia auf planmäßigem Inlandflug von Pasto nach Popayán wurde nach Kuba entführt – vorher jedoch landete sie zum Auftanken noch in Cali, wo die anderen 22 Fluggäste von Bord gehen durften.

25. April 1975
EIN unbewaffneter Passagier, der allerdings behauptete, er trage eine Pistole und einen Sprengkörper bei sich, versuchte, eine Boeing 727 der United Air Lines zu kapern, die als Flug 344 von Raleigh/North Carolina nach Newark/New Jersey fliegen sollte – später jedoch gab er auf.

Er wurde des minderschweren Deliktes der Falschinformation hinsichtlich der Zerstörung eines Flugzeugs angeklagt und zu fünf Jahren Gefängnis verurteilt.

9. September 1975
DREI Luftpiraten versuchten, eine Turboprop-Maschine des Typs DHC-6 Twin Otter der Haiti Air Inter auf der Inlandroute Port-au-Prince – Cap Haitien nach Kuba zu entführen; als das Flugzeug jedoch in Gonaïves zum Nachtanken zwischenlandete, wurden sie von zwei Passagieren überwältigt.

25. Dezember 1977
BEI der versuchten Entführung von Flug 668 der Eastern Air Lines, einer zweistrahligen DC-9, die von Jacksonville/Florida nach Atlanta/Georgia fliegen sollte, wurde der Täter, der eine Spielzeugpistole und einen vorgetäuschten Sprengkörper bei sich trug, von Polizei und FBI-Agenten außer Gefecht gesetzt. Später wurde er wegen Luftpiraterie zu 25 Jahren Gefängnis verurteilt.

18. Januar 1978
WÄHREND eines innerekuadorianischen Fluges von Quito nach Guayaquil brachten ein Mann und eine Frau eine Viscount der Sociedad Anónima Ecuatoriana de Transportes Aéreos mit 60 Personen an Bord unter ihre Kontrolle und zwangen die Turboprop-Maschine zum Flug nach Kuba.

28. Januar 1978
EIN unbewaffneter Mann, der behauptete, eine Pistole bei sich zu haben, versuchte Flug 964 der Piedmont Airlines in seine Gewalt zu bringen, als die zweistrahlige NAMC YS-11, eine Turboprop-Maschine japanischer Produktion, in Kinston/North Carolina am Boden stand, einem Zwischenlandeplatz auf der Inlandroute Washington/DC – Wilmington/North Carolina. Er wurde von anderen Passagieren und der Besatzung überwältigt und später wegen Luftpiraterie zu 35 Jahren Einschließung verurteilt.

13. März 1978
EIN Luftpirat, der angab, einen Sprengsatz bei sich zu tragen, kaperte Flug 696 der United Air Lines, eine Boeing 727 auf der Inlandroute San Francisco – Seattle, und verlangte, nach Kuba geflogen zu werden. Als das Flugzeug in Denver/Colorado zwischenlandete, ergab er sich den Behörden. Ein Sprengsatz wurde nicht gefunden. Der Täter wurde gerichtlich für geisteskrank erklärt und in eine Heil- und Pflegeanstalt eingewiesen.

14. Dezember 1978
ANGETRUNKEN, so wird berichtet, versuchte ein Mann, der so tat, als habe er eine Pistole in der Jackentasche, Flug 97 der National Airlines zu kapern, eine Boeing 727, die mit 54 Insassen von New York City nach Miami unterwegs war. Er wurde jedoch überredet, seinen Platz wieder einzunehmen, und später in Gewahrsam genommen. Wegen Nötigung einer Flugzeugbesatzung erhielt er fünf Jahre Gefängnis auf Bewährung.

16. März 1979
EIN Mann, der behauptete, er habe ein »Schneidewerkzeug« in seiner Tasche, tatsächlich aber unbewaffnet war, brachte kurz nach dem Start in Phoenix/Arizona Flug 62 der Continental Air Lines in seine Gewalt, eine Boeing, die mit 94 Insassen Los Angeles anfliegen sollte. Er verlangte 200 000

Dollar in bar und einen Flug nach Kuba. Nachdem das Flugzeug in Tucson/Arizona gelandet war, durften alle Passagiere und alle Stewardessen bis auf eine von Bord gehen. Daraufhin gelang der dreiköpfigen Flugbesatzung die Flucht durch ein Cockpitfenster, und die verbliebene Stewardeß verbarrikadierte sich in einer Toilette – die große Chance für FBI-Agenten, die Maschine zu stürmen und den Täter zu verhaften. Er wurde für geisteskrank erklärt und in eine Nervenheilanstalt eingewiesen.

11. Juni 1979
DIE erste erfolgreiche Entführung eines US-Verkehrsflugzeugs nach sechs Jahren betraf Flug 1061 der Delta Air Lines, einen Jumbo des Typs L-1011 TriStar, der mit 204 Insassen die Strecke New York City – Fort Lauderdale/Florida beflog: ein mit einem Taschenmesser bewaffneter Mann behauptete, eine Pistole zu besitzen und einen Sprengsatz im Flugzeug versteckt zu haben – nichts dergleichen wurde jedoch nach der Landung in Havanna gefunden.

30. Juni 1979
MIT Hochrufen auf Castro und einer Flasche Rum in der Hand versuchte ein Luftpirat eine L-1011 TriStar der Eastern Air Lines nach Kuba zu entführen, während das Großraumflugzeug als Flug 932 mit 306 Personen an Bord von San Juan/Puerto Rico nach Miami/Florida flog. Zwar wurde er von anderen Fluggästen und Besatzungsmitgliedern mattgesetzt, später aber nicht angeklagt, da er geistesgestört war.

20. Juli 1979
UNITED Air Lines' Flug 320, eine Boeing 727, die mit 126 Insassen von Denver/Colorado nach Omaha/Nebraska unterwegs war, brachte ein Luftpirat in seine Gewalt: er klopfte an die Cockpittür und bat, nach Kuba gebracht zu werden – er habe Plastiksprengstoff in der Tasche. Nach der Landung in Omaha ließ er Passagiere und Stewardessen frei. Während die Maschine am Boden stand, erlaubte der Täter, daß die Cockpittür offenblieb – und als er einmal beide Hände aus den Taschen genommen hatte, stürmten FBI-Agenten auf ein Zeichen des Bordingenieurs die Maschine und überwältigten ihn. Sprengstoff wurde nicht entdeckt, und der Täter wurde später für nicht schuldig befunden: er war geisteskrank.

16. August 1979
EIN Flugreisender, der einen Sprengsatz mit sich zu führen vorgab und eine Stewardeß mit einem Federmesser bedrohte, versuchte eine Boeing 727 der Eastern Air Lines nach Kuba zu entführen, während sie als Flug 980 mit 91 Personen an Bord von Guatemala nach Miami flog. Als die Landung in Varadero auf Kuba vorbereitet wurde, konnte man den Luftpiraten überreden, Key West in Flo-

rida als Ziel zu akzeptieren – dort wurde er überwältigt. Aufgrund von Geistesgestörtheit wurde er
später in eine Nervenklinik eingewiesen.

25. Januar 1980
DELTA Air Lines' Flug 1116, ein L-1011 TriStar-
Jumbo mit 63 Insassen, wurde auf der Strecke New
York City – Atlanta nach Kuba entführt. Auf dem
Flughafen Havanna weigerte sich der bewaffnete
Luftpirat, der von seiner Frau und zwei jungen
Töchtern begleitet wurde, irgend jemanden von
Bord gehen oder kubanische Beamte an Bord kom-
men zu lassen – einmal forderte er sogar, in den
Iran geflogen zu werden.
    Nach etlichen Stunden, die der Entführer im
Cockpit verbrachte, gelang den Flugbegleitern und
den meisten Passagieren durch eine Bodenluke die
Flucht. Als er das entdeckte, verlangte der Hi-
jacker, daß das Flugzeug starten solle, doch ein
Lkw blockierte den Weg. Kurz darauf verließ er die
Maschine und gab auf. Noch im gleichen Jahr wur-
de er in New York City verhaftet und zu 40 Jahren
Gefängnis verurteilt.

9. April 1980
EIN mit einer Pistole bewaffneter Luftpirat überstieg den Zaun des Flughafens Ontario in Kalifornien und ging dann an Bord einer Boeing 727 der
American Airlines, die gerade für einen Inlandflug
nach Chicago fertiggemacht wurde; Fluggäste waren nicht an Bord. Der Pistolero forderte die Besatzung auf, zu starten und nach Kuba zu fliegen;
nachgetankt wurde in Dallas/Texas. Ende des folgenden Jahres wurde er nach seiner Rückkehr in
Südkalifornien festgenommen und zu 50 Jahren
Gefängnis verurteilt.

22. Juli 1980
EINE L-1011 TriStar der Delta Air Lines, die als
Flug 1135 mit 158 Personen von Miami nach San
Juan/Puerto Rico fliegen sollte, wurde nach Kuba
umdirigiert. Da schlechtes Wetter eine Landung in
Havanna nicht zuließ, flog der Jumbo weiter nach
Camagüey, wo sich der Entführer den Behörden
stellte. Er soll auf Kuba eine dreijährige Haftstra-
fe erhalten haben.

10. August 1980
FLUG 4, eine Boeing 737 der Air Florida, wurde
auf der Florida-Route Miami – Key West mit 35 Insassen von einem Spanisch sprechenden Luftpiraten gekapert, der so etwas wie einen Sprengkörper
bei sich hatte und mehrmals »Kuba!« rief. Das
Flugzeug erreichte wohlbehalten Havanna, wo sich
der Entführer ergab, in seinem Päckchen fand man
– Seife.

13. August 1980
KURZ nach dem Start in Key West wurde eine
zweistrahlige Boeing 737 der Air Forida, die als

Flug 707 Miami anfliegen sollte, von sieben Entführern gekapert, die Benzin in den Gang und andere Teile des Flugzeugs gossen, dann brennende
Streichhölzer und Feuerzeuge hochhielten und
»Kuba!« riefen. Die Maschine erreichte mit ihren
74 Insassen sicher Havanna, wo sich die Entführer
den Behörden stellten – sie sollen auf Kuba allesamt Gefängnisstrafen abgesessen haben.

14. August 1980
AUF der Strecke von Miami nach San Juan/Puer-
to Rico ergriffen zwei Männer das Kommando
über Flug 872 der National Airlines, einen dreistrahligen DC-10-Jumbo mit 224 Personen an
Bord, indem einer von ihnen eine Literflasche mit
einer Flüssigkeit und der andere ein Feuerzeug
hochhielt. Nachdem die Maschine in Havanna gelandet war, wurden die Entführer in Gewahrsam
genommen. Die kubanischen Behörden verurteilten beide zu Gefängnisstrafen: zu fünf beziehungsweise vier Jahren.

16. August 1980
AN diesem Tag wurden gleich drei amerikanische
Verkehrsflugzeuge nach Kuba entführt, und in allen drei Fällen wurde eine brennbare Flüssigkeit
als Waffe benutzt: Flug 90 der Eastern Air Lines,
eine Boeing 727 mit 53 Insassen, brachte ein halbes Dutzend Luftpiraten auf der Strecke Miami –
Orlando/Florida in ihre Gewalt, Flug 228 der Republic Airlines, eine DC-9 mit 116 Personen an
Bord, wurde auf derselben Route von fünf Terroristen entführt, und einen L-1011-Jumbo der Delta
Air Lines, der als Flug 1065 mit 193 Personen von
Miami nach San Juan/Puerto Rico unterwegs war,
kaperte ein einzelner Entführer. Alle Täter landeten in kubanischen Gefängnissen – für zwei bis
vier Jahre.

18. August 1980
KURZ bevor Flug 348 der Eastern Air Lines auf
der Route Melbourne/Florida – Atlanta/Georgia
auf dem Zielflughafen landen wollte, wurde einem
Flugbegleiter eine zwei Seiten lange Notiz zugesteckt, in der ein Luftpirat schrieb, er habe im
Gepäckraum einen Sprengsatz versteckt, den er
fernzünden könne: er verlange 3,4 Millionen
Dollar, die Freilassung von zwei Häftlingen und einen Flug nach Kuba. Da die Maschine bereits im
Endanflug war, entschied sich die Besatzung zur
Landung auf dem Flughafen Atlanta, wo der Täter
von der Polizei festgenommen wurde. Sein Gepäck enthielt eine Faustfeuerwaffe, aber keinen
Sprengsatz. Eine Anklage gegen ihn wurde später
fallengelassen: er war geistesgestört.

26. August 1980
EASTERN Air Lines' Flug 401, ein L-1011-Jum-
bo, der mit 242 Personen von New York nach Miami fliegen sollte, wurde von drei Luftpiraten geka-

pert, die über einen Dolmetscher damit drohten, einen Brand zu entfachen, wenn sie nicht nach Kuba gebracht würden: sie hätten die Flüssigkeit bereits in das Innere des Flugzeugs gegossen. Alle drei landeten auf Kuba im Gefängnis, wo sie Strafen von zwei bis drei Jahren absaßen.

8. September 1980
EIN Mann, der etwas in der Hand hielt, das wie ein Molotowcocktail aussah, bemächtigte sich einer Boeing 727 der Eastern Air Lines, die als Flug 161 mit 90 Personen an Bord von New York City nach Tampa/Florida wollte. Die Maschine landete nur zum Nachtanken in Tampa und flog dann weiter nach Kuba, wo der Entführer angeblich zu zwei Jahren Gefängnis verurteilt wurde.

12. September 1980
EIN Einzeltäter, der ein Feuerzeug und zwei rote Stangen mit der Aufschrift »TNT« in der Hand hielt, versuchte eine Boeing 727 der Eastern Air Lines nach Kuba zu entführen, die als Flug 5 mit 85 Insassen von Newark/New Jersey nach Miami flog. In der korrekten Annahme, daß die roten Stangen kein Sprengstoff seien, schlug ein Flugbegleiter sie dem Terroristen aus der Hand; zwei Passagiere überwältigten diesen daraufhin. Wegen Luftpiraterie wurde er zu 20 Jahren Gefängnis verurteilt.

13. September 1980
INDEM sie eine nunmehr erprobte Entführungstechnik anwandten, bemächtigten sich zwei Männer einer Boeing 727 der Delta Air Lines, die als Flug 334 mit 88 Personen an Bord die Route New Orleans – Atlanta beflog. Das Paar, das damit drohte, eine Flüssigkeit, vermutlich Brennspiritus, in Brand zu setzen, die sie zuvor im Innern des Flugzeugs verschüttet hatten, wurde wie gefordert nach Kuba gebracht: dort erhielten sie vier beziehungsweise drei Jahre Gefängnis.

14. September 1980
MIT der Drohung, er werde einen Sprengsatz irgendwo in der Innenstadt von Tampa/Florida zünden, wo Flug 115 begonnen hatte, versuchte ein Gangster, eine Boeing 727 der Eastern Air Lines nach Kuba zu entführen. Das Flugzeug landete jedoch mit seinen 102 Insassen in Miami, seinem Bestimmungsort, wo der Mann verhaftet wurde. Seine Bombendrohung erwies sich als übler Scherz – die 15 Jahre Gefängnis hingegen, die er für die Nötigung einer Luftfahrzeug-Besatzung bekam, waren echt.

17. September 1980
GEGEN Ende eines Inlandfluges von Atlanta/Georgia nach Columbia/South Carolina wurde Flug 470 der Delta Air Lines, eine dreistrahlige Boeing 727 mit 111 Insassen, von zwei Luftpiraten nach Kuba

entführt, die Feuerzeuge und Flaschen mit sich führten, die offensichtlich Benzin enthielten. In überraschender Abkehr von ihrer bisherigen Haltung übergaben die kubanischen Behörden die beiden Entführer an amerikanische Vollzugsbeamte in Havanna. In den USA wurden beide später wegen Luftpiraterie zu 40 Jahren Gefängnis verurteilt.

25. Oktober 1980
EIN Passagier des Fluges 67 der Continental Air Lines, einer Boeing 727, die mit 132 Insassen Houston/Texas anflog, drohte einem Flugbegleiter auf Spanisch, er werde einen Brand legen, wenn er nicht nach Kuba gebracht werde. Der Flugkapitän, der Zweite Offizier und ein Flugbegleiter jedoch griffen ihn an und setzten ihn außer Gefecht; das Flugzeug kehrte wohlbehalten nach Miami, seinem Herkunftsort, zurück. Der verhinderte Entführer wurde später wegen Luftpiraterie zu 30 Jahren Gefängnis verurteilt.

6. November 1980
EINE DC-9 der venezolanischen Aerovías Venezolanas SA (AVENSA) wurde auf einem planmäßigen Inlandflug von Caracas nach Puerto Ordáz mit 60 Menschen an Bord gekapert. Die beiden Täter, die behauptet hatten, sie hätten in einem benzingetränkten Tuch einen Sprengsatz, wurden nach der Landung in Havanna festgenommen.

12. November 1980
EINE zweistrahlige Turboprop-Maschine des Typs Convair 600 der uruguayischen Fluggesellschaft Argo wurde auf einem planmäßigen Flug von Colonia/Uruguay nach Buenos Aires/Argentinien mit 37 Insassen gekapert. Der Luftpirat, der mit einer Pistole und einer kleinen Dose bewaffnet war, die angeblich Sprengstoff enthielt, forderte zunächst, nach Kuba gebracht zu werden; ihm wurde jedoch gesagt, das sei nicht möglich. Das Flugzeug landete daraufhin in Buenos Aires, wo er die meisten seiner Geiseln freiließ. Eine von drei Frauen, die ihn zu entwaffnen versuchten, wurde angeschossen und verwundet. Der Täter wurde schließlich von seinem Onkel, den man an Bord gelassen hatte, überredet, sich zu ergeben – er erhielt später elf Jahre Gefängnis.

15. Dezember 1980
SIEBEN bewaffnete Männer, Mitglieder der kolumbianischen Insurgentengruppe M-19, brachten eine Boeing 727 der Aerovías Nacionales de Colombia (AVIANCA) in ihre Gewalt, als sie planmäßig mit 137 Personen an Bord die innerkolumbianische Route Bogotá – Pereira beflog. Vor dem Weiterflug nach Havanna landete die Maschine noch zweimal in Kolumbien, einmal in Panama und einmal in Mexiko, wobei bei jeder Zwischenlandung eine Anzahl Passagiere von Bord gehen durfte.

5. Februar 1981

EIN Passagier des Fluges 929 der Eastern Air Lines sagte einem Flugbeleiter, er habe einen Sprengkörper und verlange, nach Kuba gebracht zu werden. Die von New York City kommende dreistrahlige L-1011 TriStar flog trotzdem mit ihren 242 Insassen weiter nach San Juan auf Puerto Rico, ihrem Zielflughafen – die Besatzung hatte den Entführer davon überzeugt, sie nähere sich Kuba. Bei einer heftigen Auseinandersetzung nach der Landung wurde der Terrorist aus einer Tür gestoßen und fiel die Gangway hinunter. Später stellte man fest, daß er für ein Gerichtsverfahren zu geistesschwach war: er wurde in eine psychiatrische Anstalt eingewiesen.

10. Juli 1981

ZWEI Männer, die von zwei Frauen und vier Kindern begleitet wurden, kaperten Eastern Air Lines' Flug 71, eine L-1011 TriStar auf einem Inlandflug von Miami nach Chicago. Sie stürmten mit drei kleinen Flaschen, die brennende Dochte hatten, ins Cockpit und forderten, nach Havanna gebracht zu werden. Die kubanischen Behörden jedoch waren nicht so zuvorkommend, wie die Entführer wohl gedacht hatten: angeblich wurden beide zu zehn Jahren Gefängnis verurteilt.

7. Dezember 1981

AN diesem Tag wurden drei venezolanische Verkehrsflugzeuge mit insgesamt 262 Personen auf planmäßigen Inlandflügen gekapert; alle waren in Caracas gestartet. Zwei DC-9 der Línea Aeropostal Venezolana wurden von drei beziehungsweise vier Männern entführt; eine Maschine war nach Puerto Ordáz, die andere nach Barcelona unterwegs gewesen. Und sieben Männer brachten eine Boeing 727 der Aerovías Venezolanas SA (AVENSA) auf dem Flug nach San Antonio Del Táchira in ihre Gewalt. Die Entführer forderten zehn Millionen Dollar Lösegeld, die Freilassung einer Anzahl von Häftlingen und die Veröffentlichung eines Manifests mit ihren politischen Zielsetzungen.

Die drei Flugzeuge flogen dann kreuz und quer durch Süd- und Mittelamerika und landeten an den verschiedensten Orten, wo sie jeweils eine Anzahl Passagiere im Austausch für Kraftstoff und Verpflegung freiließen. Einmal landeten beide DC-9 im honduranischen Tegucigalpa und die 727 in der guatemaltekischen Hauptstadt Guatemala, wo die Entführer die jeweiligen venezolanischen Botschafter zu sprechen verlangten. Dann flogen alle nach Panama, wo die gleichen Forderungen gestellt wurden. Schließlich erreichten alle drei Flugzeuge dann Havanna, wo sich die 14 Luftpiraten den kubanischen Behörden stellten.

27.–29. Januar 1982

NEUN Mitglieder der kolumbianischen Insurgentengruppe M-19 bemächtigten sich einer Boeing 727 der Aerotal Colombia, die mit 128 Personen an Bord die Inlandroute Bogotá – Pereira beflog. Sie kehrte zunächst zur Hauptstadt zurück und flog dann weiter nach Cali, wo etwa ein Drittel der Fluggäste aussteigen durfte. Hier wurde die 727 allerdings auch beschädigt, als sie mit Militärfahrzeugen kollidierte, die die Landebahn blockierten; es folgte dann ein Feuergefecht zwischen Entführern und Soldaten. Nachdem die Terroristen eingewilligt hatten, die restlichen Geiseln freizulassen, wurde ihnen ein Firmen-Düsenflugzeug einschließlich Besatzung zur Verfügung gestellt, das sie nach Kuba ausflog.

2. Februar 1982

EIN Terrorist mit einem Feuerzeug und einer Plastikflasche, die angeblich mit Brennstoff gefüllt war, brachte Flug 710 der Air Florida, eine zweistrahlige Boeing 737, die mit 77 Insassen von Miami nach Key West unterwegs war, in seine Gewalt. Die Maschine flog daraufhin nach Havanna, wo die kubanischen Behörden – wie berichtet wird – den Luftpiraten zu zwölf Jahren Gefängnis verurteilten.

1. März 1982

EIN Passagier mit einer gefüllten Flasche und einem Feuerzeug, der zudem vorgab, einen Sprengkörper bei sich zu haben, versuchte Flug 674 der United Air Lines zu entführen, eine Boeing 727, die mit 97 Personen von Chicago nach Miami fliegen sollte. Als er feststellte, daß die Besatzung ihn überlistet hatte und in Miami anstatt auf Kuba gelandet war, reagierte er sehr erregt, konnte schließlich aber vom Piloten und einigen Fluggästen überwältigt werden. Eine Anklage gegen ihn wurde aufgrund von Geistesschwäche nicht erhoben.

5. April 1982

DREI Männer bemächtigten sich einer Boeing 727 der Delta Air Lines, die als Flug 591 mit 103 Personen von Chicago nach Miami flog. Sie verschütteten Benzin in der Kabine und verlangten, nach Kuba geflogen zu werden – einer von ihnen übergoß sogar eine Stewardeß, als sie ihn aufforderte, das zu unterlassen, und verletzte so ihre Augen. Auf Kuba wurden sie streng bestraft: alle drei sollen zu jeweils 20 Jahren Gefängnis verurteilt worden sein.

28. April-1. Mai 1982

VIER mit Pistolen und Sprengstoff bewaffnete Männer kaperten eine vierstrahlige Turboprop-Maschine des Typs de Havilland Canada (DHC) Dash 7 der Aerovías Nacionales de Honduras SA (ANHSA), die mit 48 Insassen planmäßig die Inlandroute La Ceiba – San Pedro Sula beflog. Sie bezeichneten sich als Gegner der honduranischen Regierung und forderten die Freilassung von 86 Häftlingen, ein Lösegeld von einer Million Lem-

Eine de Havilland Dash-7 der honduranischen Fluggesellschaft ANHSA wurde im April 1982 nach Kuba entführt.

piras, die Veröffentlichung einer politischen Er-klärung und Kraftstoff für das Flugzeug. Die an-deren Passagiere durften nach und nach von Bord gehen oder konnten fliehen, wobei zwei Verlet-zungen erlitten. Drei Tage nach Beginn der Ent-führung wurde den Terroristen ein anderes Flug-zeug zur Verfügung gestellt, das sie nach Kuba brachte.

22. Juli 1982
ZWEI Luftpiraten, die Boden und Sitze mit Ben-zin übergossen und riefen, sie wollten nach Kuba fliegen, bemächtigten sich einer zweimotorigen Martin 4-0-4 der in den USA registrierten Marco Island Airways, die in Florida als Flug 39 mit zwölf Personen an Bord von Miami nach Key West flog. Wie zu erfahren war, sollen beide in Kuba zu 15 Jahren Gefängnis verurteilt worden sein.

16. August 1982
ER habe einen Sprengsatz in seiner Aktentasche und wolle nach Kuba geflogen werden, sagte ein Passagier dem Piloten einer zweistrahligen EMBRAER Bandeirante der Dolphin Airways, nachdem die Turboprop-Maschine als Flug 296 auf der Route Tampa – West Palm Beach gelandet war. Die Bombendrohung erwies sich jedoch als Schwindel. Er wurde später gefaßt und wegen Luftpiraterie zu fünf Jahren Gefängnis verurteilt mit der Aussicht, daß er nach Vollendung einer Al-kohol-Entziehungskur freikommen könne.

15. Februar 1983
EINE de Havilland Canada Dash 7 der Rio Air-ways, die als Flug 252 in Texas von Killeen nach Dallas unterwegs war, wurde von einem Mann ge-kapert, der mit einer Maschinenpistole bewaffnet war und behauptete, in seiner Tasche Sprengstoff zu haben. Er verlangte zunächst nach Mexiko und dann nach Kuba gebracht zu werden. Die vier-strahlige Turboprop-Maschine landete daraufhin mit ihren 20 Insassen in der nordmexikanischen Grenzstadt Nuevo Laredo, wo mehrere Stunden lang verhandelt wurde.

Als Gegenleistung für die Freilassung seiner Geiseln wurde der Gewalttäter nach Mexico City gebracht, und auf diesem Flug gab er auf. Er wur-de anschließend wegen Luftpiraterie zu acht Jah-ren Gefängnis verurteilt.

1. Mai 1983
AUF dem Flug von San Juan/Puerto Rico nach Miami äußerte sich ein Mann an Bord einer ge-streckten DC-8 der Capitol Air, die mit 212 Perso-nen als Flug 236 unterwegs war, empört über sei-ne Arbeitslosigkeit, seine Armut und sein Elend und drohte, die US-registrierte Maschine mit ei-nem Sprengsatz zu zerstören, wenn er nicht nach Kuba geflogen werde. Nach der Landung in Ha-vanna fand man jedoch weder Waffen noch Sprengstoff bei ihm.

Er soll auf Kuba in eine psychiatrische Klinik eingewiesen worden sein.

Drei gestreckte Versionen der DC-8 der amerikanischen Fluggesellschaft Capitol Air wurden 1983 binnen vier Monaten nach Kuba entführt.

12. Mai 1983
MIT einer Leuchtpistole kaperte eine Frau Flug 236 der Capitol Air, eine gestreckte Version der DC-8, die mit 231 Insassen von San Juan/Puerto Rico nach Miami fliegen sollte, kurz vor der Landung in Miami. Nach der Landung in Havanna wurde sie von den kubanischen Behörden verhaftet.

19. Mai 1983
EASTERN Air Lines' Flug 24, eine Boeing 727 mit 132 Personen an Bord, wurde auf der Inlandroute Miami – New York City nach Kuba entführt: ein Mann brüllte mehrmals »Kuba!« und hielt dabei etwas hoch, das wie eine Stange Dynamit aussah. Er wurde nach der Landung in Havanna verhaftet.

14. Juni 1983
EIN zweistrahliger Jumbo des Typs Airbus A300 der Eastern Air Lines, der als Flug 414 mit 95 Insassen von Miami nach New York City fliegen sollte, wurde von einem Luftpiraten, der angeblich eine Flasche mit brennbarer Flüssigkeit bei sich hatte, nach Kuba entführt.

24. Juni 1983
EIN Luftpirat, der einem Flugbegleiter ein Rasiermesser an die Kehle hielt, versuchte eine DC-9 der Aeromexico nach Kuba zu entführen, bevor sie in Mérida/Yucatán landen konnte, einem regulären Zwischenstop auf dem Flug von Mexico City nach Miami/USA. Da jedoch der Kraftstoff knapp war, landete die Maschine trotzdem in Mérida – hier ging ein als Mechaniker verkleideter Polizeibeamter an Bord und nahm den Täter fest.

2. Juli 1983
FLUG 378 der Pan American Airways, eine Boeing 727, die in Florida mit 61 Insassen von Miami nach Orlando unterwegs war, wurde von zwei Männern nach Kuba entführt. Einer trug eine Plastikflasche mit nach Benzin riechendem Inhalt, der andere hielt einen birnenförmigen Gegenstand hoch, der in ein Tuch eingewickelt war und aus dem ein Docht herausragte.

7. Juli 1983
EINE Boeing 737 der Air Florida, die mit 47 Personen an Bord in Florida von Fort Lauderdale nach Tampa fliegen sollte, wurde von einem Fluggast nach Kuba entführt, der angab, er habe einen Sprengsatz bei sich, und die angebliche Bombe aus einer Sporttasche hervorholte.

17. Juli 1983
SIE standen auf und riefen mehrfach »Kuba!« – drei Männer, die mit Messern und einer Sprühdose bewaffnet waren, brachten Flug 722 der Delta Air Lines in ihre Gewalt, eine Boeing 727, die mit 107 Insassen in Florida von Miami nach Tampa unterwegs war. Der Pilot verstand ihre Drohung und

nahm Kurs auf Havanna, wo kubanische Beamte an Bord kamen und die Entführer festnahmen.

19. Juli 1983
FLUG 1 der Eastern Air Lines, ein TriStar-Jumbo auf der Route New York City – Miami, war mit seinen 232 Insassen schon fast am Ziel, als ein Passagier etliche maschinegeschriebene Zettel verteilte, auf denen in gebrochenem Englisch stand, er habe einen Sprengkörper bei sich und wolle nach Kuba – dabei hielt er seine Aktentasche so, als enthielte sie etwas Derartiges. Das Flugzeug flog daraufhin ohne weitere Zwischenfälle nach Havanna.

21. Juli 1983
DIESER stümperhafte Entführungsversuch betraf Flug 714 der Northwest Airlines, eine Boeing 727, die mit 97 Personen an Bord in Florida von Tampa aus Miami ansteuerte: der Täter bedrohte einen Flugbegleiter mit einem Messer und wies den Piloten an, nach Kuba zu fliegen. Als er jedoch das Messer absetzte, um ein Getränk zu sich zu nehmen, überwältigten ihn zwei andere Passagiere. Er wurde später wegen Luftpiraterie zu zehn Jahren Gefängnis verurteilt.

2. August 1983
KURZ nach dem Start in Miami mit Kurs auf Houston/Texas wurde der Versuch unternommen, Flug 925 der Pan American World Airways, eine Boeing 727 mit 130 Insassen, zu entführen. Der Täter äußerte auf Spanisch, daß er das Kommando über das Flugzeug übernehmen und eine Landung auf Kuba erzwingen werde. Drei weitere Passagiere ergriffen ihn jedoch und fesselten ihn an seinen Sitz. Wegen Nötigung einer Flugzeugbesatzung wurde er später mit zwölf Jahren Gefängnis bestraft.

4. August 1983
ZUM dritten Mal in etwa drei Monaten wurde die gestreckte Version einer DC-8 der Capitol Air auf der Strecke San Juan/Puerto Rico – Miami nach Kuba entführt.

Diesmal übernahm ein Luftpirat mit einer sehr echt aussehenden Pistole, einer Flasche mit klarer Flüssigkeit und – zumindest erweckten sie diesen Eindruck – Sprengstoffstangen das Kommando über Flug 236 mit 264 Personen an Bord. Er wurde nach der Landung in Havanna von den kubanischen Behörden verhaftet.

18. August 1983
DELTA Air Lines' Flug 784, eine Boeing 727, die mit 79 Insassen in Florida von Miami nach Tampa fliegen sollte, wurde von einem Passagier gekapert, der nach dem Start aufsprang und rief: »Bringt diesen Kubaner nach Kuba!« Dann holte er ein Plastikflasche hervor, deren Inhalt nach Kerosin oder Benzin roch, übergoß damit sich und seinen Sitz und zündete eine Kerze an, um seiner Forderung Nachdruck zu verleihen.

22. September 1983
AUF dem Flug von New York City nach St. Thomas auf den westindischen Jungferninseln wurde Flug 625, eine Boeing 727 der American Airlines mit 112 Personen an Bord, nach Kuba entführt von einem Fluggast, der in einer Notiz damit drohte, das Flugzeug zu sprengen. Seine angebliche Bombe war eine kleine Schachtel, die an einer Seite eine Batterie und mehrere Kabel trug.

3. Februar 1984
EIN Jumbo des Typs A300 der brasilianischen Fluggesellschaft VARIG wurde auf dem planmäßigen Inlandflug von Rio de Janeiro nach Manaus von einem Mann und einer Frau gekapert, die ein kleines Kind bei sich hatten. Das Flugzeug landete in Surinam, wo die Passagiere von Bord gehen durften, und flog dann nach Camagüey auf Kuba weiter.

27. März 1984
EIN Luftpirat, der behauptete, Sprengstoff und zwei Komplizen an Bord zu haben, brachte Flug 451 in seine Gewalt, eine zweistrahlige Boeing 737 der Piedmont Airlines, die mit 59 Personen von Charleston/South Carolina nach Miami/Florida unterwegs war. Unter seinen Forderungen waren fünf Millionen Dollar Lösegeld und die Entlassung seines Bruders aus einem südafrikanischen Gefängnis. Als der Flugkapitän ihn darauf hinwies, daß der Kraftstoff dafür zu knapp sei, drohte der Entführer mit der Ermordung von Passagieren, wenn er nicht nach Kuba gebracht werde. Das Flugzeug schaffte es tatsächlich bis Havanna, wo der Täter, der gar keinen Sprengstoff dabei hatte, dem Vernehmen nach zu 15 Jahren in kubanischen Gefängnissen verurteilt wurde.

28. März 1984
FLUG 357 der Delta Air Lines, eine Boeing 727, die mit 26 Personen an Bord die Inlandstrecke New Orleans – Dallas beflog, wurde von einem Passagier nach Kuba entführt, der eine gefüllte Flasche hochhielt und einen Flugbegleiter zu verbrennen drohte, wenn seine Forderung nicht erfüllt werde.

2. Oktober 1984
EIN Frachtflugzeug des Typs DC-8 der kolumbianischen Fluggesellschaft Líneas Aéreas del Caribe wurde von einem Bewaffneten, der von Familienangehörigen begleitet wurde, gekapert, als die Maschine in Cartagena am Boden stand, einem Zwischenlandeplatz auf der innerkolumbianischen Route Barranquilla – Bogotá: das Flugzeug flog daraufhin nach Havanna weiter.

Am 27. März 1984 wurde eine Boeing 737 wie diese, betrieben von den Piedmont Airlines, von einem Luftpiraten, der sich später als unbewaffnet erwies, nach Kuba umdirigiert.

31. Dezember 1984

EIN DC-10-Jumbo der American Airlines, der als Flug 626 mit 198 Insassen von St. Croix auf den Jungferninseln nach New York City fliegen sollte, wurde von einem verurteilten Massenmörder nach Kuba entführt, den zwar drei bewaffnete Polizeibeamte begleiteten, der von der Toilette aber plötzlich mit einer Pistole zurückkam. Die Waffe war offensichtlich – als Teil eines wohldurchdachten Fluchtplans – von einem Mitwisser an Bord gebracht worden.

18. Januar 1985

DIE Entführung eines A300 vereitelte eine Besatzung der Eastern Air Lines, indem sie den Täter austrickste. Der Jumbo war als Flug 403 mit 132 Personen an Bord von Newark/New Jersey nach Miami unterwegs, als der Entführer aus einem Waschraum trat und auf Spanisch rief, er wolle nach Kuba. In einer Hand hielt er ein Feuerzeug und in der anderen etwas, das wie ein Sprengkörper aussah; zudem behauptete er, sich mit Benzin übergossen zu haben.

Man informierte den Täter, daß das Flugzeug Kuba erreicht habe, als es in Wirklichkeit in Orlando/Florida landete, und als er daraufhin Feuerzeug und Sprengsatz weglegte, wurde er von der Besatzung überwältigt. Sein Sprengsatz erwies sich als Schwindel, trotzdem wurde er wegen Luftpiraterie angeklagt.

7. März 1987

EIN Mann, dessen einzige Worte, die die Englisch sprechenden Passagiere verstehen konnten, »Kuba! Kuba!« waren, versuchte Flug 93 der Alaska Airlines in seine Gewalt zu bringen, eine Boeing 727, die mit 109 Insassen in den USA von Seattle/Washington nach Anchorage/Alaska flog. Der Mann wurde von Besatzung und Passagieren außer Gefecht gesetzt.

23. Mai 1988

EINE Boeing 727 der AVIANCA, die auf der innerkolumbianischen Strecke Medellín – Bogotá 136 Personen transportierte, wurde von einem Mann entführt, der sagte, er sei unheilbar krank und wolle in einem anderen Land sterben.

Er beorderte das Flugzeug nach Kuba, aufgrund von Kraftstoffmangel mußte es aber schon in Panama zwischenlanden. Ein weiterer Stop folgte auf der Antilleninsel Aruba, bevor es nach Cartagena/Kolumbien weiterflog, wo der Entführer zunächst entkam. Er wurde jedoch tags darauf verhaftet.

11. Dezember 1988

TRANS World Airlines' Flug 469, eine Boeing 727, die mit 128 Insassen von San Juan/Puerto Rico nach Miami flog, wurde von einem Luftpiraten gekapert, der angab, er habe einen Sprengkörper und wolle nach Kuba. Er wurde jedoch überlistet:

das Flugzeug landete auf den nahegelegenen britischen Turks-Inseln, wo der Pirat verhaftet wurde.

27. Mai 1989

EIN Mann, der aus einer Nervenheilanstalt entflohen war und in seine Heimat Kuba zurückkehren wollte, versuchte Flug 1098 in seine Gewalt zu bringen, eine Boeing 727 der American Airlines, die in den USA von Dallas nach Miami flog – er gab jedoch auf, als das Flugzeug bestimmungsgemäß in Miami landete.

16. Januar 1990

EIN Skyjacker, der vorgab, einen Sprengsatz bei sich zu haben, versuchte Flug 727 nach Kuba zu entführen, eine zweistrahlige Boeing 737 der America West Airlines, die die Inlandroute Houston – Las Vegas beflog. Als die Maschine zum Auftanken im texanischen Austin landete, wurde er von einem Polizisten überwältigt, der durch einen Notausstieg an Bord gekommen war.

10. Februar 1991

AUF amerikanischen Inlandflügen herrscht Rauchverbot, aber das hielt einen Fluggast nicht davon ab, an Bord einer Boeing 737 der Southwest Airlines rauchen zu wollen, die als Flug 335 in Kalifornien von Oakland nach San Diego unterwegs war.

Er begann zunächst mit der Besatzung über dieses Thema zu streiten und war dann so verärgert über diese Regelung, daß er – in Wut – kurz darauf der Besatzung eine Notiz zukommen ließ, die besagte, er sei im Besitz von Sprengstoff und fordere 13 Millionen Dollar sowie einen Flug nach Kuba. Später allerdings behauptete er, das Ganze sei nur ein Scherz gewesen!

Der FBI fand das jedoch nicht sonderlich lustig und verhaftete ihn wegen Luftpiraterie, nachdem das Flugzeug – wie vorgesehen – in San Diego gelandet war. Und auch ein Bundesrichter konnte die Pointe nicht erkennen: er verurteilte ihn 1992 zu 30 Jahren Gefängnis.

Entführungen mit tödlichem Ausgang

Bis auf wenige Ausnahmen, die sich in den 40er und 50er Jahren in Ländern der dritten Welt ereigneten, verliefen Flugzeugentführungen zunächst relativ friedlich: Gewaltanwendung war bei Skyjackings in der westlichen Welt selten, und Tote gab es überhaupt nicht. Das erscheint fast wie ein Wunder, wenn man an das Potential von Tod und Verderben denkt, das ein mit Messer, Faustfeuerwaffe oder Sprengstoff bewaffneter Gewalttäter einerseits und ein mit Passagieren und Kraftstoff beladenes Flugzeug andererseits darstellen.

Vielleicht als Folge einer resoluteren Haltung von Regierungen und Fluggesellschaften und zunehmender Ausweglosigkeit auf seiten der Luftpiraten kam 1969 die Anwendung tödlicher Gewalt wieder auf und wurde in den 70er Jahren zu schrecklicher Gewohnheit. Die zunächst nur wenigen Toten, die diese Zwischenfälle forderten, stiegen ins Unermeßliche, als die ersten modernen Flugzeuge Opfer des Terrors in der Luft wurden. Schnelles Handeln – manchmal auch nur schieres Glück – verhinderte zahlreiche weitere potentielle Katastrophen.

Mit Ausnahme der Vorfälle, die in Verbindung mit dem Nahen Osten stehen, werden im folgenden alle Flugzeugentführungen erwähnt, die nach 1966 zum Verlust von Menschenleben führten.

11. März 1969
DIE erste Flugzeugentführung der »modernen« Zeit, die mit Toten endete, betraf eine DC-4 der kolumbianischen Sociedad Aeronáutica de Medellín Consolidada SA (SAM), die 40 Personen planmäßig von Medellín nach Cartagena brachte.

11. März 1969: der Bordingenieur einer kolumbianischen DC-4 rennt vom Flugzeug weg – nur Momente später wird er versehentlich erschossen. Der wirkliche Luftpirat liegt verwundet neben der Maschine.

Es war ein Fall zeitlich schlecht geplanter Luftpiraterie: ein 17jähriger Junge mit einer Dynamitstange forderte kurz vor der Landung auf Cartagenas Flughafen Crespo, nach Kuba gebracht zu werden – und natürlich erfuhr er, daß das Flugzeug aus Kraftstoffmangel landen müsse. Er gab dem Piloten zehn Minuten zum Auftanken, aber Polizei und Militär hatten andere Pläne: sie rückten näher, als die vier Motoren abgeschaltet wurden. Bevor sie jedoch in Aktion treten konnten, nahmen einige Insassen der DC-4 ihr Schicksal selbst in die Hand.

Ein Passagier versetzte dem Entführer einen Hieb, worauf der das Dynamit fallenließ. Bei der nun folgenden Rauferei stürzten der Entführer, der Passagier und der Bordingenieur durch eine Tür auf die Rollbahn, woraufhin die Flughafenpolizei – in der Annahme, alle drei seien Luftpiraten – das Feuer eröffnete.

Der Bordingenieur wurde erschossen und der Entführer ernstlich verwundet. Das Drama endete um etwa 12.40 Uhr Ortszeit – gut 105 Minuten, nachdem es begonnen hatte.

3. Juni 1969

ZWEI Männer und eine Frau, die mit einem Maschinengewehr, einem Gewehr und einem Jagdmesser bewaffnet waren, versuchten Flug 3794 nach Finnland zu entführen, eine Il-14 der Aeroflot auf Inlandflug von Leningrad nach Reval/Estland. Obwohl Schüsse auf das Cockpit abgegeben wurden, gelang es der Besatzung, das Flugzeug zu landen. Einer der Männer wurde getötet, und die beiden anderen Entführer wurden festgenommen. Der zweite Mann wurde später zu elf Jahren Gefängnis und drei Jahren Verbannung verurteilt, während die Frau, die mit dem toten Entführer verheiratet und die Schwester des anderen Mannes war, 13 Jahre Gefängnis und fünf Jahre Verbannung erhielt.

6. September 1969

ZWEI DC-3 der Transportes Aéreos Militares Ecuatorianos (TAME) wurden in einer offensichtlich abgestimmten Aktion von einer etwa zwölfköpfigen Terroristenbande gekapert, kurz nachdem sie im Morgengrauen in Quito/Ekuador zu einem planmäßigen Inlandflug nach Esmeraldas gestartet waren. Mehr als 50 Personen waren an Bord der Maschinen, als die Entführer verlangten, nach Kuba geflogen zu werden, weil sie in die »Freiheit« wollten.

Beide Maschinen landeten zum Nachtanken im kolumbianischen Tumaco, wo ein Kopilot erschossen wurde, als er Widerstand leistete, und ein weiteres Mitglied der Flugbesatzung verwundet wurde. Die Maschine, in der geschossen worden war, ließen die Entführer zurück: sie trieben einige ihrer Geiseln in die zweite DC-3, die Kuba dann am späten Abend erreichte.

12. Dezember 1969

ÄTHIOPIENS harte Haltung in bezug auf Luftpiraterie bewies dieser Entführungsversuch einer Boeing 707 der Ethiopian Airlines. Die Maschine war von der im Norden gelegenen Stadt Asmara zur Hauptstadt Addis Abeba unterwegs, einem Teilstück ihrer Route, die in Madrid begonnen hatte, als zwei Angehörige der Rebellenorganisation »Eritreische Befreiungsfront«, die angeblich Sprengstoff mit sich führten, der Besatzung befahlen, nach Aden im Jemen zu fliegen.

Das Flugzeug flog aber nach Athen – und die zwei jungen Entführer waren bereits tot: Sicherheitsbeamte, die nach zwei vorhergegangenen Entführungen an Bord mitflogen, hatten sie überwältigt, gefesselt und dann ihre Kehlen durchschnitten. Sonst wurde niemand verletzt.

9. Januar 1970

EINE zweimotorige C-47 der Fluggesellschaft Rutas Aéreas Panameñas SA (RAPSA) wurde auf einem planmäßigen Inlandflug von David nach Bocas del Toro gekapert, aber als sie zum Auftanken zum Ausgangspunkt zurückkehrte, versperrte ihr die Nationalgarde den Start. Ein Gardist enterte daraufhin das Flugzeug durch ein Cockpitfenster und erschoß den Luftpiraten; ein weiterer Passagier, den er als Geisel festgehalten hatte, wurde dabei verletzt.

6. Februar 1970

EIN Luftpirat wurde erschossen, und vier weitere Personen wurden verwundet – eine Stewardeß sogar schwer – bei diesem fehlgeschlagenen Versuch, eine Caravelle VI-R der Línea Aérea Nacional de Chile (LAN-Chile) nach Kuba zu entführen. Zwei Studenten hatten die Verkehrsmaschine gekapert, als sie planmäßig in Chile von Puerto Montt nach Santiago flog; sie landete dann zum Nachtanken in der Hauptstadt. Hier ließen die Entführer 29 der 71 Passagiere – alle Frauen und Kinder – von Bord gehen, bevor ein als Lieferant verkleideter Kriminalbeamter an Bord kam. Dabei brach in der Kabine eine Schießerei aus, offensichtlich nachdem andere Passagiere versucht hatten, einen der Täter zu entwaffnen. Der zweite Täter wurde verwundet festgenommen.

10. März 1970

ZWEI bewaffnete »Banditen«, die später als verheiratetes Ehepaar identifiziert wurden, begingen – wie zu erfahren war – Selbstmord, nachdem die versuchte Entführung einer zweistrahligen Turboprop-Maschine des Typs Antonow An-24 der ostdeutschen Gesellschaft Interflug, als sie von Ostberlin nach Leipzig unterwegs war, fehlschlug.

17. März 1970

DER erste Todesfall bei der Entführung einer US-Verkehrsmaschine seit Beginn des Düsenzeitalters

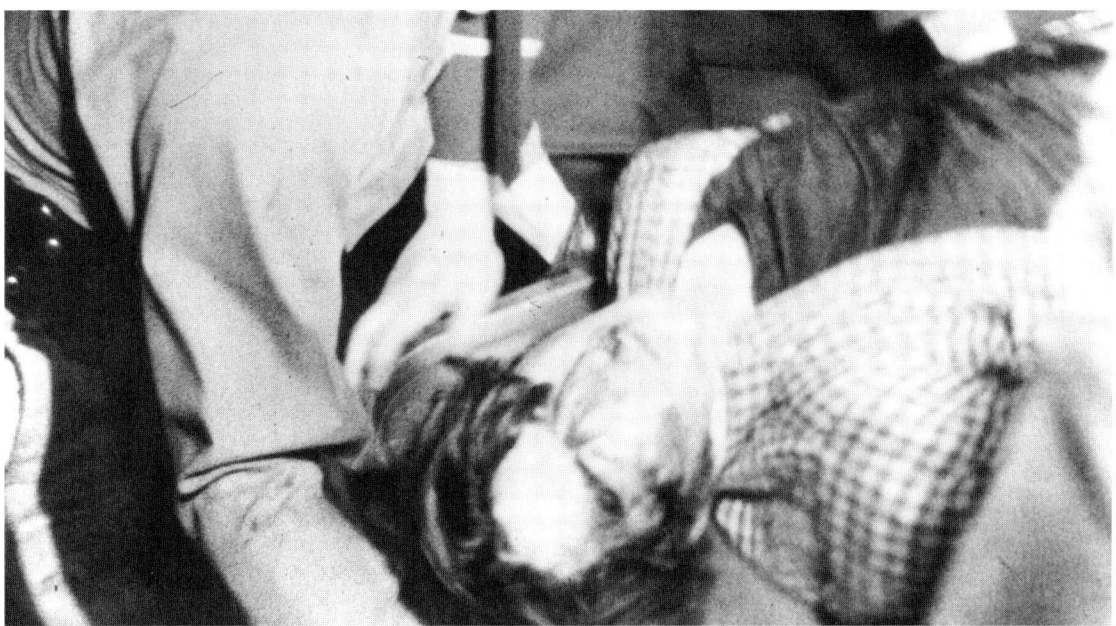

Der verletzte Gangster, der am 17. März 1970 auf beide Piloten der Eastern Air Lines schoß und einen davon tötete, wird nach der sicheren Landung der DC-9 ins Krankenhaus gebracht.

ereignete sich an Bord von Flug 1320, einer DC-9 Serie 31 der Eastern Air Lines, die mit 73 Personen von Newark/New Jersey nach Boston/Massachusetts flog. Beim Landeanflug auf den internationalen Flughafen Logan zeigte ein männlicher Passagier, der später als der 27jährige John DiVivo identifiziert wurde, einer Stewardeß beim Kassieren des Fluggeldes einen Revolver des Kalibers 9 mm und forderte, den Flugkapitän zu sprechen.

Kurz nachdem der Terrorist das Cockpit betreten hatte, etwa um 20.30 Uhr Ortszeit, hörte man Schüsse. Später stellte sich heraus, daß er der Besatzung befohlen hatte, nach Osten zu fliegen, bis »die Tanks leer sind«, dann aber plötzlich das Feuer eröffnet hatte. Äußerst mutig handelte der Erste Offizier (Kopilot) James Hartley, der – obwohl tödlich verletzt – den Täter entwaffnete und mit demselben Revolver auf ihn schoß. Der Entführer wurde verwundet, desgleichen Flugkapitän Robert Wilbur, der es trotzdem noch schaffte, die Zweistrahlige sicher aufzusetzen. Wegen seiner Verbrechen verurteilt, beging John DiVivo im Oktober 1970 im Gefängnis Selbstmord.

15. Oktober 1970

OBWOHL mehrfach über Versuche berichtet worden war, war es bis zu diesem Vorfall noch nie gelungen, eine sowjetische Verkehrsmaschine zu entführen: jetzt aber wurde eine Antonow An-24V der Aeroflot mit 51 Personen an Bord auf einem planmäßigen Inlandflug zwischen den Schwarzmeerstädten Batumi und Sotschi gekapert.

Wie der Entführer Proinas Brazinskas, der von seinem 14jährigen Sohn begleitet wurde, angab, ignorierte der Pilot seine Befehle und begann statt dessen »Kunstflugmanöver« mit der zweistrahligen Turboprop-Maschine, bei denen er die Balance verlor und die Schrotflinte abdrückte, die er bei sich trug. Er traf damit eine Stewardeß und tötete sie. Ein anschließend freigegebener Bericht stellte fest, daß die Stewardeß erschossen wurde, als sie dem Entführer den Zutritt zum Cockpit verwehren wollte. Der Flugkapitän sagte später aus, daß die Luftpiraten ins Cockpit gestürmt wären, als die Flugbesatzung per Funk die Bodenstelle informieren wollte, und drei der Besatzungsmitglieder mit Schüssen verletzt hätten.

Das Flugzeug landete dann sicher in der türkischen Schwarzmeerstadt Trapezunt. Die türkischen Behörden verweigerten den beiden Luftpiraten jedoch aufgrund der Art ihrer Verbrechen politisches Asyl – sie verbrachten zwei Jahre im Gefängnis, bevor sie in die USA ausreisen durften.

23. Januar 1971

EINE Fokker F.27 Friendship Mark 500 (HL-5212) der Korean Air Lines wurde mit 60 Insassen auf einem Inlandflug von Kangnung nach Seoul gekapert und nach Nordkorea umdirigiert. Südkoreanische Militärflugzeuge zwangen die zweistrahlige Turboprop-Maschine jedoch zu einer Bruchlandung am Strand von Sokcho, etwa 30 km vor der nordkoreanischen Grenze. Der Entführer zündete daraufhin eine Handgranate, die ihm und

Die entführte An-24 der Aeroflot, in der eine Stewardeß erschossen wurde, steht in Trapezunt auf dem Vorfeld, nachdem sie von einem Vater mit seinem Sohn im Oktober 1970 gekapert worden war.

dem Ersten Offizier das Leben nahm. Die Explosion verwundete 22 weitere Personen; das Flugzeug wurde zerstört.

11. Juni 1971
ERSTMALIG kam ein Passagier einer amerikanischen Verkehrsmaschine ums Leben, als Flug 358, eine Boeing 727-231 der Trans World Airlines, auf der Inlandroute Albuquerque/New Mexico – New York City entführt werden sollte.

Mit einer 9-mm-Pistole hatte sich der 23jährige Luftpirat den Zutritt zu dem Düsenflugzeug erzwungen, als es auf Chicagos internationalem Flughafen O'Hare zwischengelandet war. Er nahm sich eine Stewardeß als Geisel und entließ alle übrigen Passagiere; allerdings wurde ein 65jähriger Mann erschossen, als er in die Kabine zurückwollte, offensichtlich um seinen Mantel zu holen. Die Maschine startete dann und ging auf Ostkurs; der Entführer wollte nicht nur nach Nordvietnam gebracht werden, sondern forderte auch noch 75 000 Dollar Lösegeld.

Der Luftpirat hatte allerdings nicht bemerkt, daß in O'Hare ein Polizeibeamter durch ein Cockpitfenster an Bord der Maschine »geschmuggelt« worden war: etwa 30 Minuten, nachdem die 727 Chicago verlassen hatte, schoß dieser, als die Stewardeß sich einmal vom Geiselnehmer entfernen konnte, auf den Gangster und verwundete ihn. Die Maschine landete daraufhin in New York City.

1978 beging der Täter Selbstmord, indem er sich in einer Nervenklinik erhängte.

11. Juli 1971
NACH dem erfolglosen Versuch zweier Männer, ein Flugzeug der Empresa Consolidada Cubana de Aviación zu entführen, wahrscheinlich eine zweistrahlige Iljuschin Il-14, die als Flug 740 die Inlandstrecke Havanna – Cienfuegos beflog, wurde eine Handgranate abgezogen. Ein Passagier verlor dabei sein Leben, und drei Personen wurden verwundet; das Flugzeug jedoch erreichte sicher sein Ziel.

23. Juli 1971
BEI diesem Zwischenfall kam ein pistolenbewehrter Mann ums Leben, nachdem er Flug 335 der Trans World Airlines in seine Gewalt gebracht hatte, der in New York City zum Inlandflug nach Chicago gestartet war. Er wollte nach Mailand geflogen werden, ließ sich jedoch vom Piloten davon überzeugen, daß die dreistrahlige Boeing 727 den Transatlantikflug nicht schaffen werde.

Nachdem die Maschine nach La Guardia zurückgekehrt war, wurden der Entführer und eine Stewardeß, die er als Geisel genommen hatte, zum nahegelegenen John-F.-Kennedy-Flughafen gefahren, wo eine Boeing 707 mit größerer Reichweite für den Flug nach Italien bereitstand. Sie wurde aber nicht mehr benötigt: der Luftpirat wurde um etwa 14.40 Uhr Ortszeit von einem Scharfschützen der Bundeskriminalpolizei FBI angeschossen, als er einmal rund sechs Meter hinter seiner Geisel herging; er starb ungefähr eine halbe Stunde später. Weitere Personen kamen nicht zu Schaden.

12. Dezember 1971
COSTA Ricas Präsident José Figueres Ferrer persönlich überwachte die Erstürmung einer BAC One-Eleven Serie 400 der Líneas Aéreas de Nicaragua (LANICA) auf dem Flughafen El Coco von San José in Costa Rica. Über die zweistrahlige Ver-

Ein bewaffneter Luftpirat hat die Stewardeß Maria Concepción als Geisel genommen und steigt am 23. Juli 1971 von der Boeing 727 der TWA in eine andere Maschine um – nur Sekunden, bevor er erschossen wird.

kehrsmaschine, die als Flug 419 insgesamt 54 Personen transportierte, hatten drei Männer das Kommando ergriffen, als sie von Miami nach Managua in Nicaragua unterwegs war: sie wollten nach Kuba gebracht werden.

Nach der Landung zum Auftanken verweigerten die costricanischen Behörden der One-Eleven die Starterlaubnis. Während einer mehr als zweistündigen Wartezeit wurden die Reifen des Flugzeugs zerschossen, und ein Triebwerk geriet in Brand, als es getroffen wurde; das Feuer konnte allerdings gelöscht werden. Beim anschließenden Sturm auf das Flugzeug durch die Nationalgarde wurde einer der Entführer getötet. Die beiden anderen wurden festgenommen und nach Managua abgeschoben; hier jedoch konnten sie – beim großen Erdbeben am 23. Dezember 1972 – aus dem Gefängnis entkommen.

16. Dezember 1971

DER Entführer einer Fairchild F-27 der Lloyd Aéreo Bolivano SA wurde von Polizei und Militär in Cochabamba/Bolivien erschossen, wo die zweistrahlige Turboprop-Maschine zum Nachtanken zwischengelandet war. Er hatte den Flugkapitän der Maschine bereits getötet, als er sie auf dem Inlandflug von Sucre nach La Paz in seine Gewalt gebracht hatte; dem Kopiloten hatte er befohlen, ihn nach Arica/Chile zu fliegen.

26.–27. Januar 1972

ES waren zehn Stunden des Terrors für Eileen McAllister, Stewardeß des Fluges 452 der Mohawk Airlines, der auf dem Weg von Albany im Staat New York zum Flughafen La Guardia bei New York City gekapert worden war. Der 45jähri-

ge Luftpirat bedrohte die Flugbegleiterin mit einer Pistole und behauptete, auch über einen Sprengkörper zu verfügen.

Die 42 Passagiere gingen wohlbehalten von Bord, als die zweistrahlige Turboprop-Regionalmaschine des Typs FH-227 auf dem Flughafen Westchester bei White Plains im Staat New York gelandet war. Wie bei den Entführungsmustern, die im Jahr zuvor begonnen hatten, ging es auch diesmal nicht mehr um den Flug zu einem bestimmten Ziel, sondern um Lösegeld: Der Bandit forderte 200 000 Dollar und zwei Fallschirme: einen für sich und – zu ihrer Überraschung – einen für die Stewardeß. Da diese Flugzeuge keine hintere Laderampe haben, mußte der Sprung aus einer seitlichen Tür erfolgen, was die Schwierigkeit und die Gefahr noch erhöhte. Die Fluggesellschaft bot daraufhin den Austausch der Stewardeß gegen einen Vizepräsidenten der Fluglinie an. Am zweiten Tag um etwa 01.30 Uhr Ortszeit, drei Stunden nach dem Ultimatum des Entführers, wurde das Geld schließlich übergeben. Danach startete das Flugzeug und kreiste über dem Gebiet von White Plains.

In einem Anflug von Trotz, der ihr vermutlich das Leben rettete, verweigerte Stewardeß McAllister den Sprung – und ihre feste Haltung führte dazu, daß der Geiselnehmer seine Meinung änderte. Er befahl nunmehr die Landung auf dem Flughafen Poughkeepsie; dort solle auch ein Fluchtauto für ihn bereitstehen. Es wartete dort tatsächlich ein neutrales Auto auf ihn – aber auch der FBI. Nachdem er seine Geisel auf den Beifahrersitz dirigiert hatte, nahm er hinter dem Steuer Platz, wobei er mit einem einzigen Schuß aus einem Schrotgewehr getötet wurde. Stewardeß McAllister blieb unverletzt.

Der Leichnam des Luftpiraten liegt in Poughkeepsie neben seinem Fluchtauto: hier wurde er am 27. Januar 1972 nach zehnstündigem Entführungsdrama an Bord der FH-227 der Mohawk Airlines erschossen.

5. April 1972

DIESER Entführer einer Viscount der indonesischen Fluggesellschaft Merpati Nusantara Airlines wurde auf dem Flughafen Maguwo bei Jogjakarta vom Piloten erschossen. Der mit zwei Handgranaten bewaffnete Täter hatte die vierstrahlige Turboprop-Maschine auf dem planmäßigen Inlandflug von Surabaya nach Jakarta in seine Gewalt gebracht und 20 Millionen Rupiah sowie einen Fallschirm gefordert. Später verringerte er seine Lösegeldforderung auf fünf Millionen Rupiah und ließ die Passagiere frei.

Während der Verhandlungen hatte ein Heeresoffizier dem Piloten eine Pistole zugesteckt, der den Erpresser damit erschoß.

23. Mai 1972

EINE Turboprop-Maschine des Typs Electra der Compañía Ecuatoriana de Aviación SA wurde auf einem planmäßigen Inlandflug von Quito nach Guayaquil gekapert und gezwungen, nach Quito zurückzukehren. Der Entführer forderte 40 000 Dollar Lösegeld und einen Fallschirm. Unter dem Vorwand, er wolle ihm zeigen, wie man den Fallschirm benutzt, kam ein Offizier der Streitkräfte an Bord und eröffnete umgehend das Feuer: der Entführer starb, der Flugkapitän und ein weiblicher Fluggast wurden leicht verletzt.

30. Mai 1972

EINE Lockheed Electra der Empresa de Viaçao Aérea Rio Grandense (VARIG) wurde auf der brasilianischen Inlandlinie São Paulo – Curitiba entführt. Der Luftpirat ließ auf dem Flughafen von São Paulo alle Passagiere und Flugbegleiter von Bord gehen, nachdem er von der Fluggesellschaft 254 000 Dollar Lösegeld bekommen hatte. Dabei gelang der Flugbesatzung die Flucht aus dem Cockpit der vierstrahligen Turboprop-Maschine, und Militär stürmte das Flugzeug: der Entführer erschoß sich, bevor er festgenommen werden konnte.

8. Juni 1972

EINE Gruppe von zehn Tschechen – sieben Männer und drei Frauen, die von einem Kind begleitet wurden – bemächtigte sich einer Let L-410 Turbolet der Slovair, eines zweistrahligen Turboprop-Zubringerflugzeugs, das sie zusammen mit sieben weiteren Passagieren planmäßig von Marienbad nach Prag bringen sollte. Als der Pilot sich widersetzte, wurde er erschossen, zwei weitere Personen wurden verletzt. Das Flugzeug landete anschließend sicher auf einem kleinen Flugplatz in Westdeutschland, wo die Entführer um Asyl nachsuchten. Einer von ihnen beging später in Haft Selbstmord; die restlichen neun Erwachsenen wurden zu Haftstrafen von drei bis sieben Jahren verurteilt.

2. Juli 1972

FLUG 841 der Pan American World Airways, eine Boeing 747-121 mit 153 Insassen, wurde etwa 45 Minuten nach dem Start in Manila auf den Philippinen von einem messerschwingenden Vietnamesen gewaltsam übernommen. Der Jumbo war von San Franzisko nach Saigon in Südvietnam unterwegs. Der Entführer ließ dem Flugkapitän eine Notiz zukommen, die besagte, daß er Sprengstoff besitze und die Maschine zerstören werde, falls er nicht nach Hanoi in Nordvietnam gebracht werde. Eine zweite Notiz, die mit Blut geschrieben war, unterstrich seine Forderung. Trotzdem landete der Kapitän auf dem Flughafen Than Son Nhut bei Saigon.

Als das Flugzeug am Boden stand und die Verhandlungen begannen, griff der Flugkapitän den Luftpiraten an, der eine Stewardeß mit seinem Messer bedrohte: er packte ihn an der Kehle und befahl einem Passagier, der eine Waffe hatte, den Banditen zu erschießen; der tote Entführer wurde dann aus einer Kabinentür gestoßen. Bei der anschließenden hastigen Evakuierung des Flugzeugs erlitten zahlreiche Passagiere leichte Verletzungen.

Der bewaffnete Passagier, der den Entführer erschossen hatte, war ein ziviler Sicherheitsbeamter, der zu Beginn des Fluges seine Waffe bei der Besatzung abgegeben hatte. Die Besatzung jedoch hatte ihm die Waffe während der Entführung heimlich wieder zukommen lassen.

5. Juli 1972

DIESER Fall von Luftpiraterie mit tödlichem Ausgang begann um etwa 10.00 Uhr Ortszeit, kurz nachdem Flug 710 der Pacific Southwest Airlines (PSA) im kalifornischen Sacramento gestartet war. 86 Personen befanden sich an Bord der zweistrahligen Boeing 737-214, die mit einer Zwischenlandung in San Francisco nach Los Angeles fliegen sollte.

Die beiden jungen Männer, die sich des Flugzeugs bemächtigt hatten, trugen beide automatische Pistolen und forderten 800 000 Dollar, zwei Fallschirme und einen Flug in die Sowjetunion. Die 737 landete kurz auf dem internationalen Flughafen von San Francisco, startete dann wieder und begann zu kreisen, während die Fluggesellschaft sich bemühte, die Forderungen zu erfüllen. Gegen Mittag landete sie erneut auf diesem Flughafen, und jetzt begann ein vierstündiger Nervenkrieg mit dem FBI, der das Flugzeug weiträumig umstellt hatte. Ein FBI-Agent, der als Pilot fungierte, der angeblich Lösegeld, Fallschirme und Karten für den ungeplanten Flug brachte, mußte sich bis auf die Unterwäsche entkleiden, um zu beweisen, daß er unbewaffnet war, erst dann durfte er sich wieder anziehen und an Bord gehen. Was die Entführer nicht wußten: er hatte in seiner Jackentasche eine kleine Pistole versteckt.

Kurz nachdem der erste FBI-Agent an Bord gegangen war, stürmte ein zweiter an Bord und begegnete sofort im Cockpit einem der Entführer, den

Ein toter Luftpirat wird in Saigon weggetragen, nachdem er versucht hatte, eine Boeing 747 der Pan Am zu entführen – er wurde erschossen.

er mit zwei Schüssen aus seiner Schrotflinte tötete. Der zweite Luftpirat im hinteren Teil der Kabine eröffnete daraufhin das Feuer und verletzte drei Passagiere, einen 66jährigen Mann sogar tödlich. Nachdem er seine Munition verschossen hatte, wurde auch dieser Entführer, als er den Agenten mit einem Messer bedrohte, erschossen. Um etwa 16.00 Uhr Ortszeit – nur Sekunden, nachdem sie begonnen hatte – war die Schießerei vorüber.

Die Familie des unbeteiligten Mannes, der bei diesem Zwischenfall sein Leben verlor, erhielt nur eine bescheidene Entschädigung: 100 000 Dollar Versicherungsprämie.

6. Oktober 1972
AUF einem planmäßigen inneritalienischen Flug mit dem Ziel Bari wurde eine Fokker F.27 Friendship Mark 200 der Aero Trasporti Italiani SpA (ATI) von einem jungen Mann gekapert und gezwungen, zum Flughafen Ronchi dei Legionari bei Triest zurückzukehren; hier war die Maschine zuvor gestartet. Der Entführer verlangte 200 Millionen Lire Lösegeld und einen Flug nach Kairo.

Nachdem die sechs Passagiere von Bord gehen durften, gelang auch der dreiköpfigen Besatzung der zweistrahligen Turboprop-Maschine die Flucht. Kurz darauf schleuderte der Entführer einen Sprengkörper aus einem Cockpitfenster, und die Polizei eröffnete das Feuer. Frühmorgens am nächsten Tag stürmte sie die Maschine und fand den Luftpiraten erschossen vor.

29. Oktober 1972
VIER Bewaffnete – darunter ein Vater mit zwei Söhnen, die gesucht wurden, weil sie in der Woche zuvor einen Bankmanager und einen Polizisten bei einem versuchten Raub erschossen hatten – schossen sich auf dem internationalen Flughafen von Houston/Texas ihren Weg an Bord einer Boeing 727 der Eastern Air Lines frei. Ein Flugkartenverkäufer wurde getötet und ein zweiter Angestellter verwundet, bevor die Verbrecher gewaltsam an Bord der Maschine gelangten, die sich mit 47 Personen als Flug 496 auf den Start nach Atlanta/Georgia vorbereitete. Sie erzwangen jedoch einen Flug nach Kuba. Nachdem sie in die USA zurückgekehrt waren, wurden der Vater und seine Söhne im Juli 1975 verhaftet und später wegen Menschenraubs und Luftpiraterie zu jeweils 50 Jahren Gefängnis verurteilt. Der vierte Täter konnte noch nicht gefaßt werden.

15. November 1972
EINER der wenigen australischen Fälle von Luftpiraterie betraf eine zweistrahlige Turboprop-Maschine des Typs Fokker F.27 Friendship der Ansett Airlines of Australia auf planmäßigem Inlandflug von Adelaide nach Darwin. Ein junger Mann mit einem 6-mm-Gewehr brachte die Maschine in seine Gewalt und forderte nach der Landung in Alice Springs im Northern Territory ein Sportflugzeug und einen Fallschirm. Eine Stewardeß und alle weiblichen Passagiere durften dort von Bord gehen.

Als er danach mit der zweiten Stewardeß als Geisel zu dem bereitgestellten Leichtflugzeug ging, wurde er von einem Sicherheitsbeamten in Zivil angegriffen. Er floh in den nahegelegenen Busch, wo er die Waffe auf sich richtete; er verstarb später im Krankenhaus.

24. November 1972
EINE frühere tödliche Flugzeugentführung war bedeutender Bestandteil dieser versuchten Luftpiraterie, die mit dem Tode des Entführers endete. Der Täter nahm eine Stewardeß als Geisel und ging an Bord einer DC-8 Super 63 der Air Canada, die auf dem Rhein-Main-Flughafen bei Frankfurt/Main abgestellt war. Das Flugzeug sollte als Flug 807 die Transatlantikroute nach Montreal in Kanada befliegen.

Der Entführer drohte damit, Dynamit einzusetzen, wenn die deutschen Behörden nicht mehrere tschechische Häftlinge freiließen – darunter auch die beiden, die am 8. Juni an der Entführung des tschechischen Verkehrsflugzeugs beteiligt waren, bei der der Pilot getötet worden war. Jetzt allerdings wurde der Täter von einem Scharfschützen der Polizei erschossen.

8. Dezember 1972
BEI einer wilden Schießerei mit Sicherheitskräften wurden sieben Mitglieder der eritreischen Befreiungsfront, zwei von ihnen Frauen, erschossen, nachdem sie eine Boeing 720B der Ethiopian Airlines zu kapern versucht hatten. Die Vierstrahlige war auf dem Flug von Addis Abeba nach Asmara – dem Inlandteil ihrer Flugroute nach Paris –, als die sieben Terroristen, die mit Pistolen und Handgranaten bewaffnet waren und mit einer Geiselnahme der Besatzung und der Passagiere Lösegeld erpressen wollten, ihren tödlichen Plan auszuführen begannen.

Während des Anschlags ergriff ein mutiger amerikanischer Passagier eine Handgranate, die ein verletzter Erpresser hatte fallen lassen, und schleuderte sie in den unbesetzten Teil der Kabine. Die Explosion beschädigte die Maschine erheblich: sie legte ein Triebwerk still, zudem geriet das Flugzeug kurzzeitig außer Kontrolle. Neun Menschen wurden verwundet, die meisten davon bei der Explosion – aber die 720B kehrte sicher nach Addis Abeba zurück.

23. April 1973
WENN er nicht nach Schweden geflogen werde, so drohte ein Luftpirat, werde er einen Sprengsatz an Bord der Tu-104 der Aeroflot, die auf regulärem Inlandflug mit etwa 80 Personen an Bord von Leningrad nach Moskau unterwegs war, zur Explo-

sion bringen. Und genau das tat er, als die Besatzung es vorzog, statt dessen auf einem anderen Leningrader Flugplatz zu landen: die Explosion kostete ihn und den Bordingenieur das Leben. Das Flugzeug flog zu dem Zeitpunkt in etwa 150 m Höhe über der Erde, landete aber trotzdem problemlos.

18. Mai 1973
DIE erste wirkliche Katastrophe bei einer Flugzeugentführung war der Absturz einer Tupolew Tu-104A der Aeroflot. Alle 81 Menschen an Bord verloren ihr Leben, als die zweistrahlige sowjetische Verkehrsmaschine ostwärts des sibirischen Baikalsees abstürzte. Es wird berichtet, daß der Sprengsatz eines Luftpiraten an Bord des Flugzeugs in rund 10 000 m Höhe detoniert sei – er hatte zuvor gefordert, daß ihn die Linienmaschine auf der Route von Moskau nach Tschita im Osten der UdSSR nach China bringe.

8. Oktober 1973
EINER Boeing 727-228 der Air France auf planmäßigem Inlandflug von Paris nach Nizza bemächtigte sich eine Frau, die nach Kairo wollte; zudem forderte sie für 24 Stunden die Einstellung jeglichen Flugverkehrs über Frankreich. Das Flugzeug jedoch landete auf dem Flughafen Marseille, angeblich zum Auftanken, und die 110 Passagiere und die meisten Besatzungsmitglieder durften von Bord gehen.

Nach einem Versuch, sie zu überwältigen, eröffnete sie mit einem Gewehr das Feuer: die Polizei erschoß sie daraufhin.

2. November 1973
VIER junge Männer brachten eine Jak-40 der Aeroflot in ihre Gewalt, als das in der Sowjetunion gebaute und registrierte Verkehrsflugzeug als Flug 19 von Moskau nach Brjansk flog; sie forderten eine halbe Million Dollar Lösegeld. Der Bordingenieur und ein Passagier wurden bei dem Anschlag verletzt, aber trotzdem landete das Flugzeug auf dem Moskauer Flughafen Wnukowo. Einer der Attentäter, der ebenfalls verwundet worden war, starb später – ein weiterer erschoß sich, bevor er festgenommen werden konnte.

20. Februar 1974
TRICKREICHES Handeln des Piloten ließ den Versuch, eine DC-4 der Air Vietnam nach Nordvietnam zu entführen, fehlschlagen. Nur Minuten nach dem Start im südvietnamesischen Dalat war die Verkehrsmaschine, die mit 52 Personen an Bord nach Qui Nhon fliegen sollte, gekapert worden. Um Mittag landete sie in Huê, ebenfalls in Südvietnam – den Entführer allerdings ließ man glauben, er sei im kommunistischen Norden.

Bei einem Handgemenge mit dem Kopiloten, das sich ergab, als er die Wahrheit feststellte, ließ er die Handgranate, die er bei sich hatte, fallen, und sie detonierte in der Passagierkabine, wobei er und zwei Fluggäste ums Leben kamen. Weitere 15 Personen wurden verletzt, und auch das Flugzeug wurde durch die Explosion erheblich beschädigt.

22. Februar 1974
EIN mit Revolver und Brandsatz bewaffneter Attentäter erschoß auf dem internationalen Flughafen

Eine Aeroflot-Tu-104 wie diese stürzte auf einem Inlandflug in der UdSSR im Mai 1973 ab, als ein Luftpirat sie zu entführen versuchte.

Baltimore-Washington einen Sicherheitsbeamten und stürmte an Bord einer zweistrahligen DC-9 der Delta Air Lines, die gerade Passagiere aufnahm, um als Flug 523 nach Atlanta/Georgia zu fliegen. Dann schoß er auf beide Piloten und traf den Flugkapitän tödlich, als sie seiner Forderung, zu starten, nicht nachkamen. Er wurde anschließend von der Polizei verwundet und beging mit seinem Revolver Selbstmord. Der Vorfall – er geschah um etwa 07.00 Uhr Ortszeit – war nach nur einer Minute wieder vorüber.

Der amerikanische Kolumnist Jack Anderson gestand später, daß der Mann, der dieses Verbrechen begangen hatte, ihm mehr als einen Monat zuvor ein Tonband zugeschickt hatte, das detaillierte Pläne für die Entführung eines Flugzeugs enthielt: er wollte sich damit auf das Weiße Haus des Präsidenten in Washington/DC stürzen.

10.–11. Mai 1974
EINE Boeing 727-59 der Aerovías Nacionales de Colombia SA (AVIANCA) mit 92 Personen an Bord wurde auf einem planmäßigen Inlandflug von Pereira nach Bogotá kurz vor ihrer Landung auf dem dortigen Flughafen El Dorado gekapert. Die drei Täter, die mit Pistolen und angeblich auch einem Sprengsatz bewaffnet waren, wollten zunächst nach Kuba geflogen werden, forderten dann aber acht Millionen Pesos Lösegeld für die restlichen Passagiere, nachdem sie 25 Frauen und Kinder auf dem Flughafen von Bogotá freigelassen hatten.

Dann hob die Maschine wieder ab und landete in Perua und Cali, bevor sie wieder zur Hauptstadt zurückkehrte, wo die 727 – am zweiten Tag ihrer Entführung – von der Polizei gestürmt wurde. Einer der Erpresser wurde dabei getötet, die beiden anderen, von denen einer bereits verwundet war, wurden verhaftet. Bei der Notevakuierung der Maschine verletzten sich 14 Fluggäste und eine Stewardeß.

24. Juli 1974
EIN Mann, der schon 1969 eine Maschine nach Kuba entführt hatte, war bei weitem nicht so erfolgreich, als er versuchte, eine Boeing 727-24C der Aerovías Nacionales de Colombia SA (AVIANCA) in seine Gewalt zu bringen. Das Flugzeug, das mit 129 Personen an Bord planmäßig von Bogotá nach Barranquilla flog, war zuletzt in Pereira gelandet, wo der mit einem Revolver bewaffnete Attentäter an Bord kam. Nach der Landung in Cali wurden zwei Passagiere bei der Evakuierung der 727 verletzt. Nur die Flugbesatzung und eine junge Frau mit einem Kleinkind, die den Entführer begleitet hatte, blieben an Bord. Anschließend wurde der Luftpirat von der Polizei angeschossen – er starb später im Krankenhaus.

15. September 1974
FLUG 706, eine Boeing 727-121C (XV-NJC) der Air Vietnam, wurde auf der Inlandroute Da Nang – Saigon (derzeit Ho-Chi-Minh-Stadt) gekapert.

Passagiere retten sich am 11. Mai 1974 in Bogotá aus dieser Boeing 727 der AVIANCA, in der ein Entführer erschossen und die beiden anderen von der Polizei verhaftet wurden.

Das Flugzeug verunglückte dann, als es auf dem Flugplatz Phan Rang, etwa 250 km nordöstlich von Saigon, zu landen versuchte: alle 75 Menschen an Bord der Maschine (67 Passagiere und acht Besatzungsmitglieder) kamen dabei ums Leben.

Man nimmt an, daß der Attentäter zwei Handgranaten abzog, als der Pilot sich seiner Forderung widersetzte, ihn nach Hanoi in Nordvietnam zu fliegen. Das Flugzeug befand sich hinter der Mittellinie von Landebahn 22 im Queranflugteil der Platzrunde, was auf einen Fehlanflug hindeutet, stürzte plötzlich aus etwa 300 m Höhe zu Boden und explodierte.

22. Februar 1975

EINE Boeing 737 der Viação Aérea São Paulo SA (VASP) wurde auf ihrem planmäßigen Flug von Goiania nach Brasilia mit 80 Personen an Bord von einem Bewaffneten gekapert, der im Cockpit einen Säugling absetzte und eine Stewardeß als Geisel nahm. Während einer achtstündigen Verhandlung in Brasilia forderte er zehn Millionen Cruzeiros, Waffen, Fallschirme und die Freilassung von mindestens zwei Häftlingen durch die brasilianische Regierung.

Nachdem er Frauen und Kinder freigelassen hatte, wurde der Geiselnehmer von Polizisten erschossen, die heimlich an Bord gelangt waren, als die anderen Passagiere das Flugzeug verließen. Einer der Piloten wurde dabei an der Hand verletzt.

14.–15. September 1975

WAS als Raubüberfall begonnen hatte, führte danach zur Geiselnahme, zur versuchten Entführung einer Verkehrsmaschine und schließlich zur Erschießung des Verbrechers. Nach einem mißglückten Überfall auf ein Lebensmittelgeschäft, wobei eine Frau niedergestochen wurde, brachte der Täter ein Auto samt dessen Fahrer in seine Gewalt und nahm dann in einem Krankenhaus einen Arzt als Geisel. Als nächstes schnappte er sich auf dem Flughafen Reid-Hillview im kalifornischen San Jose einen Sicherheitsbeamten, wechselte das Fahrzeug und fuhr mit seinen drei Gefangenen zum städtischen Flughafen von San Jose, wo er noch zwei Mechaniker als Geiseln nahm, bevor er alle fünf an Bord einer Boeing 727 der Continental Air Lines trieb.

Der Gewalttäter zwang die Mechaniker, die Triebwerke anzulassen und das Flugzeug in Startposition zu rollen, dabei zerschoß allerdings die Polizei die Reifen. Daraufhin schoß der Entführer den Arzt an, der schwerverletzt die hintere Gangway hinuntertaumelte. Als das Flugzeug stand, verließ es der Täter: als er dabei jedoch seine Waffe auf einen der mehr als zwei Dutzend Polizeibeamten richtete, die die 727 umstellt hatten, wurde er erschossen. Das Drama endete um etwa 01.30 Uhr Ortszeit, etwa zwei Stunden, nachdem es begonnen hatte.

29. Februar 1976

DIE Polizei erschoß den Entführer einer zweistrahligen Turboprop-Maschine des Typs Saunders ST-27 der Aerolíneas Centrales de Colombia (ACES) nach der Landung auf dem kolumbianischen Flughafen Medellín. Er hatte das Flugzeug auf einem planmäßigen Inlandflug in seine Gewalt gebracht und 300 000 Dollar gefordert, die 15 Passagiere jedoch von Bord gehen lassen.

18.–19. April 1976

EIN Attentäter, dem eine Anklage wegen Diebstahls und eines Verkehrsunfalles mit Todesfolge bevorstand, kaperte sich in Grand Island/Nebraska eine zweimotorige Piper Navajo mit ihrem Piloten und dem Bordmechaniker. Er zwang sie, nach Denver/Colorado zu fliegen, wo die Navajo auf dem internationalen Flughafen Stapleton aufsetzte, dann wieder startete, eine halbe Stunde kreiste und erneut landete.

Um der Forderung des Entführers, nach Mexiko geflogen zu werden, nachzukommen, bot man ihm eine größere Maschine an: eine vierstrahlige Convair 990A Coronado der Denver Ports of Call. An Bord dieser Maschine warteten FBI-Agenten auf ihn, die ihn in der Passagierkabine kurz nach Mitternacht erschossen. Seine zwei Geiseln blieben unverletzt.

21.–23. Mai 1976

DIESE Flugzeugentführung und das anschließende Feuergefecht zwischen einer Gruppe Terroristen und dem Militär, die insgesamt 45 Stunden dauerten, führten zu Toten und zur Zerstörung eines Düsenflugzeugs. Etwa 15 Minuten nach ihrem Start in Davao wurde die zweistrahlige BAC One-Eleven Serie 527FK (RP-C-1161) der Philippine Air Lines gekapert, die als Flug 116 auf der Inlandroute nach Manila unterwegs war. Einschließlich der sechsköpfigen Besatzung waren 103 Personen an Bord der Maschine, die jetzt nach Zamboanga auf Mindanao flog.

Die Entführer verlangten 375 000 Dollar Lösegeld, halbautomatische Gewehre und eine DC-8, die sie mit ihrer größeren Reichweite nach Libyen bringen konnte. Nach Verhandlungen wurden zunächst 14 Frauen und Kinder freigelassen; es folgten noch zwei weitere Passagiere und eine Stewardeß.

Um das Vorhaben zu unterstützen, die Entführer zur friedlichen Aufgabe zu überreden, ließ man Angehörige, die auch Verpflegung mitbrachten, an Bord. Als sie jedoch wieder gingen und einige Passagiere versuchten, mit ihnen zu verschwinden, fielen Schüsse, und einer der Entführer zündete eine Handgranate. Dann stürmten – am 23. Mai um kurz nach 12.30 Uhr Ortszeit – Truppen an Bord. Durch die Explosion, den anschließenden Brand und die wilde Schießerei verloren 13 Menschen ihr Leben, drei Entführer eingeschlossen. 22 weitere

In einer Caravelle dieses Typs der Air France zündete im August 1976 ein Luftpirat Handgranaten, die ihn töteten.

Personen wurden verletzt, und die Verkehrsmaschine brannte aus.

Die drei überlebenden Terroristen, von denen einer schwer verletzt war, wurden verhaftet und anschließend zum Tode verurteilt.

28. August 1976

EINE zweistrahlige Caravelle III der Air France auf dem planmäßigen Flug nach Bangkok/Thailand brachte ein Luftpirat in seine Gewalt und hielt sie in Vietnam am Saigoner Flughafen Tan Son Nhut am Boden fest. Er ließ die anderen 20 Personen von Bord gehen, aber als Sicherheitskräfte das Flugzeug stürmten, zog er zwei Handgranaten ab, die ihn töteten. Die Caravelle erlitt durch die Explosion einige Schäden.

17. März 1977

DIE versuchte Entführung einer Boeing 727-281 der All Nippon Airways, die als Flug 817 mit 180 Insassen die Inlandroute Tokio – Sendai beflog, endete mit dem Selbstmord des Entführers. Kurz bevor das Flugzeug zum Ausgangspunkt zurückkehrte, betrat er einen Waschraum und schluckte Gift. Zwei weitere Passagiere waren zuvor von dem potentiellen Entführer leicht verletzt worden.

25. April 1977

ZWEI Mitglieder der eritreischen Befreiungsfront wurden von der Besatzung erschossen, als sie versuchten, eine DC-3 der Ethiopian Airlines zu entführen, die die Inlandroute Makele – Gondar bediente. Etliche Passagiere sollen dabei verletzt worden sein, obwohl die Maschine sicher landete.

30. September 1977

EINE Caravelle 12 der Air Inter, die 107 Personen nach Lyon brachte, wurde gekapert und dann gezwungen, nach Paris zurückzufliegen, wo sie zuvor

gestartet war. Sie landete schließlich auf dem Flughafen Orly. Eine Stewardeß wurde angeschossen, als sie den Luftpiraten am Betreten des Cockpits zu hindern versuchte.

Als die Polizei um etwa 14.00 Uhr Ortszeit das Flugzeug enterte, warf der Terrorist eine Handgranate, die einen Passagier tötete und vier weitere Personen verletzte; zudem verursachte sie beträchtlichen Schaden am Flugzeug. Der Täter wurde verhaftet und später zu 18 Jahren Gefängnis verurteilt.

20. Oktober 1977

FRONTIER Airlines' Flug 101, eine zweistrahlige Boeing 737, die mit 34 Insassen in Nebraska von Grand Island nach Lincoln flog, wurde von einem Attentäter mit einer Schrotflinte nach Atlanta/Georgia entführt. Dort erschoß sich der Entführer nach langwierigen Verhandlungen.

29. Oktober 1977

ZWEI Besatzungsmitglieder verloren ihr Leben und ein drittes wurde bei der Entführung einer DC-3 der Air Vietnam verwundet. Die Maschine war mit 40 Personen an Bord von Saigon in Vietnam zur thailändischen Insel Phu Quoc unterwegs gewesen. Sie wurde nach Singapur umdirigiert, wo die vier Entführer zu jeweils 14 Jahren Gefängnis verurteilt wurden.

4. Dezember 1977

EINE Entführung mit verheerendem Ausgang traf eine Boeing Advanced 737-2H6 (9M-MBD) der Malaysian Airline System, die als Flug 653 auf der Inlandstrecke Penang – Kuala Lumpur gekapert wurde. Als sie Singapur anflog, begann die Maschine aus einer Höhe von 6400 m ihren Sinkflug. Danach wurde beobachtet, wie sie sich im Horizontalflug aufbäumte und dann 50 km südwestlich der malaysischen Stadt Johor Baharu in einen Sumpf stürzte, wo sie beim Aufprall explodierte und zerbarst. Alle 100 Personen an Bord (93 Passagiere und sieben Besatzungsangehörige) verloren dabei ihr Leben.

Man kam später zu dem Schluß, daß die beiden Piloten wohl erschossen worden waren. Nach dieser Katastrophe wurden auch im malaysischen Luftverkehr Sicherheitsmaßnahmen eingeführt.

9. März 1978
DER Bordingenieur einer Boeing 737 der taiwanischen China Airlines versuchte sein Flugzeug zu entführen, als es mit 101 Insassen planmäßig von Taiwan nach Hongkong flog: er griff Pilot und Kopilot mit einem Hammer und einer Schere an. Ein Sicherheitsbeamter erschoß ihn jedoch, und die 737 landete wohlbehalten auf ihrem Zielflughafen.

1. Mai 1978
DER Versuch, eine Turboprop-Maschine des Typs Il-18 der Aeroflot in den Iran zu entführen, als sie planmäßig vom turkmenischen Aschchabad ins kaukasische Mineralnyje Wody unterwegs war, endete damit, daß der Attentäter, der eine Übungshandgranate trug, vom Kopiloten erschossen wurde.

9. November 1978
EIN bewaffneter Passagier drängte sich in das Cockpit einer An-24-Turboprop der Aeroflot, die planmäßig die sowjetische Inlandstrecke Krasnodar – Baku beflog, gab dort ein paar Schüsse ab und verwundete den Bordingenieur; dann schloß er sich im Gepäckabteil ein und beging Selbstmord.

4. April 1979
EIN Luftpirat bemächtigte sich auf dem internationalen Flughafen von Sidney in Australien einer Boeing 747 der Pan American World Airways. Der Jumbo sollte als Flug 816 nach Auckland in Neuseeland fliegen; eine Frau und ein Polizeibeamter erlitten dabei Stichwunden. Der Täter wurde aber von der Polizei erschossen, bevor das Flugzeug starten konnte.

13. Oktober 1980
EINE Boeing 727-200 der Türk Hava Yollari (THY), die als Flug 890 mit 148 Personen die Inlandroute Istanbul – Ankara beflog, brachten vier Luftpiraten in ihre Gewalt. Bei der Landung im türkischen Diyarbakir wurde die Maschine von Soldaten gestürmt. Ein Passagier kam bei dem Angriff ums Leben, und etwa ein Dutzend weitere Fluggäste wurden verletzt, auch die vier Entführer – sie wurden danach alle festgenommen.

2.–14. März 1981
EINE Boeing 707 der Pakistan International Airlines, die als Flug 326 mit 159 Personen an Bord die Inlandstrecke Karatschi – Peschawar fliegen sollte, wurde nach Kabul in Afghanistan entführt. Die Luftpiraten forderten von Pakistan die Freilassung »politischer Häftlinge« und verwundeten einen Passagier tödlich; er lebte aber noch, als er aus dem Flugzeug geworfen wurde. Pakistan gab den Forderungen nach. Am zwölften Tag der Entführung stellten sich die Entführer den Behörden, nachdem sie nach Damaskus in Syrien geflogen worden waren.

28.–30. März 1981
FLUG 206 der Garuda Indonesian Airways, eine zweistrahlige DC-9, die mit 57 Insassen von Palembang nach Medan fliegen sollte, brachten fünf Terroristen in ihre Gewalt und entführten sie letztlich bis nach Bangkok/Thailand. Kurz nach 02.30 Uhr am dritten Tag der Entführung stürmten indonesische Kommandotruppen die Maschine auf dem Flughafen Don Muang. Alle fünf Terroristen wurden erschossen, aber auch ein Soldat und der Pilot. Zwei weitere Personen waren schon zuvor angeschossen und verwundet worden.

10. April 1981
BEI einer versuchten Entführung nach Kuba griff sich ein Passagier, der mit brennbarer Flüssigkeit ausgerüstet war, eine Stewardeß an Bord eines A300B-Jumbos der Eastern Air Lines, der als Flug 17 mit 148 Insassen von New York City nach Miami unterwegs war. Er erstickte, als er von einem Passagier und einem Besatzungsmitglied überwältigt und festgehalten wurde.

20. August 1982
FLUG 492 der Indian Airlines, eine Boeing 737 mit 71 Personen an Bord, wurde auf der Inlandroute Jodhpur – Neu-Delhi nach Pakistan entführt, das aber keine Landeerlaubnis erteilte. Die Maschine landete daher im indischen Amritsar, wo der Einzeltäter von der Polizei erschossen wurde, als er den Kopf aus der Kabinentür steckte.

20. Januar 1983
EIN bereits verurteilter Luftpirat, der eine 20jährige Bewährung für sein drei Jahre zuvor verübtes Verbrechen abbüßte, bemächtigte sich einer Boeing 727 der Northwest Airlines, die mit 41 Personen an Bord als Flug 608 in den USA von Seattle/Washington nach Portland/Oregon fliegen sollte. Er wollte nach Afghanistan geflogen werden. Dieses Mal jedoch wurde er von FBI-Agenten erschossen, nachdem die Maschine auf dem Bestimmungsflughafen aufgesetzt hatte.

18. Februar 1983
SICHERHEITSKRÄFTE erschossen den potentiellen Entführer einer zweistrahligen Tu-134 der Ceskoslovenske Aerolinie (CSA),die sich auf dem planmäßigen Inlandflug Poprad – Prag befand,

nachdem er eine Stewardeß angegriffen und das Cockpit zu betreten versucht hatte.

7. März 1983

VIER Attentäter, die in die Türkei wollten, entführten eine zweistrahlige Turboprop-Maschine des Typs An-24 der Balkan Bulgarian Airlines, die die reguläre Inlandroute Sofia – Varna beflog. In der Dunkelheit überlistete der Pilot die Terroristen und landete am vorgesehenen Ziel, wo Sicherheitskräfte einen Luftpiraten erschossen und die drei anderen verhafteten.

5. Juli 1983

ZWEI Männer mit einem Tonbandgerät, das so hergerichtet war, daß es wie ein Sprengsatz aussah, versuchten eine Tu-134A der Aeroflot zu entführen, die sich als Flug 2113 auf der innersowjetischen Route Moskau – Reval befand. Der Pilot überlistete sie jedoch und landete auf einem Fliegerhorst bei Leningrad, wo ein militärischer Scharfschütze einen der Entführer erschoß und den anderen verwundete.

18. November 1983

EINE Tu-134 der Aeroflot, die als Flug 6833 in Georgien von Tiflis nach Batumi fliegen sollte, Teilstrecke einer innersowjetischen Route nach Leningrad, wurde von sieben Entführern, drei davon Frauen, gekapert. Sie waren mit Faustwaffen und Übungshandgranaten bewaffnet und wollten nach Istanbul geflogen werden. Sie erschossen dabei den Bordingenieur, eine Stewardeß und zwei Passagiere – die Besatzung wiederum tötete zwei der Terroristinnen; die dritte verübte Selbstmord.

Die vier männlichen Attentäter wurden später hingerichtet. Ein Angestellter der Aeroflot wurde ebenfalls bestraft: er hatte geholfen, die Waffen an Bord zu schmuggeln.

29.–30. Juli 1984

EINE zweistrahlige DC-9 der Línea Aeropostal Venezolana wurde auf dem planmäßigen Flug von Caracas nach Curaçao mit 87 Insassen gekapert. Die Verkehrsmaschine landete jedoch am vorgesehenen Bestimmungsort, wo sie in den frühen Morgenstunden des zweiten Entführungstages von Spezialisten gestürmt wurde – beide Terroristen wurden getötet.

20. September 1986

ZWEI Polizisten wurden im sowjetischen Ufa von drei schwerbewaffneten Terroristen getötet. Nachdem sich einer der drei davongemacht hatte, brachten die beiden anderen eine Tu-134 der Aeroflot auf dem Flughafen der Stadt in ihre Gewalt, die eine geplante Zwischenlandung auf der Route von Kiew nach Nischniwartowsk eingelegt hatte. Auch zwei Passagiere kamen bei der versuchten Entführung ums Leben. Nach zwölfstündigen Verhandlungen ergab sich ein Gewalttäter, der zweite wurde bei einem anschließenden Polizeieinsatz getötet. Auch der dritte Täter, der zuvor weggerannt war, wurde festgenommen.

10. März 1987

EIN Attentäter versuchte, eine zweistrahlige Turboprop-Maschine des Typs An-24 der Empresa Consolidada Cubana de Aviación zu entführen, die sich mit 48 Insassen auf dem Flughafen José Martí bei Havanna auf den Start für einen planmäßigen innerkubanischen Flug nach Nueva Gerona auf der Isla de Pinos vorbereitete. Als der Pilot sich weigerte, ihn in die USA zu fliegen, warf der Täter ei-

Eine Tu-134 der Aeroflot wie diese war im November 1983 das Opfer einer versuchten Entführung, die mehrere Todesopfer forderte.

ne Handgranate, die 13 Personen verletzte. Er wurde daraufhin von einem dienstfreien Polizeibeamten erschossen.

8. März 1988
ELF Angehörige einer Familie versuchten, eine Tupolew Tu-154B-2 (SSSR-85413) der Aeroflot, die mit 77 Menschen an Bord als Flug 3739 in der Sowjetunion die Strecke von Irkutsk über Kugan nach Leningrad beflog, nach London zu entführen. Zum Nachtanken setzte die Maschine daraufhin auf einem Fliegerhorst bei Wiborg, nordwestlich von Leningrad, auf, wo die Entführer, als sie sowjetische Truppen entdeckten, das Feuer eröffneten. Daraufhin stürmte eine Sturmtruppe die Maschine und tötete neun Personen, darunter fünf Angehörige der Entführerfamilie und eine Stewardeß; 35 weitere Personen wurden verwundet, und das Flugzeug ging in Flammen auf. Die überlebenden Entführer wurden zu Gefängnisstrafen verurteilt.

29. September 1988
EINE Boeing 737 der Viaçao Aérea São Paulo SA (VASP), die als Flug 375 mit 105 Insassen die Inlandlinie Porto Velho – Rio de Janeiro bediente, brachte ein geistesgestörter Entführer in seine Gewalt. Er wollte, daß die Maschine auf ein Regierungsgebäude in der Hauptstadt Brasilia stürzte. Er erschoß erst den Kopiloten und verwundete zwei weitere Besatzungsmitglieder, bevor das Flugzeug auf dem Flughafen Santa Genoveva bei Goiânia im Staat Goiás landete.

Als er mit dem Flugkapitän zu einer anderen Maschine ging, eröffnete die Polizei das Feuer – er schoß auf seinen Gefangenen und verwundete ihn. Ebenfalls angeschossen, starb der Entführer zwei Tage später.

24. April 1989
EINE Xian Y-7, der chinesische Nachbau der Turboprop-Maschine An-24, der Shanghai Eastern Airline, die in der Volksrepublik China planmäßig die Route Ningpo – Xiamen beflog, brachte ein Luftpirat in seine Gewalt, der nach Taiwan gebracht werden wollte. Als er herausfand, daß das Flugzeug statt dessen in Fuzhou/Jiangxi gelandet war, zündete er einen Sprengsatz, der ihn tötete und zwei Fluggäste verletzte. Zuvor hatte er noch eine Stewardeß mit einer Stichwaffe verwundet.

2. Oktober 1990
DIE meisten Menschenleben bislang forderte ein Akt der Luftpiraterie in China, einem Land, das im Verhältnis zu seiner Größe relativ wenige Flugzeugentführungen erlebt hat.

Flug 8301, eine zweistrahlige Boeing Advanced 737-247 (B-2510) der Xiamen Airlines, wurde auf dem Inlandflug von Kanton nach Xiamen/Fujian von einem Attentäter gekapert, der angab, er trüge Sprengstoff am Körper. Er verlangte, nach Taiwan ausgeflogen zu werden; angeblich schlug er das Angebot des Piloten aus, ihn nach Hongkong zu bringen.

Der Streit dauerte an, bis der Kraftstoff zur Neige ging und eine Landung auf dem Kantoner Flughafen Baiyun erzwang.

Der Flugkapitän und der Luftpirat waren allein im Cockpit, als man plötzlich Geschrei und Kampfgeräusche hörte – dann setzte die Maschine hart auf und schlitterte von der Landebahn. Nachdem sie eine Boeing 707 der China Southwest Airlines gerammt hatte, krachte die außer Kontrolle geratene Xiamen-Boeing in eine Boeing 757-21B (B-2812) der China Southern Airlines, die auf ihren Start zum planmäßigen Inlandflug nach

Am 8. März 1988 verloren an Bord einer Tu-154 der Aeroflot wie dieser hier neun Menschen in einer wilden Schießerei ihr Leben, als eine elfköpfige Familie sie zu kapern versuchte.

Schanghai gewartet hatte. Insgesamt 132 Menschen verloren bei dieser Katastrophe ihr Leben: bis auf 20 alle der 104 Passagiere und Besatzungsmitglieder der 737, 47 von 118 Insassen an Bord der 757 und der Fahrer eines Flughafenfahrzeugs. Ungefähr 50 weitere Personen wurden verletzt, wie auch der Pilot (und einzige Insasse) der beschädigten 707. Die 737 und die 757 wurden durch den Aufprall und den anschließenden Brand völlig zerstört.

Die chinesischen Behörden sollen als Folge dieses Desasters die Führungsstrukturen geändert und auch betriebliche Unzulänglichkeiten eingeräumt haben: so hätte die 757 während einer Flugzeugentführung nicht rollen dürfen.

7. Januar 1991
EINE DC-8 der peruanischen Compañía de Aviación Faucett SA mit 125 Personen an Bord wurde in Trujillo/Peru gekapert und nach Lima gebracht, wo sie gegen 21.00 Uhr Ortszeit von der Polizei gestürmt wurde. Der Luftpirat kam dabei ums Leben.

3. März 1991
NACHDEM er seine Geiseln freigelassen hatte, beging ein Luftpirat Selbstmord, indem er an Bord einer Turboprop-Maschine des Typs An-24 der Aeroflot, die auf dem Flughafen Leningrad/UdSSR stand, eine Handgranate abzog.

26.–27. März 1991
EIN A310-Jumbo der Singapore Airlines, der als Flug 117 insgesamt 129 Personen transportierte, wurde auf dem Flug von der malaysischen Hauptstadt Kuala Lumpur nach Singapur gekapert. Das Flugzeug landete auf dem Changi-Flughafen von Singapur, wo es am folgenden Tag kurz vor 07.00 Uhr Ortszeit von einer Spezialeinheit gestürmt wurde: alle vier pakistanischen Terroristen, die mit Sprengstoff und Messern bewaffnet waren, wurden dabei getötet. Zwei Stewards wurden verletzt, als sie vor dem Angriff aus dem Flugzeug gestoßen wurden, aber sonst kam niemand weiter zu Schaden.

16. Mai 1992
DREI Sicherheitsbeamte verloren ihr Leben, als Luftpiraten sie während des Fluges aus der Maschine warfen. Die Turboprop-Maschine des Typs DH Twin Otter der Aerotaxi Casanare Ltda (Aerotaca) war mit 16 Insassen auf der innerkolumbianischen Strecke Bogotá – Bucaramanga eingesetzt gewesen. Das Flugzeug wurde gezwungen, nach Fortúl in Kolumbien zu fliegen, wo sechs Passagiere freigelassen wurden – dann hob es wieder ab und verschwand spurlos.

8. Juni 1992
EIN mit einer Handgranate bewaffneter Mann wurde auf dem Moskauer Flughafen Wnukowo

Ein Airbus A310 der Singapore Airlines – in einem solchen Flugzeug starben am 27. März 1991 vier Luftpiraten bei der Erstürmung des Flugzeugs.

von Sicherheitskräften erschossen, nachdem er versucht hatte, eine dreistrahlige Tu-154 der Aeroflot zu entführen, die planmäßig vom kaukasischen Grosny in die Türkei unterwegs war.

24.–25. April 1993
DER Entführer, der sich einer zweistrahligen Boeing 737 der Indian Airlines bemächtigt hatte, die als Flug 427 die Inlandroute Neu-Delhi – Srinagar beflog, wurde am zweiten Tag des Zwischenfalls im indischen Amritsar um etwa 01.00 Uhr Ortszeit von einem Spezialkommando getötet. Das Flugzeug war dort gelandet, nachdem es für Lahore in Pakistan keine Landegenehmigung erhalten hatte. Sonst kam niemand zu Schaden.

28. August 1993
MIT fast dreimal so vielen Passagieren an Bord wie zugelassen verunglückte eine Jakowlew Jak-40 (SSSR-87995) der Tajikistan Airlines beim erzwungenen Start im tadschikischen Chorog der Gemeinschaft Unabhängiger Staaten. Alle bis auf vier der 86 Menschen an Bord verloren ihr Leben, die fünfköpfige Besatzung eingeschlossen.

Bewaffnete Männer hatten das dreistrahlige Verkehrsflugzeug, das planmäßig nach Duschanbe fliegen sollte, besetzt und befohlen, es solle starten. Da eine Weigerung bedeutet hätte, erschossen zu werden, entschied sich die Besatzung für den Start: so hatten sie zumindest eine Chance, zu überleben. Bei einer Flugplatzhöhe von etwa 2000 m und rund drei Tonnen Übergewicht erwies sich diese Entscheidung aber ebenfalls als todbringend: das Flugzeug konnte während des Startanlaufs nicht abheben, raste über die Startbahn hinaus und stürzte in einen Fluß. Die Maschine geriet nicht in Brand.

25.–28. Oktober 1993
EIN A310-Jumbo der Nigeria Airways wurde mit 153 Personen an Bord auf dem planmäßigen Inlandflug von Lagos nach Ajuba gekapert. Die vier Täter, die mit einer Faustfeuerwaffe und Messern bewaffnet waren und Benzin in der Kabine verschüttet hatten, verlangten nach Frankfurt/Main gebracht zu werden. Das Flugzeug landete jedoch in Niamey, wo die 125 Geiseln freigelassen wurden.

Frühmorgens am letzten Tag der Entführung wurde die Maschine von Sicherheitskräften gestürmt, die die vier Geiselnehmer verhafteten. Ein Besatzungsangehöriger allerdings verlor bei dem Schußwechsel sein Leben.

25.–27. Oktober 1994
EINE Jak-40 (RA-88254) der russischen Donavia wurde mit 27 Insassen gekapert und gezwungen, nach Machatschkala in der Ukraine zurückzukehren, wo sie schon vorher auf dem planmäßigen Inlandflug von Aschchabad nach Rostow am Don zwischengelandet war. Der Entführer verlangte zwei Millionen Dollar Lösegeld. Die Verhandlungen zogen sich über zwei Tage in die Länge. Kurz vor 07.00 Uhr Ortszeit am 27. Oktober, als nur noch zwei Besatzungsmitglieder – alle anderen Geiseln waren bereits freigelassen worden – an Bord waren, zündete der Geiselnehmer einen Sprengsatz, weil Sicherheitskräfte den Sturm auf die Maschine vorbereiteten, und starb. Das dreistrahlige Verkehrsflugzeug wurde durch die Explosion zerstört.

23. November 1996
EINE entführte Boeing 767-260ER (ET-AIZ) der Ethiopian Airlines stürzte in der Nähe der Komoren in den Indischen Ozean, wobei von 163 Passagieren und zwölf Besatzungsmitgliedern 127 Menschen den Tod fanden. Unter den 48 Überlebenden, von denen viele schwer verletzt waren, waren auch der Pilot und sein Kopilot.

Das Flugzeug war kurz nach dem Start in Addis Adeba in Äthiopien gekapert worden. Es sollte als Flug 961 zunächst Nairobi/Kenia und schließlich Abidschan/Elfenbeinküste anfliegen. Die Entführer wollten – obwohl der Pilot auf die mangelnde Reichweite hingewiesen hatte – nach Australien geflogen werden. Um etwa 15.20 Uhr Ortszeit ging schließlich der Kraftstoff zu Ende.

Mit der linken Tragfläche nach unten stürzte die Maschine etwa 100 m vor der Küste der Grande Comore, der größten Insel der Komorenkette, ins Meer. Die Besatzung hatte – während sie noch mit den Entführern kämpfte – in den flachen Gewässern eine Notwasserung versucht. Die drei Luftpiraten, zwei Männer und eine Frau, überlebten den Absturz nicht.

Terror aus dem Nahen Osten

Terrorismus ist nahezu gleichbedeutend mit politischen Vorgängen im Nahen Osten, wo politischer und religiöser Streit schon seit geraumer Zeit mit Gewalttaten verbunden ist. Luftfahrt-Terrorakte sind jedoch ein relativ neues Phänomen in dieser Region. Die Luftpiraterie trat hier erst in den späten 60er Jahren in Erscheinung. Derartige Vorfälle wurden dann aber bald durch Bodenangriffe auf zivile Flugzeuge und – kurz darauf – durch Luftfahrt-Sabotage ergänzt und erweitert.

Einige der weltweit blutigsten Flugzeugentführungen und tödlichsten Sabotagefälle sind mit Gruppen oder Einzeltätern aus dem Nahen Osten verbunden oder müssen mit dieser Region in Verbindung gebracht werden. Der schlimmste Zwischenfall war die Zerstörung des Pan-Am-Fluges 103 über Schottland wenige Tage vor Weihnachten 1988 – ein Terrorakt, der belegte, daß selbst Flüge, die nicht aus Staaten des Nahen Ostens stammten, nicht verschont wurden. Tatsächlich sind Angriffe, die im Nahen Osten ihren Ursprung haben, schon in den verschiedensten Teilen der Erde ausgeübt worden.

Es folgt eine Auflistung aller Terrorakte – einschließlich Entführungen, Sprengungen und Bodenangriffen auf Verkehrsmaschinen –, von denen

Eine Super VC-10 der British Overseas Airways Corporation (BOAC) verschwindet in einer Wolke von Staub und Trümmern, als sie im September 1970 zusammen mit zwei weiteren Düsenmaschinen in die Luft gesprengt wird – nur einer von zahlreichen Terrorakten im Nahen Osten.

vermutet wird oder bewiesen ist, daß sie mit politischen Vorgängen des Nahen Ostens zu tun haben.

23. Juli 1968

DIE erste Entführung eines Verkehrsflugzeugs im oder aus dem Nahen Osten betraf eine Maschine, die man heute als unwahrscheinliches Ziel einstufen würde: die nationale Fluggesellschaft Israels – El Al. Nach einer Verzögerung wegen einer offensichtlich unbegründeten Bombendrohung startete Flug 426 in Rom in Richtung Tel Aviv; es war der zweite Streckenabschnitt eines Fluges, der in London begonnen hatte. An Bord der Boeing 707-458 waren 38 Passagiere und zehn Besatzungsmitglieder. Knapp eine Stunde später gab El-Al-Flugkapitän Oded Abarbanell über Funk die verhängnisvolle Meldung durch: »Ich werde gezwungen, Kurs auf Algier zu nehmen!«

Drei Fluggäste, die drohend Pistolen und Handgranaten schwangen und später als Angehörige der Palästinensischen Volksbefreiungsfront identifiziert wurden, hatten über der italienischen Insel Capri das Flugzeug in ihre Gewalt gebracht. Zu diesem Zeitpunkt war der Kopilot bereits verletzt, aber nicht schwer. Es hatte den Anschein, als ginge es den Luftpiraten nicht so sehr darum, von Punkt A nach B gebracht zu werden, sondern eher um die Demütigung der Regierung Israels. Ihr Ziel hatten sie klug ausgewählt: seit dem Nahostkrieg im Jahr zuvor war Algerien Israel feindlich gesonnen.

Die Mittäterschaft Algeriens ergab sich schon aus der Art, wie die Entführung offensichtlich geplant war: ein Nachrichtenteam des Fernsehens war bereits zur Stelle, als die 707 in den frühen Morgenstunden des folgenden Tages auf Algiers Flughafen Dar el Baida aufsetzte. Direkt anschließend nahmen die Behörden 22 Israelis in Haft, die sich – als Passagiere oder Besatzungsmitglieder – an Bord der Maschine befunden hatten. Die anderen 26 wurden nicht nur freigelassen, sondern auch noch zuvorkommend behandelt: einigen ließ man sogar eine Stadtrundfahrt zukommen! Unter den Freigelassenen waren auch drei Juden, die ihre Konfession verschwiegen hatten.

Fünf Tage später wurden zehn israelische Frauen und Kinder, darunter drei Stewardessen, freigelassen. Die anderen Geiseln kamen etwa fünf Wochen nach der Entführung frei, obwohl Israel sich geweigert hatte, auch nur einen seiner arabischen Häftlinge zu entlassen. Das Flugzeug wurde später von einer Besatzung der Air France ausgeflogen.

Niemals wieder sollte El Al Opfer einer erfolgreichen Flugzeugentführung werden: die Fluggesellschaft führte danach die wohl schärfsten Sicherheitsmaßnahmen der westlichen Welt ein. Dazu gehören sowohl Sicherheitsbeamte in Zivil an Bord der Maschinen als auch die Untersuchung allen Gepäcks per Hand. Und die israelische Regierung entwickelte ein System von Vergeltungsmaß-

nahmen als Antwort auf Gewalttaten gegen ihre Bürger.

26. Dezember 1968

DIE israelische Fluggesellschaft El Al war wieder einmal das Opfer – diesmal eines Bodenangriffs auf eines ihrer Flugzeuge im griechischen Athen. Als Flug 253 war die Boeing 707-358B auf der Strecke Tel Aviv – Paris mit dem Endziel New York City zwischengelandet und rollte gerade wieder zum Start, als sie von zwei Terroristen angegriffen wurde, die mit automatischen Waffen und Handgranaten bewaffnet waren. Ein Passagier unter den 47 Personen an Bord wurde dabei getötet, ein weiterer verwundet. Der Schaden am Flugzeug war beträchtlich, und ein Triebwerk fing sogar Feuer, das aber schnell gelöscht werden konnte.

Beide Terroristen wurden festgenommen und landeten im Gefängnis. Zwei Tage später überfiel ein israelisches Hubschrauber-Kommando den internationalen Flughafen von Beirut und sprengte ein Dutzend im Libanon registrierte Flugzeuge als Vergeltung für den Angriff von Athen in die Luft.

18. Februar 1969

DIE Behörden des Flughafens Zürich-Kloten hatten ursprünglich strikte Sicherheitsmaßnahmen eingeführt, nachdem zwei Monate zuvor ein israelisches Verkehrsflugzeug angegriffen worden war. Daß diese Wachsamkeit dann später nachließ, erwies sich für Flug 432 der El Al, der auf dem Weg von Amsterdam nach Tel Aviv in der Schweiz zwischengelandet war, als tragisch.

Als die Boeing 720B zur Startposition rollte, tauchten plötzlich vier Angehörige der Palästinensischen Volksbefreiungsfront auf und belegten das Düsenflugzeug mit Maschinengewehrfeuer. Außerdem wurde mindestens eine Handgranate in Richtung Flugzeug geworfen, richtete aber keinen Schaden an. Ein in der Ausbildung befindlicher Pilot, der bei dem Angriff schwer verwundet worden war, starb später. Auch einer der Angreifer kam ums Leben, als ein bewaffneter Passagier eine Notluke öffnete und das Feuer erwiderte. Das Flugzeug wurde mehr als 40mal getroffen und erheblich beschädigt.

Die Terroristen waren in die Mitte des Flughafens gefahren und hatten sich dort hinter einer Schneewehe verborgen; der Angriff erfolgte in der Dämmerung. Die drei überlebenden Terroristen wurden alle gefaßt und später zu jeweils zwölf Jahren Gefängnis verurteilt.

18. August 1969

ZWEI Brüder, einer von ihnen in Begleitung seiner Frau und dreier Kinder, bemächtigten sich einer Turboprop-Maschine des Typs An-24 der United Arab Airlines, als sie mit 30 Personen an Bord die innerägyptische Strecke Kairo – Luxor beflog. Sie entführten sie nach El Wagah in Saudi-

August 1969: mit zerstörtem Cockpit steht diese Boeing 707 der Trans World Airlines im syrischen Damaskus am Boden;
Passagiere und Besatzung konnten zuvor in Sicherheit gebracht werden.

Arabien. Dort jedoch wurden die Luftpiraten festgenommen und zur Bestrafung nach Ägypten überstellt, wo einer der beiden Männer zu lebenslanger Haft verurteilt worden sein soll.

29. August 1969

FLUG 840 der Trans World Airlines transportierte 113 Personen von Rom nach Athen mit dem Endziel Tel Aviv, als er über der Adria gekapert wurde. Im Anflug auf Tel Aviv benutzte ein weiblicher Luftpirat das Funkgerät der Maschine, um Propagandasprüche zu senden. Dann wurde die Boeing 707-331B ins syrische Damaskus entführt, wo sie auf dem internationalen Flughafen landete. Nur Minuten, nachdem die Notrutschen aufgeblasen waren und eine Evakuierung durchgeführt worden war, warf einer der Luftpiraten einen Sprengsatz, der ihm von jemandem am Boden hinaufgereicht worden war, in das Flugzeug – die Detonation zerstörte das gesamte Cockpit.

Die Insassen des Flugzeugs wurden fast umgehend freigelassen – nicht jedoch sechs Israelis. Von diesen wurden am 1. September vier Frauen in die Freiheit entlassen, die restlichen beiden Männer kamen erst frei, nachdem Israel 13 gefangene syrische Soldaten für sie eingetauscht hatte – nach mehr als drei Monaten Haft. Die Palästinensische Volksbefreiungsfront bekannte sich zu dem Anschlag.

8. Januar 1970

EINE vierstrahlige Boeing 707 der Trans World Airlines, die als Flug 802 von Paris nach Rom fliegen sollte, wurde nach Beirut im Libanon entführt. Nach der Landung feuerte der Entführer, ein junger Franzose, etwa ein Dutzend Schüsse in das In-

strumentenbrett des Flugzeugs – und gab dann auf. Er wurde im Libanon zu neun und in Frankreich zu weiteren acht Monaten Gefängnis verurteilt; die Strafen folgten aufeinander.

21. Februar 1970

IM Nahen Osten beheimateter Terrorismus führte zum tödlichen Ende in diesem Fall von Luftfahrtsabotage, der Flug 330 der Swissair traf, eine Convair 990A Coronado (HB-ICD), die von Zürich nach Tel Aviv fliegen sollte. Flugkapitän war Karl Berlinger, sein Kopilot war der Erste Offizier Armand Etienne. Sieben Minuten nach dem Start in Zürich-Kloten meldete die Flugbesatzung Schwierigkeiten mit dem Kabinendruck: sie werde zum Flughafen zurückkehren. Kurz darauf gab sie über Funk durch, sie vermute eine Explosion »im Rumpfheck« und bat um sofortige Sinkflugerlaubnis. Zudem forderte sie Feuerlöschgerät an und bat um eine polizeiliche Untersuchung.

Als die Coronado zum Flughafen zurückkehrte, meldete die Besatzung »Feuer an Bord«. Dann, als sie feststellte, daß ihre Navigationsinstrumente nicht mehr einwandfrei arbeiteten, bat sie um einen radarunterstützten Landeanflug. Als nächstes meldete sie Stromausfall. Trotz navigatorischer Unterstützung durch den Landeradarlotsen geriet die Maschine auf Westkurs. In den letzten verzweifelten Momenten des Fluges erwähnte einer der Piloten »Rauch an Bord« und rief: »Ich kann nichts sehen!«

Die Verkehrsmaschine geriet jetzt außer Kontrolle, flog eine Linkskurve von etwa 180 Grad und stürzte schließlich um 13.34 Uhr Ortszeit etwa 25 km nordwestlich des Flughafens in einen Wald, wo sie brennend explodierte. Alle 47 Perso-

Eine Convair 990A Coronado der Swissair: sie gleicht dem Flugzeug, das am 21. Februar 1970 vermutlich arabischen Terroristen zum Opfer fiel.

nen an Bord (38 Passagiere und neun Besatzungsmitglieder) verloren dabei ihr Leben. Im Moment des Aufpralls befand sich die Coronado auf Ostkurs im Sinkflug von etwa zwölf Grad und flog eine Linkskurve. Kurz zuvor hatte ihre Geschwindigkeit etwa 780 km/h betragen. Die Wetterbedingungen zur Zeit und am Ort des Absturzes umfaßten Regen, eine niedrige Wolkenuntergrenze, drei Achtel Bewölkung in rund 300 m Höhe und eine geschlossene Wolkendecke in etwa 600 m Höhe. Die Sicht betrug nicht mehr als 5 km, und der Wind kam mit 24 bis 32 km/h aus Süden.

Umgeknickte Bäume und Trümmer kennzeichnen die Stelle, an der das Flugzeug der Swissair nahe Zürich in einen Wald stürzte.

Die Flugunfalluntersuchung bestätigte den anfänglichen Verdacht der Besatzung auf ein Gewaltverbrechen: im Wrack des Flugzeugs fand man einen Sprengsatz, der mit einem Höhenmesser arbeitete. Er war im hinteren Frachtraum detoniert, als das Flugzeug sich in etwa 4300 m Höhe befand. Das daraufhin ausbrechende Feuer, das noch durch brennbares Material wie die Frachtraumverkleidung genährt wurde, breitete sich dann bis in die Passagierkabine aus. Der Rauch muß die Sicht sowohl in der Kabine als auch im Cockpit auf nahezu Null verringert haben, und es galt als sicher, daß Besatzung wie Passagiere vor dem Aufprall Notsauerstoffmasken getragen hatten.

Nichts deutete darauf hin, daß die mechanische Steuerbarkeit des Flugzeugs durch den Brand beeinträchtigt worden war. Es wurde zudem zweifelsfrei festgestellt, daß es vor dem Aufprall keinen Stromausfall gegeben hat. Die Meldung der Besatzung bezog sich vermutlich auf einen Kurzschluß und den anschließenden Verlust der Generatorsynchronisation, nachdem die Flammen im Frachtraum einen Kabelbaum erreicht hatten. Die von der Besatzung gemeldeten navigatorischen Schwierigkeiten wurden wahrscheinlich durch die Auswirkungen des Brandes auf die Antennenanlage des Flugzeugs ausgelöst: das Empfängerkabel verlief in der Nähe des Frachtraums.

Im Zusammenhang mit diesem Terrorakt wurde zwar niemand festgenommen, aber man geht trotzdem von Sabotage durch palästinensische Extremisten aus – möglicherweise als Rache für die Verurteilung dreier Terroristen durch ein Schweizer Gericht zwei Monate zuvor.

Am selben Tag dieser Swissair-Tragödie und nur zwei Stunden früher explodierte an Bord einer zweistrahligen Caravelle der Austrian Airlines ein Sprengsatz im Flug, nachdem sie zuvor in Frankfurt am Main gestartet war, aber sie landete anschließend wohlbehalten, und von den 39 Personen an Bord wurde niemand verletzt. Auch dieser Sprengsatz wurde durch einen Höhenmesser gezündet; er war in einem Paket versteckt, das eine israelische Adresse trug.

Die Schweizer Regierung reagierte auf diese Gewalttat, indem sie von allen Arabern, die das Land besuchen wollten, ein Visum forderte. Einige europäische Fluggesellschaften stellten zeitweise ihren Post- und Frachtdienst nach Israel ein, und an einigen wichtigen Flughäfen wurden strengere Sicherheitsmaßnahmen eingeführt, bis hin zur Öffnung des Gepäcks und Durchsuchung der Passagiere.

14. März 1970

IN der linken Triebwerkszelle einer Turboprop-Maschine des Typs An-24 der United Arab Airlines explodierte ein Sprengkörper, als sie planmäßig die innerägyptische Route Alexandria – Kairo beflog. Dem Flugzeug gelang aber eine Bauchlandung im Sand neben der Landebahn 05 des Flughafens Kairo, und von den 15 Personen an Bord wurde niemand ernsthaft verletzt.

21. Juni 1970

EINE Boeing 727 der Iran National Airlines wurde von drei Luftpiraten, einer davon noch ein Junge, auf dem planmäßigen Inlandflug von Teheran nach Abadan gekapert und nach Bagdad im Irak entführt.

22. Juni 1970

FLUG 119 der Pan American World Airways, eine Boeing 707 mit 143 Personen an Bord, die von Beirut im Libanon nach Rom unterwegs war, wurde von einem mit einer Pistole Bewaffneten ins ägyptische Kairo entführt. Der Luftpirat wurde 1973 in Los Angeles verhaftet und später wegen Nötigung einer Flugzeugbesatzung zu 15 Jahren Gefängnis verurteilt.

12. Juli 1970

EINE Boeing 707 der Saudi Arabian Airlines mit etwa 140 Insassen wurde auf dem Flug von Riad/Saudi-Arabien nach Beirut/Libanon gekapert. Nach der Landung im syrischen Damaskus feuerte der Entführer eine Anzahl Schüsse in die Luft, bevor er von der Flughafenpolizei abgeführt wurde.

22. Juli 1970

EINE Boeing 727 der griechischen Olympic Airways, die als Flug 255 mit 61 Personen an Bord von Beirut nach Athen flog, brachten sechs arabische Terroristen in ihre Gewalt, die forderten, daß die griechische Regierung sieben andere Terroristen freilasse. Nach deren Freilassung konnten die Passagiere von Bord gehen, und das Flugzeug flog von Athen nach Kairo.

6.–12. September 1970

PALÄSTINENSISCHE Freischärler, die ja schon bewiesen hatten, daß sie Luftpiraterie als Mittel der Erpressung nutzten, lähmten die Gemeinschaft der Flugreisenden mit einer Mehrfachentführung und massenhafter Geiselnahme. Fünf Düsenflugzeuge, alle auf Transatlantikflügen mit dem Zielort New York City, sollten ihnen zum Opfer fallen.

Erstes Opfer war Flug 93 der Pan American World Airways, die auf dem Flug von Brüssel in Amsterdam zwischengelandet war. Die große Boeing 747-121 (N752PA) hatte 153 Passagiere und 17 Besatzungsmitglieder an Bord. Die beiden Luftpiraten, man wegen ihres verdächtigen Auftretens einen Mitflug bei El Al Israel Airlines verwehrt hatte, waren vom Flugkapitän und vom Chefsteward aus dem gleichen Grunde durchsucht worden – nur hielten die Terroristen ihre Pistolen bei ihren Sitzen verborgen, als sie kontrolliert wurden.

Eine Super VC-10 der British Overseas Airways Corporation, wie sie im September 1970 zusammen mit drei weiteren Flugzeugen in den Nahen Osten entführt wurde.

In der Zwischenzeit war eine weitere amerikanische Verkehrsmaschine, Flug 741 der Trans World Airlines, knapp 15 Minuten nach ihrem Start in Frankfurt am Main gekapert worden. An Bord dieser Boeing 707-331B (N8715T) waren 141 Passagiere und eine zehnköpfige Besatzung.

Das dritte Flugzeug war Flug 100 der Swissair, eine McDonnell Douglas DC-8 Serie 53 (HB-IDD) mit 143 Passagieren und zwölfköpfiger Besatzung, die nach dem Start in Zürich Luftpiraten in die Hände gefallen war. Sie hielt kurz im libanesischen Beirut, wo noch etliche Terroristen mit Sprengstoff an Bord kamen, und flog dann nach Kairo weiter. Hier wurde der Sprengstoff eingesetzt. Nach Landung und Notevakuierung wurde das Flugzeug in die Luft gesprengt – offensichtlich eine Geste, die die ägyptische Regierung für ihre Teilnahme an Friedensgesprächen mit Israel demütigen sollte. Es war der erste Verlust einer 747 im Einsatz, doch zum Glück wurde niemand verletzt.

Die 707 und die DC-8 landeten in der jordanischen Wüste, wo drei Tage später ein weiteres Düsenverkehrsflugzeug zu ihnen stieß: Flug 775 der British Overseas Airways Corporation, eine BAC Super VC-10 (G-ASGN) mit 114 Insassen, die auf

Das bei der Mehrfach-Entführung zerstörte Flugzeug der Pan Am war der erste Verlust einer Boeing 747 im Einsatz.

dem Flug von Bombay nach London gekapert worden war, als sie gerade Bahrain verließ. Nur wenige Tage später wurden die drei Flugzeuge gesprengt, nachdem man die Geiseln fortgeschafft hatte, die dann später freigelassen wurden.

Den Luftpiraten gelang es allerdings nicht, das wichtigste Objekt in ihre Gewalt zu bringen – eine Maschine der israelischen El Al. Die Boeing 707 war als Flug 219 mit 158 Personen an Bord in Amsterdam gestartet. Als sie das englische Essex überflog, versuchten die Terroristen, ein Mann und eine Frau, die Maschine zu übernehmen – aber der Pilot, Captain Uri Bar-Lev, riß das Flugzeug in eine harte Linkskurve, wodurch beide die Balance verloren. Der männliche Luftpirat wurde daraufhin von einem Steward angegriffen. Bei dem sich anschließenden Kampf wurden beide Männer angeschossen, der Luftpirat tödlich.

Die Frau, die im August 1969 bereits eine Verkehrsmaschine der TWA entführt hatte, war währenddessen von einem jungen Amerikaner attackiert worden. Mit Hilfe weiterer Passagiere gelang es ihm, sie auf den Boden zu werfen und mit einer Schnur und einem Schlips zu fesseln. Bei diesem Gerangel fiel eine Handgranate, die sie in der Hand gehalten hatte, zu Boden, der Stift löste sich – die Insassen des Flugzeugs verdanken ihr Leben wahrscheinlich dem Versagen einer Feder, denn sie explodierte nicht. Anschließend landete die 707 sicher auf dem Londoner Flughafen Heathrow.

10. September 1970
DER Versuch, eine ägyptische Verkehrsmaschine auf der vorgesehenen Route Beirut – Kairo zu entführen, scheiterte, als Sicherheitskräfte die drei Attentäter überwältigten. Vermutlich handelte es sich um eine Maschine der United Arab Airlines.

12. September 1970
SICHERHEITSPERSONAL überwältigte und verhaftete einen Luftpiraten, nachdem er versucht hatte, ein ägyptisches Verkehrsflugzeug, vermutlich der United Arab Airlines, auf dem Linienflug vom libyschen Tripolis nach Kairo zu entführen.

16. September 1970
EINE An-24 der United Arab Airlines auf dem innerägyptischen Flug von Luxor nach Kairo sollte mit 46 Insassen entführt werden, aber der Luftpirat konnte von einem Sicherheitsbeamten an Bord entwaffnet werden.

10. Oktober 1970
EIN Steward wurde bei der Entführung einer Boeing 727 der Iran National Airlines, die mit 49 Personen an Bord planmäßig von Teheran nach Abadan unterwegs war, verwundet. Das Flugzeug landete im irakischen Bagdad, wo die drei Luftpiraten verhaftet wurden.

9. November 1970
NEUN Männer, von denen sechs als Kleinkriminelle identifiziert wurden, die zur Verurteilung ausgeliefert werden sollten, bemächtigten sich einer DC-3 der Iran National Airlines, als diese mit 22 Personen an Bord die Strecke Dubai – Bandar Abbas im Iran beflog. Nach einer Zwischenlandung zum Auftanken flog die Maschine ohne weitere Zwischenfälle ins irakische Bagdad.

10. November 1970
ÜBER eine DC-3 der Saudi Arabian Airlines ergriff ein Luftpirat das Kommando, als sie planmäßig von Amman/Jordanien nach Riad/Saudi-Arabien fliegen wollte – sie landete im syrischen Damaskus.

22. August 1971
DER Versuch, eine Turboprop-Maschine des Typs Il-18 der United Arab Airlines nach Israel zu entführen, als sie gemäß Flugplan von Kairo/Ägypten nach Amman/Jordanien unterwegs war, scheiterte, als der Luftpirat von einem Sicherheitsbeamten überwältigt wurde.

8. September 1971
EIN Luftpirat brachte eine zweistrahlige Caravelle der Alia Royal Jordanian Airlines in seine Gewalt, die planmäßig von Beirut/Libanon nach Amman/Jordanien fliegen sollte. Der Entführer wurde nach seiner Landung im libyschen Bengasi festgenommen.

16. September 1971
SICHERHEITSPERSONAL vereitelte den Versuch, eine Caravelle der Alia Royal Jordanian Airlines in den Irak zu entführen, als sie gemäß Flugplan von Beirut im Libanon nach Amman in Jordanien flog. Der Einzeltäter wurde später zum Tode verurteilt.

4. Oktober 1971
WACHEN setzten einen potentiellen Luftpiraten außer Gefecht, der eine zweistrahlige Caravelle der Alia Royal Jordanian Airlines kapern wollte, als sie im jordanischen Amman auf dem Flugplatz stand. Der Täter wurde später zum Tode verurteilt.

16. Oktober 1971
EINE zweistrahlige Turboprop-Maschine des Typs NAMC YS-11A der Olympic Airways wurde, als sie planmäßig die innergriechische Route Kalamata – Athen beflog, von einem Passagier, der behauptete, einen Sprengkörper mitzuführen, nach Beirut im Libanon entführt. Er wurde festgenommen und später zu acht Jahren und zwei Monaten Gefängnis verurteilt.

19. Februar 1972
DER Versuch, eine Caravelle der Alia Royal Jordanian Airlines auf der Route Kairo/Ägypten –

Amman/Jordanien zu kapern, schlug fehl, als Sicherheitspersonal den Einzeltäter kampfunfähig machte.

22. Februar 1972

EIN Großraumflugzeug des Typs Boeing 747 der Deutschen Lufthansa (DLH), das als Flug 649 mit 189 Personen an Bord von Neu-Delhi/Indien nach Athen/Griechenland flog, wurde von fünf Luftpiraten gekapert, die ein Lösegeld von fünf Millionen Dollar forderten – und auch bekamen. Die Geiselnehmer wurde nach der Landung in Aden zunächst verhaftet, später aber von den südjemenitischen Behörden laufengelassen.

8.–9. Mai 1972

DIE Splittergruppe »Schwarzer September« der Palästinensischen Befreiungsorganisation, die noch berüchtigt werden sollte wegen ihres feigen Überfalls bei den Olympischen Spielen im Sommer 1972, hatte erheblich weniger Erfolg bei der Kaperung eines belgischen Verkehrsflugzeugs, die mit einem Erpressungsversuch endete.

Unter den Passagieren, die auf dem Flughafen Brüssel an Bord von Flug 517 der SABENA gingen, waren auch zwei palästinensische Frauen, die den Auftrag hatten, die Waffen an Bord zu schmuggeln, die für die anschließende Kaperung benötigt wurden. Sie versteckten Faustfeuerwaffen und Sprengstoff in Kosmetikkoffern und speziellen Miedern, die sie trugen. Bei der planmäßigen Zwischenlandung in Wien kam die zweite Hälfte der Terroristen an Bord, zwei Männer. Kurz nachdem die Boeing 707-329 mit ihren 101 Insassen zum nächsten Streckenabschnitt mit Ziel Tel Aviv/Israel abgehoben hatte, übernahmen die Luftpiraten das Kommando.

Obwohl der Plan bis hierher gut vorbereitet und auch ausgeführt worden war, enthielt er jetzt doch einen entscheidenden Fehler, nämlich die Absicht, den planmäßigen Bestimmungsort des Flugzeugs anzufliegen und dort auch zu landen – auf dem israelischen Flughafen Lod. Dort stellten die Terroristen der israelischen Regierung ihre Forderung: sie drohten, die 707 in die Luft zu sprengen, wenn nicht mehr als 300 arabische Häftlinge freigelassen würden. Die Israelis boten an, eine kleinere Anzahl Gefangener laufenzulassen – das israelische Kabinett hatte sich in der Zwischenzeit bereits auf einen militärischen Gegenschlag verständigt.

Spezialtruppen, die als Mechaniker verkleidet waren, welche das Flugzeug auf seinen Abflug aus Israel vorbereiten sollten, stürmten plötzlich in die Maschine und befahlen den Geiseln, sich hinzulegen, während sie das Feuer auf die Geiselnehmer eröffneten. Die beiden Männer wurden erschossen, und auch eine israelische Passagierin, die in Panik aufgesprungen war, wurde tödlich verwundet; sie verstarb später im Krankenhaus. Die beiden weiblichen Terroristen wurden verhaftet; eine von ihnen

Eine blutbespritzte Terroristin wird am 9. Mai 1972 nach dem Kommandounternehmen der Israelis auf dem Flughafen Lod von Bord einer SABENA 707 geführt.

war, wie zwei weitere Passagiere auch, verwundet worden. Beide wurden später zu lebenslanger Haft verurteilt.

Ende des Monats eröffneten – als Vergeltung für diese Aktion des israelischen Militärs – drei japanische Terroristen nach ihrer Ankunft das Feuer auf dem Flughafen Lod: 26 Menschen kamen bei dem Überfall ums Leben, 70 wurden verwundet. Der einzige Überlebende dieser Terrorgruppe wurde später zu lebenslanger Haft verurteilt.

16. August 1972

EIN Sprengsatz, der in einem Plattenspieler verborgen war, detonierte im hinteren Frachtraum einer Boeing 707 der El Al Israel Airlines, kurz nachdem sie in Rom in Richtung Tel Aviv gestartet war. Von den 153 Personen an Bord wurde niemand ernsthaft verletzt, und das Flugzeug landete problemlos.

22. August 1972

ZWEI Männer und eine Frau kaperten eine DC-6B der Alyemda Democratic Yemen Airlines, die mit 59 Personen laut Flugplan von Beirut/Libanon nach Aden/Südjemen fliegen sollte, sie landete schließlich im libyschen Bengasi.

29. Oktober 1972

FLUG 615 der Deutschen Lufthansa (DLH), eine Boeing 727, die mit 20 Personen an Bord von Beirut im Libanon nach Ankara in der Türkei unterwegs war, brachten zwei Geiselnehmer in ihre Gewalt. Sie wollten drei arabische Häftlinge befreien, die wegen ihrer Beteiligung an der Ermordung israelischer Athleten bei den Olympischen Spielen in München im Gefängnis saßen. Die freigelassenen Gefangenen gingen im jugoslawischen Zagreb an Bord und flogen dann ins libysche Bengasi weiter.

9. April 1973

ARABISCHE Attentäter in zwei Jeeps eröffneten auf dem zypriotischen Flughafen Nikosia das Feuer auf eine Turboprop-Maschine des Typs Viscount 800 der Arkia Israel Inland Airlines, nachdem die Passagiere ausgestiegen waren. Ein Sicherheitsbeamter verließ daraufhin die Maschine und schoß mit einer Maschinenpistole zurück. Er traf eines der Fahrzeuge und tötete einen Fahrer. Führerlos raste der Jeep daraufhin in eines der vier Triebwerke der Viscount und beschädigte das Flugzeug erheblich. Die überlebenden Attentäter wurden verhaftet.

20.–24. Juli 1973

IN den 87 Stunden zwischen der Kaperung einer Boeing 747-246B (JA8109) der Japan Air Lines und ihrem Ende in Flammen wurden die Motive der Luftpiraten niemals wirklich deutlich. Die fünf Terroristen, zu denen sowohl Palästinenser als auch Angehörige der linken japanischen Roten Armee zählten, hatten den Jumbo, der als Flug 404 operierte, kurz nach dem Start in Amsterdam mit Ziel USA in ihre Gewalt gebracht. Insgesamt waren 155 Personen an Bord. Kurz vor der Kaperung war ein weibliches Mitglied der Terroristengruppe ums Leben gekommen, als eine Handgranate in ihrer Hand explodierte. Der Chefsteward war dabei verletzt worden, und ein Kabinenfenster war geplatzt, was für den Rest der Odyssee Fliegen in geringerer Höhe bedeutete.

Die Luftpiraten forderten zunächst von Israel die Freilassung von Kozo Okamoto, dem einzigen überlebenden der dreiköpfigen Gruppe, die für das Massaker auf Tel Avivs Flughafen Lod 15 Monate zuvor verantwortlich war. Danach jedoch forderten sie fünf Millionen Dollar Lösegeld. Ein Terrorist wiederum erzählte einigen Passagieren, die Geiselnahme sei ein Protest gegen den israelischen, deutschen, japanischen und amerikanischen »Imperialismus«. Was immer auch zutraf, schließlich landeten die überlebenden Terroristen und ihre 150 Geiseln in Dubai in den Vereinigten Arabischen Emiraten, nachdem die Maschine für Beirut und Damaskus keine Landeerlaubnis erhalten hatte – die libanesischen und die syrischen Behörden befürchteten wahrscheinlich Vergeltungsaktionen der Israelis. Nachdem sie 79 Stunden in Dubai auf dem Boden gestanden hatte, hob die 747 wieder ab. Die libyschen Behörden verweigerten ihr zunächst ebenfalls die Einfluggenehmigung, aber als die Terroristen sie im Fluge zu sprengen drohten, bekam sie eine Landegenehmigung für Bengasi. Kurz nach ihrer erfolgreichen Evakuierung ging die 747 in Flammen auf und wurde vollständig zerstört.

Die Chance, diese Entführung von vornerein zu verhindern, wurde vertan, weil die Verantwortlichen des Flughafens Amsterdam – obwohl sie vom israelischen Geheimdienst einen Hinweis auf mögliche Terrorakte erhalten hatten – keinerlei Vorsichtsmaßnahmen trafen.

Libyens Führer, Oberst Muhammar Gaddafi, sagte später, die Luftpiraten würden »dem Tod, der Amputation eines Fußes oder einer Hand oder langer Haft« entgegensehen.

16. August 1973

EIN Luftpirat bemächtigte sich einer Boeing 707 der libanesischen Middle East Airlines, die mit über 100 Personen an Bord gemäß Flugplan von Bengasi/Libyen nach Beirut/Libanon unterwegs war. Nachdem sie im israelischen Tel Aviv gelandet war, ging Sicherheitspersonal an Bord und nahm ihn fest; er wurde später in eine Nervenheilanstalt eingewiesen.

25. August 1973

EINE DC-6B der Yemen Airlines wurde gekapert, als sie planmäßig von Taiss im Jemen nach Asma-

Rauch steigt am 24. Juli 1973 aus der Boeing 747 der Japan Air Lines auf: Beginn eines Brandes, der das Großraum-flugzeug völlig zerstören wird.

ra in Äthiopien flog. Der Entführer ergab sich, nachdem die Maschine in Kuwait gelandet war und man ihm Sicherheit garantiert hatte.

25. November 1973
TERRORISTEN entführten Flug 861, eine Boeing 747 der holländischen Koninklijke Luchtvaart Maatschappij (KLM), die mit 288 Insassen die Route Beirut – Neu-Delhi beflog, und dirigierten sie nach Nikosia auf Zypern. Die Luftpiraten wollten andere Terroristen, die auf Zypern im Gefängnis saßen, freipressen und forderten Garantien dafür, daß Holland Israel nicht in seinen Kriegsanstrengungen unterstütze. Sie ließen ihre Geiseln schließlich frei, als man ihnen freies Geleit in ein geheimgehaltenes Land zugesichert hatte.

17.–18. Dezember 1973
DIESE Entführung begann mit einem feigen Überfall auf dem römischen Flughafen Leonardo da Vinci. Eine Terroristengruppe, die sich später als Palästinenser zu erkennen gab, zog im Flughafengebäude automatische Waffen aus ihren Reisetaschen und eröffnete kurz vor 13.00 Uhr Ortszeit das Feuer. Dann liefen sie hinaus auf das Vorfeld, wo etliche Verkehrsmaschinen abgestellt waren – so auch eine Boeing 707-321B (N407PA) der Pan American World Airways, die sich als Flug 110 auf den planmäßigen Abflug nach Beirut vorbereitete, Endziel war Teheran. Die offene vordere Kabinentür war für die Terroristen eine Einladung zum

Überfall: sie warfen Brandbomben in die Maschine und verwandelten ihren Rumpf in ein Flammenmeer. Von den 69 Personen an Bord der 707, zehn davon Besatzungsmitglieder, verloren 30 ihr Leben in dem Holocaust, darunter eine Stewardeß und die Ehefrau des Piloten Andrew Erbeck; 18 weitere erlitten Verbrennungen. Das Flugzeug selbst mußte abgeschrieben werden.

Nach dem Überfall auf die amerikanische Verkehrsmaschine rannten die Terroristen über das Vorfeld zu einer Boeing 737 der Deutschen Lufthansa, die bereits in Händen einer zweiten Terroristengruppe war. Sie trieben zehn Geiseln vor sich her, die sie im und vor dem Flughafengebäude genommen hatten – als er sich widersetzte, wurde einem italienischer Zöllner tödlich in den Rücken geschossen. Die Düsenmaschine mit den Terroristen, den Geiseln und der Besatzung an Bord startete dann zu einer Odyssee, die erst am folgenden Tag enden sollte.

Während der 16 Stunden auf dem Flughafen Athen verlangten die Geiselnehmer, daß die griechische Regierung zwei Palästinenser freilassen solle, die wegen eines vorangegangenen Terroraktes mit vier Toten im Gefängnis saßen. Als man ihren Forderungen nicht nachkam, töteten die Banditen eine Geisel und drohten damit, die 737 in das Zentrum Athens stürzen zu lassen. Die griechische Regierung jedoch wies diesen Erpressungsversuch zurück, und das Flugzeug hob schließlich wieder ab.

Dezember 1973: die ausgebrannte Hülle der Boeing 707 der Pan American in Rom nach dem Überfall der Terroristen.

Nachdem die 737 im Libanon und auf Zypern keine Landeerlaubnis erhalten hatte, setzte sie schließlich im syrischen Damaskus auf, wo sie vor dem erneuten Start aufgetankt wurde. Obwohl auch der Flughafen Kuwait die Landegenehmigung verweigert hatte, konnte Lufthansa-Kapitän Jo Kroese die 737 sicher auf einer zweiten Landebahn aufsetzen. Hier ergaben sich die Terroristen – allerdings wurden sie im folgenden November bei der Entführung eines Düsenflugzeugs der British Airways wieder freigepreßt.

3. März 1974
EINE Super VC-10 (G-ASGO) der British Airways wurde während eines Linienflugs von Beirut nach London mit 102 Personen an Bord gekapert. Die Maschine landete daraufhin auf dem Amsterdamer Flughafen Schiphol, wo die Luftpiraten Feuer legten, das die Maschine völlig zerstörte; Passagiere und Besatzung entkamen jedoch wohlbehalten. Die zwei Entführer wurden zu je fünf Jahren Gefängnis verurteilt.

26. August 1974
TRANS World Airlines' Flug 841, eine Boeing 707, entging knapp einer Katastrophe, als ein Sprengsatz, der sie zerstören sollte, nicht zündete. Als die von Athen kommende Maschine in Rom gelandet war, entdeckte man im hinteren Frachtraum einen Brand, der offensichtlich von dem Sprengsatz ausgelöst worden war. Dieses Mal wurde niemand verletzt, aber nur zwei Wochen danach wurde TWA-Flug 841 wieder Opfer der Terroristen.

8. September 1974
FLUG 841 der Trans World Airlines (TWA), eine Boeing Advanced 707-331B (N8734), war offensichtlich von einem Sprengkörper über dem Ionischen Meer zerstört worden, etwa 80 km westlich der griechischen Insel Kephallinia und rund 320 km westlich von Athen, wo sie auf der Route Tel Aviv – New York City zuletzt gelandet war. Alle 88 Personen an Bord (79 Fluggäste und neun Besatzungsmitglieder) kamen dabei ums Leben.

Die Insassen eines anderen Flugzeugs hatten gesehen, wie sich die 707 aufbäumte, nach links rollte und dann in Spiralen dem Meer entgegenstürzte, das hier etwa 3000 m tief ist. Suchtrupps bargen die Leichname von 24 Opfern und geringe Mengen Trümmer, deren Untersuchung Hinweise auf eine Explosion in der Luft ergaben. Man kam später zu dem Schluß, daß in der Reisehöhe von etwa 8500 m ein hochexplosiver Sprengsatz im hinteren Frachtraum detoniert sein müsse. Die Druckwelle hatte vermutlich den Kabinenboden verformt und so stark beschädigt, daß ein oder mehrere Kabel von Höhen- und Seitenruder entweder gedehnt oder gar gerissen waren, was das heftige Aufbäumen und Gieren erklären würde, und schließlich zum Verlust der Steuerbarkeit führte.

Zu dem Massenmord bekannte sich eine palästinensische Organisation. Offenbar war der Sprengsatz in Athen an Bord geschmuggelt worden, das für seine laschen Sicherheitsmaßnahmen bekannt war. Trans World Airlines führte daraufhin ein Sicherheitssystem ein, das die Untersuchung allen Gepäcks, das an Bord ging, sicherstellte.

6. November 1974

DREI Luftpiraten kaperten eine zweistrahlige Caravelle der Alia Royal Jordanian Airlines, die mit 21 Personen an Bord planmäßig die Inlandroute Amman – Akaba beflog. Nach der Landung in Bengasi/Libyen baten sie um politisches Asyl.

22.–28. November 1974

DREI Palästinenser brachten auf dem Flughafen Dubai eine Super VC-10 der British Airways (BA) in ihre Gewalt, die dort als Flug 870 mit 93 Insassen auf der Route von London nach Brunei auf Borneo zwischengelandet war. Das Flugzeug mußte zunächst das libysche Tripolis und dann Tunis anfliegen. Hier wurde, am zweiten Tag der Entführung, ein deutscher Passagier ermordet. Dann drohten die Terroristen, weitere Geiseln zu töten, wenn man ihren Forderungen nicht nachkäme. Die Verantwortlichen gaben schließlich nach. In Ägypten wurden 13 Häftlinge freigelassen und in Holland zwei, die dort wegen der Entführung einer anderen VC-10 der BA im vergangenen März in Haft saßen – die 15 wurden nach Tunis geflogen, wo sie zu den anderen Terroristen stießen. Am siebten Tag der Belagerung gaben sie auf, nachdem ihnen die tunesische Regierung Schutz zugesagt hatte.

2. Dezember 1974

EIN Teenager bemächtigte sich einer DC-8 Super 62 der Swissair, die mit über 150 Personen an Bord von Bombay/Indien nach Karatschi/Pakistan unterwegs war. Der Junge war mit etwas bewaffnet, was sich später als Spielzeugpistole herausstellte, und verlangte, in den Nahen Osten geflogen zu werden.

Die Besatzung überwältigte ihn jedoch, als das Flugzeug zum Nachtanken in Karatschi gelandet war – er wurde später angeklagt und zu drei Jahren Gefängnis verurteilt.

13. Januar 1975

MAN nimmt an, daß auch dieser Anschlag seinen Ursprung im Nahen Osten hat. Auf eine Boeing 707 der El Al Israel Airlines wurde auf dem Pariser Flughafen Orly eine Rakete abgefeuert, die eine abgestellte zweistrahlige DC-9 der Jugoslovenski Aerotransport (JAT) traf und ein Loch in ihrem Rumpf hinterließ. Drei Personen, darunter ein Steward, wurden dabei leicht verletzt.

Von den 148 Personen an Bord der israelischen 707 wurde niemand verletzt, sie hatte sich gerade auf einen Transatlantikflug nach New York City vorbereitet.

23. Februar 1975

EIN Luftpirat kaperte eine DC-3 der Yemen Airlines, die laut Flugplan die Inlandstrecke Hodeida – Sana bedienen sollte. Er wurde festgesetzt, als die Maschine im saudiarabischen Qizon landete.

Die zunächst verhängte Todesstrafe wurde später in lebenslängliche Haft umgewandelt.

1. März 1975

DER Versuch, eine Boeing 737 der Iraqi Airways zu entführen, die planmäßig die innerirakische Route Mossul – Bagdad beflog, endete auf dem Flughafen von Teheran/Iran mit einer Schießerei zwischen den drei Luftpiraten und Sicherheitskräften. Bei dem Schußwechsel wurde ein Terrorist erschossen, die beiden anderen wurden festgenommen. Am 7. April wurden sie von einem iranischen Erschießungskommando hingerichtet.

1. Januar 1976

ALLE 81 Personen (66 Passagiere und die 15köpfige Besatzung) an Bord einer Boeing 720B (OD-AFT) der libanesischen Middle East Airlines verloren ihr Leben, als die Maschine über dem nordöstlichen Saudi-Arabien einem Sabotageakt zum Opfer fiel. Flug 438 stürzte kurz vor dem Morgengrauen etwa 40 km nordwestlich von Al Qaysumah in die Wüste; er befand sich auf dem Flug von Beirut/Libanon nach Muscat/Oman mit einer Zwischenlandung in Dubai/Vereinigte Arabische Emirate.

Man geht davon aus, daß hochexplosiver Sprengstoff im vorderen Frachtraum explodiert ist, als die 720B in einer Höhe von 11 300 m flog, was das Auseinanderbrechen des Flugzeugs zur Folge hatte.

27. Juni – 3. Juli 1976

EINE der gewagtesten Rettungsaktionen unserer Zeit begann mit der Entführung des Fluges 139 der Air France, eines Großraumflugzeugs des Typs A300 B4-2C mit 258 Personen an Bord, das sich auf dem Flug von Tel Aviv nach Paris befand und gerade in Athen zwischengelandet war.

Nachdem sie im libyschen Bengasi aufgetankt hatte, flog die Maschine nach Entebbe in Uganda weiter. Hier wurde etwa die Hälfte der Fluggäste entlassen, aber die Luftpiraten hielten noch immer die französische Besatzung und alle Passagiere mit israelischen Pässen fest. Sie verlangten die Freilassung von mehr als 50 propalästinensischen Häftlingen, die in mehreren Ländern im Gefängnis saßen.

Am 3. Juli, kurz vor Mitternacht, trafen israelische Spezialtruppen auf dem Luftweg ein und retteten die restlichen Geiseln. Bei der Erstürmung der Maschine auf dem Flughafen Entebbe wurden zwei Passagiere, ein israelischer Soldat, alle vier Terroristen und mindestens 20 ugandische Soldaten getötet. Darüber hinaus wurde eine ältere Frau, die zuvor ins Krankenhaus gebracht worden war und folglich zurückgelassen werden mußte, angeblich ermordet. Auch eine Anzahl ugandischer MiG-Strahljäger wurde zerstört – die A300 jedoch wurde später zurückgeholt.

Eine Boeing 707 der Trans World Airlines wie die beiden Flugzeuge, die 1974 binnen zwei Wochen zerstört werden sollten – ein Anschlag mißlang.

6. Juli 1976
EINE Boeing 727 der Libyan Arab Airlines mit 98 Personen an Bord, die gemäß Flugplan die Inlandroute Tripolis – Bengasi beflog, brachte ein Mann mit zwei Messern und zwei nachgebauten Pistolen in seine Gewalt. Er befahl einen Flug nach Tunis, wo er nicht einfliegen durfte, und gab daraufhin nach der Landung in Palma de Mallorca auf.

23. August 1976
DREI Luftpiraten bemächtigten sich einer zweistrahligen Boeing 737 der Egyptair, die mit 102 Insassen laut Flugplan die Inlandroute Kairo – Luxor beflog. Die Attentäter wurden jedoch, nachdem das Flugzeug am Bestimmungsort gelandet war, kampfunfähig gemacht und später zu lebenslanger Haft verurteilt.

4. September 1976
FLUG 366 der KLM Royal Dutch Airlines, eine DC-9 mit 82 Personen an Bord, wurde während eines Fluges vom französischen Nizza nach Amsterdam gekapert und landete schließlich auf Zypern. Dort gaben die drei Luftpiraten auf und wurden anschließend der libyschen Botschaft übergeben.

19. März 1977
ZWEI Terroristen brachten eine dreistrahlige Boeing 727 der Turkish Airlines in ihre Gewalt, die mit 181 Insassen flugplangemäß die Inlandroute Diyarbakir – Ankara bediente. Sie stellten sich nach der Landung im libanesischen Beirut den Behörden.

5. Juni 1977
EINE Boeing 707 der libanesischen Middle East Airlines, die mit 112 Insassen planmäßig von Beirut im Libanon nach Bagdad im Iran fliegen sollte, wurde von einem Gewalttäter gekapert, der Lösegeld forderte. Auf dem Flugplatz von Kuwait wurde er überwältigt und anschließend an den Libanon überstellt.

29. Juni 1977
MIT 68 Personen an Bord wurde eine VC-10 der in Bahrein beheimateten Fluggesellschaft Gulf Air auf ihrem Flug von London in die Vereinigten Arabischen Emirate und nach Oman umdirigiert. Sie flog direkt nach Oman, wo der Luftpirat verhaftet wurde.

8. Juli 1977
SECHS Männer bemächtigten sich einer Boeing 707 der Kuwait Airways, die von Beirut/Libanon nach Kuwait unterwegs war, und forderten die Freilassung von rund 300 Häftlingen, die in verschiedenen arabischen Ländern einsaßen. Nach der Landung in Damaskus/Syrien gaben die Geiselnehmer auf.

12. August 1977
EIN 19jähriger Student kaperte einen Jumbo des Typs A300 der Air France, der mit 242 Insassen gemäß Flugplan von Paris nach Kairo fliegen sollte. Er flog mit ihm ins libysche Bengasi, wo er aber nicht landen durfte, auch Athen verweigerte die

Landegenehmigung. Schließlich landete das Flugzeug, dessen Kraftstoff zu Ende ging, im italienischen Brindisi, wo der Terrorist verhaftet wurde.

13.–18. Oktober 1977

FLUG 181 der Deutschen Lufthansa (DLH), eine zweistrahlige Boeing 737-231QC, die mit 91 Menschen an Bord nach Frankfurt am Main fliegen sollte, wurde kurz nach ihrem Start im spanischen Palma de Mallorca gekapert. Die Entführung der »Landshut« stellte einen weiteren Akt des Terrors dar, mit dem sich die Bundesrepublik in diesem Jahr konfrontiert sah. Sie folgte den tödlichen Anschlägen auf Generalbundesanwalt Buback und den Vorsitzenden der Dresdner Bank Jürgen Ponto sowie der Entführung des Arbeitgeberpräsidenten Hans-Martin Schleyer, der zu diesem Zeitpunkt noch fieberhaft gesucht wurde. Die Terroristen forderten die Freilassung von elf Verbrechern, die in Deutschland ihre Strafe verbüßten, und zwei Palästinensern, die in der Türkei inhaftiert waren. Nach Zwischenlandungen auf Zypern, in Dubai sowie in Aden/Jemen, wo Kapitän Schumann erschossen wurde, landete die »Landshut« schließlich in Mogadischu/Somalia. Nachdem die Terroristen dort den ermordeten Flugkapitän aus dem Flugzeug warfen, zeigten sich die somalischen Behörden kooperationsbereit, und nach weiteren Verhandlungen erteilten sie schließlich die Einsatzgenehmigung für die GSG 9. Nachdem die Terroristen durch Verhandlungsgespräche hingehalten und müde gemacht werden konnten, stürmten am 18. Oktober um ca. 02.00 Uhr früh Spezialtrupps der GSG 9 die Maschine. Drei der vier Erpresser wurden erschossen, eine Terroristin sowie eine Stewardeß und ein GSG-9-Beamter wurden verletzt. Die übrigen Geiseln konnten unversehrt evakuiert werden. Die ganze Aktion dauerte nur sieben Minuten. Nachdem sie von dem Fehlschlag erfahren hatten, begingen drei der inhaftierten Verbrecher, deren Freilassung gefordert worden war, Selbstmord.

5. März 1978

BEI einem verpfuschten Kommandounternehmen wurden ägyptische Spezialtruppen, die auf dem Flughafen Larnaka bei Nikosia auf Zypern Geiseln an Bord einer DC-8 der Cyprus Airways zu befreien versuchten, ihrerseits von zypriotischen Truppen angegriffen. 15 Kommandoangehörige wurden erschossen, und eine Turboprop-Maschine des Typs C-130 der ägyptischen Luftstreitkräfte wurde zerstört. Am Ende jedoch wurden die Geiselnehmer festgenommen.

12. Januar 1979

EINE Boeing 727 der Tunis Air, die mit 75 Personen an Bord planmäßig die Inlandroute Tunis – Insel Dscherba beflog, brachten drei Luftpiraten in ihre Gewalt, die mit zwei Startpistolen, einer nicht funktionierenden Schrotflinte und zwei zusammengebundenen Batterien, die einen Sprengkörper vortäuschen sollten, bewaffnet waren. Sie verlangten die Freilassung eines tunesischen Gewerkschaftsführers und eines früheren tunesischen Außenministers, gaben aber auf und baten um politisches Asyl, als das Flugzeug zum zweiten Mal im libyschen Tripolis landete.

16. Januar 1979

SECHS mit Pistolen bewaffnete Männer bemächtigten sich einer Boeing 707 der libanesischen Middle East Airlines, die mit 73 Insassen laut Flug-

Oktober 1977: ein Unterhändler hebt seine Arme, um den Terroristen an Bord des Lufthansa-Fluges 181 zu zeigen, daß er unbewaffnet ist.

plan von Beirut nach Amman/Jordanien fliegen sollte. Sie forderten die Freilassung eines moslemischen geistlichen Führers und die Abhaltung einer Pressekonferenz, die ihnen auch gewährt wurde, nachdem das Flugzeug weder auf Zypern noch in der Türkei hatte landen dürfen und nach Beirut zurückgekehrt war. Danach gaben die Geiselnehmer auf.

24. August 1979
EIN mit einer Faustfeuerwaffe bewaffneter Luftpirat brachte eine Boeing 727 der Libyan Arab Airlines in seine Gewalt, die mit 59 Personen an Bord die Inlandroute Bengasi – Tripolis beflog und schließlich mit zur Neige gehendem Treibstoff im zypriotischen Larnaka landete. Obwohl der Luftpirat dort um politisches Asyl bat, wurde er einer libyschen Delegation übergeben und in seine Heimat gebracht, wo er dem Vernehmen nach hingerichtet wurde.

7. September 1979
EINE vierstrahlige DC-8 Super 62 der italienischen Alitalia, die mit 183 Personen von Beirut/Libanon nach Rom flog, wurde von drei Luftpiraten gekapert, die nach Havanna auf Kuba gebracht und dort vor der Gipfelkonferenz blockfreier Staaten für die Freilassung ihres religiösen Führers plädieren wollten, den man zuletzt ein Jahr zuvor in Libyen gesehen hatte. Das Flugzeug landete in Rom, wo die Passagiere von Bord gehen durften, und erreichte schließlich Teheran, wo die Erpresser aufgaben, nachdem sie ihre Ziele über Rundfunk und Fernsehen des Landes dargelegt hatten.

16.–17. Oktober 1979
DREI syrische Männer bemächtigten sich einer Turboprop-Maschine des Typs Fokker F.27 Friendship der Libyan Arab Airlines, die gemäß Flugplan die Inlandroute Hon – Tripolis beflog. Sie verlangten zunächst, in die Schweiz geflogen zu werden, stimmten dann aber einer Landung auf Malta zu, wo sie aufgaben, nachdem sie tags darauf eine Pressekonferenz abgehalten hatten.

14. Januar 1980
ÜBER eine zweistrahlige DC-9 der Alitalia, die mit 90 Menschen an Bord von Rom nach Tunis unterwegs war, ergriff ein Luftpirat das Kommando, der von der tunesischen Regierung die Freilassung von 25 Häftlingen forderte. Wegen schlechten Wetters schied eine von ihm geplante Landung im libyschen Tripolis aus, und der Entführer ergab sich schließlich, nachdem das Flugzeug in Palermo auf Sizilien aufgesetzt hatte.

18. Januar 1980
WIEDERUM in der Absicht, das Schicksal des religiösen Führers zu erhellen, der 1978 in Libyen verschollen war, bemächtigte sich ein pistole-

schwingender Luftpirat einer Boeing 720B der libanesischen Middle East Airlines, die planmäßig mit 81 Personen an Bord von Beirut nach Zypern unterwegs war. Das Flugzeug kehrte jedoch nach Beirut zurück, wo der Pistolero eine Pressekonferenz abhielt und sich danach – wie vereinbart – ergab.

28. Januar 1980
ZUM dritten Mal in weniger als fünf Monaten wurde eine Flugzeugentführung mit dem Ziel durchgeführt, den Verbleib eines religiösen Führers zu klären, der 1978 in Libyen verschwunden war. Wieder wurde eine Boeing 720B der Middle East Airlines, diesmal auf dem Flug von Beirut nach Bagdad/Irak, gwaltsam von einem messerbewehrten Mann übernommen, der von seiner Frau und vier Kindern begleitet wurde. Er durfte eine Rede verlesen, nachdem das Flugzeug am vorgesehenen Bestimmungsort gelandet war, und wurde dann verhaftet.

10. März 1980
EIN weiteres Mal wurde versucht, die Weltöffentlichkeit auf das Schicksal des religiösen Führers aufmerksam zu machen, der als in Libyen verschollen galt. Eine vierstrahlige Boeing 707 der Middle East Airlines wurde auf dem Flug von Amman/Jordanien nach Beirut/Libanon gekapert. Nachdem er in Beirut eine Pressekonferenz gegeben hatte, wurde der Luftpirat von der libanesischen Polizei verhaftet.

24. Juli 1980
EINE Boeing 737 der Kuwait Airways brachten zwei mit Pistolen, Handgranaten und Dynamit bewaffnete Terroristen in ihre Gewalt, als die Maschine gemäß Flugplan die Strecke Beirut – Kuwait beflog. Sie verlangten, daß ein kuwaitischer Geschäftsmann seine hohen Schulden beglich, die er angeblich bei ihnen hatte. Nachdem das Flugzeug in Kuwait, Bahrein und im Iran gelandet war, kehrte es an seinen Bestimmungsort zurück, wo die beiden Piloten fliehen konnten – die Luftpiraten ergaben sich daraufhin.

31. August 1981
DURCH einen detonierenden Sprengkörper wurde eine nicht besetzte Boeing 720B der Middle East Airlines auf dem Beiruter Flugplatz, wo sie nach dem Flug von Libyen nach Beirut abgestellt war, erheblich beschädigt. Es wurde niemand verletzt.

13. Oktober 1981
ZWEI Menschen wurden getötet und acht weitere verletzt, als beim Ausladen einer zweistrahligen Boeing Advanced 737-2K2C der Air Malta zwei Sprengsätze detonierten, die in Gepäckstücken versteckt waren. Die Maschine war gerade in Kairo

gelandet, nachdem sie vom libyschen Tripolis gekommen war. Die Explosion ereignete sich um kurz nach 14.00 Uhr Ortszeit, nachdem 90 Fluggäste von Bord gegangen waren. Am Flugzeug entstand beträchtlicher Schaden.

5. Dezember 1981

EIN Terrorist, der behauptete, bewaffnet zu sein, tatsächlich aber unbewaffnet war, stürmte an den Flugkartenschaltern vorbei an Bord einer Boeing 707 der Trans World Airlines, die sich auf dem internationalen Flughafen Hopkins bei Cleveland/Ohio als Flug 534 mit 88 Personen an Bord auf den Start nach New York City vorbereitete. Er verlangte, in den Iran geflogen zu werden. In dem folgenden Handgemenge fielen er und der Bordingenieur die Gangway hinunter und verletzten sich. Der Attentäter wurde verhaftet und im Jahr darauf in eine Nervenheilanstalt eingewiesen.

7.–10. Dezember 1981

AUF dem Flug von der Schweiz nach Tripolis/Libyen wurde eine Boeing 727 der Libyan Arab Airlines von drei Männern gekapert, die nach Beirut/Libanon gebracht werden wollten. Dort verlangten sie die Freilassung ihres religiösen Führers, der vor drei Jahren in Libyen verschwunden war. Die Odyssee führte das Flugzeug nach Athen, Rom und schließlich wieder nach Beirut, wo eine aufgebrachte Menge die Flughafenleitung dazu zwang, die Landeerlaubnis zu erteilen.

Ein Passagier wurde angeschossen. Nach einem Abstecher nach Teheran landete die 727 wieder in Beirut, wo die drei Terroristen verhaftet wurden. Vier weitere Luftpiraten, die bei zwei Zwischenlandungen zu den ursprünglichen Entführern gestoßen waren, wurden in Freiheit belassen.

24. Februar 1982

FLUG 538 der Kuwait Airways, eine vierstrahlige Boeing 707, die mit 105 Personen an Bord gemäß Flugplan die Strecke Tripolis/Libyen – Kuwait beflog, war gerade in Beirut/Libanon gelandet, als zwei Fahrzeuge an das Flugzeug heranfuhren. Aus ihnen stürmte ein Dutzend Luftpiraten an Bord der 707 und nahm sie in ihre Gewalt. Auch ihre Aktion hatte hauptsächlich zum Ziel, den Verbleib ihres religiösen Führers, der vier Jahre zuvor in Libyen verschollen war, zu klären und auf sein Schicksal hinzuweisen. Sie ergaben sich, als ihnen mitgeteilt wurde, daß eine internationale Delegation auf einer Untersuchung dieses Verschwindens durch die Vereinten Nationen bestehen werde.

27. Mai 1982

EIN Bewaffneter bemächtigte sich einer Boeing 737 der Royal Air Maroc mit 100 Insassen kurz nach dem Start in Athen, wo sie auf der Route Damaskus/Syrien – Casablanca/Marokko zwischengelandet war. Er stellte mehrfache Forderungen nach strengerer Moral und strikter Befolgung des islamischen Glaubens in Marokko und entführte das Flugzeug nach Tunis, wo er sich den Behörden stellte.

11. August 1982

EIN Sprengsatz detonierte unter einem Sitz im hinteren Teil einer Boeing 747-121 der Pan American World Airways, die mit 285 Personen an Bord, darunter 15 Besatzungsangehörige, den Pazifik überquerte. Ein Passagier – ein 16jähriger Junge – verlor dabei sein Leben, 15 weitere Personen wurden verletzt.

Der Jumbo, der als Flug 830 geführt wurde und von Tokio nach Honolulu auf Hawaii unterwegs war, flog in etwa 7500 m Höhe und befand sich noch rund 250 km westlich von seinem Ziel, als die Explosion um etwa 09.00 Uhr Ortszeit stattfand. Trotz eines Loches im Kabinenboden und des schnellen Druckabfalls landete das Flugzeug sicher in Honolulu. Den Palästinenser, der für diesen Sabotageakt verantwortlich war und in Griechenland verhaftet und abgeurteilt wurde, entließ man 1996 aus der Haft, nachdem er etwa die Hälfte seiner 15 Jahre Gefängnis verbüßt hatte.

20. Januar 1983

EINE Boeing 707 der Alyemda Democratic Yemen Airlines wurde auf ihrem planmäßigen Flug von Aden/Jemen nach Kuwait mit 50 Menschen an Bord von drei Männern entführt. Nachdem sie das Flugzeug zur Landung in Dschibuti gezwungen hatten, ergaben sie sich und wurden später zu Bewährungsstrafen verurteilt.

20.–23. Februar 1983

ZWEI Männer bemächtigten sich einer Boeing 727 der Libyan Arab Airlines, die mit 158 Insassen die innerlibysche Strecke Sabah – Tripolis beflog, und erzwangen eine Landung in Valletta auf Malta. Dort verlangten sie, nach Marokko geflogen zu werden, aber dessen Regierung verweigerte ihnen die Einreisegenehmigung. Die Verhandlungen in Valletta zogen sich noch drei Tage hin, dann gaben die Geiselnehmer auf.

22. Juni 1983

EINE Boeing 727 der Libyan Arab Airlines brachten zwei Männer auf dem planmäßigen Flug von Athen nach Tripolis/Libyen in ihre Gewalt. Mit zur Neige gehendem Kraftstoff landete die Maschine schließlich in Larnaka auf Zypern, wo die Terroristen später wegen Flugzeugentführung und Besitz von Sprengstoff zu sieben Jahren Gefängnis verurteilt wurden.

6. Juli 1983

SECHS Männer, die mit Pistolen, Maschinenpistolen und Sprengstoff bewaffnet waren, kaperten eine Boeing 747 der Iran Air, die mit fast 400 Personen an Bord planmäßig die inneriranische Strecke Schiras – Teheran beflog. Das Flugzeug landete in Kuwait, wo etwa die Hälfte der Passagiere von Bord gehen durfte. Obwohl die Geiselnehmer ursprünglich in den Irak geflogen werden wollten, stimmten sie schließlich einer Landung in Paris zu, wo sie sich ergaben. Sie wurden zu Gefängnisstrafen mit Bewährung verurteilt und erhielten dann von der französischen Regierung politisches Asyl.

19. August 1983

KURZ vor dem Start nach Damaskus/Syrien wurde eine Boeing 727 der Syrian Arab Airlines auf dem Flughafen Rom durch einen Brandsatz schwer beschädigt. Alle Insassen wurden jedoch wohlbehalten evakuiert, und es gab keine Verletzten.

27. August 1983

EINE Boeing 727 der Air France wurde auf dem planmäßigen Flug von Wien nach Paris mit 119 Personen an Bord entführt. Nach drei Zwischenlandungen landete die Maschine sicher in Teheran, wo sich die fünf Luftpiraten nach dreitägigen Verhandlungen ergaben.

23. September 1983

FLUG 771, eine zweistrahlige Boeing 737-2P6 (A40-BK) der Gulf Air, der gemeinsamen Fluggesellschaft von Bahrain, Oman, Katar und den Vereinigten Arabischen Emiraten, stürzte etwa 50 km nordöstlich von Abu Dhabi in die Wüste und brannte aus, als sie sich auf die Landung auf dem Flugplatz der Stadt vorbereitete, eine Zwischenlandung auf der Route Karatschi/Pakistan – Manama/Bahrain. Alle 111 Menschen an Bord (105 Passagiere und die sechsköpfige Besatzung) kamen dabei ums Leben.

Die Katastrophe ereignete sich um etwa 15.30 Uhr Ortszeit. Anzeichen deuteten auf eine Explosion während des Fluges hin, die sich im Frachtraum ereignet hatte und wohl eher durch Sabotage ausgelöst wurde als durch Bordstrom oder Kraftstoff. Einige Gepäckstücke im Flugzeug waren von einem Flugkarteninhaber aufgegeben worden, der dann zum Abflug nicht erschien.

7. März 1984

EIN mit einem Messer herumfuchtelnder Luftpirat brachte eine zweistrahlige Boeing 737 der Air France auf dem Flug von Frankfurt am Main nach Paris in seine Gewalt und verlangte, nach Libyen geflogen zu werden. Das Flugzeug landete statt dessen aber im schweizerischen Genf, wo die Polizei ihn überwältigte.

5. April 1984

EIN Syrer, der in seine Heimat zurückgebracht werden sollte, bemächtigte sich einer L-1011 der Saudi Arabian Airlines, die als Flug 287 von Dschidda/Saudi-Arabien nach Damaskus/Syrien unterwegs war. Er wurde von der Besatzung niedergerungen, nachdem das Flugzeug zum Nachtanken in Istanbul gelandet war, und anschließend verhaftet.

26.–27. Juni 1984

ZWEI Männer kaperten eine Boeing 727 der Iran Air, die mit 136 Insassen planmäßig die Inlandroute Buschir – Teheran beflog, und erzwangen eine Landung in Katar, wo die Passagiere freigelassen wurden. Danach landete die Maschine im ägyptischen Kairo, und tags darauf flog sie nach Bagdad/Irak weiter, wo die Entführer aufgaben und um politisches Asyl baten. Einer der beiden kehrte später in den Iran zurück, wo er festgenommen und anschließend hingerichtet wurde.

21. Juli 1984

EIN mit einem Molotow-Cocktail bewehrter Terrorist versuchte, eine mit 146 Personen besetzte Boeing 707 der libanesischen Middle East Airlines zu entführen. Er verlangte, nach Abu Dhabi zurückgeflogen zu werden, wo das Flugzeug zuvor mit Ziel Beirut gestartet war. Aufgrund des knappen Treibstoffs flog die Maschine jedoch ihr ursprüngliches Ziel an, wo der Entführer, nachdem er eine Pressekonferenz abgehalten hatte, festgenommen wurde.

31. Juli – 1. August 1984

DREI Männer, die mit Pistolen, Maschinenpistolen und Sprengstoff bewaffnet waren, brachten Flug 747 der Air France in ihre Gewalt, eine Boeing 737, die mit 64 Personen an Bord planmäßig die Route Frankfurt – Paris beflog. Nach Zwischenlandungen in der Schweiz, im Libanon und auf Zypern landete das Flugzeug schließlich in Teheran, wo Passagiere und Besatzung von Bord gehen durften; danach zündeten die Terroristen im Cockpit Sprengstoff und ergaben sich.

7. August 1984

EIN A300-Jumbo der Iran Air, der mit 315 Personen an Bord von Teheran nach Dschidda/Saudi-Arabien unterwegs war, wurde von zwei Luftpiraten entführt, die mit einem Messer und einem (falschen) Sprengsatz drohten. Da ihr der Einflug in den französischen Luftraum verwehrt wurde, landete die Maschine in Rom, wo die Entführer aufgaben. Einer der beiden wurde wegen Luftpiraterie zu $7^{1}/_{2}$ Jahren Gefängnis verurteilt, der andere wurde freigesprochen.

28. August 1984

EIN Mann und eine Frau kaperten einen A300-Jumbo der Iran Air, der mit 206 Personen an Bord die innerpersische Route Schiras – Teheran beflog, und dirigierten ihn nach Bagdad, wo sie politisches Asyl beantragten.

Airbus A300: drei derartige Flugzeuge der Iran Air waren 1984 binnen fünf Wochen Ziele von Entführungen.

8. September 1984

EIN iranischer Polizist und eine vierköpfige Familie brachten eine Boeing 727 der Iran Air in ihre Gewalt, die mit 123 Insassen im Iran von Bandar Abbas nach Teheran unterwegs war. Ihnen wurde, nachdem sie auf einem geheimgehaltenen Fliegerhorst im Irak gelandet waren, Asyl zugesagt.

12. September 1984

DER Versuch von vier Männern, einen A300-Jumbo der Iran Air auf der Inlandroute Teheran – Schiras zu entführen, mißlang, da zwei von ihnen von Sicherheitsbeamten verwundet wurden.

12. September 1984

EINE Boeing 737 der Iraqi Airways, die mit 110 Insassen von Larnaka auf Zypern nach Bagdad im Irak unterwegs war, versuchten iranische Terroristen zu entführen – die drei Männer wurden von Sicherheitsbeamten erschossen.

5. November 1984

EINE Lockheed L-1011 TriStar der Saudi Arabian Airlines wurde mit 131 Personen an Bord auf der planmäßigen Route London – Riad von zwei Luftpiraten nach Teheran umdirigiert. Zu ihren Forderungen zählten auch eine bessere Behandlung der Nordjemeniten in Saudi-Arabien und Hilfe für die Regierung Nordjemens. Sie wurden jedoch von anderen Passagieren überwältigt und von iranischen Soldaten festgenommen. Einer der Entführer wurde später im Iran zu zwölf Jahren Gefängnis verurteilt.

4.–8. Dezember 1984

EIN A310-Airbus der Kuwait Airways, der mit 161 Personen an Bord als Flug 221 unterwegs war, wurde nach dem Start in Dubai gekapert, einem Zwischenstopp auf der Route Kuwait – Karatschi/Pakistan. Der Jumbo wurde zur Landung in Teheran gezwungen, wo mehr als ein Drittel seiner Insassen freigelassen wurde. Am selben Tag allerdings wurde in einem Handgemenge ein amerikanischer Fluggast getötet; sein Leichnam wurde aus dem Flugzeug geworfen.

Die Geiselnehmer forderten die Freilassung von 17 Häftlingen in Kuwait, von denen drei zum Tode verurteilt waren. Am zweiten Tag der Entführung berichteten sie, sie hätten Sprengstoff im Airbus angebracht, und drohten, ihn zu zünden, wenn ihre Forderungen nicht erfüllt würden. Etwa 30 weitere Geiseln durften von Bord gehen, bevor der nächste amerikanische Passagier ermordet wurde; auch sein Leichnam wurde aus dem Flugzeug geworfen.

In den folgenden Tagen wurden noch mehr Geiseln freigelassen. Dann jedoch, am 8. Dezember kurz vor Mitternacht, verlangten die Terroristen, daß ein Generator an das Flugzeug angeschlossen würde und ein Arzt sowie zwei Reinigungskräfte an Bord kämen. Als letztere verkleidet betraten iranische Sicherheitsbeamte das Flugzeug, überwältigten die Luftpiraten und befreiten die verbliebenen sieben Geiseln.

5. Januar 1985

DER Versuch, eine Turboprop-Maschine des Typs F.27 Friendship der Iran Asseman Airlines

Eine amerikanische Geisel, im weißen Hemd, wird am 7. Dezember 1984 aus dem gekaperten Airbus der Kuwait Airways geführt: nur Momente später wird der Mann erschossen. Der Mann auf der Treppe mit erhobenen Armen ist ein iranischer Unterhändler.

während ihres planmäßigen Inlandfluges von Chorrambad nach Teheran zu entführen, schlug fehl – die drei Attentäter wurden von Sicherheitskräften überwältigt.

11. Januar 1985
DER Versuch, eine Boeing 737 der Iran Air zu entführen, die die Inlandstrecke Teheran – Kerman beflog, wurde, so wird berichtet, von Sicherheitskräften vereitelt. Die zweistrahlige Verkehrsmaschine kehrte wohlbehalten zur Hauptstadt zurück.

7. Februar 1985
VIER Männer fuhren auf dem internationalen Flughafen von Beirut im Libanon zu einer Boeing 707 der Cyprus Airways, erzwangen sich den Zutritt und begannen an Bord der Maschine eine fünfstündige Verhandlung. Sie ergaben sich, als ihnen mitgeteilt wurde, daß erwogen werde, ihrer Forderung nach Freilassung zweier auf Zypern einsitzender Libanesen nachzukommen.

23. Februar 1985
DIESE nahöstliche Entführung eines libanesischen Verkehrsflugzeugs auf dem internationalen Flughafen von Beirut hatte weder politische noch religiöse Gründe. Ein offensichtlich verärgerter Sicherheitsbeamter hatte sich einer Boeing 707-

320C der Middle East Airlines bemächtigt, die als Flug 203 Paris und London angeflogen hatte.

Nachdem der Luftpirat Schüsse abgegeben hatte, begannen die 104 Passagiere und Besatzungsmitglieder eine Evakuierung über die Notrutschen. Das Flugzeug rollte aber trotzdem an und ein Passagier, ein 65jähriger Mann, kam ums Leben, als er die Maschine verließ und vom Triebwerkstrahl zu Boden geworfen wurde. Weitere 13 Personen erlitten Verletzungen.

Nach diesem Todesfall, der sich um etwa 11.30 Uhr Ortszeit ereignete, hob die 707 ab und flog nach Larnaka auf Zypern, wo sie zweimal landete, bevor sie nach Beirut zurückkehrte. Als sich die Verhandlungen hinzogen, verschwand der Entführer unbemerkt.

17. März 1985
EIN einzelner Luftpirat kaperte eine Boeing 737 der Saudi Arabian Airlines, die mit 97 Personen an Bord planmäßig die Inlandroute Dschidda – Riad beflogen hatte. Das Flugzeug landete zum Auftanken in Dhahran, wo der Entführer alle seine Geiseln bis auf den Flugkapitän und den Kopiloten freiließ. Sicherheitskräfte stürmten daraufhin das Flugzeug und erschossen ihn, als er eine Handgranate warf. Es wurde niemand sonst verletzt, und die Explosion verursachte nur geringen Schaden.

27. März 1985

EINE Boeing 727 der Deutschen Lufthansa (DLH), die mit 151 Personen an Bord gemäß Flugplan von München nach Athen flog, wurde von einem Luftpiraten gekapert, der mit einem Messer und einer abgebrochenen Flasche bewaffnet war. Er verlangte, nach Libyen gebracht zu werden, erlaubte aber eine Zwischenlandung zum Nachtanken in Istanbul. Hier kamen Sicherheitsbeamte, die als Angestellte der Fluggesellschaft verkleidet waren, an Bord und überwältigten ihn. Er wurde in der Türkei zu acht Jahren und vier Monaten Gefängnis verurteilt.

1. April 1985

EIN Geiselnehmer, der behauptete, eine Waffe und Sprengstoff zu besitzen, brachte eine Boeing 707 der libanesischen Middle East Airlines in seine Gewalt, die mit 76 Personen planmäßig von Beirut nach Dschidda in Saudi-Arabien flog. Er forderte zunächst finanzielle Unterstützung für die antiisraelische Widerstandsbewegung im südlichen Libanon, ließ sich dann aber zum Aufgeben überreden und wurde verhaftet, nachdem die Maschine an ihrem Bestimmungsort gelandet war.

4. April 1985

NIEMAND wurde verletzt, als auf dem Flughafen von Athen eine Rakete auf eine Boeing 727 der Alia Royal Jordanian Airlines abgefeuert wurde, die gerade zum Start nach Amman/Jordanien rollte. Sie explodierte nicht, und am Flugzeug entstand nur geringer Schaden.

11.–12. Juni 1985

FÜNF Luftpiraten kaperten in Beirut eine Boeing Advanced 727-2D3 (JY-AFW) der Alia Royal Jordanian Airlines mit 74 Menschen an Bord kurz vor dem Start nach Amman/Jordanien. Statt dessen flog die Maschine nach Zypern, durfte aber weder nach Tunesien noch nach Syrien einfliegen und kehrte schließlich nach Beirut zurück, wo die Entführer ihre Geiseln freiließen und das Flugzeug in die Luft sprengten. Der Anführer der Geiselnehmer wurde später zu 30 Jahren Gefängnis verurteilt.

12. Juni 1985

OFFENSICHTLICH als Vergeltung für die Alia-Entführung bemächtigte sich ein Luftpirat, der mit einer Handgranate bewaffnet war, einer Boeing 707 der libanesischen Middle East Airlines, die planmäßig von Beirut nach Larnaka auf Zypern flog. Er gab aber bald auf und wurde an Jordanien ausgeliefert.

14.–30. Juni 1985

DURCH die Entführung des Fluges 847 der Trans World Airlines sahen sich die USA bald in eine größere Nahostkrise verstrickt. Auf dem Flug von Athen nach Rom war die Boeing Advanced 727-231 mit 153 Personen an Bord im italienischen Luftraum von zwei Luftpiraten gekapert worden.

Nach der Landung im libanesischen Beirut forderten die Geiselnehmer von Israel die Freilassung von rund 800 Häftlingen, die meisten von ihnen Libanesen (31 kamen schließlich frei). Nachdem 19

Einige der Passagiere dürfen das entführte Verkehrsflugzeug der TWA im Juni 1985 nach seiner Landung in Beirut verlassen.

Geiseln (17 Frauen und zwei Kinder) von Bord gehen durften, flog die 727 nach Algier, wo ihr die Landeerlaubnis zunächst verweigert, dann aber erteilt wurde. Hier wurden weitere 22 Passagiere freigelassen.

Am frühen Morgen des folgenden Tages kehrte das Flugzeug nach Beirut zurück, und die Besatzung bat, in der Dunkelheit die Flugplatzbefeuerung einzuschalten. Hier wurde der Passagier Robert Stethem, Taucher der US-Marine, ermordet. Weitere Luftpiraten kamen an Bord der 727, und zusätzliche Verpflegung wurde eingeladen, bevor die Verkehrsmaschine wieder startete und nach Algier zurückflog. Dort drohten die Geiselnehmer damit, griechische Passagiere zu ermorden, wenn die griechische Regierung nicht einen 21jährigen Libanesen freiließ, der in Athen einsaß, da man ihn für die Planung dieser Entführung verantwortlich machte. Angesichts weiterer Morde und der Zerstörung des Flugzeugs gab die griechische Regierung nach, und der verdächtige Terrorist wurde nach Algier ausgeflogen.

24. November 1985: der intakte, aber ausgeglühte Rumpf der Boeing 737 der Egyptair wird auf Malta nach dem völlig fehlgeschlagenen ägyptischen Kommandounternehmen untersucht.

Zwei Tage später wurden weitere Geiseln freigelassen, und die 727 kehrte ein letztes Mal nach Beirut zurück. Die verbliebenen 39 Geiseln wurden in die Stadt Beirut gebracht, wo 29 von ihnen einen Brief an Präsident Reagan unterschrieben, in dem er gebeten wurde, über ihre Freilassung zu verhandeln und von direkten militärischen Aktionen abzusehen. 17 Tage danach wurden alle freigelassen, und das Flugzeug wurde anschließend heimgeholt.

Ein Schiff der US-Marine, das zehn Jahre nach der TWA-Entführung in Dienst gestellt wurde, wurde auf den Namen *Petty Officer Stethem* (Petty Officer = Obermaat) getauft. Der Terrorist, der Stethems Ermordung überführt worden war, wurde 1989 in der Bundesrepublik Deutschland zu lebenslanger Haft verurteilt.

5. August 1985
DER Versuch zweier Männer, eine Boeing 727 der Iran Air während ihres planmäßigen Inlandfluges von Teheran nach Bandar Abbas zu entführen, endete damit, daß einer von Sicherheitskräften erschossen und der andere verhaftet wurde.

2. November 1985
EIN einzelner Luftpirat wurde von Sicherheitskräften überwältigt, als er versuchte, eine Boeing 707 der Iran Air auf dem planmäßigen Inlandflug von Bandar Abbas nach Teheran in seine Gewalt zu bringen.

23.–24. November 1985
VON dieser Flugzeugentführung glaubt man, daß sie von einer prolibyschen Splittergruppe, die dem ägyptischen Präsidenten Hosni Mubarak feindlich gesonnen war, und dem Anführer der Palästinensischen Befreiungsorganisation Jassir Arafat geplant wurde. Eine Boeing Advanced 737-266 (SU-AYH) der Egyptair, als Flug 648 mit 98 Personen besetzt, darunter die sechsköpfige Besatzung und vier Sicherheitsbeamte, wurde gekapert, als sie die Route Athen – Kairo beflog. Das Flugzeug wurde nach Malta umdirigiert, wo es auf dem internationalen Flughafen Luqa bei Valletta landete.

Am 24. November um 20.20 Uhr Ortszeit, nach einer Wartezeit von mehr als 20 Stunden, erstürmten ägyptische Spezialtruppen, die schon vorher mit einem C-130-Transportflugzeug eingetroffen waren, die Maschine, indem sie eine Frachttür aufsprengten. Unmittelbar darauf warfen die Terroristen Handgranaten in die Passagierkabine, die einen Brand auslösten, der das Innere des Flugzeugs ausglühen ließ. Unter den 62 getöteten Menschen waren auch ein Sicherheitsbeamter, der bei einem Schußwechsel starb, als die 737 noch in der Luft war, zwei weibliche Passagiere, die nach der Landung ermordet wurden, sowie vier der fünf Geiselnehmer. Die Überlebenden waren fast alle verletzt. Nur elf Frauen, die vor der Erstürmung freigelassen worden waren, hatten alles unverletzt überstanden. Ein maltesisches Gericht sprach später die Schuld für alle bis auf zwei der Getöteten dem ägyptischen Kommando zu.

Obwohl er auf Malta zu 25 Jahren Gefängnis verurteilt worden war, wurde der überlebende Terrorist im Februar 1993 in die Freiheit entlassen. Fünf Monate später wurde der Verbrecher, der gestanden hatte, zwei Passagiere des Fluges 648 ermordet zu haben, von zwei amerikanischen FBI-Agenten im nigerianischen Lagos gefaßt: im nachfolgenden Prozeß in den USA wurde er im Oktober 1996 für seine Verbrechen zu lebenslanger Haft verurteilt.

23. Dezember 1985
GETÖTET wurde der Luftpirat, der versuchte, ein Verkehrsflugzeug der Iran Air zu kapern, das planmäßig die Route von der Insel Sirri nach Schiras beflog.

27. Dezember 1985
EIN angeblich »geistig labiler« Mann, der mit einer Rasierklinge bewaffnet war, versuchte sich einer Boeing 747 der Saudi Arabian Airlines zu bemächtigen, als der Jumbo mit 213 Personen an Bord einen Linienflug von Karatschi/Pakistan nach Riad durchführte. Er wurde von einem Sicherheitsbeamten überwältigt und festgenommen.

4. März 1986
DER Versuch, eine zweistrahlige Boeing 737 der Olympic Airways zu entführen, die mit 76 Menschen an Bord planmäßig eine griechische Inlandroute beflog, endete damit, daß die Maschine auf der Insel Santorin landete, ihrem vorgesehenen Bestimmungsort. Hier wurde der Luftpirat verhaftet.

2. April 1986
OFFENSICHTLICH als Vergeltung dafür, daß die amerikanische Marine bei einem Feuergefecht in der Großen Syrte eine Woche zuvor zwei libysche Kanonenboote versenkt hatte, detonierte an Bord einer Boeing Advanced 727-231 der Trans World Airlines, die als Flug 840 geführt wurde, über Südgriechenland in der Nähe von Korinth ein Sprengsatz. Vier der 121 Personen an Bord, darunter eine Mutter mit Tochter und Enkeltochter, verloren ihr Leben, als der Sprengsatz zwischen der zehnten und elften Reihe auf dem Kabinenboden explodierte, neun weitere Passagiere erlitten Verletzungen. Die Explosion ereignete sich um etwa 14.30 Uhr Ortszeit, als sich das Flugzeug in einer Höhe von etwa 5000 m und im Sinkflug auf den Flughafen Athen befand. Athen war ein Zwischenstopp auf einem Flug, der (mit einer Boeing 747) in Los Angeles/USA begonnen hatte und in Kairo/Ägypten enden sollte. Die 727 setzte sicher auf, obwohl sie auf der rechten Rumpfseite knapp vor der Tragfläche ein Loch von etwa 3 m x 1 m aufwies. Die

Getöteten waren von der Wucht der Detonation aus dem Flugzeug geschleudert worden und hatten – bis auf einen – beim Sturz auf die Erde ihr Leben verloren.

Hauptverdächtige in diesem Sabotageakt war zunächst eine libanesische Frau, von der man annahm, daß sie den Sprengsatz am Tag zuvor auf dem Flug von Kairo nach Athen in der Maschine versteckt hatte – eine weitere Untersuchung ergab jedoch, daß dieser Verdacht unbegründet war.

17. April 1986
EIN wachsamer Sicherheitsbeamter verhinderte wahrscheinlich diesen Versuch, einen Sabotageakt an Bord einer Boeing 747 der El Al Israel Airlines zu begehen, die sich in London-Heathrow als Flug 16 mit 375 Personen an Bord auf den Start nach Tel Aviv vorbereitete. Ein Plastiksprengsatz fand sich im Koffer einer Frau aus Irland, von der man allerdings annahm, daß sie unschuldig war und davon nichts wußte. Ein Mann, der noch schnell die Fluggesellschaft wechseln wollte, wurde dagegen festgenommen; er wurde später zu 45 Jahren Gefängnis verurteilt.

Das große Loch im Rumpf einer Boeing 727 der TWA, durch das vier Opfer ins Freie geschleudert wurden: 2. April 1986 – ein Terrorakt über Griechenland.

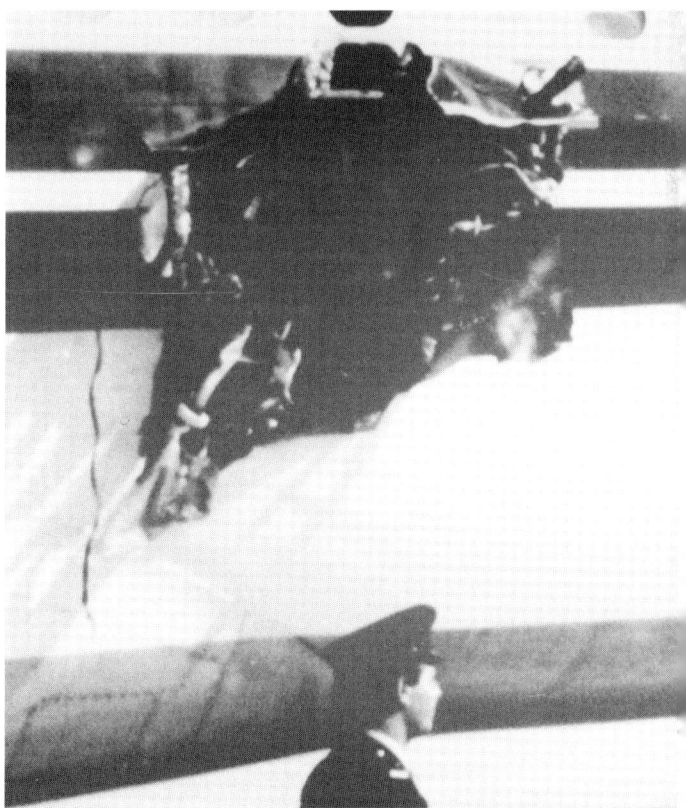

Der Sprengsatz hatte schon das Flughafen-Röntgengerät passiert, wurde dann aber von dem Sicherheitsbeamten aufgespürt, dem der Koffer ungewöhnlich schwer vorkam. Die britische Regierung ließ anschließend verlauten, sie habe Beweise, daß der syrische Botschafter in diesen Anschlag verwickelt sei – und brach die diplomatischen Beziehungen zu Syrien ab.

26. Juni 1986
AUF dem Flughafen Barajas bei Madrid explodierte ein in einem Koffer verborgener Sprengsatz schon auf dem Förderband, bevor er in eine Boeing 747 der El Al Israel Airlines, die nach Tel Aviv fliegen sollte, verladen werden konnte. 13 Personen wurden dabei verletzt, drei von ihnen schwer.

6. September 1986
ES war kein Fall von Luftpiraterie: die Inbesitznahme von Flug 73 der Pan American World Airways fand statt, nachdem die Boeing 747-121 in Karatschi/Pakistan bereits gelandet war. Gekleidet wie Sicherheitskräfte und bewaffnet mit automatischen Waffen kamen die Terroristen, die später als Palästinenser identifiziert wurden, über die Gangway an Bord des Großraumflugzeugs, nachdem es von Bombay/Indien gekommen war, der Teilstrecke einer Route, die in Frankfurt am Main begonnen hatte und in New York City enden sollte.

Die dreiköpfige Flugbesatzung floh, als sie Schüsse hörte, die anderen 375 Personen an Bord, die Kabinenbesatzung eingeschlossen, dienten als Geiseln für Verhandlungen, die sich den ganzen Tag hinzogen. Sie brachen jedoch gegen 21.00 Uhr Ortszeit ab, als der Kraftstoff der Stromgeneratoren zu Ende ging, wodurch Beleuchtung, Klimaanlage und Funkgeräte ausfielen. Etwa eine Stunde später, nachdem sie ihre Geiseln in der Mitte der Kabine zusammengetrieben hatten, eröffneten die Terroristen das Feuer und warfen Handgranaten.

Unter den 21 Ermordeten waren auch eine Stewardeß und ein amerikanischer Passagier, der schon früher erschossen und aus dem Flugzeug geworfen worden war. Über 100 Menschen wurden verwundet oder anderweitig verletzt. Die Erpresser wurden nach dem 17stündigen Nervenkrieg festgenommen und anschließend zum Tode verurteilt, allerdings wurden die Todesurteile später abgemildert. Obwohl das Flugzeug bei dem Massaker etliche Schäden davontrug, blieb es strukturell intakt.

25. Dezember 1986
DIESES Mal war der Irak Ziel eines terroristischen Angriffs: des Versuchs, ein Flugzeug der nationalen Fluggesellschaft dieses Landes zu entführen. Die zweistrahlige Boeing Advanced 737-270C (YI-AGJ), die als Flug 163 die Route Bagdad – Amman/Jordanien beflog, hatte 107 Menschen an Bord, darunter 15 Besatzungsmitglieder und einen Sicherheitsbeamten.

Nachdem die Maschine in einer Höhe von etwa 8500 m in saudiarabischen Luftraum eingeflogen war, zog einer der Terroristen eine Handgranate hervor und erzwang sich den Weg ins Cockpit. Zwischen den Terroristen und dem Sicherheitsbeamten brach dann ein Schußwechsel aus, als das Flugzeug eine Höhe von rund 5000 m erreicht hatte. Es explodierten außerdem mindestens zwei Handgranaten, eine davon in der Nähe des Cockpits, wodurch die Flugbesatzung verwundet wurde.

Die Verkehrsmaschine wich nun vom Flugplan ab und versuchte eine Notlandung im saudiarabischen Arar, das etwa 400 km südwestlich von Bagdad liegt. Das Flugzeug ließ sich nur noch eingeschränkt steuern und verfügte auch nicht mehr über den vollen Triebwerkschub. Um etwa 12.30 Uhr Ortszeit stürzte es in die Wüste und brannte aus – etwa 800 m von der Landebahn entfernt. 71 Menschen verloren dabei ihr Leben, durch die Explosionen, durch Schüsse oder den Absturz selbst. Alle Überlebenden waren verletzt, viele davon schwer.

Vier Untergrundgruppen behaupteten anschließend, für den Entführungsversuch verantwortlich zu sein – keine jedoch gab an, die Zerstörung des Flugzeugs geplant zu haben.

24. Juli 1987
OFFENSICHTLICH in der Absicht, den Libanesen freizupressen, der in der Bundesrepublik Deutschland im Gefängnis saß, weil er zwei Jahre zuvor bei einer TWA-Entführung den Obermaat der amerikanischen Marine Robert Stethem ermordet hatte, kaperte ein Luftpirat Flug 56 der Air Afrique, eine DC-10, die mit 163 Personen an Bord von Rom nach Paris unterwegs war, Teilstrecke eines Fluges, der im kongolesischen Brazzaville begonnen hatte.

Nachdem der Jumbo zum Nachtanken auf dem Flughafen Cointrin bei Genf gelandet war, erschoß der Terrorist einen männlichen Passagier. Unmittelbar danach stürmten Sicherheitskräfte das Flugzeug und verhafteten den Gewalttäter. Bei der anschließenden Notevakuierung der DC-10 wurden etwa 30 Menschen verletzt, und der Terrorist wurde später zu lebenslänglicher Haft verurteilt.

5.–20. April 1988
EINE Boeing 747 der Kuwait Airways, die als Flug 422 mit 112 Insassen von Bangkok/Thailand nach Kuwait flog, brachte auf dieser Route eine Gruppe von Luftpiraten in ihre Gewalt. Der Jumbo landete zunächst in Mashad/Iran, wo weitere Terroristen mit zusätzlichen Waffen an Bord kamen, und flog dann nach Beirut/Libanon, wo es jedoch keine Landeerlaubnis erhielt. Es war hier, wo ein unbarmherziger Flugsicherungslotse über Funk ein gnadenloses Gespräch mit dem Flugkapitän der Kuwait Airways und einem der Terroristen abhielt. Mit der Bitte, ihm zu helfen, sagte der Pilot: »Sie

zwingen mich zur Landung ... Ich bitte um Landeerlaubnis ... Wenn wir nicht landen, erschießen sie
uns ... Sie zielen mit einer Waffe auf mich ... Bitte
helft mir ... Ich habe keinen Sprit mehr ... Bitte gebt
mir die Landeerlaubnis!« Aber der Lotse antwor-
tete nur: »Das ist nicht unser Problem ... Der Sprit
im Libanon ist verdreckt ... Hau' ab!«

Die Maschine flog daraufhin nach Larnaka auf
Zypern, wo sie nach anfänglichem Landeverbot
dann doch landen durfte. Aber erst nach der Ermordung zweier Passagiere aus Kuwait in den
nächsten drei Tagen wurde die Forderung nach
Kraftstoff erfüllt. Dann flog die 747 nach Algier
und landete dort auf dem Flughafen Houari Boumedienne. Hier berichteten die Terroristen, die von
Kuwait die Freilassung von 17 Häftlingen forderten, welche wegen Bombenattentaten fünf Jahre
zuvor verurteilt worden waren, daß sie das Flugzeug mit Sprengstoff präpariert hätten.

In den folgenden 15 Tagen ließen die Terroristen
zahlreiche weitere Geiseln frei. Die letzten entließen sie, nachdem Kuwait die Todesurteile von
drei der Häftlinge abgemildert hatte.

21. Dezember 1988

DER schlimmste Fall von Luftfahrtsabotage, von
dem man annimmt, daß er im Nahen Osten seinen
Ursprung hat, war die Zerstörung von Pan American World Airways' Flug 103 über Schottland. Gut
zwei Wochen zuvor war bei der amerikanischen
Botschaft in Helsinki ein anonymer Telefonanruf
eingegangen, der davor warnte, daß gegen ein
Flugzeug der Pan Am auf der Route von Frankfurt
am Main in die USA ein Sabotageversuch unternommen werde. Diese Drohung wurde an verschiedene amerikanische Botschaften weitergege-
ben, aber nicht an die Öffentlichkeit. Der Grund
dafür war einfach: warum sollte man den Attentä-
tern die Aufmerksamkeit schenken, die sie such-
ten, und warum sollte man Fluggesellschaften fi-
nanziellen Schaden zufügen? Zudem hatten einige
Verantwortliche die Drohung als üblen Scherz ab-
getan.

Flug 103 startete in Frankfurt und landete in
London, wo zu den bisherigen Passagieren fast 200
weitere stießen, weshalb man von der Boeing 727
auf eine größere 747-121 (N739PA) umstieg. Das
Gepäck, das theoretisch ja schon in Frankfurt überprüft worden war, wurde ebenfalls umgeladen,
allerdings nicht noch einmal untersucht.

Nachdem sie in Heathrow mit fast einer halben
Stunde Verspätung gestartet war, flog die Verkehrsmaschine dann in Flugfläche 310 (etwa
9500 m Höhe) in Richtung New York City, als sie
plötzlich von einer Explosion zerrissen wurde.
Eine hochexplosive Substanz, von der man glaubt,
daß es Semtex war, im Gehäuse eines Radio-Kas-
settengeräts versteckt, war in einem Koffer auf der
linken Seite des vorderen Frachtraums explodiert.
Die Wucht der Detonation muß fast sofort zu ei-

*Der Leichnam einer zweiten ermordeten Geisel wird im
April 1988 auf dem zypriotischen Flughafen Larnaka aus
der 747 der Kuwait Airways gestoßen.*

Lockerbie: ein großer Krater markiert die Stelle, an der am 21. Dezember 1988 der Mittelrumpf der zerstörten 747 der Pan Am aufschlug.

nem katastrophalen strukturellen Versagen geführt und Cockpit sowie Vorderrumpf vom Rest des Flugzeugs abgetrennt haben. Als der Hauptrumpf zur Erde stürzte, brachen alle vier Triebwerke weg und auch das Heck des Rumpfes zerlegte sich.

Opfer wie Wrackteile wurden über ein weites Gebiet verstreut, der größte Schaden jedoch entstand im Wohngebiet Sherwood Crescent von Lockerbie: hier bohrten Mittelrumpf und Tragflächen einen riesigen Krater und explodierten brennend. Alle 259 Menschen an Bord, unter ihnen die 16köpfige Besatzung, verloren ihr Leben. Elf weitere Menschen wurden am Boden getötet, fünf wurden verletzt, und mehr als 20 Häuser wurden vollständig zerstört oder irreparabel beschädigt.

Zunächst hatte man angenommen, daß das Attentat mit finanzieller Unterstützung der iranischen Regierung ausgeführt worden sei: als Racheakt für den versehentlichen Abschuß eines Airbus A300 der Iran Air durch ein US-Kriegsschiff im Juli des Vorjahres. Ende 1991 jedoch erhob das US-Justizministerium Anklage gegen zwei angeblich libysche Geheimdienstagenten im Zusammenhang mit der Pan-Am-Tragödie. Man warf ihnen vor, den Sprengsatz in einem Koffer untergebracht zu haben, der zunächst mit einem Flugzeug der Air Malta von Malta nach Frankfurt gebracht und dann an Bord von Flug 103 geschmuggelt wurde. Dieser Massenmord war wahrscheinlich die Rache für einen amerikanischen Bombenangriff auf das liby-

sche Tripolis, der seinerseits – in der »Auge-um-Auge«-Haltung nahöstlicher Streitigkeiten – die Vergeltung für einen Terrorakt gewesen war. Ein Jahrzehnt nach der Katastrophe von Lockerbie und trotz gemeinsamen Drucks durch den Westen steht noch immer aus, daß Libyen die vermutlichen Saboteure zur Strafverfolgung ausliefert.

23. August 1989

BEI einem Entführungsversuch, der offensichtlich mit nahöstlichen Affairen zu tun hatte, wurde eine A300 der Air France mit mehr als 100 Personen an Bord auf dem planmäßigen Flug von Paris nach Algier Opfer eines Geiselnehmers. Nachdem drei Flughäfen die Landeerlaubnis verweigert hatten, setzte die Maschine schließlich auf ihrem Bestimmungsflughafen auf, wo der Geiselnehmer, der lediglich einen vorgetäuschten Sprengkörper bei sich hatte, aufgab.

19. September 1989

FRANKREICHS Unterstützung von Personen, die gegen die Regierung von Libyen und/oder Syrien arbeiten, soll einer der Beweggründe für diesen schlimmsten Sabotageakt gewesen sein, der bislang eine europäische Fluggesellschaft getroffen hat. Als Flug 772 war die McDonnell Douglas DC-10 Serie 30 (N54629) der Union de Transports Aériens (UTA) in Ndschamena im Tschad mit Kurs auf Paris gestartet, der zweiten Teilstrecke ei-

Eine DC-10 der französischen UTA: ein derartiges Flugzeug wurde im September 1989 über der Sahara gesprengt.

ner Route, die im kongolesischen Brazzaville begonnen hatte. Rund eine Stunde später, um etwa 14.00 Uhr Ortszeit, wurde der Jumbo in einer Höhe von ungefähr 10 500 m über Niger in der Nähe von Bilma von einer Explosion erschüttert. Seine Wrackteile wurden in der Ténéré-Wüste, einem Teil der Sahara, über 80 km² verteilt. Alle 170 Menschen an Bord, auch die 14 Besatzungsangehörigen, verloren ihr Leben.

Nachdem Spuren des Sprengstoffs Pentharite gefunden wurden, stand fest, daß das Flugzeug durch einen Sprengsatz zerstört worden war. Er war offensichtlich in einem Gepäckstück versteckt gewesen und im vorderen Frachtraum detoniert, wodurch die DC-10 in der Luft explodiert war. Nachfolgende französische Untersuchungen wiesen auf eine libysch-syrische Gruppe hin. Die Bombe selbst hatte vermutlich ein Kongolese an Bord gebracht, der in Brazzaville als Passagier zugestiegen und dann in Ndschamena von Bord gegangen war.

23. November 1989
EIN lockerer Draht verhinderte wahrscheinlich die Detonation eines Sprengsatzes im Frachtraum einer Boeing 747 der Saudi Arabian Airlines, die als Flug 367 mit 339 Personen an Bord auf den Route Islamabad/Pakistan – Riad/Saudi-Arabien das Arabische Meer überquerte. Zehn Passagiere wurden anschließend für ihre Teilnahme an diesem –

wie es schien – Selbstmordkommando festgenommen.

25. Januar 1990
VIER Männer, die mit Pistolen und Handgranaten bewaffnet waren, versuchten Flug 133 zu entführen, eine Boeing 727 der Iran Air, die die Inlandroute Schiras – Bandar Abbas beflog. Sie wurden bei einem Schußwechsel alle von Sicherheitskräften erschossen.

2. August 1990
EINE Boeing 747-136 (G-AWND) der British Airways, die als Flug 149 von London nach Kuala Lumpur in Malaysia unterwegs war, geriet im Golfkrieg nach ihrer Landung in Kuwait, einer Zwischenlandung, in die irakische Invasion. Während des Angriffs auf den Flughafen Kuwait wurde eine Notevakuierung der 385 Personen an Bord durchgeführt. Alle Passagiere und Besatzungsmitglieder wurden vom Irak als Geiseln festgehalten – erst im Dezember wurden sie freigelassen. Die 747 wurde im folgenden Februar von fliehenden irakischen Truppen gesprengt.

14.–15. August 1993
EINE Boeing 737-400 der KLM Royal Dutch Airlines mit 139 Personen an Bord wurde auf ihrem planmäßigen Flug von Tunis nach Amsterdam gekapert und landete in Düsseldorf. Am zweiten Tag

stürmte Polizei das Flugzeug und nahm den Geiselnehmer fest. Er hatte die Freilassung des Haupt-
verdächtigen des Attentats auf das New Yorker
World Trade Center gefordert.

29. November 1993

EIN iranischer Inlandflug, möglicherweise der
Iran Air, wurde von einem Ehepaar in Begleitung
seiner fünf Kinder gekapert. Nachdem die Maschine im irakischen Basra gelandet war, bat es um
politisches Asyl.

7. März 1994

EIN Düsenverkehrsflugzeug der Saudi Arabian
Airlines wurde mit 139 Personen an Bord auf der
Route Dschidda/Saudi-Arabien – Addis Abe-
ba/Äthiopien nach Nairobi/Kenia entführt. Dort
wurde der männliche Luftpirat, der nur eine Spielzeugpistole trug, verwundet und festgenommen.
Auch seine beiden weiblichen Komplizinnen wurden verhaftet.

19. Juli 1994

MAN nimmt an, es sei ein im Nahen Osten geplanter Terrorakt gewesen: eine EMBRAER EMB-
110P1 Bandeirante (HP-1202AC) der Compañía
Alas Chírícanas SA stürzte etwa 8 km von
Colón/Panama entfernt, wo sie kurz zuvor für einen Linienflug zur Hauptstadt Panama gestartet
war, in einen Wald. Alle 21 Menschen an Bord,
auch die drei Mitglieder der Bordcrew, kamen bei
dem Absturz ums Leben.

Metallsplitter, die man einem Sprengsatz zuord-
nete, wurden im Wrack und in den Leichnamen einiger Opfer gefunden. Einige der Passagiere dieser
Maschine sollen jüdische Geschäftsleute gewesen
sein, und von einer libanesischen Gruppe sagt man,
sie habe den »Hinweis« gegeben, daß sie für den
Anschlag verantwortlich sei.

11. Dezember 1994

IN einer Höhe von etwa 9000 m explodierte über
dem pazifischen Ozean ein Sprengsatz unter einem
Sitz in der Kabine einer Boeing 747-283B Combi
der Philippine Air Lines, die als Flug 434 von Manila auf den Philippinen nach Tokio flog.

Der Passagier auf diesem Sitz kam ums Leben,
zehn der anderen 292 Personen an Bord wurden
durch die Explosion verletzt, die sich um etwa
11.30 Uhr Ortszeit rund 300 km östlich von Okinawa ereignete, wo der Jumbo dann auch wohlbehalten landete.

Das war, wie man vermutet, die »Uraufführung«
des Planes, ein ganzes Dutzend amerikanischer
Verkehrsmaschinen auf Transpazifikrouten zu
sprengen: Bestrafung der USA für ihre ständige
Unterstützung Israels. Der für diesen Anschlag
Hauptverantwortliche und ein Mitverschwörer
wurden später in den USA zu lebenslänglicher
Haft verurteilt.

*26. Dezember 1994: Einschußlöcher in der Frontscheibe des Airbus der Air France zeugen auf dem Flughafen von
Marseille von dem gewalttätigen Ende der Flugzeugentführung.*

24.–26. Dezember 1994

FLUG 8969 der Air France, ein Airbus A300B2-101, der mit 283 Insassen Paris anflog, wurde von vier islamischen Terroristen gekapert, als er sich gerade auf Algiers Flughafen Houari Boumedienne zum Start fertigmachte. Drei Passagiere wurden ermordet, bevor der Jumbo zum Flughafen Marignane bei Marseille weiterflog. Hier stürmte am dritten Tag der Entführung um etwa 06.00 Uhr Ortszeit eine Eliteeinheit französischer Spezialtruppen das Flugzeug und erschoß alle vier Terroristen. 13 Passagiere, drei Besatzungsmitglieder und neun Soldaten wurden bei diesem Angriff verletzt.

19. September 1995

EINE Boeing 707 der iranischen Kish Air wurde mit 174 Personen an Bord auf einem planmäßigen inneriranischen Flug von einem Steward gekapert und landete danach sicher auf einem Fliegerhorst in Südisrael.

27. März 1996

EIN Airbus A320 der Egyptair wurde auf dem planmäßigen Flug von Dschidda/Saudi-Arabien nach Kairo entführt und landete im libyschen Martuba, wo sich die drei Luftpiraten stellten.

26. Juli 1996

EIN Libanese, der bei seinem späteren Prozeß aussagte, er wollte seine palästinensische Barackensiedlung und die dortige Armut verlassen, bemächtigte sich einer DC-10 der spanischen Fluggesellschaft Iberia, die als Flug 6621 mit 232 Insassen von Havanna/Kuba nach Miami/USA unterwegs war.

Dort ergab sich der Entführer, der einen Sprengsatz zu besitzen vorgab, welcher sich dann aber als Attrappe erwies, den amerikanischen Behörden.

Im August 1997 wurde er von einem US-Bundesgericht wegen Luftpiraterie zu 20 Jahren Gefängnis verurteilt.

26.–27. August 1996

SECHS Iraker, die angaben, unter der brutalen Regierung ihres Landes um ihr Leben fürchten zu müssen, brachten einen Airbus A310 der Sudan Airways in ihre Gewalt, der als Flug 150 von Khartum/Sudan nach Amman/Jordanien flog. Nach einer Zwischenlandung zum Nachtanken auf Zypern landete der Jumbo mit fast 200 Menschen an Bord wohlbehalten auf dem Flughafen Stansted bei London, wo die mit Messern und imitierten Sprengkörpern bewaffneten Luftpiraten sich britischen Sicherheitskräften ergaben.

Ihr Tatmotiv schlug sich offensichtlich in dem relativ milden Urteil nieder, das sie für ihre Tat erhielten, nämlich fünf bis neun Jahre Gefängnis, wobei letzteres nur für den Anführer der Gruppe galt.

Blut für Geld

Die Lösung des Sprengstoffanschlags auf eine DC-3 der Quebec Airways im Jahre 1949 und der anschließende Tod aller drei Beteiligten durch den Strang sollte eigentlich allen potentiellen Luftfahrtsaboteuren gezeigt haben, daß derartige Verbrechen nachhaltig bestraft werden. Aber weit gefehlt. Ende der 50er und Anfang der 60er Jahre erreichten derartige Verbrechen – die den Täter (oder jemand anderen) schnell reich machen sollten, indem z.B. ein Flugzeug gesprengt wurde, um eine ansehnliche Versicherungsprämie einstreichen zu können – ein kritisches Ausmaß. Sie wurden in Nordamerika zu einer ähnlichen Bedrohung des sicheren Luftverkehrs wie Zusammenstöße in der Luft oder schlechte Wetterbedingungen. Beim ersten Vorfall dieser Art 1955 bezahlte der Attentäter sein Verbrechen noch mit dem Leben, aber nachfolgende Saboteure wurden dann erfinderischer

und sprengten die Flugzeuge über See oder unzugänglichem Gelände, um alle Versuche, das Verbrechen aufzuklären, zu be- oder verhindern.

Derartige Attentate fanden fast ein Jahrzehnt lang immer wieder statt. Dabei mag es interessant sein, daß in nur *einem* Fall – der die DC-7B der National Airlines 1959 über dem Golf von Mexiko betraf – tatsächlich eine Versicherungsprämie ausgezahlt wurde.

Aber nachdem mehr als 200 Menschen ihr Leben lassen mußten und auch eine Anzahl von Flugzeugen zerstört worden war, war es den Saboteuren gelungen, dem Luftverkehr ein neues Element von Furcht und Risiko beizufügen.

1. November 1955
UNITED Air Lines' Flug 629, eine Douglas DC-6B (N37559), startete auf dem Flugplatz Stapleton

Völlig intakt liegt das Leitwerk der DC-6B der United Air Lines nach dem Sabotageakt im November 1955 ein einem Feld – in einiger Entfernung vom Hauptwrack.

bei Denver/Colorado und nahm Kurs auf Port-land/Oregon, Teilstrecke des transkontinentalen Inlandfluges von New York City nach Seattle/Washington. Etwa zehn Minuten später, kurz nach 19.00 Uhr Ortszeit, während sie noch nach Sicht-flugbedingungen stieg und etwa 1500 m über der Erde war, wurde die Viermotorige von einer Explosion erschüttert. Zeugen bestätigten den Knall, Fluglotsen im Kontrollturm sahen zunächst nur Lichter am Nachthimmel und dann einen Blitz am oder dicht über dem Boden, der noch die Wolken rund 3000 m darüber beleuchtete. Brennende Wrackteile waren in der Nähe von Longmont, et-wa 65 km nordwestlich von Denver, über ein großes Gebiet verstreut. Alle 44 Menschen an Bord (39 Passagiere und fünf Besatzungsangehörige) verloren ihr Leben.

In den ersten Stunden nach dem Absturz wurden bereits definitive Hinweise dafür entdeckt, daß in dem Flugzeug eine Explosion stattgefunden haben muß, und zwar durch einen fremden, nicht zum Flugzeug gehörenden Gegenstand. Chemische Analysen wiesen auf Dynamitreste am Wrack hin, andere aufgefundene Teile konnten von einer Trockenbatterie stammen – die beiden Hauptkom-ponenten eines Sprengsatzes. Die Explosion hatte sich im Frachtraum Nr. 4 mit einer Wucht ereignet, die den ganzen hinteren Rumpf in Stücke riß. Während sie zur Erde stürzte, verlor die Maschine immer mehr Teile, so auch die Tragflächen und den Vorderrumpf.

Eine Untersuchung der Bundeskriminalpolizei FBI, die etwa eine Woche nach den Erkenntnissen des Bundesamtes für Zivilluftfahrt begann, führte am 14. November zur Verhaftung des 23jährigen John G. Graham, dessen Mutter unter den Passa-gieren dieses Fluges gewesen war. Er gestand dar-aufhin den Massenmord. Bevor das Flugzeug star-tete, hatte er eine Lebensversicherung in Höhe von 37 500 Dollar für sie abgeschlossen – sechs Po-licen, die er für jeweils 25 Cent an einem Automa-ten gelöst hatte (diese Automaten wurden später in Colorado verboten). Den Sprengsatz, der aus 25 Dynamitstäben bestand, hatte er in ihrem Koffer versteckt.

Nachdem er des Verbrechens schuldig gespro-chen war, wurde John Graham 1957 in der Gas-kammer von Colorado hingerichtet.

25. Juli 1957

BEVOR er zu seinem Endziel Los Angeles weiter-flog, landete Flug 39 der Western Air Lines auf dem Flugplatz McCarran bei Las Vegas/Nevada; es war die letzte Zwischenlandung eines US-Inland-fluges, der in Rochester/Minnesota begonnen hat-te. Hier stieg Saul Binstock zu und war damit einer der 13 Passagiere der zweimotorigen Convair 240.

Etwa 15 Minuten nach dem Start betrat der 62jährige pensionierte Juwelier die Toilette, die sich im Heck der Kabine befand. Rund 20 Minu-

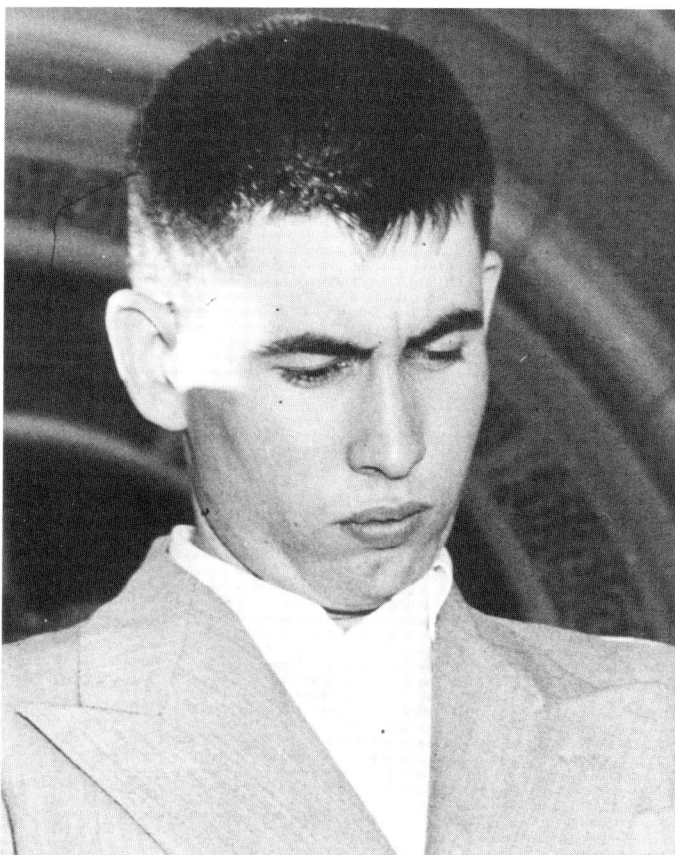

John Graham, 23: er wurde für den Sprengstoffanschlag auf Flug 629 der United Air Lines, der 44 Menschenleben kostete, verurteilt und hingerichtet.

ten später, um etwa 03.40 Uhr Ortszeit, als sie in 3000 m Höhe die südkalifornische Mojave-Wüste überquerte, wurde die Convair von einer Explosion erschüttert, die den sofortigen Abfall des Kabinen-drucks zur Folge hatte und vor dem Leitwerk ein etwa 1,8m x 2m großes Loch hinterließ. Der Kör-per des Täters, der in die nächtliche Dunkelheit hinausgeschleudert worden war, wurde später ent-lang der Flugroute gefunden.

Man nimmt an, daß sein Selbstmord zur Zahlung einer Versicherungsprämie führen sollte. Dafür hatte er Dynamit gezündet, nachdem er beträchtli-che Zeit gebraucht hatte, um die Sprengkapsel in Brand zu setzen. Von den anderen 15 Personen an Bord, drei Besatzungsmitglieder eingeschlossen, wurde niemand verletzt, und der Maschine gelang eine sichere Notlandung auf einem Fliegerhorst.

16. November 1959

VON diesem Zwischenfall glaubten viele, daß es ein Akt von Luftfahrtsabotage war – das konnte mangels Beweisen aber nie belegt werden.

Von Miami kommend war Flug 967 der National Airlines in Tampa/Florida gelandet, bevor er nach New Orleans/Louisiana weiterflog, der nächsten planmäßigen Zwischenlandung auf dem transkontinentalen US-Inlandflug, der in Los Angeles enden sollte. Nachdem sie zuletzt gemeldet hatte, sie halte bei Dunkelheit und gutem Wetter eine Höhe von 4200 m, brachen um kurz vor 01.00 Uhr Ortszeit etwa 190 km ostsüdöstlich von New Orleans Funk- und Radarkontakt zu der Douglas DC-7B (N4891C) ab.

Suchschiffe, die den Golf von Mexiko durchkämmten, bargen nur wenige Wrackteile, überwiegend von der Kabinenausstattung, sowie die Leichname von neun Opfern und die Reste eines

Dr. Robert Spears, der der Sprengung einer DC-7B der National Airlines im November 1959 verdächtigt – aber nie überführt wurde.

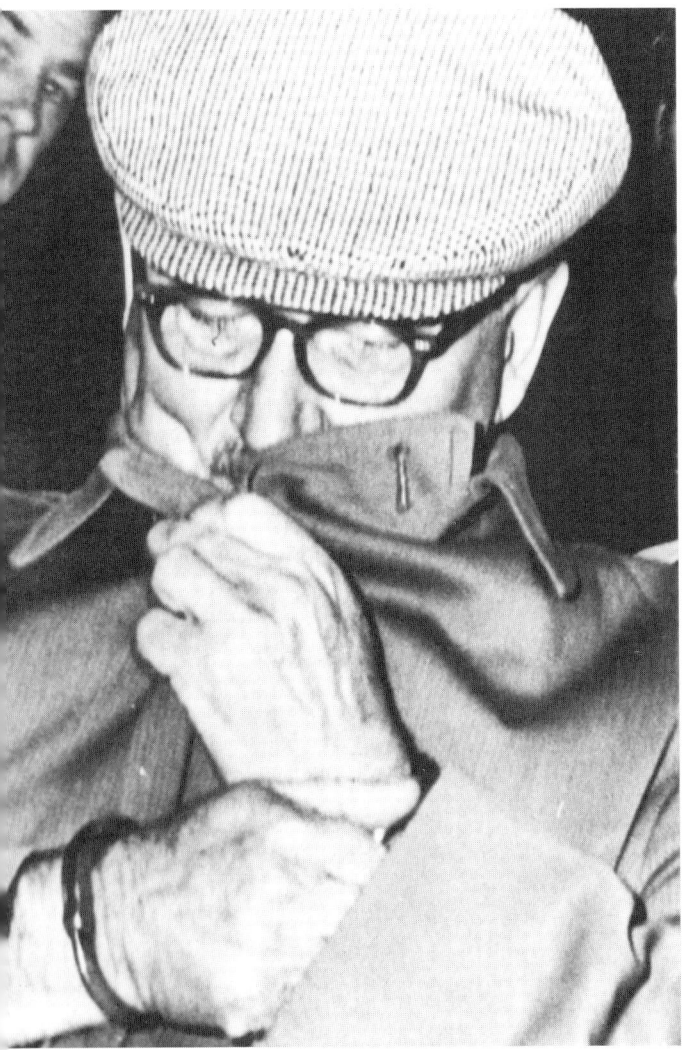

zehnten. Von den 42 Menschen an Bord der Viermotorigen, darunter auch die sechsköpfige Besatzung, hatte niemand überlebt. Alle Versuche, das Hauptwrack zu orten, das in mehr als 60 m tiefem Wasser lag, blieben ohne Erfolg. Daher war das Bundesamt für Zivilluftfahrt nicht in der Lage, die Ursache des Absturzes zu ermitteln.

Die Sabotagetheorie gewann zwei Monate später an Glaubwürdigkeit, als Robert Vernon Spears, ein Doktor der Naturheilkunde, der zunächst als Passagier auf der Liste der untergegangenen DC-7B gestanden hatte, lebend in Arizona auftauchte. Man sagt, er habe seiner Frau erzählt, daß ein anderer Mann seinen Sitz auf diesem Flug eingenommen habe, was zu Spekulationen führte, daß das Flugzeug durch Sprengkörper-Sabotage einem sorgfältig vorbereiteten Versicherungsbetrug zum Opfer gefallen sei.

Dr. Spears starb 1969 – möglicherweise nahm er das Geheimnis dieses Absturzes mit ins Grab.

6. Januar 1960

SCHON über ein Jahr lang hatte die Fluggesellschaft National Airlines – in einem Leihabkommen mit der international bedeutenden US-Gesellschaft Pan American World Airways – auf der Route von New York City nach Florida vierstrahlige Boeing 707 eingesetzt. Jetzt allerdings würde der Flug etwas länger dauern, denn die eingesetzte 707 mußte wegen einer geplatzten Cockpitscheibe aus dem Verkehr gezogen werden. Sie wurde durch zwei andere Flugzeuge ersetzt: eine Turboprop-Maschine des Typs Lockheed Electra, die die meisten der 105 Passagiere aufnahm, und eine ältere, kolbengetriebene Douglas DC-6B (N8225H), die den Rest beförderte. Als Flug 2511 war die DC-6B kurz vor Mitternacht auf dem internationalen Flughafen von New York City mit Ziel Miami gestartet.

Knapp drei Stunden später, um etwa 02.40 Uhr Ortszeit – die Viermotorige überquerte gerade in nächtlicher Dunkelheit den Südosten von North Carolina – fand in der Passagierkabine in etwa 5500 m Höhe eine Explosion statt. Die Detonation unter dem Sitz in Reihe 7 ganz rechts zerstörte die Zellenfestigkeit der DC-6B; sie flog im Sinkflug noch eine Rechtskurve, bevor sie auseinanderbrach und zu Boden stürzte. Alle 34 Personen an Bord, auch die fünfköpfige Besatzung, kamen ums Leben.

Das Hauptwrack fiel in ein Feld nahe dem Ort Bolivia, etwa 25 km südwestlich von Wilmington – aber es wurden auch weitere Trümmer und der Körper eines Passagiers am Strand von Kure Beach gefunden, der rund 25 km östlich vom Hauptwrack lag. Der verstümmelte Körper, in dem sich Drahtstücke und andere Fremdkörper fanden, gehörte Julian A. Frank, einem 33jährigen New Yorker Rechtsanwalt, von dem man wußte, daß er ernsthafte finanzielle Sorgen und eine Lebensversicherung in Höhe von mehr als einer Million

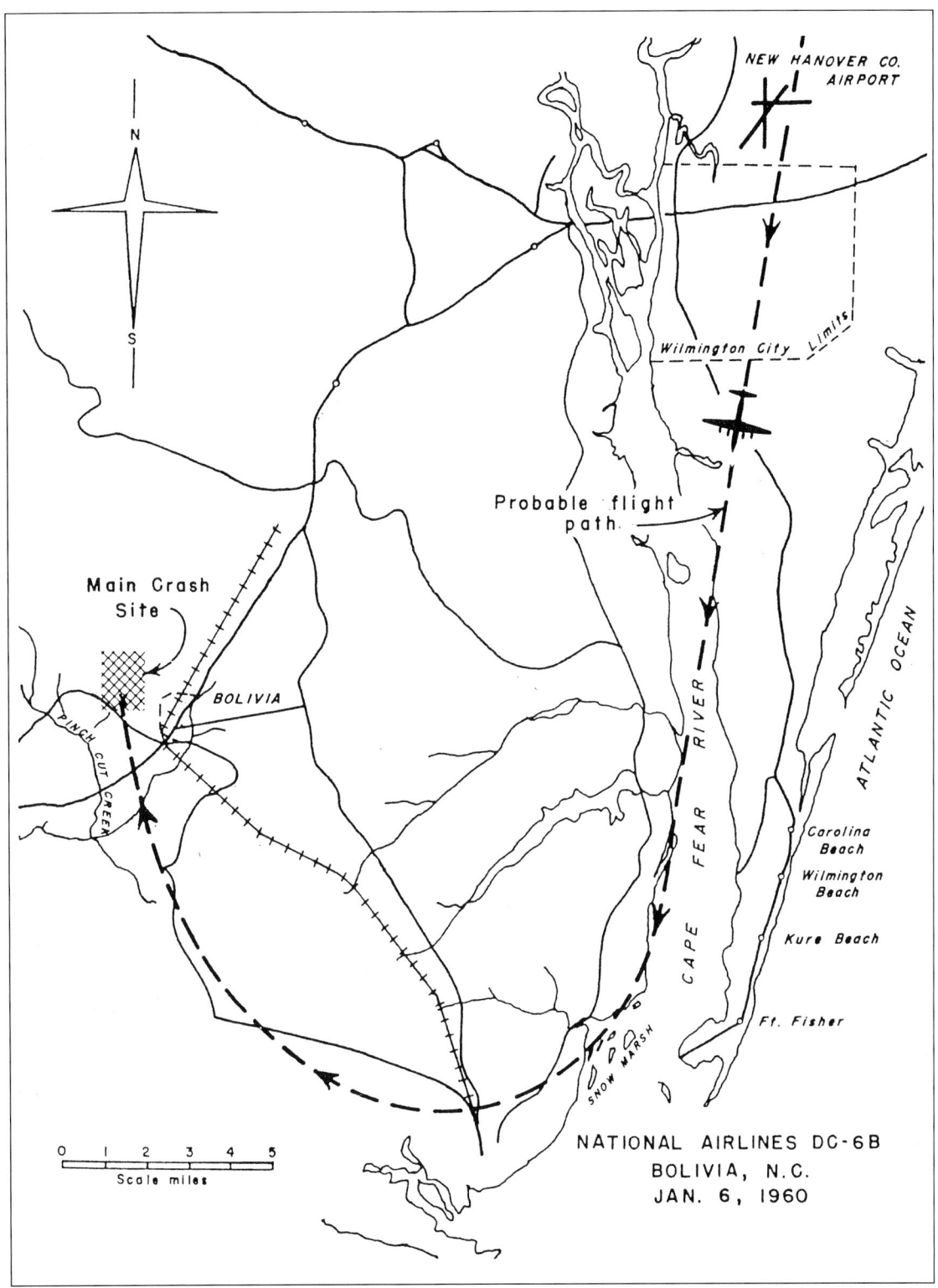

Karte des US-Bundesamtes für Zivilluftfahrt: der Flugweg der DC-6B der National Airlines, in deren Passagierkabine am 6. Januar 1960 ein Sprengkörper explodierte, schloß auch eine Rechtskurve im Sinkflug ein.

Dollar abgeschlossen hatte. Seine Wunden konnten nur von einer Sprengstoffexplosion in allernächster Nähe herrühren. Am Flugzeugwrack gab es noch mehr Beweise für die Zerstörung des Flugzeugs durch eine fremde Substanz: Natronsalpeter, das man in der Kabinenbelüftung fand, ist ein typischer Rückstand von Dynamit, und Spuren von Mangansuperoxyd findet man gewöhnlich in Trockenbatterien – sie könnten den Sprengsatz gezündet haben.

Das Auseinanderbrechen der DC-6B konnte man nicht einem mechanischen oder strukturellen Versagen zuschreiben, und auch nicht dem Wetter – obwohl Wind von 160 km/h in Flughöhe dazu beitrug, daß viel leichteres Kabinenmaterial über ein weites Gebiet verteilt wurde; an der Absturzstelle herrschten zu der Zeit Nebel und Regen.

22. Mai 1962

DIE erste erfolgreiche Sabotage eines Düsenverkehrsflugzeugs, die leicht auch schon zwei Jahre zuvor hätte durchgeführt werden können, betraf Flug 11 der Continental Air Lines, der von Chicago/Illinois nach Kansas City/Missouri unterwegs war, die erste Teilstrecke eines US-Inlandfluges, der Los Angeles zum Ziel hatte. Die Boeing 707-124 (N70775) stürzte an der Grenze zwischen Iowa und Missouri ab und riß 45 Menschen (37 Passagiere und acht Angehörige der Besatzung) mit in den Tod. Ein Opfer konnte zwar noch lebend aus den Trümmern geborgen werden, erlag aber etwa eineinhalb Stunden später seinen Verletzungen.

Obwohl das Hauptwrack in ein Feld etwa 8 km nordnordwestlich von Unionville in Missouri fiel, fand man Wrackteile entlang einer Strecke, die noch 65 km weit nach Nordosten führte, und einige leichtere Teile lagen sogar bis zu 190 km von

der Absturzstelle entfernt. Die Tatsache also, daß das Flugzeug in der Luft demontiert hatte, stand fest. Einen ersten Verdacht auf Sabotage bestätigte bald das FBI. An Bord der 707 war Dynamit detoniert, offensichtlich in dem Fach für gebrauchte Handtücher unter der Waschschüssel im rechten hinteren Waschraum.

Die Düsenmaschine hatte in der Dunkelheit bei guten Wetterbedingungen gerade ein paar Gewitter umflogen, als in einer Höhe von etwa 11 000 m der Sprengsatz explodierte und die Zelle schwer beschädigte. Die Flugbesatzung hatte daraufhin einen Notsinkflug eingeleitet, Rauchmasken aufgesetzt und das Fahrwerk ausgefahren – da brach das Flugzeug, noch immer in großer Höhe, auseinander. Nachdem sie 11,5 m des hinteren Rumpfes verloren hatte, kippte die 707 ab und verlor im Sturzflug einen Großteil der linken und den äußeren Teil der rechten Tragfläche sowie alle vier Triebwerke.

Man nimmt an, daß der Sprengsatz von einem Passagier an Bord gebracht wurde, der für eine Versicherungsprämie Selbstmord beging.

7. Mai 1964

UNTER den Passagieren, die in Reno/Nevada Flug 773 der Pacific Air Lines bestiegen, war auch der 27jährige Francisco Gonzales. Hochverschuldet und mit persönlichen Problemen beladen, neigte er zum Selbstmord.

Nach einer planmäßigen Zwischenlandung in Stockton/Kalifornien steuerte die zweistrahlige Turboprop-Maschine des Typs Fairchild F-27A (N2770R) ihren letzten Bestimmungsort San Francisco an. Das Bodenradar erfaßte sie zuletzt auf Südwestkurs in 1500 m Höhe, als die Anflugkontrolle von Oakland einen verzweifelten und unver-

Eine Fairchild F-27, wie sie auch die Pacific Air Lines einsetzte, stürzte am 7. Mai 1964 ab, nachdem beide Piloten erschossen worden waren.

Nur wenig blieb übrig von dieser Turboprop-Maschine, nachdem sie senkrecht auf die Erde gestürzt war.

ständlichen Funkspruch der Maschine auffing. Die Botschaft, die von Copilot Ray Andress stammte, lautete nach dechiffrierender Laboranalyse vermutlich: »Der Skipper wurde erschossen! Auf uns hat man geschossen! Ich habe versucht zu helfen ...«

Um ca. 06.50 Uhr Ortszeit stürzte das Flugzeug etwa 25 km östlich von Oakland auf einen Hügel und zerbarst in einem Feuerball. Alle 44 Personen an Bord, auch die dreiköpfige Besatzung, verloren ihr Leben. Im Wrack fand man die Reste eines 9-mm-Revolvers, mit dem kurz zuvor geschossen worden war: es war die Waffe, die Gonzales am Tag vor seiner Reise nach Reno gekauft hatte. Die Verpackung dieser Waffe fand man in einem Abfallbehälter auf dem internationalen Flughafen von San Francisco, wo er auch zwei Versicherungspolicen im Wert von 105 000 Dollar gekauft hatte. An anderer Stelle des Wracks entdeckte man ein Stück Rohr vom Sitz des Piloten, das eine Schußstelle aufwies, Beweis dafür, daß im Cockpit geschossen worden war.

Auf welche Weise Gonzales die beiden Piloten erschossen hat, konnte aufgrund des Zustands der Überreste nicht mehr festgestellt werden, aber man nahm an, daß Flugkapitän Ernest Clark sofort getötet wurde. Copilot Andress hat dann wohl versucht, das Flugzeug zu retten und hochzuziehen, bevor es aus rund 1000 m Höhe endgültig zur Erde stürzte. Ironischerweise war die Vorschrift, daß die Cockpittür während des Fluges stets verschlossen sein

muß, was der Flugbesatzung in diesem Fall das Leben gerettet hätte, eine Woche vor dem Unglück erlassen worden – trat aber erst im August in Kraft. Francisco Gonzales, der angeblich die ganze Woche zuvor davon geredet haben soll, daß er sich umbringen werde, war dadurch leicht in der Lage, seine Drohung in einem grausamen Akt von Selbst- und Massenmord wahr zu machen.

8. Juli 1965

DAS »Selbstmord-für-Geld«-Schema wurde auch hinter der Zerstörung einer Douglas DC-6B (CF-CUQ) der Canadian Pacific Air Lines vermutet. Alle 52 Menschen an Bord (46 Passagiere und sechs Besatzungsmitglieder) starben, als die Verkehrsmaschine explodierte und dann in der Nähe der Ortschaft One Hundred Mile House in den westkanadischen Kamloops senkrecht zur Erde stürzte.

Flug 21 befand sich gerade bei gutem Wetter in etwa 4500 m Höhe auf der Route von Vancouver nach Prince George, die erste Teilstrecke eines Fluges, der in Whitehorse im Yukon Territory enden sollte, als Augenzeugen eine Flugzeugexplosion meldeten, die ein Leitwerk absprengte. Die Besatzung konnte noch drei »May-Day«-Notrufe absetzen, dann stürzte die DC-6B ab und brannte in einem Waldgebiet aus.

Von dem unbekannten Saboteur nahm man an, daß er eine Mischung aus Säure und Schießpulver entzündet hat, die er dann in die Toilettenschüssel in der linken hinteren Toilette goß.

Flucht per Fallschirm

Als der Mann namens D.B. Cooper über dem Nordwesten Amerikas aus einer Boeing 727 in die Dunkelheit sprang, schlug er ein bizarres neues Kapitel in der Welt der Luftpiraterie auf. Im Prinzip war seine Idee goldrichtig, denn sie packte ein Problem an, dem sich noch jeder Flugzeugentführer gegenübergesehen hatte: wohin, wenn das Flugzeug gelandet ist?

Allerdings war die Erfolgsrate der fallschirmspringenden Luftpiraten sehr, sehr gering – tatsächlich entkam *keiner* derjenigen, die sich dieses Tricks bedienten, mit Ausnahme des D.B. Cooper, und auch hier gibt es Anzeichen, daß er es nicht schaffte. Nachfolgende Fallschirmpiraten zeigten generell weniger Kreativität als Cooper; in manchen Fällen war ihnen nicht einmal klar, daß nur bestimmte Flugzeugtypen eine hintere Luke hatten, aus der man relativ sicher abspringen konnte.

Die Fallschirmpiraterie verschwand dann Anfang der 70er Jahre wieder, und bei der hohen Fehlschlagrate versteht man auch leicht, warum. Ob man ihn nun als fast heroische Figur einstuft, als einen, der »damit durchkam«, oder schlichtweg als einen weiteren skrupellosen Kriminellen – D.B. Cooper und seine Legende bleiben vermutlich ein untilgbarer Teil der Luftfahrtgeschichte.

Es folgt eine Liste tatsächlicher oder potentieller Fallschirmpiraterien, allerdings ohne diejenigen, die tödlich ausgingen – sie wurden in einem der vorangegangenen Kapitel beschrieben.

12.–13. November 1971

ENTGEGEN der landläufigen Meinung war »D.B. Cooper« nicht der erste Luftpirat, der mit einem Fallschirm aus einem entführten Verkehrsflugzeug zu entkommen versuchte – dieses Attribut geht an den Attentäter, der Flug 812 der Air Canada in seine Gewalt brachte, eine DC-8, die 125 Personen auf der Inlandroute Vancouver/British Columbia – Toronto/Ontario transportierte. Dieser Luftpirat, der angab, ein Mitglied der Irish Republican Army (IRA) zu sein, war mit einer abgesägten Schrotflinte bewaffnet gewesen und hatte gedroht, das Flugzeug mit Dynamit zu sprengen. Die Vierstrahlige landete zweimal in Great Falls/Montana. Das erste Mal zum Auftanken und zur Übernahme von 50 000 Dollar, nur ein kleiner Teil der 1,5 Millionen, die er gefordert hatte, und das zweite Mal zur Freilassung aller Passagiere. Zunächst hatte der Entführer verlangt, nach Irland gebracht zu werden, aber dann flog er mit dem Flugzeug kreuz und quer durch das südliche Kanada und die nördlichen USA. Er forderte – und bekam – einen Fallschirm, den er benutzen wollte, als die Maschine sich Calgary/Alberta näherte.

Es ist nicht ganz klar, wie er aus einer der seitlichen Türen der DC-8 abzuspringen gedachte – aber dazu kam es dann ohnehin nicht mehr. Als er sich vorbeugte, um den Fallschirm anzulegen, schlug ihm der Flugkapitän mit dem stumpfen Ende einer Feueraxt über den Schädel. Schwerverletzt wurde er verhaftet und später zu lebenslanger Haft verurteilt.

24. November 1971

EINER der Fluggäste, die Northwest Airlines' Flug 305 in Portland/Oregon bestiegen, sollte in die Fluggeschichte eingehen und die anderen 41 Passagiere an Bord sollten Teil dieser Geschichte werden. Mit der Behauptung, er trage einen Sprengsatz, hatte der Entführer, von dem man nur den Decknamen »D.B. Cooper« kannte, die Boeing 727 in seine Gewalt gebracht, als sie Seattle anflog, Endziel eines Fluges, der in Washington/DC begonnen hatte. Er forderte 200 000 Dollar und vier Fallschirme. Lösegeldforderungen waren in der Geschichte amerikanischer Flugzeugentführungen nicht unbekannt, aber die Forderung nach Fallschirmen war absolut neu.

Das Flugzeug landete in Seattle, wo alle Passagiere sowie zwei der drei Flugbegleiter von Bord gehen durften, und flog dann nach Süden, gefolgt von zwei Düsenjägern der Luftwaffe. Das Flugzeug sollte Reno/Nevada ansteuern. Die Flugbe-

Zeichnung von »D.B. Cooper«, dem bekanntesten der Fallschirm-Luftpiraten.

satzung war aufgefordert worden, nicht über 3000 m Höhe zu fliegen und zwar mit geringer Geschwindigkeit, Fahrwerk und Landeklappen ausgefahren. Als das Flugzeug in Reno landete, waren der Luftpirat, das Geld und zwei der Fallschirme verschwunden. Er war offensichtlich durch die hintere Frachtluke über den Cascade Mountains im Gebiet des südlichen Washington und des nördlichen Oregon abgesprungen.

Das Interesse an dem Fall schwand – bis 1980, als ein Teil des Lösegelds am Ufer des Columbia River bei Vancouver/Washington aufgefunden wurde. Dieser Fund ließ viele glauben, daß der Erpresser beim Sprung ums Leben kam. Es gab noch einen weiteren Grund für diese Annahme. Einer der beiden Fallschirme, die er benutzt hatte, war ein Modell für die Ausbildung am Boden – er ließ sich nicht öffnen.

Der Fall des »D.B. Cooper« wird wohl immer geheimnisumwittert bleiben; leichter zu verstehen sind da schon die Entführungen gedankenloser Nachahmungstäter: sie schlugen alle fehl.

24. Dezember 1971
EIN einzelner Luftpirat, der mit einem Revolver und einem angeblichen Sprengkörper bewaffnet war, welcher sich dann als Täuschung erwies, ergriff das Kommando über Flug 734 der Northwest Airlines, eine Boeing 707, die mit 35 Personen an

Bord die Route Minneapolis – Chicago beflog. Er forderte 300 000 Dollar Lösegeld und zwei Fallschirme, gab später aber auf. Eine Anklage gegen ihn wurde fallengelassen – er wurde in eine psychiatrische Klinik eingewiesen.

12. Januar 1972
MIT der Forderung nach einer Million Dollar und zehn Fallschirmen kaperte ein Geiselnehmer Braniff International Airways' Flug 38, eine Boeing 727, die 101 Personen in Texas von Houston nach Dallas brachte. Er stellte sich dann aber den Behörden und wurde zu 20 Jahren Gefängnis verurteilt.

20. Januar 1972
EINE zweistrahlige DC-9 der Hughes Airwest, die als Flug 800 insgesamt 73 Personen transportierte, wurde gekapert, als sie in Nevada von Las Vegas nach Reno flog. Der Geiselnehmer, der eine halbe Million Dollar und zwei Fallschirme gefordert hatte, sprang in der Nähe von Denver/Colorado aus dem Flugzeug. Er wurde aber gefaßt und zu 40 Jahren Haft verurteilt.

7. April 1972
EIN Attentäter, der mit einer Pistole und einem angeblichen Sprengkörper bewaffnet war, brachte Flug 885 der United Air Lines in seine Gewalt, eine

20. Januar 1972: eine Stewardeß holt das Geld an Bord, nachdem eine DC-9 der Hughes Airwest gegen Lösegeld entführt worden war.

Boeing 727, die mit 91 Insassen die Inlandstrecke Denver/Colorado – Los Angeles beflog. Er forderte 500 000 Dollar und sprang dann bei Provo/Utah aus dem Flugzeug, wurde aber kurz darauf verhaftet. Er wurde zu 45 Jahren Gefängnis verurteilt, konnte aber fliehen und wurde 1974, als er sich seiner Festnahme widersetzte, getötet.

9. April 1972
FLUG 942 der Pacific Southwest Airlines, eine Boeing 727, die in Kalifornien 92 Personen von Oakland nach San Diego brachte, wurde von einem Luftpiraten gekapert, der mit der Behauptung, er habe eine Handgranate, 500 000 Dollar und vier Fallschirme forderte, die er aber nicht benutzte. Er wurde anschließend festgenommen und für ein Jahr in einer Nervenheilanstalt untergebracht.

5. Mai 1972
EINE Boeing 727 der Eastern Air Lines, die als Flug 175 mit 55 Insassen die Inlandroute Allentown/Pennsylvania – Washington/DC beflog, brachte ein Passagier in seine Gewalt, der mit einer Pistole bewaffnet war und behauptete, er habe auch einen Sprengsatz. Mit einem Lösegeld von mehr als 300 000 Dollar sprang er über Honduras aus dem Flugzeug, wurde aber bald gefaßt. Schon im September wurde er zu lebenslanger Haft ver-

urteilt; das Geld wurde etwa ein Jahr nach dem Verbrechen sichergestellt.

2. Juni 1972
BEI der ersten von zwei Flugzeugentführungen in den USA an einem einzigen Tag bemächtigten sich ein Mann und eine Frau einer Boeing 727 der Western Air Lines, die als Flug 701 mit 97 Insassen die Inlandroute Los Angeles – Seattle bediente.

Die Geiselnehmer erhielten 500 000 Dollar Lösegeld, das später sichergestellt wurde, und fünf Fallschirme, die sie aber nicht benutzten. In San Francisco stieg das Paar in eine Boeing 720 mit größerer Reichweite um und flog nach Algier, wo es sich stellte. Drei Jahre später wurde der Mann in Frankreich verhaftet – er bekam fünf Jahre Gefängnis, seine Komplizin jedoch blieb flüchtig.

2. Juni 1972
DIE zweite Flugzeugentführung des Tages betraf eine Boeing 727 der United Air Lines, die als Flug 239 geführt wurde. Ein Bewaffneter erzwang sich in Reno/Nevada den Zugang an Bord, als sie sich auf einen Inlandflug nach San Francisco vorbereitete. Er sprang in der Nähe von Lake Washoe/Nevada, etwa 40 km südlich von Reno, mit etwa drei Viertel der 200 000 Dollar Lösegeld, die er bekommen hatte, aus dem Flugzeug, wurde aber bin-

nen zwei Stunden gefaßt und später zu 30 Jahren Gefängnis verurteilt.

23. Juni 1972

MIT einer Maschinenpistole ergriff ein Geiselnehmer das Kommando über American Airlines' Flug 119, eine Boeing 727, die in den USA 101 Menschen von St. Louis/Missouri nach Tulsa/Oklahoma brachte. Er forderte mehr als eine halbe Million Dollar Lösegeld und sprang dann in der Nähe von Peru/Indiana aus dem Flugzeug. Fünf Tage später wurde er gefaßt und anschließend zu einer lebenslangen Gefängnisstrafe verurteilt.

30. Juni 1972

EINE zweistrahlige DC-9 der Hughes Airwest, die als Flug 775 in den USA von Seattle/Washington nach Portland/Oregon flog, wurde von einem Geiselnehmer gekapert, der sich später als unbewaffnet erwies. Er forderte 50 000 Dollar und einen Fallschirm, wurde aber am Zielort der Maschine verhaftet. Fünf Tage später wurde er in eine Nervenheilanstalt eingewiesen.

6. Juli 1972

EIN mit einer Pistole bewaffneter Mann brachte Flug 389 der Pacific Southwest Airlines (PSA) in seine Gewalt, eine Boeing 727, die mit 58 Personen an Bord in Kalifornien von Oakland nach Sacramento flog. Er forderte ein Lösegeld von 455 000 Dollar und einen Fallschirm, gab aber auf, als das Flugzeug an seinen Ausgangspunkt zurückgekehrt war. Kurz darauf wurde er zu 30 Jahren Gefängnis verurteilt.

10. Juli 1972

EINE zweistrahlige Boeing 737 der Deutschen Lufthansa (DLH) wurde auf ihrem Inlandflug von Köln nach München gekapert; der Geiselnehmer forderte Lösegeld und einen Fallschirm. Er wurde jedoch von der Polizei überwältigt und verhaftet.

12. Juli 1972

DIE erste zweier Lösegeld-Flugzeugentführungen in den USA an diesem Tag betraf eine Boeing 727 der National Airlines, die als Flug 496 mit 120 Personen an Bord die Inlandstrecke Philadelphia/Pennsylvania – New York City beflog. Die zwei Geiselnehmer verlangten drei Fallschirme und 600 000 Dollar, gaben dann aber auf. Sie wurden zu 60 beziehungsweise 50 Jahren Gefängnis verurteilt.

12. Juli 1972

EIN Geiselnehmer kaperte Flug 633 der American Airlines, eine Boeing 727, die mit 57 Personen an Bord in den USA von Oklahoma City nach Dallas unterwegs war. Er verlangte zunächst ein Lösegeld von mehr als einer halben Million Dollar und einen Fallschirm, ergab sich dann aber. Später wurde er zu lebenlanger Haft verurteilt.

12. März 1974

EINE Boeing 747 der Japan Air Lines wurde auf dem planmäßigen Inlandflug von Tokio nach Okinawa von einem Luftpiraten gekapert, der 55 Millionen Dollar (200 Millionen Yen), 15 Fallschirme und Bergsteigerausrüstung forderte. Auf dem Flughafen Naha bei Okinawa wurde er von Polizisten festgenommen, die sich als Verpflegungslieferanten ausgegeben hatten.

11. Juli 1980

FLUGZEUGENTFÜHRUNGEN mit dem Fallschirm waren schon fast vergessen, als ein 15jähriger Junge Flug 608 der Northwest Airlines kaperte, einen Inlandflug von Seattle/Washington nach Portland/Oregon. Er forderte 100 000 Dollar, einen Fallschirm und ein Leichtflugzeug, wurde am Boden aber festgenommen. Das Urteil von 20 Jahren Gefängnis wurde später ausgesetzt – er wurde psychiatrisch behandelt und erhielt eine Berufsausbildung.

18. Januar 1983

DREI Männer bemächtigten sich einer zweistrahligen Turboprop-Maschine des Typs Shorts 330 der Thai Airways, die planmäßig die Inlandstrecke Phitsanulok – Chiang Mai beflog; ihre Forderung nach drei Fallschirmen wurde zurückgewiesen. Sie entkamen zunächst nach der Landung, zwei von ihnen wurden jedoch später aufgegriffen.

Schüsse und Abschüsse

Nicht alle Gewalttaten gegen Verkehrsflugzeuge werden von geldgierigen Verbrechern oder verrohten Terroristengruppen begangen, einige Maschinen sind auch einfach nur abgeschossen worden, sogar von anerkannt demokratischen Regierungen.

Kommerzielle Linienmaschinen wurden gelegentlich mit Kampfflugzeugen und anderen Militärflugzeugen verwechselt oder einfach nur Opfer von Zeitdruck und falscher Einschätzung. Israel, das 1955 ein Verkehrsflugzeug durch Feindbeschuß verlor, beging nahezu zwei Jahrzehnte später den gleichen Fehler, als es eine libysche Düsenverkehrsmaschine abschoß, die vom Kurs abgekommen war. Ein Navigationsfehler führte 1983 vermutlich zum Abschuß von Flug 007 der Korean Air Lines durch die damalige Sowjetunion. Dieser Vorfall rief harsche Kritik in den USA hervor, die

sich dann fünf Jahre später in der gleichen Lage wiederfanden, nachdem sie in einer offiziellen Luftstraße einen Jumbo abgeschossen hatten.

Manchmal waren Flugzeuge auch Ziele von Bodentruppen, obwohl sich dann herausstellte, daß sie nur zur falschen Zeit am falschen Ort waren.

Wie zu erwarten, geschehen derartige Zwischenfälle viel leichter in Kriegen, aber auch in Friedenszeiten, vor allem in der angespannten Atmosphäre des »kalten Kriegs«, kann es zu solchen Unglücksfällen kommen.

Obwohl sie sicherlich außerhalb der sachtechnischen Definition des »Luftfahrtterrorismus« liegen, enthält die folgende Auflistung alle Angriffe auf Flugzeuge – vom Boden aus oder aus der Luft, durch militärische oder paramilitärische Kräfte –, die zu dem Zeitpunkt im Einsatz waren oder Verluste von Menschenleben zur Folge hatten. Ausge-

Eine Boeing 747-200B der Korean Air Lines: die gleiche Verkehrsmaschine wurde als Flug 007 im September 1983 abgeschossen – es wurde der berüchtigtste Zwischenfall der Luftfahrtgeschichte.

nommen sind nur Bodenangriffe durch Terroristengruppen; sie wurden an anderer Stelle behandelt.

24. August 1938
EINE Douglas DC-2 der China National Aviation Corporation auf planmäßigem Flug von Hongkong nach Tschungking wurde von fünf japanischen Jagdflugzeugen angegriffen und noch beschossen, als sie bereits bei Wangmoon in China im Pearl River lag, rund 360 km nordwestlich von Macau. Von den 17 Menschen an Bord überlebten nur ein Passagier und zwei der vier Besatzungsmitglieder, der Pilot und sein Bordfunker. Das Wrack und die Leichname aller Opfer – bis auf drei – wurden später geborgen.

6. Mai 1939
EINE Junkers Ju 52/3m (XVII) der chinesischen Eurasia Aviation Corporation wurde angeblich bei Hangtschou in China von japanischen Flugzeugen abgeschossen. Die Zahl der Opfer ist nicht bekannt.

14. Juni 1940
EINE Junkers Ju 52/3m (OH-ALL) der finnischen Fluggesellschaft Aero O/Y wurde bei Kar im sowjetisch besetzten Estland von sowjetischen Militärflugzeugen abgeschossen; alle neun Menschen an Bord der dreimotorigen Verkehrsmaschine verloren ihr Leben.

20. Juni 1940
EINE dreimotorige Dewoitine D.338 (F-ARTD) der Air France wurde versehentlich bei Ouistreham in der Normandie von der französischen Flugabwehr abgeschossen, ihr Pilot kam dabei ums Leben.

7. Juli 1940
EINE Dewoitine D.338 (F-AQBA) der Air France wurde über dem Golf von Tongking vor Französisch-Indochina von einem japanischen Jäger abgeschossen. Die Anzahl der Opfer ist nicht bekannt.

27. Oktober 1940
EINE Junkers Ju 52/3m (XXV) der Eurasia wurde von einem japanischen Flugzeug angegriffen und machte bei Kunming/Yunnan in China eine Bruchlandung. Von ihren vier Insassen wurden die beiden Besatzungsmitglieder verwundet; die beiden Passagiere entkamen unverletzt.

29. Oktober 1940
NEUN Personen fanden den Tod, als eine Douglas DC-2 der China National Aviation Corporation auf ihrem planmäßigen Inlandflug von Chungking nach Kunming von japanischen Jagdflugzeugen angegriffen und auch noch beschossen wurde, nachdem sie etwa 120 km nordöstlich ihres Ziel-

ortes eine Bruchlandung gemacht hatte. Drei Fluggäste und zwei Mann Besatzung überlebten, darunter auch der Copilot.

27. November 1940
EINE viermotorige Farman F-224 (F-AROA) der Air France wurde über dem Mittelmeer von einem italienischen Flugzeug abgeschossen. Die Anzahl der Opfer ist nicht bekannt.

3. Juni 1941
EINE de Havilland Dragon (G-ACPY) der Great Western and Southern Air Lines auf Inlandflug von den britischen Scilly-Inseln nach Penzance in Cornwall ging über See mit sechs Personen an Bord verloren – fünf Passagieren und dem Piloten. Der zweimotorige Doppeldecker wurde wahrscheinlich von deutschen Jägern kurz nach dem Start um etwa 17.00 Uhr Ortszeit abgeschossen.

24. Januar 1942
EINE Douglas DC-3 der holländischen Fluggesellschaft Koninklijke Nederlandsch-Indische Luchtvaart Maatschappij (KNILM) soll von Japanern in der Nähe von Samarinda auf Borneo abgeschossen worden sein. Die Höhe der Verluste ist nicht bekannt.

26. Januar 1942
EINE weitere Verkehrsmaschine der holländischen Linie Koninklijke Nederlandsch-Indische Luchtvaart Maatschappij (KNILM) – diesmal ein zweimotoriges Wasserflugzeug des Typs Grumman Goose (PK-AFS) – wurde von japanischen Militärflugzeugen bei Kupang auf der westpazifischen Insel Timor abgeschossen. Die Anzahl der Opfer ist ebenfalls unbekannt.

30. Januar 1942
EIN Flugboot des Typs Short S.23 Empire Class (G-AEUH) der British Overseas Airways Corporation (BOAC), das für die australische Fluggesellschaft Qantas Empire Airways planmäßig auf der Route von Darwin im Northern Territory von Australien nach Kupang auf der Insel Timor eingesetzt war, wurde angeblich über See nahe seinem Bestimmungsort von japanischen Flugzeugen abgeschossen. Von den 18 Personen an Bord konnten fünf lebend geborgen werden, darunter auch zwei der fünf Besatzungsmitglieder.

15. Februar 1942
EINE viermotorige Verkehrsmaschine des Typs Consolidated Liberator (G-AGDR) der British Overseas Airways Corporation (BOAC) wurde offensichtlich aus Versehen abgeschossen und stürzte südlich von Plymouth in der Nähe des Eddystone-Leuchtturms in den Kanal. Alle neun Personen an Bord, vier Passagiere und die fünfköpfige Besatzung, fanden den Tod.

28. Februar 1942

EINE Short S.23 (G-AETZ) der British Overseas Airways Corporation (BOAC) mit 20 Personen an Bord (16 Fluggästen und vier Besatzungsmitgliedern) wurde etwa 250 km vor Java in Niederländisch-Ostindien vermißt, wo sie zuvor zu einem planmäßigen Flug nach Broome in Westaustralien gestartet war.

Das viermotorige Flugboot wurde wahrscheinlich von japanischen Flugzeugen abgeschossen – bei einem Einsatz, den BOAC im Auftrag der australischen Fluggesellschaft Qantas Empire Airways übernommen hatte.

3. März 1942

VIER Personen an Bord kamen ums Leben, acht weitere jedoch überlebten, als eine DC-3 (PK-AFV) der holländischen Koninklijke Nederlandsch-Indische Luchtvaart Maatschappij (KNILM) bei Wyndham in Westaustralien von japanischen Jagdflugzeugen abgeschossen wurde.

28. März 1942

EINE Savoia-Marchetti SM 82 (I-BURA) der Linee Aeree Transcontinentali Italiane SA (LATI) wurde – offensichtlich über See – bei Sizilien abgeschossen. Die Zahl der Opfer an Bord des dreimotorigen italienischen Verkehrsflugzeugs ist nicht bekannt.

13. August 1942

EINE Lioré et Olivier (LeO) H.246 (F-AREJ) der Air France auf planmäßigem Flug von Marseille nach Algier wurde etwa 80 km vor ihrem Ziel von Hurricane-Jägern der Royal Air Force angegriffen. Das viermotorige Flugboot erreichte zwar Algier noch, sank aber nach der Notwasserung. Vier Passagiere verloren dabei ihr Leben.

15. November 1942

DIE Anzahl der Opfer und der Ort des Abschusses einer dreimotorigen Savoia-Marchetti SM 75 (I-TELO) der Linee Aeree Transcontinentali Italiane SA (LATI) sind nicht bekannt. Sie befand sich wahrscheinlich auf einem italienischen Inlandflug.

10. April 1943

EINE Savoia-Marchetti SM 75 (I-BONI) der Linee Aeree Transcontinentali Italiane SA wurde abgeschossen; der Ort des Abschusses und die Zahl der Opfer sind allerdings nicht bekannt.

1. Juni 1943

EINE der kommerziellen Flugverbindungen, die durch den Zweiten Weltkrieg nicht unterbrochen wurden, war die zwischen Portugal und England. Auf dieser Flugroute jedoch ereilte ein Verkehrsflugzeug ein tödliches Schicksal.

Die betroffene zweimotorige DC-3 wurde zwar von der holländischen Fluggesellschaft KLM ein-gesetzt, wegen der deutschen Besetzung Hollands allerdings war sie in England als G-AGBB registriert. Als Flug 2L272 hob die Maschine auf dem Flughafen Portela bei Lissabon ab und nahm Kurs auf den Flugplatz Whitchurch im englischen Somerset. Sie sollte den Küsten von Portugal und Spanien folgen und sich vom besetzten Frankreich fernhalten.

Während dieses Fluges starteten acht zweimotorige Luftwaffen-Jäger des Typs Junkers Ju 88 in Frankreich: ob das nun Schicksal war oder ein Ergebnis der deutschen Aufklärung, gepaart mit guter Zeiteinteilung – die Flugwege von G-AGBB und der Jäger kreuzten sich um etwa 13.00 Uhr Ortszeit über der Biskaya.

Sobald die Verkehrsmaschine entdeckt war, begann der Angriff. Dem Bordfunker der DC-3 war es zwar noch gelungen, vor dem Angriff einen Notruf abzusetzen, dann aber stürzte die DC-3 brennend in die See. Alle 17 Personen an Bord starben, auch die vierköpfige Besatzung und der englische Schauspieler und Hollywoodstar Leslie Howard. Die deutschen Piloten meldeten, vier Fallschirme gesehen zu haben, aber das konnte kaum sein – die Verkehrsmaschine hatte keine Fallschirme an Bord.

Der deutsche Angriff auf ein unbewaffnetes Verkehrsflugzeug mag grausam erscheinen, war aber nicht einmalig: zweimal in den sechs Monaten zuvor waren Flugzeuge auf derselben Route angegriffen worden – aber ihnen gelang die Flucht.

27. August 1943

EINE Douglas DC-3 (SE-BAF) der schwedischen Fluggesellschaft Aktiebolaget Aerotransport (ABA) wurde – offensichtlich von deutschen Flugzeugen – bei einem planmäßigen Flug von England nach Schweden über der Nordsee abgeschossen. Von den sieben Menschen an Bord (drei Passagieren und vier Besatzungsmitgliedern) überlebte niemand.

22. Oktober 1943

EINE DC-3 der Aktiebolaget Aerotransport (ABA) wurde von deutschen Flugzeugen bei Halla im nordschwedischen Västerbotten abgeschossen, etwa 100 km nordwestlich von Ornsköldsvik, möglicherweise auf einem planmäßigen Inlandflug. Von den 15 Personen an Bord der Verkehrsmaschine überlebten nur zwei.

21. April 1945

IN den letzten Tagen des Zweiten Weltkriegs schossen die alliierten Streitkräfte in der Nähe des deutschen Ortes Piesenkofen eine Focke-Wulf Fw 200 Condor ab (D-ASHH).

Das viermotorige deutsche Verkehrsflugzeug konnte zwei Dutzend Passagiere transportieren, aber die Anzahl der Opfer dieses Vorfalls ist nicht bekannt.

25. Juli 1950

NACHDEM sie der Aufforderung zum Landen nicht nachkam, wurde eine DC-3 der libanesischen Fluggesellschaft Compagnie Générale de Transport über israelischem Staatsgebiet nördlich von Rosh Pinna, in der Nähe des Sees Genezareth, von einer Spitfire der israelischen Luftwaffe angegriffen.

Von den 28 Menschen an Bord der Verkehrsmaschine wurden ein Passagier und der Bordfunker von den Bordkanonen des Jägers erschossen, sieben weitere erlitten Verletzungen.

Nach dem Angriff, der sich um etwa 19.15 Uhr Ortszeit ereignete, flog die DC-3 über die Grenze zurück, und der Jäger gab die Verfolgung auf. Die libanesischen Behörden bestanden darauf, daß ihr Flugzeug nie den israelischen Luftraum verletzt habe – es sei 5 km nördlich der Grenze geflogen, als es angegriffen wurde.

29. April 1952

EINE DC-4 (F-BELI) der Air France, die gemäß Flugplan von Frankfurt am Main nach West-Berlin flog, wurde in der Nähe von Könnern, nördlich von Halle, von zwei sowjetischen MiG-Strahljägern beschossen. Von den 17 Menschen an Bord, die fünfköpfige Besatzung eingeschlossen, wurden zwei Passagiere und der Steward verletzt.

Trotz des Angriffs – er fand um etwa 10.00 Uhr in einer Höhe von ungefähr 2100 m statt – landete das beschädigte Flugzeug sicher auf dem Berliner Flughafen Tempelhof. Die Westmächte wiesen die Unterstellung der Sowjets zurück, die DC-4 habe den Luftkorridor verlassen, der den Westen damals mit Berlin verband.

Mit dem neuen Eintragungszeichen XW-TDE wurde dasselbe Flugzeug zwanzig Jahre später dann allerdings über Laos abgeschossen (vgl. 11. Februar 1979).

27. Juli 1953

ES sollte die letzte militärische Aktion des Koreakriegs werden: eine zweimotorige Iljuschin Il-12 der sowjetischen Staatslinie Aeroflot wurde von einem Strahljäger des Typs F-86 der US-Luftstreitkräfte etwa 15 km südlich des Flusses Jalu über dem heutigen Nordkorea abgeschossen. Alle 21 Personen an Bord (15 Passagiere und sechs Besatzungsmitglieder) kamen ums Leben. Die Sowjetunion behauptete, der Angriff habe sich über China ereignet.

Nach Angaben der US-Luftstreitkräfte flog die Il-12, die sie als »von kommunistischen Luftstreitkräften in China eingesetztes Verkehrsflugzeug« identifiziert hatten, auf Ostkurs, als sie etwa 55 km nordöstlich von Kanggye aufgefaßt wurde. Die Sowjets sprachen von einem regulären Linienflug vom chinesischen Lushun in die UdSSR.

Nachdem die F-86 einmal gefeuert hatte, fingen beide Motoren der Il-12 Feuer, und kurz darauf, um etwa 12.30 Uhr Ortszeit, explodierte das Flugzeug und stürzte zur Erde.

3. Juni 1954

EINE DC-3 der belgischen SABENA, die als Fracht Schweine geladen hatte, wurde von einem MiG-Strahljäger mit sowjetischen Hoheitsabzeichen angegriffen, als sie über der Stadt Murska Sobota, östlich von Bad Radkersburg, in etwa 3500 m Höhe gerade die jugoslawische Grenze überquert hatte. Der Bordfunker kam ums Leben, und zwei der anderen drei Besatzungsangehörigen wurden verwundet, aber trotzdem gelang der beschädigten Maschine eine Notlandung in der Nähe von Graz in der Steiermark.

Die DC-3 war auf einem genehmigten Linienflug von London nach Belgrad unterwegs, als den Berichten nach der Jäger um etwa 10.00 Uhr Ortszeit aus den Wolken auftauchte und versuchte, sie in den ungarischen Luftraum abzudrängen. Als die Besatzung dieses Vorhaben ignorierte, eröffnete die MiG das Feuer mit ihren Bordkanonen.

23. Juli 1954

UM etwa 09.45 Uhr Ortszeit wurde eine Douglas DC-4 (VR-HEU) der Cathay Pacific Airways, die gemäß Flugplan von Singapur nach Hongkong flog, von zwei MiG-Düsenjägern des kommunistischen China abgeschossen. Sie unternahm eine Notwasserung vor der Insel Hainan im Südchinesischen Meer.

Zehn Personen an Bord des britischen Verkehrsflugzeugs verloren ihr Leben, davon zwei der sechs Besatzungsmitglieder. Ein Wasserflugzeug der amerikanischen Marine rettete die acht Überlebenden.

27. Juli 1955

DAS Risiko, das man einging, wenn man den Eisernen Vorhang durchbrach, der damals Osteuropa einschloß, trat bei diesem grausamen Vorfall besonders deutlich zutage. Flug 402/26 der El Al Israel Airlines, eine Lockheed L-049 Constellation (4X-AKC), war gemäß Flugplan in Wien zwischengelandet, bevor sie nach Tel Aviv weiterflog, zweite Teilstrecke einer Route, die in London begonnen hatte.

Nachdem sie Belgrad überflogen hatte, begann die Maschine von der vorgeschriebenen Luftstraße nach Osten abzudriften. Eine israelische Untersuchungskommission schrieb diese Abweichung einer inkorrekten Radiokompaßanzeige zu, offensichtlich war das Instrument von Gewittern in dem Gebiet beeinflußt worden. Das führte die Besatzung zu der irrigen Annahme, sie habe bereits den jugoslawischen Pflichtmeldepunkt Skopje erreicht, als sie in Wirklichkeit noch sieben Flugminuten davon entfernt war.

Hier mußte der Kurs, um in der abknickenden Luftstraße zu bleiben, auf 142 Grad geändert wer-

Die Route, die die am 27. Juli 1955 abgeschossene Constellation der El Al nahm: (1) nach Darstellung der israelischen Kommission, (2) nach Angaben der bulgarischen Behörden.

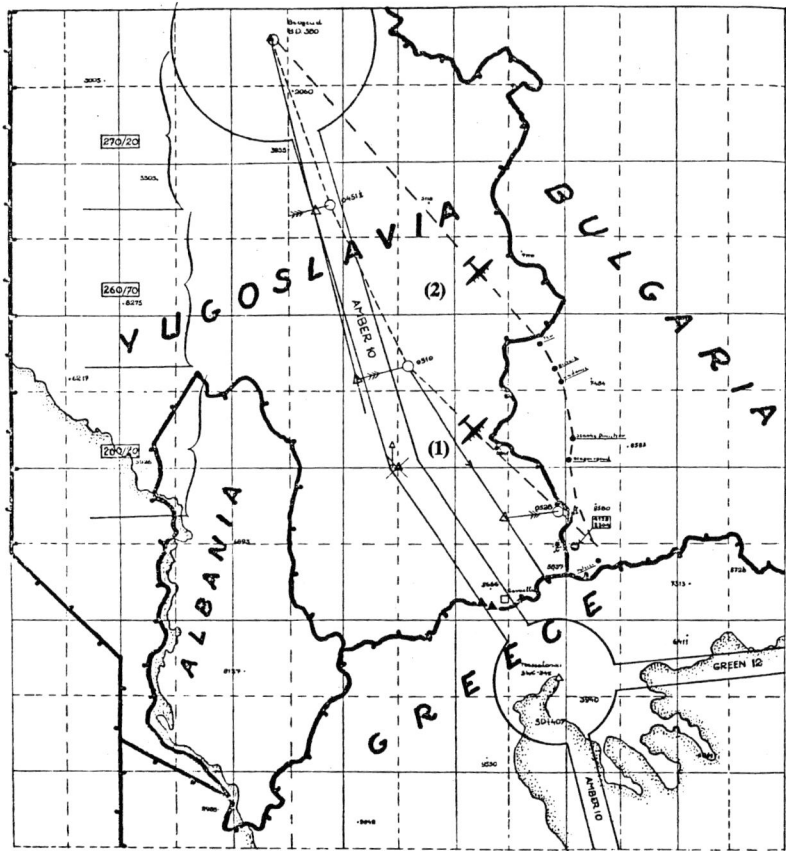

den. In Anbetracht der starken Bewölkung, eines Westwindes, der 80 km/h stärker war, als vorhergesagt, und fehlender Navigationsmittel zwischen Belgrad und Skopje konnte die Besatzung ihren Irrtum nicht bemerken.

Die Constellation flog somit etwa 65 km östlich des korrekten Flugweges in den bulgarischen Luftraum ein. Kurz darauf setzte sie folgenden Notruf ab: »SOS DE 4X-AKC!« Der erste Angriff durch die beiden Strahljäger erfolgte in der Reisehöhe von 5400 m und setzte die Verkehrsmaschine in Brand. Als sie in den Sinkflug überging, weil die Besatzung offensichtlich einen Landeplatz suchte, wurde sie in etwa 2400 m Höhe ein zweites Mal beschossen und ein drittes Mal in rund 600 m Höhe, woraufhin die rechte Tragfläche explodierte, das Flugzeug auseinanderbrach und bei Petrich in Bulgarien abstürzte. Alle 58 Menschen an Bord (51 Passagiere und sieben Besatzungsmitglieder) verloren ihr Leben. Die Katastrophe ereignete sich um etwa 07.40 Uhr Ortszeit.

Israel wies die Behauptung Bulgariens zurück, die Constellation sei – bevor die Jäger das Feuer eröffneten – entsprechend festgelegter Verfahren gewarnt worden, habe sich aber geweigert, zu landen. Bulgarien behauptete auch, sie sei viel tiefer

in den Luftraum eingedrungen, das allerdings widersprach Aussagen von Augenzeugen sowohl in Jugoslawien als auch in Griechenland. Immerhin aber sprach Bulgarien sein Bedauern aus und räumte ein, daß seine Luftverteidigung beim Abschuß des Flugzeugs »überstürzt« gehandelt hätte.

1. Juni 1959

EINE Curtiss Wright C-46 Commando (TI-1022) der costaricanischen Fluggesellschaft Aerolíneas Nacionales SA stürzte in Nicaragua ab und brannte aus, nachdem sie – wie gemeldet wurde – von Jägern der nicaraguanischen Luftwaffe »nach unten gezwungen« worden war. Von den vermutlich 50 bis 60 Personen an Bord der Verkehrsmaschine überlebte niemand.

16. September 1965

EINE Douglas DC-3 (XV-NIC) der Air Vietnam stürzte im südvietnamesischen Quang Ngai unmittelbar nach dem Start in Richtung Saigon ab und brannte in einem Reisfeld aus; sie war offensichtlich vom Boden her beschossen worden. Einschließlich der dreiköpfigen Besatzung verloren 39 Menschen dabei ihr Leben; ein einziger Passagier überlebte schwerverletzt.

10. April 1969
DIE drei Besatzungsmitglieder und einzigen Insassen einer DC-3 (ET-AAQ) der Ethiopian Airlines kamen ums Leben, als das Transportflugzeug, das außerplanmäßig für United Arab Airlines Fracht flog, in der Nähe der ägyptischen Stadt Suez Berichten zufolge abgeschossen wurde.

25. April 1969
EINE Douglas DC-4 der Pan African Airlines, die Truppen transportierte, wurde vom Boden aus beschossen, als sie in Enugu/Biafra zur Landung ansetzte. Sechs Passagiere wurden ernsthaft verwundet, aber trotz eines Loches von 1,5 m Durchmesser auf der rechten Rumpfseite kehrte die in den USA registrierte Maschine sicher nach Lagos/Nigeria zurück.

26. Juni 1970
ES war ein Glückstag für die 104 Menschen an Bord von Alitalias Flug 713, einer DC-8 Serie 43, die von Teheran nach Beirut unterwegs war.

Als sie in rund 9000 m Höhe Syrien überquerte, verspürte man – etwa 8 km östlich von Damaskus – in der Maschine einen schweren Schlag, dann sackte sie etwa 900 m durch. Mit abgeschaltetem Triebwerk Nr. 1 landete die Maschine dennoch sicher auf ihrem Bestimmungsflughafen. Es gab zwar keine Verletzten, aber der Schaden an der Maschine war beängstigend. In der linken Tragfläche fand man ein Loch von etwa 0,6 m Durchmesser, und beide linken Triebwerke waren gespickt mit Hunderten von Metallsplittern. Man nahm an, daß das Flugzeug einen Raketentreffer wundersamerweise überlebt hatte.

11. Februar 1972
EINE DC-4 (XW-TDE) der Royal Air Lao wurde in der Nähe von Vientiane/Laos offensichtlich abgeschossen; sie sollte hier landen und ihren Flug von Saigon/Südvietnam beenden. Alle 23 Menschen an Bord (17 Passagiere und sechs Besatzungsmitglieder) fanden dabei den Tod. In ihrem letzten Funkspruch um 13.20 Uhr Ortszeit hatte die Viermotorige eine Höhe von 3000 m gemeldet.

2. Oktober 1972
NEUN Menschen, auch die beiden Piloten, kamen ums Leben, als eine DC-3 (XW-TDA) der Cambodia Air Commercial während eines planmäßigen Inlandfluges beim Landeanflug auf Kampot/Kambodscha von einer Mörsergranate getroffen wurde und abstürzte. Es gab keine Überlebenden.

21. Februar 1973
MEHRERE vorsätzliche und aggressive Maßnahmen hatten die arabisch-israelischen Beziehungen schon vor diesem tödlichen Mißgriff auf einen Tiefpunkt gebracht.

Flug 114, eine Boeing 727-224 (5A-DAH) der Libyan Arab Airlines, war in Tripolis gestartet und in Bengasi zwischengelandet, bevor sie zu ihrem Bestimmungsflughafen Kairo weiterflog.

Obwohl die Dreistrahlige generell den richtigen Kurs einnahm, wurde ihr Flugweg von der normalen Route, die sie nach Kairo hätte bringen sollen, zunächst nach Osten und dann nach Süden versetzt. Ein wesentlicher Punkt war auch, daß tiefliegende Bewölkung den Boden während fast des gesamten Fluges verdeckte. Erst als sie die Halbinsel Sinai erreicht hatte, bekam die Besatzung Bodensicht und bemerkte ihre falsche Position. Jetzt allerdings war die 727 bereits vom Radar der israelischen Streitkräfte erfaßt worden – sie schickten zwei Düsenjäger des Typs F-4 Phantom II in die Luft.

Mit Handgesten, Wackeln der Tragflächen und schließlich Warnschüssen vor den Bug des Ein-

Eine Boeing 727-224 der Libyan Arab Airlines, wie sie im Februar 1973 über dem Sinai von israelischen Jägern abgeschossen wurde.

dringlings versuchten die Militärpiloten, die Verkehrsmaschine nach internationalen Luftfahrtregeln zur Landung zu zwingen. Die Zivilpiloten jedoch verstanden diese Maßnahmen offensichtlich nicht, und als sie umdrehten und das bereits ausgefahrene Fahrwerk wieder einzogen, sahen die Israelis dies als einen Fluchtversuch an. In einer Höhe von etwa 1500 m wurde die 727 angegriffen und mit Leuchtspurgeschossen getroffen, die einen Brand auslösten. Die Verkehrsmaschine stürzte daraufhin etwa 15 km östlich des Suezkanals ab und explodierte, nachdem sie noch eine Bauchlandung in der Wüste versucht hatte. 108 Menschen an Bord der Maschine starben, auch die achtköpfige Besatzung. Vier Passagiere und der Kopilot überlebten mit Verletzungen.

Der Navigationsfehler, der zum Abschuß der 727 geführt hatte, beruhte wahrscheinlich auf starkem Rückenwind. In ihrem Bericht über die Tragödie hielt es die Internationale Zivilluftfahrt-Organisation ICAO ebenfalls für »wahrscheinlich«, daß das ungerichtete Funkfeuer Kairos zu diesem Zeitpunkt nicht einwandfrei arbeitete. Zusätzlich war auch noch das Kairoer Anflugkontrollradar ausgefallen, wodurch auch die dortigen Fluglotsen die Abweichung nicht feststellen konnten.

Der israelische Verteidigungsminister Mosche Dajan räumte eine »Fehleinschätzung« beim Abschuß der libyschen Verkehrsmaschine ein, und Israel stimmte einer Entschädigungszahlung an die Hinterbliebenen der Opfer zu.

4. Mai 1973
DREI Personen an Bord wurden getötet, als ein Flugzeug der Khmer Hansa, möglicherweise eine DC-3, von einer Mörsergranate getroffen wurde und abstürzte, als sie gerade in Kampot, etwa 160 km südwestlich von Phnom Penh, startete.

19. Mai 1973
EINE DC-3 (XW-TDM) der Cambodia Air Commercial war kurz nach dem Start in Svay Rieng in Kambodscha offensichtlich vom Boden aus beschossen worden. Sie stürzte etwa 130 km südöstlich von Phnom Penh ab und riß elf Menschen (neun Passagiere und die beiden Piloten) mit in den Tod.

28. November 1974
EINE Douglas DC-4 (B-1801) der Air Cambodge wurde um etwa 15.00 Uhr Ortszeit auf dem Flug von Kambodscha nach An Loc in Südvietnam etwa 100 km nördlich von Saigon offensichtlich abgeschossen, alle fünf Menschen an Bord starben.

16. Dezember 1974
EINE DC-8 Super 63 der Korean Air Lines, die versehentlich in gesperrten Luftraum eingeflogen war, wurde bei Seoul von südkoreanischen Flakeinheiten beschossen.

Die Flak traf das Flugzeug nicht, aber in die Stadt fallende Granaten töteten einen Menschen und verletzten 27.

12. März 1975
EINE Douglas DC-4 (XV-NUJ) der Air Vietnam wurde etwa 25 km südwestlich von Pleiku von Nordvietnamesen oder dem Vietkong abgeschossen, was 26 Menschen (20 Passagiere und sechs Besatzungsmitglieder) das Leben kostete.

Die Maschine war auf ihrem Flug von Vientiane/Laos nach Saigon zuletzt in einer offiziellen Luftstraße in 3300 m Höhe gemeldet worden, als sie um etwa 18.30 Uhr Ortszeit vermutlich von Flakfeuer oder einer tragbaren Flugabwehrrakete getroffen wurde.

8. April 1975
EINE Boeing 747 der South African Airways, die mit rund 300 Menschen an Bord planmäßig von Johannesburg nach London flog, wurde bei einer Zwischenlandung in Luanda/Angola vom Boden aus beschossen und beschädigt. Es gab aber keine Verletzten.

11. April 1975
ZWEI der drei Besatzungsmitglieder und einzigen Insassen einer DC-3 der Sorya Airlines kamen ums Leben, als das Flugzeug in Phnom Penh/Kambodscha beim Start zu einem Linienflug nach Kompong Chnang nach Bodenbeschuß abstürzte und in Flammen aufging.

27. Juni 1976
EINE Boeing 720B (OO-AGE) der Middle East Airlines, die ohne Passagiere auf dem internationalen Flughafen von Beirut stand, wurde durch einen Raketentreffer und Granatwerferfeuer zerstört. Ein Besatzungsangehöriger kam dabei ums Leben, zwei weitere wurden verletzt.

26. November 1977
EINE Douglas C-54B Skymaster (9Q-CAM) der African Lux, die außerplanmäßig von Rhodesien nach Zaire unterwegs war, wurde über der Provinz Tete von mosambikanischen Bodentruppen abgeschossen. Ihre beiden Besatzungsmitglieder wurden angeblich gefangengenommen.

20. April 1978
OBWOHL er fünf Jahre später in der Bewertung vom sowjetischen Abschuß des KAL-Fluges 007 überschattet wurde, machte auch dieser Vorfall Schlagzeilen.

Der seltsame Ablauf von Flug 902 der Korean Air Lines (KAL) begann auf dem Pariser Flughafen Orly, von dem die Boeing Advanced 707-321B (HL-7429) mit dem Ziel Seoul in Korea abhob. Die Polarüberquerung sollte eine Zwischenlandung in Anchorage/Alaska enthalten. Da das Flugzeug bereits mehr als ein Jahrzehnt alt war, fehlte ihm ein modernes Trägheits-Navigationssystem, und da magnetische Kompasse in diesem Teil der Welt nutzlos sind und Navigationsmittel am Boden äußerst selten, mußte die Besatzung sich schon auf die alte, aber bestens bewährte Methode der Astronavigation verlassen.

Die ersten Probleme traten um Island auf, wo atmosphärische Bedingungen einen Funkverkehr mit der entsprechenden Bodenstation nicht zuließen. Etwa über Grönland und auf Anweisung des Navigators drehte die 707 dann unerklärlicherweise um 112 Grad auf Südostkurs in Richtung auf die UdSSR. Kurz darauf merkte Flugkapitän Kim Chang Kyu, daß etwas nicht stimmte – durch die offensichtliche Tatsache, daß die Sonne auf der falschen Seite des Flugzeugs schien!

Bevor die Besatzung jedoch entsprechende Maßnahmen ergreifen konnte, wurde das Verkehrsflugzeug von zumindest zwei sowjetischen Su-15-Strahljägern abgefangen, von denen einer etwa 10 bis 15 Minuten dicht an der rechten Tragfläche hing, bevor er abdrehte. (Die Sowjets sollten später behaupten, daß die Jagdflieger vergeblich versucht hätten, die 707 über Funk zu erreichen; das jedoch wurde von der koreanischen Besatzung widerlegt.) Kurz darauf wurde die 707 angegriffen: einer der Jäger feuerte mit seinen Bordkanonen auf sie, schoß die linke Tragflächenspitze weg und verursachte einen schnellen Druckabfall der Kabine.

Beim schnellen Sinkflug von 10 500 m auf 1500 m Höhe blieb das beschädigte Flugzeug steuerbar, und der Pilot machte um etwa 18.45 Uhr Ortszeit im Zwielicht eine gekonnte Bruchlandung auf einem zugefrorenen See. Von den 109 Menschen an Bord kamen zwei Passagiere ums Leben, und 13 weitere Personen wurden schwer verletzt – alle bei dem Angriff in der Luft. Es gab auch zahlreiche leichtere Verletzungen.

Die Passagiere und die meisten Besatzungsmitglieder wurden zwei Tage später freigelassen, der Flugkapitän und sein Navigator etwa eine Woche später. 1991 wurde bekannt, daß der sowjetische Pilot den Befehl, die 707 zu zerstören, ignoriert hatte.

3. September 1978
FLUG 825 der Air Rhodesia, eine vierstrahlige Turboprop-Maschine des Typs Vickers Viscount 782D (VP-WAS), war kurz nach 17.00 Uhr Ortszeit in Kariba zu einem Inlandflug nach Salisbury gestartet. Etwa fünf Minuten später sendete sie einen Notruf. Sie meldete den Ausfall ihrer beiden rechten Triebwerke – die Viscount war nahe dem rechten inneren Triebwerk von einer Infrarotrakete nationalistischer Guerrilleros getroffen worden.

Tags darauf wurde das Wrack etwa 55 km südöstlich von Kariba im Busch gefunden. Von den 56 Personen an Bord der Viscount, die vierköpfige Besatzung inbegriffen, lebten noch acht

September 1978: rhodesische Truppen bergen die sterblichen Überreste der Opfer einer Viscount, die von Joshua-Nkomo-Rebellen abgeschossen wurde.

Passagiere. Mit Abscheu erfuhr dann die Weltöffentlichkeit, daß zehn weitere Menschen, die die Bruchlandung überlebt hatten, ermordet worden waren – vermutlich von den Rebellen erschossen.

17. November 1978
EINE Hawker Siddeley 748 der Zambia Airways wurde durch Bodenbeschuß von Rebellen beim Endanflug auf den Flugplatz Lusaka in Zambia beschädigt. Es wurde aber niemand verletzt, und die zweistrahlige Turboprop-Maschine setzte sicher auf.

12. Februar 1979
ZUM zweiten Mal innerhalb von sechs Monaten wurde ein Verkehrsflugzeug der Air Rhodesia von nationalistischen Rebellen abgeschossen. Alle 59 Personen an Bord (54 Passagiere und fünf Besatzungsmitglieder) starben, als die Turboprop-Maschine des Typs Vickers Viscount 748D (VP-YND), geführt als Flug 827, von zwei Flugabwehrraketen getroffen wurde. Sie war auf einem Inlandflug von Victoria Falls nach Salisbury unterwegs gewesen und nach einer Zwischenlandung in Kariba fünf Minuten zuvor gestartet, als sie kurz vor 17.00 Uhr Ortszeit etwa 50 km östlich von Kariba abstürzte.

Der Abschuß wurde von einem Sprecher der Rebellen als »Irrtum« bezeichnet: man habe fälschlicherweise angenommen, der Befehlshaber des rhodesischen Heeres sei an Bord gewesen.

8. Juni 1980
ANGEBLICH war sie irrtümlich als fremdes Flugzeug identifiziert worden: eine Jakowlew Jak-40 (D2-TYC) der Linhas Aéreas de Angola wurde um etwa 15.30 Uhr Ortszeit bei Matala in Angola auf einem planmäßigen Inlandflug von Jamba nach Lubango irrtümlich von der Flak abgeschossen.

Alle 19 Menschen an Bord des dreistrahligen Verkehrsflugzeugs (15 Passagiere und vier Besatzungsmitglieder) verloren ihr Leben.

23. September 1980

ALLE vier Besatzungsmitglieder, die einzigen Insassen, verloren ihr Leben, als eine Iljuschin Il-76T (YI-AIO) der Iraqi Airways während eines iranischen Luftangriffs abgeschossen wurde, als das vierstrahlige Transportflugzeug gerade zum Landeanflug auf Bagdad einschwebte.

16. Mai 1981

EINE Lockheed 382G (L-100 Serie 20) Hercules (D2-EAS) der Linhas Aéreas de Angola wurde bei Menogue in Angola abgeschossen. Ihre vierköpfige Besatzung, die einzigen Insassen, fand dabei den Tod. Das vierstrahlige Turboprop-Transportflugzeug befand sich im Landeanflug, als eine Infrarotrakete in etwa 1200 m Höhe Triebwerk Nr. 4 traf.

1. September 1983

IM »kalten Krieg« gab es zwischen den damaligen Supermächten niemals einen direkten Schlagaustausch, aber es gab eine Anzahl von Situationen, die die Spannungen auf den Gipfel trieben. Am bedrohlichsten war hier natürlich die kubanische Raketenkrise von 1962. Geschichtlich aber genauso bedeutend war der Abschuß von Flug 007 der Korean Air Lines (KAL) durch sowjetische Luftverteidigungskräfte.

Dieser internationale Zwischenfall begann als Routineflug von New York City nach Seoul in Südkorea. Den Flug absolvierte eine Boeing 747-230B (HL7442), die am Abend des 31. August vom internationalen Flughafen John F. Kennedy abhob. Nach einer Zwischenlandung in Anchorage/Alaska, wo die Besatzung ausgewechselt und Kraftstoff nachgetankt wurde, begab sich der Jumbo auf den pazifischen Teil seiner Gesamtroute. An Bord waren 240 Passagiere, drei Mann Flugbesatzung, 20 Flugbegleiter und sechs KAL-Angestellte außer Dienst.

Nur zehn Minuten nach dem Start begann die Maschine aus der vorgeschriebenen Luftstraße abzudriften und einen Kurs aufzunehmen, der sie schließlich in den gesperrten Luftraum der Sowjetunion führen sollte. Eine militärische Radarstation erfaßte diese Abweichung zwar, aber das nutzte nichts, da es damals noch keine Zusammenarbeit zwischen militärischen und zivilen Flugsicherungsstellen gab; zudem betrachtete man eine solche Abweichung nicht als ungewöhnlich.

Die 747 flog in den sowjetischen Luftraum an einem Punkt ein, der rund 400 km nördlich der zugewiesenen Luftstraße R-20 lag, und überquerte die Südspitze der Halbinsel Kamtschatka, wo damals sowohl U-Boot-Stützpunkte wie auch Raketenbasen lagen. Alarmierte Jagdflugzeuge konnten die Verkehrsmaschine nicht finden, und so flog sie weiter über das Ochotskische Meer. Die Luftverteidigung bekam eine zweite Chance, als die 747 ein zweites Mal in den sowjetischen Luftraum eindrang, diesmal über der Südspitze der Insel Sachalin, ein ebenfalls wichtiges Militärgebiet.

Kurz nach 06.00 Uhr Ortszeit meldete der Jagdflugzeugpilot einer Suchoi Su-15 Flagon der sowjetischen Luftstreitkräfte, daß er in der ersten Morgendämmerung das – wie er es nannte – »Ziel« visuell erfaßt habe. Während der anschließenden Verfolgungsjagd, die gut 20 Minuten dauerte, versuchte der Sowjetpilot, so nimmt man an, sein Ziel mit der Freund-Feind-Kennung zu identifizieren, danach schoß er mit seiner Bordkanone, um die Aufmerksamkeit der 747-Besatzung auf sich zu ziehen. Da er nicht in der Lage war, Kontakt zur 747 herzustellen, feuerte er schließlich zwei Luftkampfraketen ab, von denen zumindest eine die 747 traf, möglicherweise an der linken Tragfläche. Der Kopilot war noch in der Lage, einen Notruf abzusetzen. Er meldete schnellen Druckabfall in der Kabine, weswegen das Flugzeug in den Sinkflug übergehe. Gleich darauf, um etwa 06.35 Uhr Ortszeit, stürzte die 747 ungefähr 80 km südwestlich von Sachalin nahe der Insel Moneron, möglicherweise nach einer Explosion in der Luft, in das Japanische Meer, also in internationale Gewässer. Für die 269 Menschen an Bord der Verkehrsmaschine gab es keine Überlebenschance. Nur wenige Trümmer und die sterblichen Überreste von nur einigen Opfern wurden später geborgen.

Ein Bericht über die Tragödie, die die neue Regierung der Gruppe Unabhängiger Staaten (GUS) 1993 herausgab, rechtfertigte weitgehend die Maßnahmen, die die sowjetische Luftverteidigung ein Jahrzehnt zuvor getroffen hatte. Nach Auswertung der Informationen des digitalen Flugdatenschreibers und der Cockpit-Gesprächsaufzeichnungsanlage ergab diese neuerliche Untersuchung, daß die Besatzung von Flug 007 entweder den Autopiloten in der Betriebsart »Steuerkurshaltung« gelassen oder auf das Trägheits-Navigationssystem geschaltet hatte, als die Maschine schon zu weit vom Kurs abgekommen war, um den gewünschten Flugweg noch einzufangen. Dies war auch eine von zwei plausiblen Erklärungen, zu der die Internationale Zivilluftfahrt-Organisation ICAO in ihrer eigenen Untersuchung kam – die zweite war eine fehlerhafte Programmierung des Trägheits-Navigationssystems, als die 747 noch in Anchorage am Boden stand.

Wäre der Autopilot auf Kurshaltung belassen gewesen, hätten Lampen am Instrumentenbrett angezeigt, daß die Trägheitsnavigation nicht in Betrieb war. Darüber hinaus hätte die Besatzung noch weitere Möglichkeiten gehabt, die Position des Flugzeugs zu bestimmen – sogar mit der Bodenbilddarstellung des in der 747 vorhandenen Wetterradars. Immerhin räumte auch die ICAO ein, daß eine derartige Unaufmerksamkeit in der »internationalen Zivilluftfahrt nicht unbekannt« sei.

Am 10. September 1983, mehr als eine Woche nach dem Abschuß, suchen Polizisten noch immer nach Trümmern des KAL-Fluges 007 – einige Wrackteile wurden an nordjapanische Strände gespült.

Der GUS-Bericht führt ebenfalls an, daß das Flugzeug fälschlicherweise als RC-135, ein elektronischer US-Aufklärer, identifiziert worden sei – solch eine Maschine war in dem Gebiet tatsächlich eingesetzt gewesen, bevor 007 erschien, aber sie war mehr als eine Stunde, bevor 007 angegriffen wurde, zu ihrem Flugplatz zurückgekehrt.

Heute kann festgestellt werden, daß die Nordpazifikroute, die ja vom kommerziellen Luftverkehr weiterhin stark beflogen wird, wesentlich sicherer geworden ist. Nicht nur wegen der politischen Entwicklung im Sowjetblock, sondern auch wegen der Errichtung eines weitreichenden Radarsystems, das im Dezember 1984 in Betrieb ging und seitdem die Region überwacht.

8. November 1983

VON der Boeing Advanced 737-2M2 (D2-TBN) der Linhas Aéreas de Angola, die bei Lubango in Angola auf dem Boden aufschlug, nimmt man an, daß sie ein Opfer von Feindbeschuß wurde. Alle 130 Personen an Bord (126 Passagiere und vier Besatzungsmitglieder) kamen ums Leben, als die zweistrahlige Verkehrsmaschine, die einen Inlandflug zur Hauptstadt Luanda durchführen sollte, um etwa 15.20 Uhr Ortszeit direkt nach dem Start abstürzte. Das Flugzeug war auf eine Höhe von etwa 60 m gestiegen, hatte eine steile Kurve nach links geflogen und war dann 800 m hinter dem Ende der Startbahn zu Boden gestürzt und explodiert.

Die angolanischen Behörden gaben als Grund für dieses Desaster »technisches Versagen« an, zudem seien die Wetterbedingungen »sehr schlecht« gewesen. Generell glaubt man aber, daß die 737 möglicherweise mit einer Flugabwehrrakete von

Rebellen, die damals gegen die Regierung kämpften, abgeschossen wurde.

21. September 1984

EINE McDonnell Douglas DC-10 Serie 30 der Ariana Afghan Airlines wurde bei Kabul, ihrem Bestimmungsort, mit mehr als 300 Personen an Bord von Explosivgeschossen getroffen. Sie kam auf dem Inlandteil einer Flugroute, die im saudiarabischen Mekka begonnen hatte, von Kandahar und erreichte sicher den internationalen Flughafen von Kabul, ohne daß einer der Insassen verletzt wurde – obwohl die Hydrauliksysteme Nr. 1 und 3 beschädigt worden waren.

4. September 1985

EINE Antonow An-26 (YA-BAM) der Bakhtar Afghan Airlines wurde über Westafghanistan abgeschossen, etwa 20 km östlich von Kandahar, wo sie nur Minuten zuvor zu einem planmäßigen Inlandflug in die Provinz Farah gestartet war. Alle 52 Personen an Bord (47 Passagiere und die fünfköpfige Besatzung) wurden bei dem Absturz, der sich kurz nach 11.00 Uhr Ortszeit ereignete, getötet.

Nach Angaben der afghanischen Regierung wurde die in der Sowjetunion gebaute zweistrahlige Turboprop-Maschine in einer Höhe von knapp 4000 m von einer Flugabwehrrakete der Aufständischen getroffen.

20. Februar 1986

EINE zweistrahlige Fokker F.27 Friendship Mark 600 (EP-ANA) der Iran Asseman Airlines wurde auf einem außerplanmäßigen Inlandflug von Teheran nach Ahvaz in der Provinz Huzestan etwa 30 km nordöstlich ihres Ziels von einem irakischen Jagdflugzeug abgeschossen. Alle 49 Menschen an Bord der Turboprop-Maschine (44 Passagiere und fünf Besatzungsmitglieder) fanden den Tod, als sie um etwa 12.25 Uhr Ortszeit rund 530 km südwestlich der iranischen Hauptstadt von mindestens einer Luftkampfrakete getroffen wurde.

16. August 1986

EINE Fokker F.27 Friendship Mark 400M (ST-ADY) der Sudan Airways wurde um etwa 10.30 Uhr Ortszeit auf dem planmäßigen Inlandflug zur sudanesischen Hauptstadt Khartum kurz nach dem Start in Malakal abgeschossen. Sie geriet beim Aufprall in Brand, was ihre 60 Insassen (57 Passagiere und drei Besatzungsmitglieder) das Leben kostete.

Die Turboprop-Maschine war angeblich von einer Flugabwehrrakete des Typs SAM-7 getroffen worden, die sudanesische Insurgenten abgefeuert hatten. Die Fluggesellschaft setzte daraufhin alle Flüge in den Südteil des Landes aus.

15. Oktober 1986

IRAKISCHE Kampfflugzeuge griffen eine Boeing Advanced 737-286 (EP-IRG) der Iran Air an, als um etwa 17.00 Uhr Ortszeit auf dem Flugplatz Schiras in der Provinz Fars Fluggäste von Bord gingen. Von den etwa 80 Insassen verloren drei Passagiere bei dem Angriff ihr Leben, etwa 30 weitere Personen wurden verletzt. Die 737 wurde zerstört.

31. Dezember 1986
FLUG 1502, eine Boeing 737 der United Air Lines, wurde beschossen, als sie den Flughafen Raleigh-Durham in North Carolina anflog. Ein männlicher Passagier wurde verletzt, aber die Düsenmaschine erreichte sicher ihr Ziel. Eine Untersuchung der Bundeskriminalpolizei FBI ergab, daß der verantwortliche Schütze auf den Piloten gezielt hatte; der Attentäter wurde später zu 20 Jahren Gefängnis verurteilt.

9. März 1987
ALLE drei Insassen starben, als eine DC-3 (N49454) der Aero Express von honduranischen Streitkräften bei El Paraiso im südlichen Honduras abgeschossen wurde. Sie wurde des Drogenschmuggels verdächtigt.

14. Oktober 1987
EINE vierstrahlige Turboprop-Transportmaschine des Typs Lockheed 382G (L-100-30) Hercules (HB-ILF) der Zimex Aviation wurde etwa fünf Minuten nach dem Start in Cutato/Angola von einer Infrarot-Flugabwehrrakete getroffen. Der Treffer im Triebwerk Nr. 3 in einer Höhe von ungefähr 600 m löste einen nicht mehr zu kontrollierenden Brand aus. Das in der Schweiz registrierte Flugzeug stürzte ab, als es versuchte, zum Flugplatz zurückzukehren. Die sechs Insassen (zwei Passagiere und vier Besatzungsmitglieder) kamen ums Leben – auch zwei Unbeteiligte am Boden.

6. November 1987
ZEHN Personen (acht Passagiere und die beiden Piloten) starben, als eine Shorts Skyvan Serie 3 (7Q-YMB) der Air Malawi bei Ulonque in Mosambik abgeschossen wurde – es gab keine Überlebenden. Die zweistrahlige Turboprop-Maschine war auf einem Inland-Charterflug von Blantyre zur Hauptstadt Lilongwe unterwegs gewesen. Die mosambikanischen Streitkräfte hatten keine Vorankündigung dieses Fluges erhalten und schossen die Skyvan daraufhin um etwa 08.30 Uhr Ortszeit ab.

Anschließend wurde empfohlen, daß Flugzeuge, die Mosambik zu überfliegen oder dort zu landen beabsichtigen, ihren Flug zuvor von einer kompetenten Regierungsstelle genehmigen lassen sollten, um eine Wiederholung dieser Tragödie auszuschließen.

21. April 1988
BEIDE Besatzungsangehörige, die einzigen Insassen, verloren ihr Leben, als ihre DC-3 (N47FE) der

African Air Carriers bei Quelimane in Mosambik abstürzte. Man nimmt an, daß die Zweimotorige abgeschossen wurde.

3. Juli 1988
FÜNF Jahre nach dem Abschuß von Flug 007 der Korean Air Lines, für den sie die UdSSR verbal scharf angegriffen hatten, befanden sich die USA in einer ähnlichen Lage: ihre Marine hatte über dem Persischen Golf einen iranischen Passagier-Jumbo abgeschossen.

Der Ursprung dieser Tragödie reichte über ein Jahr zurück, als nämlich Schiffe der US-Marine begannen, kuwaitische Öltanker zu begleiten, um Angriffen auf zivile Schiffe entgegenzutreten, die sich aus dem Krieg zwischen dem Iran und dem Irak entwickelt hatten. Die Risiken wurden bald deutlich, als im Mai 1987 eine Rakete, die ein irakischer Düsenjäger angeblich »versehentlich« abgeschossen hatte, die Fregatte Stark traf und 37 amerikanische Marinesoldaten tötete.

Infolge dieses Zwischenfalls wurden neue »Regeln für das militärische Eingreifen« entwickelt, um die Berechtigung der US-Kommandeure festzuschreiben, Abwehrmaßnahmen zu ergreifen, wenn sie eine »feindliche Absicht« vermuten.

Die US-Streitkräfte rechneten an dem Wochenende, das dem amerikanischen Unabhängigkeitstag voranging, mit erhöhter militärischer Aktivität der Iraner. Am Sonntag, dem 3. Juli, waren der Kreuzer Vincennes und die Fregatte Elmer Montgomery der US-Marine schon morgens in der Straße von Hormus in einen Schußwechsel mit mehreren iranischen Kanonenbooten verwickelt worden. Zu diesem Zeitpunkt hob Flug 655 der Iran Air, ein zweistrahliger Airbus A300B2-203 (EP-IBU), vom internationalen Flughafen Bandar Abbas ab, der sowohl von zivilen als auch von militärischen Flugzeugen genutzt wurde, und nahm Kurs auf Dubai in den Vereinigten Arabischen Emiraten.

In dem damaligen Durcheinander – schließlich ging der Schußwechsel auf dem Wasser ja weiter, und in der Nähe patrouillierte ein iranischer Seeaufklärer des Typs Lockheed P-3 Orion, der eventuell Zielinformationen weitergab – wurde der Airbus fälschlicherweise als iranischer Düsenjäger des Typs F-14 identifiziert. Als das Düsenverkehrsflugzeug auf einem Kurs von 200 Grad weiterflog, sein Flugweg dabei zwar generell in der zugewiesenen Luftstraße lag, aber etwas rechts von deren Mittellinie, wurden der Airbus-Besatzung von der Vincennes und der amerikanischen Fregatte John Sides mehrere Warnungen durchgegeben. Da er ein ähnliches Desaster wie das der Stark befürchtete, befahl der Kommandant der Vincennes, Kapitän zur See Will Rogers III, den Abschuß zweier Flugabwehrraketen des Typs Standard. Um etwa 10.25 Uhr Ortszeit wurde der Airbus, etwa 15 km vom Schiff entfernt, in einer

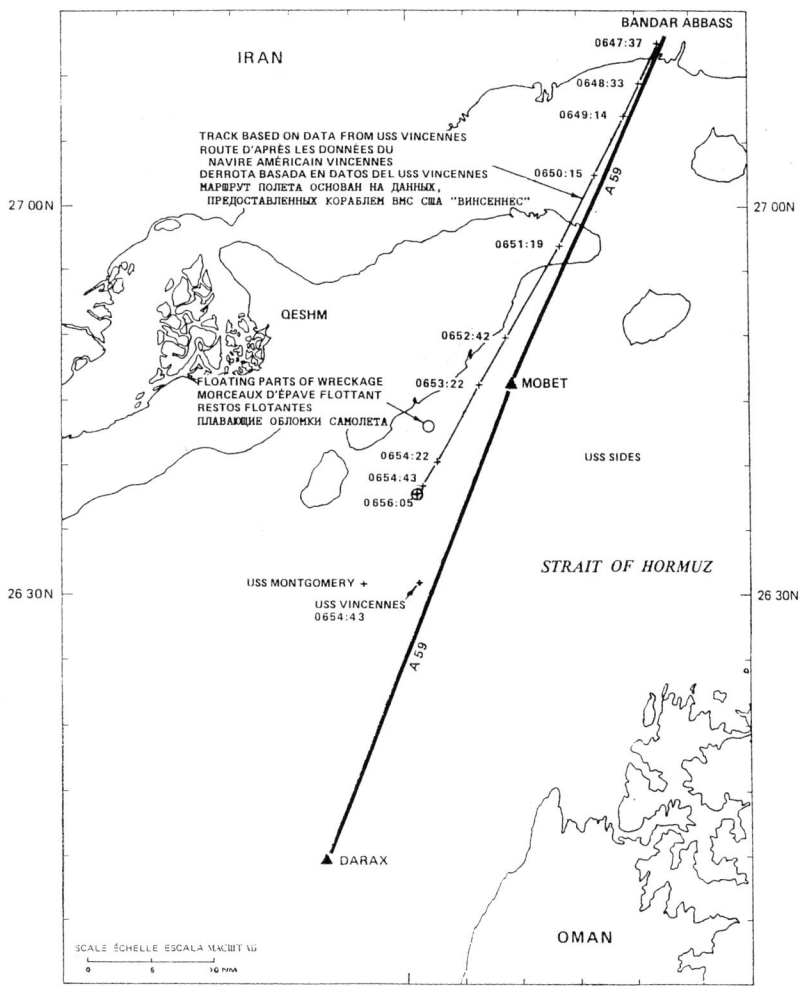

Die Skizze der Internationalen Zivilluftfahrt-Organisation zeigt die geringe seitliche Versetzung der Iran Air A300, die am 3. Juli 1988 abgeschossen wurde, von der Mittellinie der Luftstraße, und ihre relative Position zur »Vincennes«, die sie abschoß, sowie zu anderen Schiffen der US-Marine.

Höhe von 4100 m getroffen. Nachdem eine Tragfläche und das Heck weggebrochen waren, stürzte er bei der Insel Hengam in die Straße von Hormus. Alle 290 Personen an Bord, 274 Passagiere und 16 Besatzungsangehörige, kamen dabei ums Leben.

Bei ihrer Untersuchung der Tragödie entdeckte die US-Marine einen wichtigen Grund für die Fehlidentifizierung. Die atmosphärischen Bedingungen im Persischen Golf förderten zu der Zeit – mit hoher Luftfeuchtigkeit – eine anomale Ausbreitung der Radarstrahlen: sie folgten der Erdkrümmung. So hatte das Schiff offensichtlich ein Signal der Freund-Feind-Kennung in Betriebsart (Mode) II aufgefangen, das von Militärflugzeugen abgestrahlt wird und vielleicht von einer F-14 oder sogar einer C-130 stammte, die auf demselben Flughafen am Boden standen, von dem der Airbus gestartet war.

Allerdings zeigen Bandaufnahmen des Verteidigungssystems des Kreuzers auch klar die Betriebsart III des Transponders, die normalerweise zivilen Flugzeugen zugeordnet ist. Maßgeblich für die Entscheidung, den Airbus abzuschießen, war die Meldung, daß das Ziel beim Anflug auf das Schiff immer tiefer ging, obwohl es in Wirklichkeit ja stieg. Das konnte nur passieren, wenn der Koordinator für taktische Informationen nur Entfernungswerte gemeldet hätte, die fälschlich als Höhe interpretiert wurden, oder wenn er Höhe und Entfernung verwechselt hätte. Zudem gab es aufgrund der Wetterbedingungen keine Sichtverbindung zum Airbus.

Funksprüche an den Airbus wurden – einschließlich der Drohung mit Abwehrmaßnahmen – sowohl auf der militärischen als auch auf der internationalen Luftverteidigungsfrequenz durchgegeben. Zwar konnte der Airbus die militärische Frequenz nicht empfangen, aber dennoch hätten seine Piloten die zivile Frequenz abhören sollen, wenn sie schon das Golfgebiet überfliegen. Vielleicht haben sie es nicht getan – oder aber sie fühlten sich nicht angesprochen.

Der Bericht der US-Marine nannte den Abschuß einen »tragischen und bedauerlichen Vorfall«, spricht aber auch dem Iran eine Teilschuld zu, da er zuließ, daß ein Verkehrsflugzeug in einem »Kriegsgebiet« operierte. Indem sie ihren Irrtum einsahen, stimmten die USA etwa acht Jahre später zu, mehr als 60 Millionen Dollar an die Hinterbliebenen der Opfer von Flug 655 zu zahlen.

8. April 1989

BEIM Landeanflug auf Luena in Angola geriet Triebwerk Nr. 2 einer Lockheed 382E (L-100-20) Hercules (S9-NAI) der auf São Tomé e Príncipe beheimateten Fluggesellschaft Transafrick Corporation Ltd in Brand. Die vierstrahlige Turboprop-Transportmaschine landete etwa 1 1/2 km vom Flughafen entfernt im Busch und brannte aus. Die drei Mann Besatzung entkamen unverletzt.

Das Wrack zeigte Einschüsse von Handfeuerwaffen, aber es konnte nicht festgestellt werden, ob das Flugzeug vor oder nach seiner Notlandung getroffen worden war.

28. Juni 1989

EINE Fokker F.27 Friendship Mark 600RF (60-SAZ) der Somali Airlines wurde bei Borama in Somalia vermutlich von Rebellen abgeschossen; alle 30 Personen an Bord (24 Passagiere und sechs Besatzungsmitglieder) fanden den Tod. Sie wurde offensichtlich von einer Flugabwehrrakete getroffen und stürzte kurz vor 09.30 Uhr Ortszeit ab – nur zehn Minuten, nachdem die zweistrahlige Turboprop-Maschine in Hargeysa zum planmäßigen Inlandflug nach Mogadischu aufgestiegen war.

5. Januar 1990

D2-THB war die Zulassungsnummer einer Lockheed 382B (L-100) Hercules der Linhas Aéreas de Angola, deren Nr.-4-Triebwerk nach dem Start in Menongue in Angola von einer Infrarotrakete getroffen wurde. Die vierstrahlige Turboprop-Transportmaschine konnte mit brennender rechter Tragfläche zum Flugplatz zurückkehren, geriet bei der Landung aber von der Landebahn in unwegsames Gelände und kam zu Bruch – keiner der sieben Menschen an Bord allerdings wurde dabei ernsthaft verletzt.

12. Juni 1990

ÜBER Afghanistan wurde eine Iljuschin Il-76T (SSSR-86905), eine vierstrahlige Transportmaschine der Aeroflot, von einer Flugabwehrrakete getroffen. Ihr gelang daraufhin eine Bauchlandung in Kabul. Das Flugzeug mußte abgeschrieben werden, aber nur zwei seiner zehn Insassen wurden ernsthaft verletzt.

2. Oktober 1990

EINE vierstrahlige Transportmaschine des Typs Il-76 der Iraqi Airways wurde nahe der Hauptstadt Kuwait abgeschossen; dabei kamen ungefähr 130 Menschen, vermutlich Soldaten, ums Leben. Überlebende gab es nicht. Das Flugzeug war von einer Flugabwehrrakete getroffen worden, die kuwaitische Widerstandskämpfer abgefeuert hatten. Der Abschuß ereignete sich während der Besetzung Kuwaits durch irakische Truppen.

16. März 1991

NEUN Menschen (fünf Passagiere und die vierköpfige Besatzung) starben, als eine Lockheed 382G (L-100-30) Hercules (CP-1564) der in São Tomé e Príncipe beheimateten Fluggesellschaft Transafrick Corporation Ltd in der Nähe des angolanischen Ortes Malanje abgeschossen wurde, offensichtlich von Rebellen. Es gab keine Überlebenden. Das vierstrahlige Turboprop-Transportflugzeug war auf einem Inlandflug von Luanda in die Provinz Lunda Norte in einer Höhe von 5100 m vermutlich von einer Flugabwehrrakete getroffen worden.

29. März 1991

EINE vom Roten Kreuz gecharterte de Havilland Twin Otter Serie 300 der Linie Zimex Aviation wurde auf einem angolanischen Inlandflug von Luena nach Cuito Cuanavale kurz vor ihrem Zielort von einer Flugabwehrrakete getroffen. Von ihren elf Insassen wurde allerdings niemand verletzt, und das in der Schweiz registrierte Flugzeug landete problemlos.

10. Juli 1991

VON Perus nationaler Polizei wurde bei Bellavista in der Provinz Loreto eine CASA C-212 Aviocar (OB-1218) der Aerohasqui SA abgeschossen. Alle 15 Insassen (13 Passagiere und die beiden Piloten des in Peru registrierten zweistrahligen Turboprop-Mehrzweckflugzeugs) kamen dabei ums Leben.

Die Polizeibeamten, die betrunken gewesen sein sollen, hatten versucht, den Start der Maschine zu verhindern, um sie durchsuchen zu können, und hatten das Feuer eröffnet, als es zur Landung zurückkehrte. Dabei wurden die beiden Piloten erschossen, und das Flugzeug stürzte um etwa 16.50 Uhr Ortszeit ab.

27. März 1992

KURZ nach dem Start in Stepanakert/Aserbeidschan wurde eine dreistrahlige Jak-40 der Aeroflot auf dem planmäßigen Flug nach Eriwan/Armenien von einer Infrarotrakete angeschossen. Trotz eines Brandes, der bald gelöscht werden konnte, landete das beschädigte Flugzeug sicher. Zehn Fluggäste wurden geringfügig verletzt.

29. Mai 1992

EINE Tu-154 der Ariana Afghan Airlines wurde in der Nähe von Kabul in Afghanistan auf einem außerplanmäßigen Flug von einer Rakete getroffen. Obwohl einer der beiden Piloten verwundet wurde, landete die Maschine sicher. Sie war in einer Höhe von rund 200 m beim Landeanflug auf den Flughafen der Hauptstadt beschossen worden.

26. April 1993
EINE An-12 (RA-11121) der Komiavia Kontsem wurde über Angola in etwa 4500 m Höhe am Triebwerk Nr. 4 getroffen. Die vierstrahlige Turboprop-Transportmaschine machte daraufhin eine Bruchlandung auf einem Feld bei Luena, wo sie zuvor zu einem Inlandflug nach Catumbela gestartet war. Obwohl es infolge des Treffers und auch der Bruchlandung keine Toten gegeben hatte, verlor ein Besatzungsmitglied das Leben, als es auf eine Landmine trat; ein zweites wurde verletzt.

21. September 1993
EINE zweistrahlige Tupolew Tu-134A (SSSR-65893) der Transair Georgia Airlines wurde – vermutlich von abchasischen Separatisten – über dem Schwarzen Meer vor Suchumi in Georgien/GUS abgeschossen. Alle 27 Personen an Bord (22 Passagiere und fünf Besatzungsmitglieder) fanden dabei den Tod.

Das zweistrahlige Flugzeug war außerplanmäßig vom russischen Sotschi gekommen und befand sich im Landeanflug, als es in einer Höhe von etwa 300 m vermutlich von einer Rakete getroffen wurde, die ein Patrouillenboot abgefeuert hatte. 4 km vor dem Flughafen Babuscheri bei Suchumi, wo es hätte landen sollen, stürzte das Flugzeug ins Meer.

22. September 1993
BEI der Landung auf dem Babuscheri-Flughafen bei Suchumi in Georgien/GUS wurde eine Tupolew Tu-154B (SSSR-85163) der Transair Georgia Airlines von einer Rakete getroffen, die abchasische Separatisten abgefeuert hatten. Die Dreistrahlige war vom georgischen Verteidigungsministerium für einen Flug von Tiflis nach Suchumi gechartert worden und beförderte hauptsächlich Soldaten.

Von den 132 Personen an Bord wurden bei der anschließenden Bruchlandung 106 getötet, darunter auch die Hälfte der zwölfköpfigen Besatzung. Alle Überlebenden wurden schwer verletzt. Die Tu-154 hatte in der Dämmerung um etwa 18.30 Uhr Ortszeit schon fast aufgesetzt, als die Rakete sie traf.

23. September 1993
DER Pilot kam ums Leben, als eine Tupolew 134A (SSSR-65001) der Transair Georgia Airlines, die auf dem Flughafen Babuscheri bei Suchumi in Georgien/GUS gerade Soldaten und Flüchtlinge an Bord nahm, von einer Mörser- oder Artilleriegranate getroffen wurde, die offensichtlich vom

Schwarzen Meer aus abgefeuert worden war. Zahlreiche Passagiere wurden verletzt, und das zweistrahlige Flugzeug, das einen Inlandflug nach Tiflis durchführen sollte, wurde zerstört.

27. Juli 1994
ALLE sieben Insassen kamen ums Leben, als eine in Rußland gebaute und dort auch registrierte zweistrahlige Turboprop-Frachtmaschine des Typs Antonow An-26 der Kiev Airlines in der Nähe von Bihac in Bosnien-Herzogowina beim Landeanflug abgeschossen wurde und in ein Minenfeld stürzte.

28. Januar 1995
EINE zweistrahlige Turboprop-Maschine des Typs Beechcraft Super King Air 200 (D2-ECH) der angolanischen Aviação Ligeira stürzte kurz nach dem Start auf dem angolanischen Flughafen Cafunfo ab; sie war offensichtlich von einer Rakete getroffen worden. Zwei ihrer sechs Insassen verloren dabei ihr Leben.

28. April 1995
EINE British Aerospace BAe 748 Serie 2A (4R-HVB) der srilankischen Fluggesellschaft Helitours stürzte bei Jaffna in Sri Lanka ab und riß all ihre 45 Insassen (42 Passagiere und drei Besatzungsmitglieder) mit in den Tod. Die zweistrahlige Turboprop-Maschine war gerade auf dem Fliegerhorst Palay zu einem außerplanmäßigen Truppentransport nach Colombo gestartet, als der Pilot seine Rückkehr meldete – sein linkes Triebwerk brannte. Die Flammen sprangen jedoch auf die Tragfläche über, bevor eine sichere Landung gelang, und das Flugzeug stürzte etwa 200 m vor der Landebahn zu Boden. Man nimmt an, daß es von einer Flugabwehrrakete abgeschossen wurde.

29. April 1995
EINE weitere Turboprop-Maschine der srilankischen Helitours, ebenfalls eine British Aerospace BAe 748 Serie 2B (4R-HVA), wurde bei Jaffna in Sri Lanka abgeschossen; alle 52 Personen an Bord, 49 Passagiere und drei Besatzungsmitglieder, kamen dabei ums Leben. Die Maschine kam auf militärischem Inland-Charterflug von Anuradhapura, stürzte etwa 8 km vor dem Fliegerhorst Palay, wo sie hätte landen sollen, ab und brannte aus. Sie war vermutlich von einer Flugabwehrrakete getroffen worden, als sie aus einer Höhe von 900 m in den Sinkflug überging.

13. Februar 1998
EINE Boeing 727 der Delta Air Lines wurde mit einem Gewehr beschossen, als sie auf dem internationalen Flughafen Hartsfield bei Atlanta/Georgia zum Start für einen planmäßigen Inlandflug nach Mobile/Alabama rollte. Es wurde niemand verletzt.

Weitere Gewalttaten

Durch Fortschritte in Sicherheitsverfahren und Sicherheitstechnik konnte die kommerzielle Luftfahrt im Kampf gegen den Flugterrorismus erheblich an Terrain gewinnen. Jetzt ist es zum Beispiel möglich, Schußwaffen und Sprengstoff zu entdecken, der an Bord eines Flugzeugs geschmuggelt werden soll. Für diese Entwicklung spricht auch, daß 1995 nur noch drei Terrorakte gegen Fluggesellschaften verübt wurden – 1970 waren es noch mehr als 80 gewesen.

Auch auf der diplomatischen Bühne geht man jetzt mit Terroristen anders um: die Staaten unterscheiden kaum noch zwischen »guten« und »schlechten« Flugzeugentführungen und liefern die Täter ohne Rücksicht auf eventuelle Sympathien zum Zwecke der Bestrafung aus – in manchen Fällen bestrafen sie sie auch selbst.

Aber kein Sicherheitssystem ist unfehlbar, und Flugzeugentführer wie Saboteure zeigen noch immer Kreativität in ihrer Arbeitsweise. So konnte – trotz verfeinerter Vorbeugungsmaßnahmen vor Ort – noch 1985 ein Sprengkörper an Bord eines Jumbo gelangen, der den Atlantik überquerte, was zum schlimmsten Sabotageakt der Geschichte der Luft-

Eine entführte Il-18 der Polskie Linie Lotnicze (LOT) bereitet ihren Start vor, nachdem sie im Oktober 1969 nach West-Berlin entführt worden war.

fahrt führte. Und obwohl alle regulären Passagiere überprüft wurden, mußte 1987 eine Fluggesellschaft erleben, daß einer ihrer eigenen Angestellten in der Lage war, ein Flugzeug zum Absturz zu bringen, indem er eine Waffe benutzte, die am Spürgerät vorbeigeschmuggelt worden war.

Es folgt eine Aufzählung verschiedener Terrorakte, die sich seit 1967 ereignet haben und nicht zu einer der bisher behandelten Kategorien zählen.

23. April 1967
FÜNF Männer kaperten eine Fokker F.27 der Nigeria Airways, die mit 29 Personen an Bord planmäßig die Inlandroute Benin – Lagos beflog, und entführten die Turboprop-Maschine nach Enugu/Nigeria. Nur wenige Tage nach dieser Entführung galten bei der Fluggesellschaft neue Sicherheitsverfahren: Wachen an Bord der Flugzeuge und Handdurchsuchungen allen Gepäcks waren jetzt Vorschrift.

29. Mai 1967
IN einer DC-4 der kolumbianischen Fluggesellschaft Aerocóndor auf planmäßigem Inlandflug von Barranquilla nach Bogotá ging eine Zeitbombe hoch, die ein Loch in ihr Heck riß. Von den 22 Personen an Bord der Maschine wurde niemand verletzt; das Flugzeug landete problemlos.

12. Oktober 1967
ALLE 66 Menschen (59 Passagiere und sieben Angehörige der Fluggesellschaft) an Bord einer de Havilland Comet 4B (G-ARCO) der British European Airways (BEA) starben, als im Flugzeug über dem Mittelmeer vor der Südwestküste der Türkei ein Sprengsatz detonierte.

Flug 284 hatte in London begonnen und war in Athen zwischengelandet, bevor er nach Nikosia auf Zypern weiterflog. Die zweite Hälfte der Strecke wurde von der BEA im Auftrag von Cyprus Airways geflogen. Der letzte Funkkontakt zur Comet bestand um etwa 07.20 Uhr Ortszeit – drei Stunden später wurde ihr Wrack rund 160 km ostsüdöstlich der Insel Rhodos entdeckt. Es konnten bis auf sieben alle Leichname geborgen werden, aber die meisten Wrackteile versanken in 1800 m tiefem Wasser – ihre Bergung war unmöglich.

Anzeichen für einen Sprengsatz gab ein Sitzpolster, das aus dem Meer gefischt werden konnte: es enthielt viele kleine Metallteile, Fasern und etwa 20 Löcher. Der Sprengsatz war in der Passagierkabine detoniert, auf oder über dem Boden und nahe der Seitenstrebe eines Sitzes, auf dem vermutlich ein Fluggast gesessen hatte. Die Art des benutzten Sprengstoffs konnte nicht ermittelt werden. Eine Analyse der Lage der Wrackteile deutete darauf hin, daß die Comet nicht in ihrer Reisehöhe von 8700 m auseinandergebrochen war. Die Explosion muß schwere Schäden verursacht und das Flugzeug außer Kontrolle gebracht haben,

und der Rumpf muß erst in einer geschätzten Höhe von 4500 m in mindestens zwei größere Teile zerbrochen sein.

Obwohl zunächst ein Mordversuch am Kommandeur der griechischen Streitkräfte auf Zypern vermutet wurde, den man – fälschlich – an Bord der Maschine vermutet hatte, kann es durchaus auch eine Form des Versicherungsbetrugs gewesen sein. Zwei Passagiere waren ungewöhnlich hoch versichert, und der Policen war erst kurz vor dem Abflug in Athen gelöst worden. Aber es konnten nie ein Verdächtiger oder auch nur ein konkretes Motiv ermittelt werden.

12. November 1967
EIN primitiver selbstgebastelter Sprengsatz explodierte im hinteren Frachtraum einer Boeing 727 der American Airlines, als das Düsenflugzeug planmäßig die Inlandroute Chicago – San Diego bediente. Trotz erheblicher Schäden erreichte die Maschine sicher ihr Ziel, und von den 78 Personen an Bord wurde niemand verletzt. Ein kleiner Beamter hatte den Sprengkörper im Koffer seiner Frau, die zu den Passagieren zählte, versteckt – er wurde später überführt und zu Haft verurteilt.

9. Februar 1968
EIN amerikanischer Soldat, der mit einer Pistole bewaffnet war, erzwang sich den Zutritt zu einer DC-6B der Pan American World Airways, die auf dem Flughafen Da Nang in Südvietnam stand und sich auf einen militärischen Charterflug nach Hongkong vorbereitete. Er wurde festgenommen und später vor Gericht gestellt, anschließend aber als schizophren eingestuft und aus gesundheitlichen Gründen entlassen.

4. Juli 1968
DER Versuch, eine Boeing 727 der Trans World Airlines, die als Flug 329 mit 71 Personen an Bord von Kansas City nach Las Vegas flog, nach Mexiko zu entführen, endete mit der Verhaftung des Attentäters, der behauptet hatte, eine Waffe und Dynamit bei sich zu haben, tatsächlich aber unbewaffnet war. Er wurde zu Gefängnis verurteilt – diese Strafe wurde später wegen eines Ausbruchsversuchs noch erhöht.

30. Oktober 1968
EINE Curtiss C-46 der Servicios Aéreos Especiales SA (SAESA), die mit 32 Personen an Bord planmäßig einen innermexikanischen Flug von Tampico nach Reynosa durchführte, wurde in die USA entführt und landete in Brownsville/Texas. Der Täter wurde zur Strafverfolgung an Mexiko ausgeliefert.

2. November 1968
MIT der Forderung, nach Südvietnam geflogen zu werden, betrat ein 17jähriger Junge, der mit einer

Schrotflinte bewaffnet war, auf dem Flughafen von Birmingham/Alabama Flug 224 der Eastern Air Lines, als die DC-9 sich mit 54 Personen an Bord auf einen Inlandflug nach Chicago vorbereitete. Er wurde vom Piloten entwaffnet, während die Maschine noch am Boden stand. Wegen seines Alters wurde er nur auf Bewährung verurteilt und psychiatrisch behandelt.

5. November 1968

VIER Männer, die mit Faustfeuerwaffen und Handgranaten bewaffnet waren, bemächtigten sich einer Fokker F.27 Friendship der Philippine Air Lines, die laut Flugplan die Inlandroute Mactan – Manila beflog. Um etwa 21.00 Uhr Ortszeit brach dann eine Schießerei zwischen ihnen und einem Sicherheitsbeamten aus, ein Passagier wurde erschossen, zwei weitere wurden verwundet. Verletzt wurden auch der Sicherheitsbeamte und einer der Geiselnehmer. Dieser und die drei anderen Attentäter konnten aber fliehen, nachdem die zweistrahlige Turboprop-Maschine auf dem internationalen Flughafen von Manila gelandet war.

8. November 1968

EINE Boeing 707 der griechischen Olympic Airways mit 130 Personen an Bord brachten zwei Italiener in ihre Gewalt, die Flugblätter verteilten und die Vierstrahlige nach Paris zurückbeorderten, wo sie zuvor zu einem planmäßigen Flug nach Athen gestartet war. Die Luftpiraten wurden zu acht beziehungsweise sechs Monaten Gefängnis verurteilt.

19. November 1968

EINE Explosion und ein Brand ereigneten sich in der Toilette einer Boeing 707 der Continental Air Lines, die als Flug 18 bei Gunnison/Colorado im Sinkflug gerade die Höhe von 7200 m passierte, um nach einem Inlandflug von Los Angeles auf dem nahegelegenen Flughafen von Denver/Colorado zu landen. Der Brand konnte von der Besatzung gelöscht werden, und die 707 landete mit ihren 70 Fluggästen sicher und ohne Verletzte.
Ein Passagier, der vor der Explosion die Toilette verlassen hatte, wurde vom FBI verhaftet und wegen versuchter Zerstörung eines Flugzeugs angeklagt.

2. Januar 1969

EIN Luftpirat bemächtigte sich einer DC-6B der Olympic Airways, die als Flug 944 mit 102 Personen von der griechischen Insel Kreta die Inlandroute nach Athen beflog, und entführte sie nach Kairo. Dort verbrachte er acht Monate in einem ägyptischen Gefängnis, bevor er nach Schweden ausgeliefert wurde, wo er ein weiteres Jahr und zehn Monate im Gefängnis saß. Eine Auslieferung an Griechenland zwecks weiterer Strafverfolgung wurde allerdings abgelehnt.

11. März 1969

ES konnte nur Sabotage sein: zwei Explosionen in der Passagierkabine verursachten starke Schäden an einer Boeing 707 der Ethiopian Airlines, die in Frankfurt am Main ohne Insassen abgestellt war. Verletzt wurde niemand.

4. Juni 1969

EINE DC-3 der angolanischen Fluggesellschaft Direcção de Exploração dos Transportes Aéreos, die mit 19 Insassen planmäßig die Inlandroute Ambrizete – San Antônio beflog, brachten drei Geiselnehmer in ihre Gewalt. Sie landete schließlich in Pointe Noire im Kongo.

11. August 1969

SIEBEN Studenten entführten eine DC-3 der Ethiopian Airlines, die mit 19 Personen an Bord planmäßig die Inlandroute Bahir Dar – Addis Abeba beflog, nach Khartum im Sudan.

16. August 1969

EIN griechischer Arzt kaperte in Begleitung seiner Frau und seiner beiden Kinder eine DC-3 der Olympic Airways, die gemäß Flugplan mit 28 Insassen die Inlandroute Athen – Agrinion beflog. Nach der Landung in Albanien wurde er von Soldaten entwaffnet und 1971 in Schweden zu dreieinhalb Jahren Gefängnis verurteilt.

6. September 1969

EINE zweistrahlige Turboprop-Maschine des Typs Hawker Siddeley HS 748 Serie 2 der Philippine Air Lines auf planmäßigem Inlandflug von Mactan über Dipolog City nach Zamboanga City auf Mindanao war das Opfer dieses Sabotageaktes. Um etwa 15.30 Uhr Ortszeit – oder ca. 15 Minuten vor der geplanten Landung – ereignete sich in der Toilette auf der rechten Seite des Flugzeugs in etwa 600 m Höhe eine Explosion. Der vermutliche Saboteur, ein Passagier, der sie etwa fünf Minuten zuvor betreten hatte, wurde entweder hinausgeschleudert oder aber – so berichten Augenzeugen – sprang durch das von der Explosion aufgerissene Loch in den Tod. Sein Leichnam wurde später in einem Reisfeld rund 8 km nördlich des Zielflughafens gefunden.
Von den anderen 30 Personen an Bord, darunter auch die dreiköpfige Besatzung, wurden fünf leicht verletzt. Das Flugzeug landete sicher auf dem Flughafen von Zamboanga.

13. September 1969

EINE DC-6B der Ethiopian Airlines, die mit 66 Personen an Bord gemäß Flugplan von Addis Abeba in Äthiopien nach Dschibuti in Somalia fliegen sollte, wurde von drei Männern gekapert, von denen einer durch einen Polizisten angeschossen und verwundet wurde. Die beiden anderen wurden nach der Landung im südjemenitischen Aden verhaftet.

13. September 1969

EIN Luftpirat bemächtigte sich einer DC-3 der Servicio Aéreo de Honduras SA (SAHSA), die mit 35 Personen an Bord planmäßig von La Ceiba zur Hauptstadt Tegucigalpa fliegen sollte. Als die Maschine in El Salvador landete, wurde er festgenommen.

16. September 1969

EINE Turboprop-Maschine des Typs Viscount der Turkish Airlines, die als Flug 124 mit 63 Personen an Bord von Istanbul nach Ankara unterwegs war, wurde in die bulgarische Hauptstadt Sofia umdirigiert, wo der Geiselnehmer, der gegen türkische Reisebeschränkungen protestiert haben soll, verhaftet wurde. Er wurde später in eine Nervenheilanstalt eingewiesen.

19. Oktober 1969

EINE Turboprop-Maschine des Typs Il-18 der Polskie Linie Lotnicze (LOT), die mit 74 Insassen gemäß Flugplan von Warschau nach Ost-Berlin fliegen sollte, wurde von zwei bewaffneten Überläufern nach West-Berlin entführt. Beide verbrachten zwei Jahre in einem deutschen Gefängnis.

31. Oktober 1969

EINE Flugzeugentführung, die einen Rekord für zurückgelegte Entfernungen darstellt, betraf Flug 85 der Trans World Airlines, eine Boeing 707-131, die, von Baltimore/Maryland kommend, zuletzt in Los Angeles zwischengelandet war und nach San Francisco weiterfliegen sollte. Das entführte Flugzeug landete zunächst in Denver/Colorado, wo die 40 Passagiere und zwei der drei Flugbegleiter aussteigen durften. Dann landete es zum Nachtanken in New York City, dann in Bangor/Maine, in Shannon/Irland und schließlich in Rom – eine Gesamtstrecke von rund 11 000 km.

Verantwortlich für diese Odyssee war Raffaele Minichiello, der einen Tag vor seinem 20. Geburtstag stand. Er war Angehöriger der amerikanischen Marineinfanterie im kalifornischen Camp Pendleton, derzeit aber ohne Urlaub unerlaubt abwesend, zudem erwartete ihn ein Strafverfahren wegen Einbruchs in einen Truppenmarketenderladen. Er war mit einem Karabiner des Typs M-1 bewaffnet, aus dem er auf dem internationalen Flughafen John F. Kennedy bei New York City verärgert einen Schuß abgab – der Flugkapitän der 707 schob die Schuld dafür weitgehend dem Verhalten von FBI-Agenten zu, die sich um das Flugzeug versammelt hatten, als es aufgetankt wurde. Nachdem er in Rom einen italienischen Polizisten mit vorgehaltener Waffe gezwungen hatte, ihn vom Flughafen wegzufahren, wurde er südlich von Rom gefaßt. Er verbrachte 18 Monate in seinem Geburtsland Italien im Gefängnis, dann tauchte er unter, um nicht vor ein amerikanisches Gericht gestellt zu werden.

10. November 1969

EIN messerschwingender 14jähriger Junge nahm auf dem Flughafen von Cincinnati/Ohio, der bei Hebron/Kentucky liegt, ein Mädchen als Geisel und erzwang sich so den Zutritt zu Flug 670 der Delta Air Lines, einer zweistrahligen DC-9, die sich mit 75 Personen an Bord auf den Inlandflug nach Chicago vorbereitete. Später ergab er sich. Er wurde für unzurechnungsfähig erklärt und etwa eineinhalb Jahre in Jugendhaft gehalten.

20. November 1969

ZWEI Luftpiraten, die mit Spielzeugpistolen und einer Sprengkörperattrappe »bewaffnet« waren, bemächtigten sich einer zweistrahligen An-24 der Polskie Linie Lotnicze (LOT), die mit 20 Insassen gemäß Flugplan von Breslau/Polen nach Preßburg/Tschechoslowakei unterwegs war. Die Turboprop-Maschine landete in Österreich, wo die beiden Entführer zu 27 beziehungsweise 24 Monaten Gefängnis verurteilt wurden.

11. Dezember 1969

EINE Turboprop-Maschine des japanischen Typs NAMC YS-11 der South Korean Air Lines, die mit 51 Personen an Bord planmäßig die Inlandroute Kangnung – Seoul befliegen sollte, wurde nach Nordkorea entführt, wo sie bei Wonsan landete. Trotz Protesten hielten die nordkoreanischen Behörden die Geiseln mehr als zwei Monate lang fest. Die Fluggesellschaft besetzte ihre Maschinen daraufhin mit bewaffnetem Sicherheitspersonal.

22. Dezember 1969

EINE Douglas DC-6B (B-2005) der Air Vietnam, die in Südvietnam planmäßig von Saigon nach Da Nang flog, wurde erheblich beschädigt, als ein Sprengsatz in ihrer Kabine detonierte – sie setzte gerade im Sinkflug zur Landung in Nha Trang an, einem Zwischenstopp etwa 320 km nordöstlich der Hauptstadt. Die Wucht der Detonation riß ein Loch von etwa 1,5 m Durchmesser in den Rumpf und legte fast alle Bordsysteme des Flugzeugs lahm, auch seine Hydraulik.

Nachdem das Fahrwerk durch Schwerkraft ausgefahren werden konnte, wurde auf dem Flughafen Nha Trang eine Landung ohne Klappen mit hochgezogenem Bug durchgeführt, bei der die DC-6B noch einmal kurz in die Luft stieg, bevor sie endgültig aufsetzte. Die Triebwerke wurden abgestellt, aber die Luftdruckbremsen arbeiteten nicht, und die Verkehrsmaschine raste über das Ende der Landebahn hinaus, pflügte sich durch Häuser und eine Schule und geriet dann in Brand. Die meisten der 34 Toten waren Unbeteiligte, von den 77 Personen an Bord, die siebenköpfige Besatzung eingeschlossen, überlebten alle bis auf zehn. Etwa 35 weitere wurden bei der mißglückten Landung, die sich um circa 14.30 Uhr Ortszeit ereignete, verletzt. Der Sprengsatz war in der Nähe der vorderen

linken Toilette explodiert, dicht vor den Trieb-
werken.

6. Januar 1970
DER potentielle Entführer einer DC-9 der Delta
Air Lines, die als Flug 274 in Florida mit 65 Insassen von Orlando nach Jacksonville unterwegs
war, wurde überwältigt und festgenommen, nachdem er gefordert hatte, in die Schweiz geflogen zu
werden. Er wurde zu 25 Jahren Gefängnis verurteilt, von denen er fünf Jahre absaß, bevor er 1975
ausgewiesen wurde.

7. Januar 1970
EINE zweimotorige Convair 440 der spanischen
Fluggesellschaft Iberia, die mit 46 Personen an
Bord gemäß Flugplan die Inlandroute Madrid –
Zaragoza beflog, brachte ein Luftpirat mit einer
Spielzeugpistole in seine Gewalt, der nach Albani-
en geflogen werden wollte. Als das Flugzeug je-
doch an seinem vorgesehenen Ziel landete, ergab
er sich. Er wurde später zu einer Gefängnisstrafe
von sechs Jahren und einem Tag verurteilt.

12. März 1970
EIN Mann beging an Bord einer Boeing 727 der
United Air Lines Selbstmord, als die dreistrahlige
Verkehrsmaschine, die auf Inlandflug vom kalifornischen San Jose nach Chicago unterwegs war,
gerade Nebraska überflog. Die automatische Pistole des Selbstmörders feuerte – von einem Reflex

ausgelöst – ein zweites Mal und verwundete einen
anderen Passagier schwer.

31. März – 3. April 1970
NEUN radikale japanische Studenten und Mitglieder der berüchtigten »Roten Armee«, die mit
Schwertern bewaffnet waren, kaperten Flug 351
der Japan Air Lines, eine Boeing 727, die mit 138
Insassen die Inlandroute Tokio – Fukuoka befliegen sollte, und verlangten, nach Nordkorea gebracht zu werden. Die Maschine landete jedoch auf
dem Flughafen Kimpo bei Seoul in Südkorea, wo
79 Stunden lang verhandelt wurde. Die Entführer
willigten schließlich ein, alle Passagiere und vier
Flugbegleiter im Austausch gegen den japanischen
stellvertretenden Verkehrsminister von Bord gehen zu lassen. Dann flog die 727 nach Pjöngjang
in Nordkorea.

Zwei Männer, die nicht direkt in diese Entführung verwickelt waren, wurden später in Japan
zu Gefängnisstrafen verurteilt, einer wegen Ver-
schwörung und der andere, weil er die benutzten
Waffen besorgt hatte.

21. April 1970
EINE Hawker Siddeley 748 Serie 2 (PI-C-1022)
der Philippine Air Lines, die als Flug 215 die Inlandstrecke von Cauayan/Isabela nach Manila bediente, wurde von einem Sprengsatz etwa 160 km
nordnordöstlich der Hauptstadt zerstört. Die zweistrahlige Turboprop-Maschine stürzte in eine Berg-

*Eine Hawker Siddeley 748 der Philippine Air Lines: dieser Typ wurde am 21. April 1970 auf einem Inselflug durch einen
Sprengsatz zerstört.*

region bei Pantabangan auf Luzon, und alle 36 Menschen an Bord, auch die vier Besatzungsmitglieder, verloren ihr Leben.

Das Flugzeug war zuletzt in einer Höhe von 3200 m gewesen und wartete auf die Erlaubnis, den Sinkflug zu beginnen, als die Explosion im Frachtraum kurz nach 11.30 Uhr Ortszeit sein Leitwerk abriß.

Die Sprengung der Maschine kann der Selbstmord eines ihrer Passagiere gewesen sein. Sie war vielleicht aber auch gegen Oberst Filemon Lagman gerichtet, der die Kampagne gegen illegales Holzfällen und nicht genehmigten Bergbau in der Provinz Isabela geleitet hatte und sich an Bord befand.

23. April 1970
EIN Attentäter, der mit einer Spielzeugpistole und einem angeblichen Sprengsatz, der sich ebenfalls als Attrappe erwies, »bewaffnet« war, brachte den Bus zum Flughafen Pellston/Michigan in seine Gewalt, wo er sich den Zutritt zu einer zweistrahligen DC-9 der North Central Airlines erzwang und nach Detroit geflogen zu werden verlangte. Die Besatzung jedoch überwältigte ihn, und später wurde er in eine psychiatrische Klinik eingewiesen.

11. Mai 1970
EIN Sprengsatz explodierte an Bord einer DC-9 der spanischen Fluggesellschaft Iberia, nachdem das Verkehrsflugzeug im schweizerischen Genf gelandet war und Passagiere und Besatzung von Bord gegangen waren. Es wurde niemand verletzt.

14. Mai 1970
MIT einer Kinderpistole wollte ein Mann eine DC-9 der Ansett Airlines of Australia kapern, als sie auf dem internationalen Flughafen von Sidney am Boden stand und sich auf den planmäßigen Inlandflug nach Brisbane/Queensland vorbereitete. Die 60 Passagiere flohen jedoch, und der potentielle Entführer gab auf – er büßte dafür mit fünf Jahren im Gefängnis.

30. Mai 1970
MIT einer echt aussehenden Spielzeugpistole kaperte ein sonst unbewaffneter Luftpirat eine DC-9 der Alitalia, die gemäß Flugplan mit 35 Personen an Bord von Genua nach Rom fliegen sollte – sie landete in Kairo.

2. Juni 1970
DIE dritte Sprengung eines Flugzeugs der Philippine Air Lines in weniger als einem Jahr betraf Flug 537, eine Fokker F.27 Friendship Mark 100, die von Manila nach Bacolod auf der Insel Negros unterwegs war. Die zweistrahlige Turboprop-Maschine flog gerade in einer Reisehöhe von 3900 m an Roxas auf der Insel Panay vorbei, als sie um kurz nach 06.00 Uhr Ortszeit von einer Explosion erschüttert wurde. Diese Explosion einer Splitter-

granate zwischen den Reihen 4 und 5 auf der linken Seite der Maschine riß ein Loch mit einem Durchmesser von 1 m in den Rumpf. Eine der 44 Personen an Bord – vermutliche der Saboteur – fand dabei den Tod, er verstarb am späten Morgen im Krankenhaus.

Zwölf weitere Passagiere und eines der vier Besatzungsmitglieder erlitten Verletzungen. Nach der Explosion führte der Pilot einen Notsinkflug durch und setzte die Friendship sicher auf dem Flughafen Roxas auf.

4. Juni 1970
TRANS World Airlines' Flug 486, eine Boeing 727-231, die mit 58 Personen an Bord in den USA von Phoenix/Arizona nach St. Louis/Missouri unterwegs war, brachte ein Geiselnehmer in seine Gewalt, der mit einem Revolver, einer Rasierklinge und einer Flasche Benzin bewaffnet war und ein Lösegeld von 100 Millionen Dollar forderte. Man gab ihm aber nur etwa 100 000 Dollar, als die Maschine auf dem internationalen Flughafen Dulles bei Washington/DC landete. Als er – wieder in der Luft – entdeckte, daß er übertölpelt worden war, befahl er der Besatzung, nach Dulles zurückzufliegen. Nachdem er dort am Boden den Piloten bei einem Handgemenge verletzt hatte, wurde er seinerseits von einem Agenten der Bundeskriminalpolizei FBI angeschossen.

Die Anklage gegen den Geiselnehmer wurde später fallengelassen, er wurde dafür in eine Nervenheilanstalt eingewiesen.

5. Juni 1970
EINE Turboprop-Maschine des Typs An-24 der Polskie Linie Lotnicze (LOT) wurde mit 23 Personen an Bord auf dem planmäßigen Inlandflug von Stettin nach Danzig gekapert – sie landete in Kopenhagen. Ein dänisches Gericht verurteilte den Entführer zu dreieinhalb Jahren Gefängnis.

8. Juni 1970
EINE Gruppe von neun Tschechen, darunter ein Kleinkind, brachte eine Il-14 der Ceskoslovenske Aerolinie (CSA) in ihre Gewalt, die mit 27 Personen einen regulären Inlandflug von Karlsbad nach Prag durchführen sollte – sie landete in Nürnberg, wo die Luftpiraten um politisches Asyl baten. Die erwachsenen Mitglieder der Gruppe wurden statt dessen von einem deutschen Gericht angeklagt und verurteilt. Sie erhielten Gefängnisstrafen zwischen zweieinhalb Jahren und acht Monaten.

9. Juni 1970
ZWEI potentielle Entführer wurden von der Besatzung überwältigt, als sie versuchten, sich eines Flugzeugs der polnischen Fluggesellschaft LOT zu bemächtigen, das planmäßig die Inlandroute Kattowitz – Warschau beflog. Sie wurden zu fünf beziehungsweise vier Jahren Gefängnis verurteilt.

22. Juli 1970

NACHDEM eine DC-4 der Air Vietnam nach ihrem Inlandflug von Pleiku auf dem Flughafen Tan Son Nhut bei Saigon in Südvietnam gelandet war, bedrohte ein amerikanischer Soldat den Piloten zwei Stunden lang mit einem Messer. Anschließend gab er auf.

3. August 1970

EIN mit einer Startpistole bewaffneter Attentäter versuchte, eine Boeing 727 der Pan American World Airways nach Ungarn zu entführen, die als Flug 742 mit 125 Personen an Bord von München nach West-Berlin flog. Die Besatzung konnte ihn aber überzeugen, daß die Maschine nicht genügend Kraftstoff für diesen Flug hatte, und er ergab sich. Eine Anklage gegen ihn wurde fallengelassen – man wies ihn in eine psychiatrische Klinik ein.

7. August 1970

MIT einer Handgranate bewaffnet, versuchte ein Mann eine zweistrahlige Turboprop-Maschine des Typs An-24 der Polish Airlines (LOT) nach Westdeutschland zu entführen. Sie landete statt dessen aber in Ost-Berlin. Der Täter bekam acht Jahre Gefängnis für diese Entführung sowie zusätzliche Haft für die Verbrechen Vergewaltigung und Erpressung.

8. August 1970

ZWEI Brüder, einer davon in Begleitung seines Sohnes, kaperten eine Il-14 der Československe Aerolinie (CAS), die mit 27 Personen an Bord die Inlandroute Prag – Preßburg beflog. Nach der Landung in Wien wurden zwei der Attentäter zu einem Jahr Gefängnis verurteilt, der dritte bekam 15 Monate.

19. August 1970

EIN Luftpirat, der mit etwas bewaffnet war, das sich später als Spielzeugpistole erwies, brachte eine Boeing 727 der All Nippon Airways in seine Gewalt, die in Japan von Nagoya nach Sapporo fliegen sollte. Er beorderte das Flugzeug auf einen militärischen Fliegerhorst und verlangte ein Gewehr und Munition, möglicherweise in selbstmörderischer Absicht. In dem Durcheinander, das entstand, als ein weiblicher Fluggast Wehen vortäuschte, wurde er von Polizei überwältigt – es folgten sieben Jahre Gefängnis.

19. August 1970

DREI Männer, die von zwei Frauen begleitet wurden, bemächtigten sich einer Il-14 der Polish Airlines (LOT), die die Inlandroute Danzig – Warschau beflog. Die Verkehrsmaschine landete auf der dänischen Insel Bornholm, wo die Entführer um Asyl baten. Nahezu ein Jahrzehnt später wurde der Anführer nach Polen ausgewiesen.

26. August 1970

EIN potentieller Entführer und zehn weitere Personen an Bord wurden verletzt, als ein Sprengsatz, den er bei sich trug, bei dem Versuch, eine Turboprop-Maschine des Typs An-24 der Polish Airlines (LOT) zu kapern, versehentlich explodierte. Das Flugzeug kehrte sicher nach Kattowitz zurück, wo es zuvor zu einem planmäßigen Inlandsflug nach Warschau mit 31 Personen an Bord gestartet war. Der Entführer wurde zu 25 Jahren Gefängnis verurteilt.

31. August 1970

DREI mit Pistolen und einem Molotowcocktail bewaffnete Männer kaperten eine zweistrahlige Turboprop-Maschine des Typs Convair 640 der Air Algérie, die die inneralgerische Strecke Annaba – Algier beflog.

Nachdem sie zuerst auf Sardinien gelandet war, wo elf Passagiere freigelassen wurden, und danach in Brindisi, flog die 640 weiter nach Albanien, wo sie keine Landeerlaubnis erhielt. Statt dessen flog sie nunmehr nach Jugoslawien, wo die Entführer um Asyl baten.

14. September 1970

VIER Entführer, die von zwei Kindern begleitet wurden, bemächtigten sich einer BAC One-Eleven der rumänischen Transporturile Aeriene Romane (TAROM), die mit 89 Personen an Bord von Bukarest/Rumänien nach Prag/Tschechoslowakei unterwegs war.

Das Flugzeug landete in Westdeutschland, wo einer der Entführer freigesprochen wurde – die anderen drei wurden zu jeweils zweieinhalb Jahren Gefängnis verurteilt.

15. September 1970

DER Entführer, der eine Boeing 707-131B der Trans World Airlines nach Nordkorea bringen wollte, wurde auf dem internationalen Flughafen von San Francisco von einer privaten Sicherheitskraft am Boden angeschossen und verwundet. Das Flugzeug war als Flug 15 mit 59 Personen an Bord gerade von Los Angeles eingetroffen, dem kalifornischen Teil einer Transkontinentalroute, die in New York City begonnen hatte. Der Täter bekam später wegen Menschenraubs zwölfeinhalb Jahre Gefängnis.

27. Oktober 1970

ZWEI Studenten brachten eine L-200 Morava der Aeroflot in ihre Gewalt, die planmäßig den Inlandflug Kertsch – Krasnodar mit insgesamt vier Personen an Bord durchführen sollte. Nachdem das zweimotorige Leichtflugzeug im türkischen Sinop gelandet war, überstellten die dortigen Behörden beide Entführer an die UdSSR, wo sie zu zwölf beziehungsweise zehn Jahren Gefängnis verurteilt wurden.

Die zweimotorige L-200 Morava der sowjetischen Staatslinie Aeroflot, wie sie im Oktober 1970 von zwei Studenten in die Türkei umdirigiert wurde.

13. November 1970

EIN Ehepaar, das zum fraglichen Zeitpunkt angeblich betrunken gewesen sein soll, versuchte eine Il-14 der Aeroflot zu kapern, die die russische Inlandroute Vilnius – Palanga beflog. Es wurde aber von der Besatzung und anderen Passagieren überwältigt, so daß der Flug sicher seinen Bestimmungsort erreichte. Der Ehemann wurde anschließend zum Tode verurteilt, was aber – weitgehend aufgrund der Reaktion der Weltöffentlichkeit – später in 15 Jahre Gefängnis umgewandelt wurde; seine Frau erhielt drei Jahre Gefängnis.

10. Dezember 1970

DER Versuch, ein tschechoslowakisches Lufttaxi des Typs Morava der Aero Taxi auf dem Inlandflug von Preßburg nach Brünn zu entführen, endete, als die anderen Passagiere den Entführer noch in der Luft überwältigten. Eine Person wurde verletzt, aber das Flugzeug landete sicher in Brünn.

21. Dezember 1970

EINE de Havilland Heron der Puerto Rico International Airlines, die als Flug 157 mit 21 Personen an Bord die Inlandroute San Juan – Ponce beflog, wollte ein Luftpirat entführen – er konnte aber von der Besatzung überwältigt werden. Er verbrachte anschließend mehr als zwei Jahre in psychiatrischer Behandlung.

22. Januar 1971

EINE DC-3 der Ethiopian Airlines wurde auf dem planmäßigen Inlandflug von Bahir Dar nach Gondar mit 23 Personen an Bord entführt und ins libysche Bengasi umdirigiert, wo die drei Luftpiraten in Haft genommen wurden.

30. Januar – 2. Februar 1971

IN Indiens erstem Fall einer Flugzeugentführung kaperten zwei junge Männer aus Kaschmir eine Fokker F.27 Friendship Mark 100 (VT-DMA), die als Flug 422 die Inlandstrecke Srinagar – Neu-Delhi befliegen sollte, und zwangen sie zur Landung in Lahore in Westpakistan. Hier wurden die anderen 30 Personen an Bord unverletzt entlassen, die zweistrahlige Turboprop-Maschine allerdings wurde von Flammen zerstört. Die beiden Entführer, die sich bei der Sabotage des Flugzeugs leicht verletzt hatten, wurden später in die USA deportiert.

8. März 1971

AUF dem Flugplatz von Mobile/Alabama erzwang sich ein 16jähriger Junge den Zutritt zu Flug 745 der National Airlines, der mit 46 Personen an Bord nach New Orleans/Louisiana fliegen sollte. Er dirigierte die Boeing 727 nach Miami/Florida, wo er sich ergab. Aufgrund seines Alters wurde er in eine Jugendstrafanstalt eingewiesen.

30. März 1971

EIN halbes Dutzend junger Männer bemächtigte sich einer zweistrahligen BAC One-Eleven der Philippine Air Lines, die 45 Personen gemäß Flugplan von Manila nach Davao bringen sollte. Sie landete zum Auftanken in Hongkong, wo mehr als die Hälfte der Passagiere freigelassen wurde, und flog dann weiter nach Kanton/China. Sechs Jahre später kehrten zwei der Entführer auf die Philippinen zurück – beide wurden von einem Militärgericht abgeurteilt.

21. April 1971

EIN Luftpirat, der behauptete, eine Pistole und eine Handgranate zu haben, in Wirklichkeit aber unbewaffnet war, scheiterte mit seinem Versuch, eine DC-8 der Eastern Air Lines nach Italien zu entführen, die als Flug 403 mit 59 Personen an Bord von Newark/New Jersey nach Miami/Florida unterwegs war. Er wurde zu drei Jahren Gefängnis verurteilt, die Vollstreckung der Gefängnisstrafe wurde allerdings ausgesetzt.

8. Mai 1971

EINE DC-4 der kolumbianischen Fluggesellschaft Aerovías Nacionales de Colombia (AVIANCA) wurde auf dem planmäßigem Inlandflug von Monteria nach Cartagena von einem Entführer gekapert, der verhaftet wurde, als die Maschine in Maracaibo/Venezuela landete.

13. Mai 1971

EINE Turboprop-Maschine des Typs YS-11 der All Nippon Airways wurde gekapert und gezwungen, nach Tokio zurückzukehren, wo sie zuvor schon zu ihrem planmäßigen Inlandflug nach Sendai gestartet war. Der Entführer leistete keinerlei Widerstand und wurde von der Polizei verhaftet.

17. Mai 1971

DER Versuch, eine DC-9 der Scandinavian Airlines System (SAS) auf ihrem planmäßigen Inlandflug nach Stockholm zu entführen, wurde in Malmö schon am Boden vereitelt: der Luftpirat wurde festgenommen.

27. Mai 1971

EINE Il-14 der rumänischen Transporturile Aeriene Romane (TAROM), die mit 24 Personen an Bord die Inlandstrecke Oradea – Bukarest abflog, wurde von sechs Entführern gekapert, die alle in Haft genommen wurden, als die Maschine in Wien landete. Sie erhielten Gefängnisstrafen von 24 bis 30 Monaten.

28. Mai 1971

EIN früherer Polizist, der angab, er habe sich mit Sprengstoff umgeben, entführte Flug 30 der Eastern Air Lines, eine Boeing 727, die mit 138 Insassen von Miami nach New York City flog. Das Flugzeug flog nach Nassau auf den Bahamas, wo der Geiselnehmer nach der Landung von einem Piloten der Fluggesellschaft überwältigt und festgesetzt wurde. Er wurde an die USA überstellt und später in einer Nervenheilanstalt untergebracht.

4. Juni 1971

EINE Boeing 737 der United Air Lines, die als Flug 796 von Charleston/West Virginia nach Newark/New Jersey unterwegs war, wurde von einem Pistolero gekapert, der nach Israel gebracht werden wollte. Als er auf dem internationalen Flughafen Dulles bei Washington/DC in eine Maschine mit größerer Reichweite umsteigen wollte, wurde der Entführer gefaßt. Er wurde später – wegen Luftpiraterie und Nötigung einer Flugzeugbesatzung – zu 20 Jahren Gefängnis verurteilt.

29. Juni 1971

EINE Frau, die versucht hatte, eine DC-9 der Finnair auf dem Flug von Helsinki nach Kopenhagen zu entführen, wurde von der Besatzung überwältigt.

2. Juli 1971

ZWEI Luftpiraten, ein Mann und eine Frau, die mit vier Pistolen bewaffnet waren und angeblich auch über Sprengkörper verfügten, brachten eine Boeing 707 der Braniff International Airways in ihre Gewalt, die als Flug 14 von Mexico City nach San Antonio/Texas unterwegs war, dem Teilstück einer Route, die in Acapulco begonnen hatte und in New York City enden sollte. Sie forderten ein Lösegeld von 100 000 Dollar und wollten nach Algerien gebracht werden.

Die US-Maschine landete in Lima/Peru, danach in Rio de Janeiro/Brasilien und setzte dann mit ihren 110 Insassen in Buenos Aires/Argentinien auf, wo die Behörden ein Auftanken des Flugzeugs für den Atlantikflug verweigerten. Die Passagiere wurden daraufhin freigelassen, und nach längerem Nervenkrieg gaben die beiden Entführer auf. Beide wurden in Argentinien zu Gefängnisstrafen verurteilt und 1975 an Mexiko ausgeliefert, wo sie noch zusätzliche Zeit abzusitzen hatten.

24. August 1971

EINE Boeing 707 der Alia Royal Jordanian Airlines wurde erheblich beschädigt, als ein Sprengsatz in einer hinteren Toilette detonierte, während das Flugzeug in Madrid auf dem Flughafen abgestellt war. Verletzt wurde niemand.

24. September 1971

IN der Absicht, zwei Häftlinge zu befreien und mit ihnen nach Algerien zu fliehen, brachte eine Frau eine Boeing 727 der American Airlines in ihre Gewalt, die mit 76 Personen an Bord als Flug 124 von Detroit/Michigan nach New York City flog. Die mit einer Pistole und Dynamit bewaffnete Frau wurde von der Polizei festgesetzt und später wegen tätlichen Angriffs auf einen Bundespolizisten zu einer Bewährungsstrafe verurteilt.

26. Oktober 1971
EIN Flugzeug der Olympic Airways auf planmäßigen Inlandflug von Athen nach Kreta wurde nach Rom entführt, wo der Attentäter überwältigt und verhaftet wurde.

20. November 1971
SABOTAGE mit einem Sprengsatz vermutete man beim Absturz einer Sud Aviation Caravelle III (B-1852) der China Airlines, der sich in der Formosastraße ereignete. Flug 825 war von Taipeh/Taiwan aus auf dem Weg nach Hongkong; es war der zweite Teilabschnitt eines Fluges, der in Osaka/Japan begonnen hatte. Die in Taiwan registrierte Zweistrahlige war in der Dunkelheit zuletzt in 7800 m Höhe geflogen, als sie plötzlich um etwa 21.50 Uhr Ortszeit vom Radarbildschirm verschwand – etwa 320 km von ihrem Bestimmungsflughafen entfernt, in der Nähe der Pescadores-Inseln.

In der Folgezeit wurde eine geringe Menge Trümmer an den Strand einer der Inseln geschwemmt – Überlebende oder Leichname wurden nicht gefunden. Es waren 25 Personen an Bord der Flugzeugs gewesen, 17 Passagiere und acht Besatzungsmitglieder.

3. Dezember 1971
EINE Luftpiratin versuchte, eine Boeing 707 der Pakistan International Airlines, die laut Flugplan Karatschi/Pakistan anfliegen sollte, zu entführen, wurde aber auf dem Pariser Flughafen Orly von Polizei überwältigt. Sie wurde zu fünf Jahren Gefängnis verurteilt, die auf Bewährung ausgesetzt wurden.

22. Dezember 1971
DER Versuch, eine zweimotorige Britten-Norman BN-2 Islander der in der Dominikanischen Republik beheimateten Fluggesellschaft Alas Del Caribe Air auf ihrem planmäßigen Inlandflug von Santiago nach Santo Domingo zu entführen, scheiterte, als der Entführer vom Piloten und weiteren Passagieren überwältigt wurde, nachdem das Flugzeug in Dajabon/Dominikanische Republik gelandet war.

26. Dezember 1971
AMERICAN Airlines' Flug 47, eine Boeing 707, die mit 85 Personen in den USA von Chicago nach San Francisco flog, wurde von einem Entführer gekapert, der 200 000 Dollar Lösegeld forderte. Der Geiselnehmer, der ein Messer bei sich hatte, eine Pistole, die sich als Spielzeug erwies, und einen angeblichen Sprengsatz, wurde außer Gefecht gesetzt und verbrachte anschließend drei Jahre im Gefängnis – wegen Luftpiraterie und Nötigung einer Flugzeugbesatzung.

26. Januar 1972
EINE McDonnell Douglas DC-9 Serie 32 (YU-AHT) der Jugoslovenski Aerotransport (JAT) wurde von einem Sprengsatz über der nordwestlichen Tschechoslowakei zerstört und fiel nahe dem Ort Hermsdorf in bergiges Gelände. Von den 28 Insassen (23 Passagieren und fünf Mitgliedern der Besatzung) überlebte nur eine Stewardeß.

Flug 364 war in Stockholm gestartet, in Kopenhagen zwischengelandet, wollte dann weiter nach Zagreb, um schließlich in Belgrad zu landen. Die Verkehrsmaschine war bei klarem Wetter in einer Höhe von 9900 m unterwegs, als sich kurz nach 17.00 Uhr Ortszeit im vorderen Frachtraum eine

Im Januar 1972 überlebte die 22jährige Stewardeß Vesna Vulovic durch unglaubliches Glück den durch Sabotage verursachten Absturz einer jugoslawischen DC-9 über der Tschechoslowakei.

Explosion ereignete. Man machte kroatische Nationalisten für diesen Sabotageakt verantwortlich.

Der einzig bemerkenswerte Aspekt dieser Tragödie war das nahezu unglaubliche Überleben der 22jährigen Stewardeß Vesna Vulovic, die im Heck des Flugzeugs verblieben war, als es – aus 9900 m Höhe! – wie ein fallendes Blatt der Erde zutaumelte, und herausgeschleudert wurde, nachdem es auf die Erde aufschlug. Man nimmt an, daß der Aufprall auf geneigtes Gelände dem Skisprungeffekt vergleichbar war, die Abbremskräfte somit innerhalb der menschlichen Toleranz lagen. Sie erholte sich später von den kritischen Verletzungen, die sie beim Absturz erlitten hatte – dazu gehörten eine Schädelverletzung, eine gebrochene Wirbelsäule und eine Lähmung von der Hüfte abwärts.

29. Januar 1972
GEFÜHRT als Flug 2 flog eine Boeing 707 der Trans World Airlines mit 101 Insassen von Los Angeles nach New York City, als ein Mann mit Revolver sich ihrer bemächtigte und 300 000 Dollar Lösegeld sowie die Freilassung von Häftlingen verlangte. Auf dem internationalen Flughafen John F. Kennedy wurde er von einem Agenten der Bundeskriminalpolizei FBI angeschossen und verwundet – anschließend wurde er wegen mehrerer Verbrechen zu lebenslanger Haft verurteilt.

7. März 1972
MIT einer Pistole erzwang sich ein Teenager, der erst in drei Wochen 15 werden sollte, den Zutritt zu einer Boeing 727 der National Airlines, die als Flug 67 mit Ziel Miami in Tampa/Florida auf dem Boden stand. Er wurde von einem Bundesvollzugsbeamten überwältigt, eine Anklage gegen ihn wurde jedoch nicht erhoben.

7.–8. März 1972
ZWECKS Erpressung wurde Trans World Airlines darüber informiert, daß Sprengsätze an Bord von vier ihrer Flugzeuge deponiert seien. Ein Sprengsatz wurde tatsächlich gefunden: an Bord von Flug 7, der die Transkontinentalroute New York City – Los Angeles befliegen sollte. Und am 8. März um etwa 04.00 Uhr Ortszeit explodierte ein weiterer im Cockpit einer Boeing 707-331 (N761TW), die auf dem Flughafen McCarran bei Las Vegas abgestellt war. Es wurde zwar niemand verletzt, aber das Flugzeug mußte abgeschrieben werden.

Obwohl zwei Millionen Dollar gefordert worden waren, wurde kein Geld übergeben. Es wurden aber auch keine Verdächtigen gefaßt.

11. März 1972
EINE Luftpiratin kaperte eine Caravelle der Alitalia, die mit 38 Insassen planmäßig die Inlandroute Rom – Mailand beflog. Die Verkehrsmaschine landete dann in München.

13. April 1972
EIN Mann mit Faustfeuerwaffe versuchte, eine zweistrahlige Boeing 737 der Frontier Airlines nach Mexiko zu entführen, die als Flug 91 in den USA mit 33 Insassen von Albuquerque/New Mexico nach Tucson/Arizona unterwegs war. Nachdem der Geiselnehmer auf dem internationalen Flughafen von Los Angeles nach sechsstündigen Verhandlungen aufgegeben hatte, wurde er wegen Luftpiraterie zu lebenslanger Haft verurteilt – nach sechs Jahren jedoch wurde seine Strafe bedingt ausgesetzt.

16. April 1972
DER Versuch, eine de Havilland Heron der Puerto Rico International Airlines zu entführen, die als Flug 179 die Inlandroute Ponce – San Juan beflog, schlug fehl, als der Attentäter, der angeblich über einen Sprengsatz verfügte, tatsächlich aber unbewaffnet war, am Boden von einem anderen Passagier und einem Mechaniker überrumpelt wurde. Er verbrachte zwei Jahre im Gefängnis, nachdem man ihn für schuldig befunden hatte, falsche Informationen über eine versuchte Flugzeugentführung verbreitet zu haben.

17. April 1972
EIN unbewaffneter Attentäter, der vorgab, eine Pistole zu haben, verschaffte sich in Seattle/Washington Zutritt zu einer Boeing 727 der Alaska Airlines, die als Flug 1861 geführt wurde, wurde später aber verhaftet. Er wurde für etwa ein Jahr in eine psychiatrische Klinik eingewiesen.

17. April 1972
EINE DC-9 der Swissair wurde mit 20 Insassen auf der Route Genf – Rom gekapert, aber der Geiselnehmer wurde verhaftet, als das Flugzeug am Bestimmungsort landete. 1973 wurde er zu über zwei Jahren Gefängnis verurteilt, sechs Tage später jedoch laufengelassen, nachdem er eine Kaution hinterlegt hatte.

17. April 1972
EIN Geiselnehmer, der behauptete, eine Pistole zu haben, in Wirklichkeit aber unbewaffnet war, brachte Flug 952 der Delta Air Lines in seine Gewalt, eine Convair 880, die 78 Personen an Bord hatte, es ging um Erpressung. Nach dem Flug von West Palm Beach nach Chicago gab er auf – er bekam später 20 Jahre Gefängnis wegen Luftpiraterie.

18. April 1972
DER Kopilot einer zweistrahligen Turboprop-Maschine des Typs Let 410 der slowakischen Slovair wurde angeschossen und verwundet, als er einen planmäßigen Inlandflug von Prag nach Marienbad durchführen wollte. Das Flugzeug landete in Westdeutschland, wo die beiden Entführer zu sieben

Jahren Gefängnis verurteilt wurden. Einer von ihnen beging später Selbstmord.

3. Mai 1972

MIT der Absicht, drei inhaftierte Mitglieder der Türkischen Befreiungsarmee freizupressen, entführten vier Luftpiraten eine zweistrahlige DC-9 der Turkish Airlines, die mit 61 Personen an Bord die Inlandstrecke Ankara – Istanbul bediente. Sie stellten sich in Sofia/Bulgarien den Behörden und wurden später zu jeweils drei Jahren Gefängnis verurteilt.

24.–26. Mai 1972

EINE Boeing 727 der South African Airways wurde mit 64 Insassen auf einem planmäßigen Flug von Salisbury im damaligen Rhodesien (heute Simbabwe) nach Johannesburg/Südafrika gekapert und landete in Blantyre/Malawi, wo tags darauf Passagiere und Besatzung fliehen konnten. Die beiden Geiselnehmer wurden von Truppen überwältigt und anschließend zu Gefängnisstrafen verurteilt. 1974 wurden beide nach Sambia ausgewiesen.

25. Mai 1972

EIN selbstgebastelter Rohrsprengsatz explodierte in der Eiswasser-Servicekabine einer Boeing 727 der Linea Aérea Nacional de Chile SA (LAN-Chile), als sie mit 60 Insassen gemäß Flugplan von Panama nach Miami flog. Die Explosion, die sich um etwa 01.20 Uhr Ortszeit in einer Höhe von rund 9000 m ereignete, richtete beträchtlichen Schaden an und führte zu schnellem Druckverlust in der Kabine. Es gab aber keine Verletzten, und das Flugzeug landete sicher in Montego Bay auf Jamaika.

28. Mai 1972

EIN Entführer, der sich in London ärztlich behandeln lassen wollte, kaperte eine Boeing 707 der Olympic Airways, die mit 130 Menschen an Bord planmäßig die Inlandroute Kreta – Athen beflog. Nach der Landung am Bestimmungsort stürmte Polizei das Flugzeug und verhaftete den Geiselnehmer, er wurde später zu zwei Jahren Gefängnis verurteilt.

15. Juni 1972

ZUNÄCHST nahm man an, sie sei zufällig durch Kriegshandlungen zerstört worden, dann jedoch stellte sich heraus, daß Flug 700Z der Cathay Pacific Airways einem Sabotageakt zum Opfer gefallen war, mit Geldgier als persönlichem Motiv. Die Convair 880M (VR-HFZ) der in Hongkong stationierten Fluggesellschaft war in Bangkok/Thailand zwischengelandet, bevor sie nach Hongkong weiterflog, Teil einer Strecke, die in Singapur begonnen hatte. Kurz nach dem Verlust des Funkkontakts um ca. 14.00 Uhr Ortszeit wur-

de ihr brennendes Wrack im zentralen Hochland von Südvietnam bei Pleiku entdeckt. Alle 81 Menschen an Bord (71 Passagiere und zehn Besatzungsmitglieder) hatten ihr Leben verloren.

Die plötzliche und katastrophenartige Natur des Unglücks, verbunden mit der Tatsache, daß es sich in einer Kriegsregion ereignet hatte, legte den Verdacht nahe, daß VR-HFZ abgeschossen worden war. Aber die Metallpartikel, die man in den Trümmern und einigen der Leichname fand, waren zu leicht und auch zu klein, um mit militärischen Raketen oder Projektilen in Verbindung gebracht zu werden. Die nach außen gerichtete Flugbahn der Metallsplitter wies eher auf eine interne als externe Detonation hin – es mußte ein Sprengsatz gewesen sein.

Der Flugdatenschreiber zeigte, daß das Flugzeug in einer Höhe von 8700 m mit einer angezeigten Fluggeschwindigkeit von etwa 560 km/h auf einem Kurs von etwa 70 Grad (ostnordost) geflogen sein muß, als der hochexplosive Sprengsatz in der Passagierkabine im oder nahe dem Mittelrumpf detonierte. Das Seitenruder brach weg, nachdem es von zumindest einem Opfer getroffen wurde, das aus der Kabine geschleudert wurde, und möglicherweise auch einigen Sitzen, die ihm folgten. Feuer an Bord breitete sich aus, als die Wucht der Explosion einen Kraftstofftank in der rechten Tragfläche bersten ließ. Der Schaden wirkte sich vermutlich auch auf die Steuerorgane aus, die unter dem Kabinenboden verliefen. Zusammen mit dem Verlust des Seitenruders muß das zu wilden Manövern bei hoher Geschwindigkeit geführt haben, die schließlich zum Auseinanderbrechen des Verkehrsflugzeugs führten, wobei seine verschiedenen Komponenten unterschiedlich auf den Boden aufprallten. Die Insassen, die nicht durch die Wucht der Explosion getötet wurden, waren wahrscheinlich durch die explosive Dekompression bereits bewußtlos geworden.

Tatverdächtiger für diesen Massenmord war ein thailändischer Polizeileutnant, dessen Verlobte und eine Tochter aus früherer Ehe an Bord des Flugzeugs waren. Beide waren vor ihrem Abflug versichert worden, was bewirkte, daß die Untersuchungskommission empfahl, derartige Versicherungsabschlüsse an Flughäfen zu unterbinden. Mangels Beweisen wurde der Verdächtige zwei Jahre später von der Anklage freigesprochen.

5. Juli 1972

EIN messerschwingender Attentäter, der seine Frau bereits ernsthaft verletzt hatte, kam an Bord einer Boeing 707 der American Airlines, die auf dem internationalen Flughafen von Buffalo im Staat New York abgestellt war. Er hielt seine 14 Monate alte Tochter als Geisel und verlangte, ausgeflogen zu werden. Drei Stunden später gab er auf, und im Jahr darauf wurde er zu fünf Jahren Gefängnis auf Bewährung verurteilt.

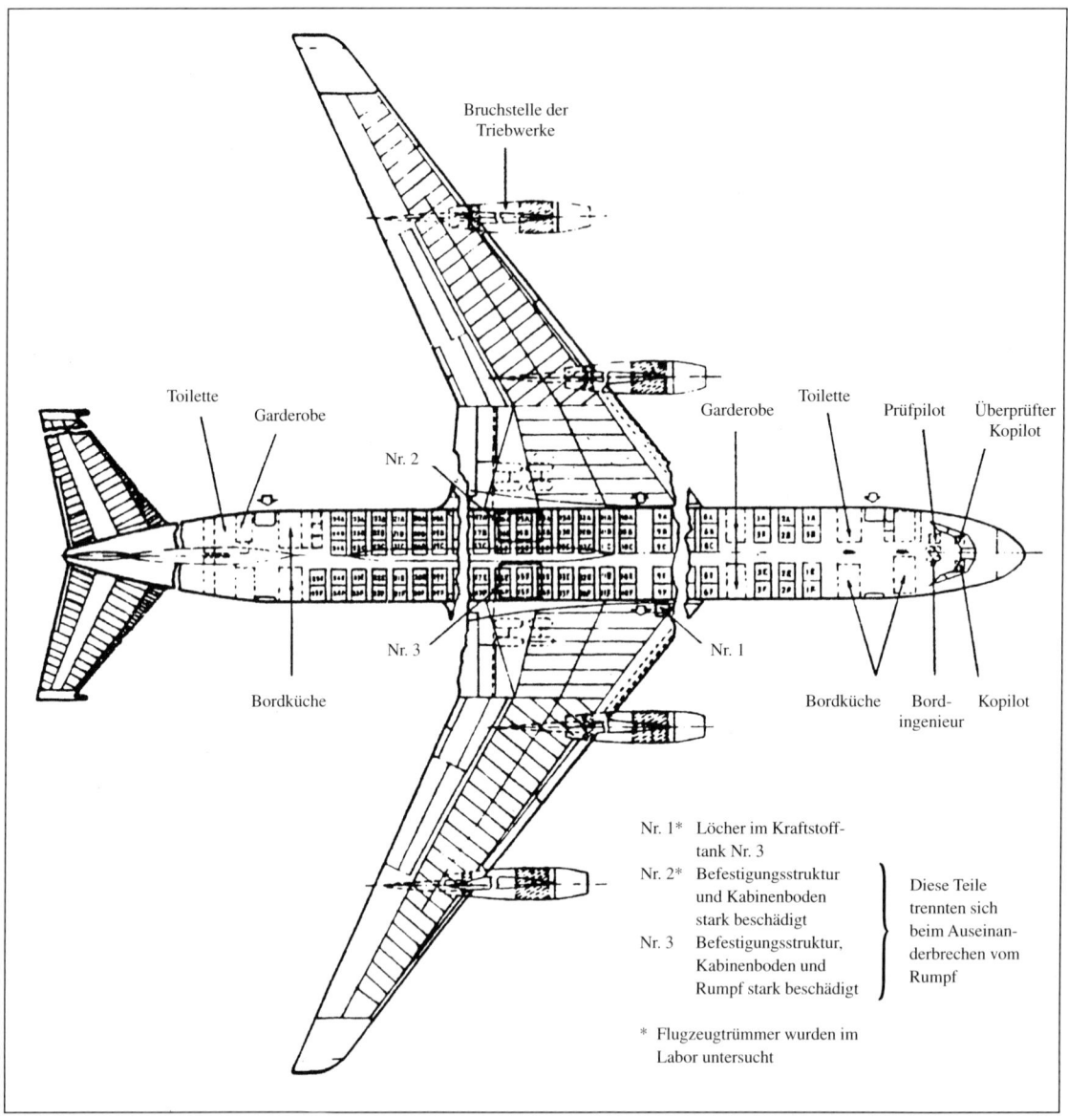

Das Schema zeigt die Bruchstellen der Convair 880 der Cathay Pacific Airways, die am 15. Juni 1972 über Südvietnam durch einen Sprengkörper vernichtet wurde.

18. Juli 1972

EINE Viscount 785D der Aerolíneas TAO, die als Flug 511 geführt wurde und 51 Personen transportierte, führte einen kolumbianischen Inlandflug von der Insel San Andrés nach Cartagena mit Endziel Bogotá durch, als ein Passagier Amok lief. Er erkämpfte sich den Weg ins Cockpit der Turboprop-Maschine und schoß auf beide Piloten, wobei er den Flugkapitän tödlich traf. Nachdem er seine Waffe leergeschossen hatte, wurde er von anderen Passagieren niedergerungen. Die Schießerei hatte um etwa 18.00 Uhr Ortszeit stattgefunden. Obwohl er im Gesicht verwundet war und blutete, konnte der Kopilot die Maschine sicher auf dem Flugplatz Crespo bei Cartagena aufsetzen. Der Gewalttäter wurde hier festgenommen.

31. Juli 1972

FÜNF Luftpiraten brachten Flug 841 der Delta Air Lines in ihre Gewalt, eine DC-8 mit 101 Insassen, die innerhalb der USA von Detroit nach Miami flog. Ihrer Forderung nach einer Million Dollar und einem Flug nach Algerien wurde stattgegeben. Drei Kinder, die sie begleitet hatten, wurden in die USA zurückgeschickt, und auch das Geld. Vier der Erpresser wurden später in Paris verhaftet. Obwohl eine Auslieferung an die USA abgelehnt wurde, verbrachten alle drei bis fünf Jahre in Frankreich hinter Gittern.

17.–18. August 1972

EIN Terrorist radelte mit einem Fahrrad auf den Flughafen von Reno/Nevada und bemächtigte sich dort, bewaffnet mit einer Schrotflinte, einer Boeing 727 der United Air Lines, die als Flug 877 San Francisco anfliegen sollte.

Er zwang die Piloten, nach Vancouver/British Columbia zu fliegen, und verlangte dort eine Auswahl Waffen, 15 Goldbarren und zwei Millionen Dollar. Das Geld, so sagte er, sei für Kinder vorgesehen, die im Vietnamkrieg verstümmelt worden waren. Er ließ alle Passagiere und Flugbegleiter frei und befahl die 727 nach Seattle/Washington. Hier schoß ihn ein FBI-Agent mit einer Waffe an, die durch ein Cockpitfenster eingeschmuggelt worden war, und verwundete ihn. Er wurde später zu 30 Jahren Gefängnis verurteilt.

15. September 1972

ES war wohl eine Handgranate, die an Bord einer Fairchild F-27 der Air Manila detonierte, als die zweistrahlige Turboprop-Maschine, die nur Minuten zuvor in Romblon mit 42 Personen an Bord zu einem planmäßigen Flug innerhalb der Philippinen gestartet war, gerade eine Höhe von 3300 m erreicht hatte. Die Explosion ereignete sich um 18.45 Uhr Ortszeit. Das leicht beschädigte Flugzeug konnte aber Roxas sicher erreichen. Zwei nicht explodierte Handgranaten fand man anschließend noch auf dem Boden des Frachtraums.

15. September 1972

EINE zweistrahlige DC-9 der Scandinavian Airlines System (SAS), die mit mehr als 80 Insassen von Göteborg nach Stockholm unterwegs war, wurde von drei Terroristen gekapert, die Lösegeld forderten und auch die Freilassung von sechs kroatischen Nationalisten durchsetzten. Alle neun wurden dann nach Madrid geflogen, wo die drei für die Flugzeugentführung Verantwortlichen zu je zwölf Jahren Gefängnis verurteilt wurden.

11. Oktober 1972

EIN Gewalttäter, der vorgab, einen Sprengkörper zu haben, bemächtigte sich einer Boeing 727 der Deutschen Lufthansa (DLH), die mit 58 Personen an Bord planmäßig von Lissabon nach Frankfurt am Main flog. Er wurde von einem Scharfschützen angeschossen und verwundet, als er zu einem Fluchtauto lief.

22. Oktober 1972

EINE Boeing 707 der Turkish Airlines mit 81 Insassen wurde auf einem planmäßigen Inlandflug von Istanbul nach Ankara gekapert und landete im bulgarischen Sofia. Die vier Luftpiraten drohten, das Flugzeug in die Luft zu sprengen, wenn die türkische Regierung nicht 13 Häftlinge freiließe und Reformen verspräche. Der Pilot und ein Passagier wurden verwundet, und tags darauf ergaben sich die Entführer. Sie wurden in Bulgarien zu zwei bis zweieinhalb Jahren Gefängnis verurteilt – der Rädelsführer jedoch erhielt später in der Türkei 20 Jahre.

14. Dezember 1972

EINE zweistrahlige BAC One-Eleven der Quebecair, die mit 62 Personen an Bord innerhalb Kanadas von Wabush/Neufundland nach Montreal flog, wurde von einem Attentäter gekapert, der ein Gewehr trug. Er verlangte von dem Piloten, er solle seinen Bestimmungsflughafen anfliegen und dann zwischen Montreal und Ottawa hin- und herpendeln. Dabei ließ er die Passagiere frei und gab später auf – es kostete ihn 20 Jahre Gefängnis.

2. Januar 1973

EIN mit einer Pistole bewaffneter Attentäter, der nach Kanada gebracht werden wollte, ging an Bord einer zweistrahligen Turboprop-Maschine des Typs NAMC YS-11 der Piedmont Airlines, die gerade in Baltimore/Maryland gelandet war. Nach mehrstündigen Verhandlungen ergab er sich – später wurde er zu 20 Jahren Gefängnis verurteilt.

4. Januar 1973

MIT der Forderung nach zwei Millionen Dollar und einem Flug nach Nordvietnam bemächtigte sich ein Luftpirat auf dem Flughafen von Vancouver einer zweistrahligen Turboprop-Maschine des Typs Convair 640 der Canadian Pacific Western Airlines. Nachdem er die Passagiere freigelassen hatte, wurde er von der Polizei verhaftet.

19. März 1973

EINE Douglas DC-4 (XV-NUI) der Air Vietnam wurde Opfer eines Sabotageaktes, als sie einen planmäßigen Inlandflug von Saigon nach Ban Me Thuot durchführte. Sie stürzte nahe ihrem Ziel, etwa 240 km nordöstlich der Hauptstadt, in das zentrale Hochland Südvietnams. Alle 59 Insassen, auch die fünf Besatzungsmitglieder, kamen dabei ums Leben. Die Verkehrsmaschine war im Landeanflug gewesen, als sie um etwa 10.05 Uhr Ortszeit aus einer Höhe von 600 m zur Erde stürzte – ein Sprengsatz war im Frachtraum dicht beim Haupt-Tragflächenholm explodiert.

30. Mai – 3. Juni 1973

EINE Turboprop-Maschine des Typs Electra der Sociedad Aeronáutica de Medellín Consolidada

SA (SAM) wurde während eines Routine-Inlandfluges von Pereira nach Medellín von zwei Geiselnehmern entführt, die Lösegeld und die Freilassung von 140 Häftlingen durch die kolumbianische
Regierung forderten. In die Freiheit entlassen wurde niemand, und die Erpresser bekamen nur ein
Viertel der verlangten Summe. Die Lockheed
Electra landete mehrfach, wobei Passagiere entweder von Bord gehen oder fliehen konnten. Vier
Tage nach der Odyssee flohen auch die Entführer,
sie wurden etwa eine Woche später verhaftet.

10. Juni 1973
EINE Turboprop-Maschine des Typs de Havilland
Twin Otter der Royal Nepal Airlines wurde auf einem planmäßigen Inlandflug von Biratnagar nach
Katmandu entführt. Sie landete in Forbesganj in
der Provinz Bihar in Indien, wo die drei Geiselnehmer mit drei Millionen Rupien, die eine nepa-
lesische Bank mit dem Flug hatte transportieren
lassen, in den Dschungel flüchteten.

8. Juli 1973
EIN Attentäter schickte dem Flugkapitän einer
Il-18 der Aeroflot, die zuvor in Moskau zu einem
internationalen Flug aufgestiegen war, eine Notiz
mit der Forderung, das Flugzeug solle direkt zu
seinem Endziel Hanoi/Nordvietnam weiterfliegen
und nicht erst in Taschkent in der UdSSR zwischenlanden. Mit der Drohung, er habe einen
Sprengkörper, schloß er sich in der Toilette ein. Die
Besatzung jedoch machte ihn glauben, daß sie in
Afghanistan zum Nachtanken zwischenlande –
tatsächlich aber landete sie in Taschkent, wo der
Mann festgenommen wurde. Da er geistesgestört
war, wurde er in eine psychiatrische Klinik eingewiesen.

26. Juli 1973
WÄHREND eines Routine-Inlandfluges, der in
Vilnius begann und in Palanga/UdSSR enden sollte, stürmte ein Fluggast ins Cockpit einer Il-14 der
Aeroflot, schlug dem Kapitän mit einem Schrau-
benzieher auf den Kopf und verlangte, nach
Schweden geflogen zu werden – die Besatzung jedoch konnte ihn niederringen. Wegen seines Gei-
steszustands wurde er nicht angeklagt, sondern in
eine Nervenheilanstalt eingewiesen.

2. Oktober 1973
DER Luftpirat, der eine zweistrahlige DC-9 der
Koninklijke Luchtvaart Maatschappij (KLM) auf
einem planmäßigen Flug von Düsseldorf nach
Amsterdam in seine Gewalt gebracht hatte, wurde
entwaffnet, während er mit dem Piloten sprach. Er
wurde später in Gewahrsam genommen.

10. Oktober 1973
DER Attentäter, der versucht hatte, das Kommando über eine Boeing 727 der Compañía Mexicana

de Aviación SA auf dem Flughafen von Mexico
City zu ergreifen, wurde von einem Sicherheitsbeamten festgenommen, der sich als Besatzungsmitglied verkleidet hatte.

11. Oktober 1973
DREI Flugzeugentführer bemächtigten sich einer
zweistrahligen BAC One-Eleven der Philippine
Air Lines, die planmäßig die Inlandroute Davao –
Bacolod abflog. Sie tauschten die Passagiere gegen
den Präsidenten der Fluggesellschaft ein und flogen dann nach Hongkong. Nachdem ihnen die Regierung der Philippinen Amnestie zugesagt hatte,
stellten sie sich.

1. Dezember 1973
DER Luftpirat, der eine DC-8 der Swissair auf
einem Inlandflug von Genf nach Zürich in seine
Gewalt gebracht hatte, verlangte Geld, um den
Hunger in Afrika zu bekämpfen, eine Flugkarte
nach New York City und freies Geleit. Bis auf vier
Besatzungsmitglieder ließ er alle Insassen frei. Er
wurde anschließend von Polizisten verhaftet, die
sich als die Reporter ausgegeben hatten, nach denen er verlangt hatte.

3. Januar 1974
EIN Gewalttäter, der behauptete, er habe eine
Handgranate in sein Taschentuch eingewickelt,
und versuchte, auf dem Flughafen von Kings-
ton/Jamaika eine DC-9 der Air Jamaica nach Miami zu entführen, wurde von Sicherheitskräften
überwältigt und festgesetzt.

20. März 1974
EIN Ehepaar entführte eine zweistrahlige Turboprop-Maschine des Typs Fokker F.27 Friendship
der East African Airways, die mit 35 Insassen in
Kenia von Nairobi nach Malindi flog, nach Libyen.
Zum Nachtanken landete die Maschine im ugan-
dischen Entebbe, wo die Entführer sich nach Verhandlungen den Behörden stellten.

30. März 1974
EIN Mann, der mit einer Schrotflinte bewaffnet
war und zwei Geiseln bei sich hatte, kam an Bord
einer Boeing 727 der National Airlines, die auf
dem Flughafen von Sarasota/Florida abgestellt
war, und verlangte, ausgeflogen zu werden. Er
wurde von einem Mechaniker entwaffnet, der der
einzige weitere Insasse des Flugzeugs war, und
später wegen versuchten Menschenraubs zu 15
Jahren Haft verurteilt.

15. Juli 1974
EIN Jugendlicher, der mit einem Messer bewaffnet
war und behauptete, auch noch einen Sprengsatz
zu haben, entführte eine DC-8 der Japan Air Lines,
die planmäßig die Inlandroute Osaka – Tokio beflog. Er wurde festgenommen, nachdem die Ma-

schine in Nagoya gelandet war, und später zu zehn Jahren Gefängnis verurteilt.

4. September 1974

EINE DC-9 der Eastern Air Lines, die als Flug 1160 mit 100 Menschen an Bord von New York City kam, brachte ein Geiselnehmer in seine Hand, nachdem die Maschine in Boston gelandet war. Mit einer Rasierklinge und einem Nagel nahm er den Flugkapitän als Geisel und forderte 10 000 Dollar – nach mehr als drei Stunden jedoch ließ er sich überreden, aufzugeben. Er wurde anschließend in eine psychiatrische Klinik eingewiesen.

7. Oktober 1974

EINE Turboprop-Maschine des Typs Viscount 810 der Far Eastern Air Transport auf der innertaiwanischen Strecke Tainan – Taipeh übernahm ein Mann gewaltsam, der mit einem Messer und vier Flaschen Benzin bewaffnet war. Er wollte ins kommunistische China ausgeflogen werden, wurde aber von einem Sicherheitsbeamten und einem Flugbegleiter außer Gefecht gesetzt.

23. November 1974

EIN 16jähriger Junge, der drohend etwas schwang, das wie eine Dynamitstange aussah, wollte das Kommando über eine DC-8 der Japan Air Lines ergreifen, die die Inlandroute Tokio – Sapporo beflog. Er wurde von einem Besatzungsmitglied unschädlich gemacht.

29. November 1974

EINE zweistrahlige Boeing 737 der Canadian Pacific Air Lines (CP Air), die als Flug 71 innerhalb Kanadas mit 86 Personen an Bord von Winnipeg/Manitoba nach Edmonton/Alberta unterwegs war, brachte ein Geiselnehmer in seine Gewalt, der eine Stewardeß mit einem Messer bedrohte und auch leicht verletzte. Er forderte, nach Zypern gebracht zu werden, ließ die Maschine dann zum Nachtanken in Saskatoon/Saskatchewan zwischenlanden und ergab sich schließlich dem Piloten. Er verbrachte sieben Jahre im Gefängnis.

25. Dezember 1974

AUF einem Linienflug von Bombay nach Rom bemächtigte sich ein Mann einer Boeing 747 der Air India. Er fuchtelte mit einem Taschenmesser herum und behauptete, auch noch Sprengkörper an Bord zu haben. Er forderte einen Flug zu einem Ziel seiner Wahl – wurde dann aber von der Flugbesatzung überrumpelt.

3. Januar 1975

IN dem Bemühen, die Aufmerksamkeit auf sich zu lenken, stieg ein mit einem Gewehr bewaffneter Mann an Bord einer Boeing 727 der National Airlines, die außer Dienst gestellt war und auf dem Flugfeld von Pensacola in Nordflorida parkte. Er wurde von zwei Flugzeugreinigern entwaffnet und überwältigt. Einen Monat später nahm er sich im Gefängnis das Leben.

7. Januar 1975

ENGLANDS erste – und bis heute einzige – Entführung eines Flugzeugs einer britischen Fluglinie betraf eine BAC One-Eleven der British Airways, die als Flug 4069 mit 52 Personen an Bord von Manchester nach London flog. Mit einer Pistole und einer Handgranate – beide erwiesen sich später als Attrappen – forderte der Geiselnehmer 100 000 Pfund und einen Flug nach Paris. Er wurde jedoch getäuscht, denn das Flugzeug landete in Wirklichkeit auf dem Flughafen Stansted im englischen Essex. Er wurde festgenommen, als er mit einer Geisel fliehen wollte.

Seiner Verbrechen angeklagt, wurde der Hijacker zu sieben Jahren Gefängnis verurteilt. Die Fluggesellschaft ihrerseits kündigte verschärfte Sicherheitsmaßnahmen an, um künftige Akte von Luftpiraterie auszuschließen.

13. Januar 1975

EIN potentieller Entführer beorderte Flug 140 der Eastern Air Lines nach San Juan auf Puerto Rico. Als die Boeing 727, die 60 Personen von Atlanta nach Philadelphia bringen sollte, zum Auftanken auf dem internationalen Flughafen Dulles bei Washington/DC einschwebte, schloß der Geiselnehmer sich in einer Toilette ein. Als man ihn verhaftete, stellte man fest, daß er unbewaffnet war – er wurde daraufhin in eine psychiatrische Klinik eingewiesen.

25. Februar 1975

MIT der Forderung, daß einem von ihnen die Strafe erlassen werde, brachten zwei Männer eine DC-3 der Philippine Air Lines mit 32 Insassen auf einem Inlandflug von Pagadian nach Zamboanga in ihre Gewalt. Nach zehnstündigen Verhandlungen gaben beide auf – wurden aber nicht begnadigt, sondern zum Tode durch Erschießen verurteilt.

2. März 1975

EIN messerbewehrter Attentäter bestieg eine Turboprop-Maschine des Typs Twin Otter der Air New England, die in Hyannis/Massachusetts am Boden stand; der Pilot war der einzige weitere Insasse. Der Entführer verlangte, nach New Haven/Connecticut geflogen zu werden, wurde später aber von der Polizei gefaßt und wegen Waffenbesitzes verurteilt.

9. April 1975

EINE Boeing 747 der Japan Air Lines auf planmäßigem Inlandflug von Sapporo nach Tokio wurde von einem Bewaffneten gekapert, der 30 Millionen Yen verlangte – als sie jedoch am vorgesehen

Großbritanniens einzige Flugzeugentführung ereignete sich im Januar 1975 und betraf eine BAC One-Eleven der British Airways wie diese.

Bestimmungsort landete, wurde er von der Polizei überwältigt, während er mit dem Piloten sprach.

15. Mai 1975
MIT den Worten, sie wolle nicht am vorgesehenen Ziel landen, versuchte ein unbewaffnetes 16jähriges Mädel, eine Boeing 727 der United Air Lines umzudirigieren, die als Flug 509 mit 80 Personen an Bord von Eugene/Oregon nach San Francisco unterwegs war. Es wurde von einem Besatzungsmitglied festgehalten, bis es der Polizei übergeben werden konnte. Diese schickte es in die psychiatrische Klinik zurück, aus der es entflohen war.

3. Juni 1975
ES hängt vom Standpunkt ab: die BAC One-Eleven Serie 500 der Philippine Air Lines mit der Kennung RP-C-1184 ist unter den Verkehrsmaschinen, die jemals Passagiere befördert haben, entweder ein ausgesprochener Glückspilz – oder Pechvogel. Zweimal war dieses Flugzeug Ziel von Sprengstoffanschlägen, die Tod und Verderben brachten. Aber zweimal gelang der Zweistrahligen trotz erheblicher Schäden auch eine sichere Landung.

Der erste Fall betraf Flug 126, ein Inlandflug von Manila nach Legaspi. Die Maschine hatte gerade ihren Sinkflug begonnen und befand sich in etwa 6000 m Höhe über der Insel Alabat, als sie um etwa 15.30 Uhr Ortszeit im rechten hinteren Waschraum von einer Explosion erschüttert wurde. Der vermutliche Saboteur büßte dafür mit dem Leben. Unter den anderen 63 Personen an Bord, die fünfköpfige Besatzung eingeschlossen, waren 45 verletzt, drei Passagiere sogar schwer. Nachdem der Pilot den Sinkflug fortgesetzt hatte, flog die One-Eleven zu ihrem vorgesehenen Ziel weiter und setzte am internationalen Flughafen von Manila sicher auf.

Sie wurde in der Folgezeit wieder instand gesetzt. Doch drei Jahre später, am 18. August 1978, erlebte die Maschine noch einmal einen, auffallend ähnlichen, Unfall!

28. Juni 1975
EINE zweistrahlige Turboprop-Maschine des Typs An-24 der Balkan Bulgarian Airlines wurde während eines planmäßigen Inlandfluges von Varna nach Sofia zur Landung im griechischen Saloniki gezwungen, wo der bewaffnete Entführer um politisches Asyl bat.

15. Juli 1975
ES war geplanter Selbstmord: ein Passagier an Bord einer DC-10 der National Airlines tränkte sich mit einer brennbaren Flüssigkeit und zündete sich dann im Waschraum an. Der Jumbo war als Flug 1601 von Miami nach New York City unterwegs und landete sicher in Jacksonville/Florida.

28. Juli 1975

EIN Jugendlicher, der vorgab, er habe ein Messer, ergriff das Kommando über eine L-1011 der All Nippon Airways, die in Japan planmäßig von Tokio nach Hokkaido fliegen sollte.

Nachdem der Jumbo zum Ausgangspunkt zurückgekehrt war, gingen Passagiere und Besatzung von Bord, und der Entführer wurde von der Polizei verhaftet.

3. September 1975

ANGEBLICH wurde der Flugkapitän an Bord einer Il-62 der Aeroflot erschossen, kurz bevor der vierstrahlige Linienjet in London landen sollte, ein Zwischenstopp auf der Flugroute New York City – Moskau.

27. September 1975

EIN Attentäter, der eine Sprühdose in der Hand hielt, von der er behauptete, sie enthalte Salpetersäure, versuchte eine zweistrahlige Turboprop-Maschine des Typs SC-7 der Olympic Airways unter Kontrolle zu bekommen, die planmäßig die griechische Binnenroute Athen – Insel Mykonos beflog. Er wurde aber von der Besatzung überwältigt und nach der Landung der Polizei übergeben.

5. Oktober 1975

EINE Gruppe von Insurgenten kaperte eine Boeing 737 der Aerolíneas Argentinas, die gemäß Flugplan in Argentinien von Buenos Aires nach Corrientes fliegen sollte, und landete mit ihr bei der Stadt Formosa, wo die Passagiere freigelassen wurden und noch mehr Rebellen an Bord kamen. Als der Kraftstoff zur Neige ging, landete die 737 in Rafaela in der Provinz Santa Fé, wo die Geiselnehmer flüchteten.

22. Dezember 1975

DER Entführer einer Beechcraft Queen der Sociedad Aeronáutica de Medellín SA (SAM), der das Flugzeug auf der innerkolumbianischen Route Barrancabermeja – Medellín entführt hatte, forderte drei Millionen Pesos und freies Geleit zu einem nicht näher genannten Ort. Er wurde aber auf dem Flughafen Medellín von der Geheimpolizei angeschossen und verwundet und anschließend verhaftet.

5. Januar 1976

ZWEI bewaffnete Männer bemächtigten sich auf dem Flughafen von Manila auf den Philippinen einer verlängerten DC-8 der Japan Air Lines, als sie mit mehr als 200 Personen an Bord auf der Route Bangkok – Tokio dort zwischengelandet war.

Sie ergaben sich jedoch später den philippinischen Behörden, nachdem Japan ihnen die Einreise verweigert hatte.

26. Januar 1976

EIN Attentäter, der versuchte, aus der UdSSR zu fliehen, um der Bestrafung für ein zuvor begangenes Verbrechen zu entgehen, drohte, eine Il-62 der Aeroflot, die als Flug 614 eine festgelegte Inlandroute beflog, zu sprengen, wenn er nicht nach Tel Aviv/Israel ausgeflogen würde. Um seine Drohung zu untermauern, trug er Signalraketen und sieben kleine pyrotechnische Sprengsätze bei sich. Trotz alledem landete die Maschine in Moskau, und er wurde anschließend zu zehn Jahren Gefängnis verurteilt.

7.–13. April 1976

ZWEI Männer brachten eine zweistrahlige BAC One-Eleven der Philippine Air Lines in ihre Gewalt, die mit 79 Menschen planmäßig eine Inlandroute nach Cagayan de Oro auf Mactan beflog. Sie verlangten Lösegeld und die Freilassung zahlreicher Häftlinge. In insgesamt sechs Tagen landete die Maschine erst in Malaysia, dann in Thailand, wo die Geiselnehmer auf eine DC-8 mit größerer Reichweite umstiegen, danach in Pakistan und schließlich in Libyen, wo sie um politisches Asyl baten – das ihnen jedoch verweigert wurde.

24. April 1976

UM gegen die »Vernachlässigung der Bauern« zu protestieren, kaperte ein bewaffneter Mann eine Boeing 727 der Aerovías Nacionales de Colombia (AVIANCA) während ihres planmäßigen innerbolivianischen Fluges von Pereira nach Bogotá. Er ergab sich, als das Flugzeug auf dem vorgesehenen Zielflughafen landete.

30. April 1976

EINE DC-10 der türkischen Türk Hava Yollari (THY), die 253 Personen gemäß Flugplan von Paris nach Istanbul beförderte, versuchte ein Mann zu kapern, indem er eine Stewardeß mit einem Messer bedrohte. Er wollte entweder nach Marseille oder nach Lyon. Das Flugzeug landete jedoch am Ausgangspunkt, wo der gescheiterte Luftpirat sich widerstandslos ergab.

10. September 1976

EINE zweistrahlige Boeing 737 der Indian Airlines, die als Flug 491 mit 83 Insassen einen planmäßigen Inlandflug von Neu-Delhi nach Bombay durchführte, wurde von sechs Luftpiraten gekapert, die sie nach Lahore/Pakistan entführten. Dort wurden sie festgenommen, später aber alle »mangels Beweisen« wieder freigelassen.

10. September 1976

FÜNF Terroristen, die angeblich Plastiksprengstoff bei sich hatten (der sich später als Lehm erwies), brachten eine Boeing 727-231 der Trans World Airlines in ihre Gewalt, die als Flug 355 mit 92 Personen an Bord von New York City nach Chicago fliegen sollte. Ihr Ziel: die Verteilung von Propagandamaterial über die Unabhängigkeit Kroatiens. Nach Zwischenlandungen auf Neufundland und Island landete das Flugzeug schließlich in Paris. Als weiterer Teil ihrer Forderungen wurden von einer anderen Maschine Flugblätter über London abgeworfen.

Die Entführer wurden an die USA ausgeliefert, wo sie nicht nur wegen Luftpiraterie angeklagt wurden, sondern auch wegen des Mordes an einem Polizeibeamten, der durch einen Sprengsatz in der Grand Central Station von New York City getötet worden war. Zwei der Entführer erhielten lebenslänglich, die anderen drei 30 Jahre Gefängnis zuzüglich weiterer Strafen für andere Verbrechen.

6. Oktober 1976
FLUG 455 der Empresa Consolidada Cubana de Aviación, eine Douglas DC-8 Serie 43 (CU-T1201), startete auf dem internationalen Flughafen von Seawell/Barbados in Richtung Kingston/Jamaika, Teil einer Route, die von Georgetown/Guyana nach Havanna/Kuba führte. Etwa zehn Minuten nach dem Abheben sendete die Besatzung über Funk einen Notruf und meldete eine Explosion an Bord.

Die Linienmaschine kehrte daraufhin nach Seawell zurück und wurde dann beobachtet, wie sie mit einer Rauchfahne unter der geschlossenen Wolkendecke dahinflog, sich plötzlich nach links steil aufbäumte und dann – etwa 16 km vor der Küste von Barbados – in die Karibik stürzte, die an dieser Stelle etwa 300 m tief ist. Alle 73 Menschen an Bord verloren ihr Leben, auch zehn Besatzungsmitglieder, die als Passagiere mitflogen, sowie die reguläre 15köpfige Besatzung.

Die Tragödie wurde – so glaubt man – ausgelöst durch eine Explosion im hinteren Teil der Passagierkabine. Sie führte zu einem unkontrollierten Brand, der giftigen Rauch erzeugte, welcher die Besatzung schließlich handlungsunfähig machte. Ein Jahrzehnt später wurden zwei Männer von einem venezolanischen Gericht wegen ihrer Mitverantwortung für diesen Absturz zu 20 Jahren Gefängnis verurteilt.

28. Oktober 1976
EIN Attentäter mit einer Maschinenpistole und einer Pistole kaperte eine Turboprop-Maschine des Typs Il-18 der Ceskoslovenske Aerolinie (CSA), die mit 111 Insassen planmäßig ihren Inlandflug von Prag nach Preßburg durchführte. Das Flugzeug landete nunmehr in München, wo die Geiselnehmer zu jeweils acht Jahren Haft in Westdeutschland verurteilt wurden.

4. November 1976
MIT einer Sprengsatzattrappe bemächtigte sich ein Luftpirat einer Tu-134 der Polish Airlines (LOT), die gemäß Flugplan von Kopenhagen nach Warschau fliegen sollte.

Das Flugzeug landete in Wien, wo der Entführer aufgab. Er wurde später zu vier Jahren Gefängnis verurteilt.

21. Dezember 1976
EIN Angestellter der United Air Lines, der mit zwei Revolvern und einem Messer bewaffnet war, bestieg auf dem internationalen Flughafen von San Francisco eine leere DC-8 seiner Fluggesellschaft. Er hatte zwei Geiseln bei sich und verlangte, an die Ostküste der USA geflogen zu werden. Dann ergab er sich. Er wurde später als geisteskrank eingestuft und in eine Heilanstalt eingewiesen.

11. Januar 1977
EINE Boeing 747 der Trans World Airlines, die als Flug 700 mit 349 Personen von New York City über den Atlantik nach London flog, war Ziel eines Entführungsversuches durch einen Mann, der behauptete, eine Handgranate bei sich zu haben, und der nach Uganda wollte. Von anderen Passagieren und Besatzungsmitgliedern wurde er daraufhin überwältigt. Nachdem er in die USA überstellt worden war, bekam er wegen eines minderschweren Verbrechens eine Gefängnisstrafe unter der Auflage, sich in psychiatrische Behandlung zu begeben.

13. Februar 1977
DER Versuch, eine DC-9 der Turkish Airlines, die innerhalb der Türkei von Istanbul nach Izmir flog, nach Jugoslawien zu entführen, endete, als der 17jährige Geiselnehmer sich auf einem Fliegerhorst in der Nähe von Izmir Sicherheitsbeamten ergab. Der Pilot und eine Stewardeß wurden angeschossen und verletzt.

14.–16. März 1977
EINE Boeing 727 der spanischen Linie Iberia wurde während eines Inlandfluges von Barcelona nach Palma de Mallorca mit 37 Personen an Bord von einem Luftpiraten gekapert. Das Flugzeug flog daraufhin nach Algerien, an die Elfenbeinküste, zurück nach Spanien, dann nach Italien, in die Schweiz, nach Polen und schließlich wieder in die Schweiz.

Hier wurde der Erpresser verhaftet und zu zehn Jahren Gefängnis verurteilt. Nachdem er jedoch von einem Hafturlaub nicht zurückgekehrt war und gedroht hatte, er werde noch ein weiteres Flugzeug entführen, wurde er in Italien gefaßt und zu weiteren neun Jahren Gefängnis verurteilt.

17. März 1977
ALL Nippon Airways Flug 724, eine Boeing 727, die mit 43 Personen innerhalb Japans vom Flughafen Chitose bei Sapporo nach Sendai unterwegs war, wollte ein Entführer in seine Gewalt bringen – er wurde aber von anderen Passagieren überwäl-

tigt und nach der Landung in Hakodate der Polizei übergeben.

31. März 1977
DER Flugkapitän einer DC-3 der Swiftair, die innerhalb der Philippinen einen außerplanmäßigen Flug von Zamboanga zur Tawitawi-Inselgruppe durchführte, lief plötzlich Amok und eröffnete mit einem M-16-Gewehr das Feuer. Bei diesem Angriff, der sich um etwa 11.45 Uhr Ortszeit, etwa fünf Minuten vor der geplanten Landung, ereignete, wurden die Stewardeß und sechs der 34 Passagiere getötet, 16 weitere Personen wurden verwundet. Der Pilot wurde trotzdem überwältigt, und der Kopilot setzte das Flugzeug sicher auf.

Die meisten Insassen waren Soldaten, und die benutzte Waffe gehörte einem von ihnen. Der Amokläufer, der möglicherweise in die erschossene Stewardeß verliebt war, wurde später in ein Militärgefängnis eingeliefert.

24. April 1977
POLIZEI überwältigte auf dem Flughafen von Krakau/Polen einen Luftpiraten, der versucht hatte, eine Tu-134 der Polskie Linie Lotnicze (LOT) in seine Gewalt zu bringen, die zu einem Charterflug nach Nürnberg starten sollte.

2. Mai 1977
EINE Boeing 727 der spanischen Linie Iberia, die planmäßig in Madrid gestartet war, wollte nach ihrer Landung in Rom ein Entführer kapern – er wurde jedoch überwältigt und festgenommen.

8. Mai 1977
EIN Passagier mit einer Rasierklinge versuchte, Flug 22, eine Boeing 747 der Northwest Airlines in die UdSSR zu entführen, als der Jumbo mit 262 Insassen von Tokio nach Honolulu/Hawaii unterwegs war. Er wurde überwältigt und gefesselt.

Später wurde er für geisteskrank erklärt und für zwei Jahre in eine psychiatrische Klinik eingewiesen.

26. Mai 1977
EIN Aeroflot-Turboprop des Typs An-24, der planmäßig innerhalb Lettlands von Riga nach Daugavpils fliegen sollte, wurde nach Schweden entführt, wo man sich weigerte, den Geiselnehmer auszuliefern. Er wurde dort zu vier Jahren Gefängnis verurteilt.

17. Juni 1977
MIT einer Flasche dunkler Flüssigkeit bewaffnet – sie erwies sich als gefärbtes Wasser – versuchte ein Luftpirat, eine dreistrahlige Jak-40 der Aeroflot, die innerhalb der UdSSR planmäßig von Reval nach Königsberg flog, nach Schweden zu entführen. Statt dessen landete sie in Ventspils an der lettischen Küste, wo der Täter verhaftet wurde.

18. Juni 1977
EINE Turboprop-Maschine des Typs An-24 der Balkan Bulgarian Airlines, die einen Inlandflug von Vidin nach Sofia durchführen sollte, wurde von einem Mann entführt, der sich den jugoslawischen Behörden stellte, nachdem das Flugzeug in Belgrad gelandet war.

21. Juni 1977
EINE Boeing 727 der LAN-Chile, die mit 78 Insassen in Chile gemäß Flugplan von Antofagasta nach Santiago fliegen sollte, wurde nach Mendoza/Argentinien entführt, wo der Luftpirat vom Militär verhaftet wurde.

5. Juli 1977
EINE Boeing 727 der Línea Aérea del Cobre SA (Ladeco), die mit 60 Personen an Bord in Chile von Arica nach Santiago wollte, wurde nach Lima/Peru entführt. Die vier Luftpiraten wurden anschließend zwecks Asyl an Kuba ausgeliefert.

10.–12. Juli 1977
EINE Tu-134 der Aeroflot, die in der UdSSR planmäßig von Petrosawodsk nach Leningrad unterwegs war, wurde nach Helsinki/Finnland umdirigiert.

Die beiden Attentäter hielten die anderen Passagiere und die Besatzung als Geiseln und verlangten, daß das Flugzeug nach Schweden weiterfliegen solle – es flog jedoch zurück in die Sowjetunion, wo die Geiselnehmer zu 15 beziehungsweise acht Jahren Gefängnis verurteilt wurden.

20. August 1977
WESTERN Air Lines Flug 550, eine Boeing 707 auf Inlandflug von San Diego/Kalifornien nach Denver/Colorado, wurde von einem Luftpiraten gekapert, der einen Sprengsatz zu besitzen vorgab und forderte, nach Mexiko und zu verschiedenen weiteren Zielen geflogen zu werden. Er ergab sich aber den Behörden, als das Flugzeug in Salt Lake City/Utah landete. Eine Anklage gegen ihn wurde aufgrund seiner Geistesschwäche fallengelassen.

5. September 1977
EIN Geiselnehmer bedrohte an Bord einer zweistrahligen DC-9 der Garuda Indonesian Airways, die die Inlandstrecke Jogjakarta – Surabaja/Ostjava beflog, eine Stewardeß mit einer Schußwaffe. Er konnte aber von anderen Besatzungsmitgliedern überwältigt werden.

28. September – 1. Oktober 1977
EINE DC-8 Super 62 der Japan Air Lines wurde mit 156 Menschen an Bord von fünf Mitgliedern der selbsternannten »Japanischen Roten Armee«, die mit Schußwaffen und Granaten bewaffnet waren, während eines Linienfluges von Bom-

bay/Indien nach Tokio/Japan entführt. Auf dem Flughafen von Dacca/Bangladesch entließen die Geiselnehmer etwa 60 Passagiere im Austausch gegen Lösegeld und sechs Häftlinge, die in Japan einsaßen. Sie ergaben sich schließlich, als die Vierstrahlige Algier erreichte, den algerischen Behörden.

Der Rädelsführer dieser Entführung und einer weiteren, die vier Jahre zurücklag, wurde später von einem japanischen Gericht zu lebenslanger Haft verurteilt.

11. Oktober 1977
EINE dreistrahlige Jak-40 der Ceskoslovenske Aerolinie (CSA) wurde von zwei Angestellten der Fluggesellschaft während eines planmäßigen Inlandfluges von Karlsbad nach Prag gekapert und landete in Frankfurt am Main. Sie wurden in Westdeutschland zu sechs und dreieinhalb Jahren Gefängnis verurteilt.

17. Oktober 1977
ZWEI Bewaffnete stürmten in Tadjoura/Dschibuti an Bord einer Turboprop-Maschine des Typs Twin Otter der Air Djibouti. Von den elf Personen an Bord wurden bei dem Angriff der Pilot und ein Fluggast getötet, fünf weitere verwundet.

18. Oktober 1977
DER Versuch, eine An-24 der polnischen Fluglinie LOT zu entführen, die mit 50 Personen an Bord in Polen von Kattowitz nach Warschau flog, wurde den Berichten nach von der Besatzung vereitelt.

20. Januar 1978
BEWAFFNET mit einer Pistole und, wie er sagte, einem Koffer voller Sprengstoff, bemächtigte sich ein Geiselnehmer einer Fokker F.27 Friendship der Pakistan International Airlines, die mit 42 Personen an Bord laut Flugplan von Sukkur nach Karatschi unterwegs war. Er verlangte Bargeld zur Behandlung eines Krebsleidens. Die Turboprop-Maschine landete jedoch an ihrem vorgesehenen Bestimmungsort, wo der Luftpirat überwältigt werden konnte. Ein Bord-Sicherheitsbeamter wurde dabei angeschossen und verletzt. Der Geiselnehmer verlor sein Leben drei Jahre später – aber nicht durch seine Krankheit, sondern durch die Schlinge des Henkers.

Eine DC-8 Super 62 der Japan Air Lines: dieser Typ wurde im Herbst 1977 von Angehörigen der selbsternannten »Japanischen Roten Armee« entführt und drei Tage lang festgehalten.

6. Februar 1978

MIT der Behauptung, er besitze einen Sprengsatz, kaperte ein Geiselnehmer eine Tu-134 der Ceskoslovenske Aerolinie (CSA), die gemäß Flugplan von Ost-Berlin nach Prag fliegen sollte. Das Flugzeug landete mit 46 Personen an Bord in Frankfurt am Main, wo der Entführer sich stellte und um politisches Asyl bat. Er wurde zu vier Jahren Haft verurteilt.

2. März 1978

DER Versuch eines Luftpiraten, sich einer Boeing 747 der Pakistan International Airlines zu bemächtigen, die mit 357 Personen an Bord planmäßig die Inlandstrecke Islamabad – Karatschi beflog, scheiterte, als drei andere Passagiere ihn überwältigten. Durch eine Handgranate, die dabei explodierte, wurden sie verwundet, der Geiselnehmer verlor eine Hand. Er wurde der Luftpiraterie angeklagt und 1979 gehängt.

1. April 1978

MIT einem Gewehr sprang ein 15jähriger Junge auf dem internationalen Flughafen von Byrd bei Richmond/Virginia über einen Zaun und erzwang sich den Zutritt zu Flug 66, einer Boeing 737 der Piedmont Airlines, die 66 Passagiere befördern sollte. Er forderte eine Million Dollar Lösegeld und einen Flug nach Frankreich, gab dann aber auf. Er wurde verschiedener Delikte angeklagt und dann einem Psychiater anvertraut.

9. April 1978

INDEM er um sich schoß, Benzin in der Kabine vergoß und damit drohte, einen Brand zu entfachen, versuchte ein Geiselnehmer, eine Jak-40 der Aeroflot, die in der UdSSR von Palanga nach Reval flog, nach Schweden zu entführen. Das Flugzeug landete jedoch in Pärnu in Estland, wo er verhaftet wurde. Da er geistig verwirrt war, wurde er in eine Heilanstalt eingewiesen.

10. Mai 1978

DREI Erwachsene, die von zwei Kindern begleitet wurden, entführten eine Turboprop-Maschine des Typs Il-18 der Ceskoslovenske Aerolinie (CSA), die im Inland planmäßig mit 39 Insassen von Prag nach Brünn fliegen sollte. Sie wurden festgenommen, nachdem das Flugzeug in Frankfurt am Main gelandet war.

11. Mai 1978

ZWEI Männer, die mit einer Spielzeugpistole und einem selbstgebastelten Nitroglyzerin-Spengsatz bewaffnet waren, entführten eine Boeing 727 der AVIANCA, die in Kolumbien mit 109 Menschen an Bord von Santa Maria nach Bogotá unterwegs war. Dann nahmen sie einem Zollbeamten seine Dienstwaffe ab, schossen damit auf den Bordingenieur und verwundeten ihn.

Nachdem das Flugzeug auf der holländischen Antilleninsel Curaçao gelandet war, wurden die Entführer von anderen Fluggästen und Mitgliedern der Besatzung entwaffnet. Vier Personen, darunter zwei Polizeibeamte, wurden dabei verletzt.

16. Mai 1978

ZWEI Männer an Bord einer DC-9 der Aeromexico, die mit 99 Insassen die Inlandstrecke Torreón – Mexico City abflog, übergaben einer Stewardeß eine Notiz mit einer wirren Erklärung. Darin hieß es, sie hätten Sprengstoff bei sich und forderten »Gerechtigkeit« für sich und einige andere. Beide wurden nach der Landung auf dem Zielflughafen verhaftet.

17. Mai 1978

DER Versuch, eine Jak-40 der Ceskoslovenske Aerolinie (CAS), die in der CSSR von Brünn nach Prag flog, zu kapern, schlug fehl, als der Attentäter überwältigt wurde.

29. Mai 1978

EIN Luftpirat versuchte, eine Jak-40 der Ceskoslovenske Aerolinie (CAS), die von Brünn nach Karlsbad unterwegs war, zu entführen und mit ihr nach Westdeutschland zu entkommen, wurde aber von Besatzungsmitgliedern überwältigt.

6. August 1978

MIT einer Pistole, die sich als Spielzeug erwies, versuchte ein Geiselnehmer, eine DC-9 der KLM Royal Dutch Airlines zu kapern, die mit 68 Personen gemäß Flugplan von Amsterdam nach Madrid fliegen sollte. Er wollte nach Algerien gebracht werden, wurde aber von einem Mitglied der Bordbesatzung und drei Fluggästen überwältig und später zur Strafverfolgung nach Holland überstellt.

18. August 1978

EINE BAC One-Eleven Serie 500 (RP-C-1184) der Philippine Air Lines – dasselbe Flugzeug, das bereits am 3. Juni 1975 bei einem vermutlichen Selbstmordattentat beschädigt worden war – wurde erneut Opfer eines erstaunlich ähnlichen Attentats.

Die Verkehrsmaschine war als Flug 148 auf der Inlandstrecke von Cebu nach Manila eingesetzt und flog in etwa 7200 m Höhe in der Nähe der Sibuya-Inseln, als ein Sprengsatz im linken hinteren Waschraum explodierte. Die Wucht der Explosion, die sich um kurz nach 07.00 Uhr Ortszeit ereignete, führte zum Tod des Saboteurs, er wurde aus dem Flugzeug ins Meer geschleudert. Drei Passagiere wurden verletzt, während die anderen 80 Personen an Bord, die sechsköpfige Besatzung eingeschlossen, unverletzt blieben.

Nach der Explosion ging der Pilot im Sinkflug auf etwa 3600 m Höhe, um den Druck auszugleichen, und die One-Eleven flog weiter nach Mani-

August 1978, Philippine Airlines: die Explosion an Bord einer BAC One-Eleven Serie 500 wie dieser war der zweite Sabotageakt an demselben Flugzeug.

la, wo sie sicher aufsetzte – trotz eines Loches von 0,6 m x 1 m im Rumpf hinten.

Der Attentäter hatte im übrigen nur den Hinflug gebucht und in der Nacht zuvor eine Versicherungspolice über 50 000 Pesos erworben.

25. August 1978
EIN Attentäter, der vorgab, über Sprengstoff zu verfügen, gab einer Stewardeß an Bord von Flug 830 der Trans World Airlines, einer Boeing 707, die mit 88 Personen an Bord von New York City nach Genf flog, eine Notiz. In seiner Erklärung verlangte er die Freilassung einer Anzahl von Personen, die in den USA und anderswo in Haft saßen. Nachdem das Flugzeug am Bestimmungsort gelandet war, wurde sieben Stunden lang verhandelt – dann gab er auf. Er wurde später wegen Nötigung einer Flugzeugbesatzung und der Drohung mit einem Sprengkörper zu sieben Jahren Gefängnis verurteilt.

26. August 1978
EINE de Havilland Canada Twin Otter Serie 300 (XY-AEI) der Burma Airways Corporation war offensichtlich Opfer einer Explosion. Sie stürzte bei Papun in Birma ab und riß alle 14 Menschen an Bord (elf Passagiere und drei Besatzungsmitglieder) mit in den Tod. Die zweistrahlige Turboprop-Maschine flog, wie geplant, von Moulmein nach Pa-an und stürzte nur Sekunden nach dem Start zu Boden, nachdem in ihrer Kabine in etwa 120 m Höhe eine Explosion stattgefunden hatte.

Es konnte nicht festgestellt werden, ob diese Explosion ein vorsätzlicher Sabotageakt war oder ein Unfall.

27. August 1978
EINE DC-8 Super 61 der United Air Lines, die als Flug 179 mit 159 Personen von Denver/Colorado nach Seattle/Washington unterwegs war, wurde von einem weiblichen Fluggast, der in einer schriftlichen Notiz auf einen Sprengsatz verwies, nach Vancouver/British Columbia entführt. Ein Regierungspsychiater erklärte die Frau für unzurechnungsfähig.

30. August 1978
EIN Luftpirat, der mit einer Startpistole bewaffnet war, kaperte eine Tu-134 der Polskie Linie Lotnicze (LOT), die mit 71 Personen an Bord planmäßig von Danzig nach Ost-Berlin fliegen sollte, und beorderte sie nach West-Berlin. Dort baten er und weitere acht Passagiere um politisches Asyl. Der Entführer bekam neun Monate Gefängnis.

7. September 1978
DIE Explosion von Sprengstoff in der Rumpfmitte einer Hawker Siddeley 748 Andover Serie 2 (4R-ACJ) der Air Ceylon, die auf dem Flugplatz Ratmalana bei Colombo in Sri Lanka abgestellt war, führte zu einem Brand, der die zweistrahlige Turboprop-Maschine zerstörte. Die Explosion ereignete sich um etwa 08.40 Uhr Ortszeit, als das Flugzeug für einen Überführungsflug vorbereitet wurde. Der Pilot und der Copilot, die ihre Vorfluginspektion durchgeführt hatten, waren die einzigen Insassen – sie entkamen unverletzt.

30. September 1978
EINE Super Caravelle der Finnair wurde von einem mit einer Pistole bewaffneten Attentäter auf

dem regulären Inlandflug von Oulu nach Helsinki mit 48 Personen an Bord gekapert. Das Flugzeug flog zunächst zum geplanten Zielort, kehrte dann nach Oulu zurück und machte schließlich eine Zwischenlandung im holländischen Amsterdam. Der Luftpirat, dem man während der Entführung Lösegeld ausgezahlt hatte, durfte zunächst nach Hause gehen, wurde tags darauf aber verhaftet. Er wurde schließlich angeklagt und zu sieben Jahren Gefängnis verurteilt.

22. Oktober 1978
DER Pilot einer Boeing 727 der Transportes Aéreos Portugueses (TAP), der laut Flugplan von Lissabon zur portugiesischen Insel Madeira unterwegs war, überwältigte – nachdem er davon überzeugt war, daß die beiden Pistolen nicht echt waren – einen potentiellen Entführer, der nach Marokko gebracht werden wollte.

31. Oktober 1978
MIT der Drohung, sie zu sprengen, versuchte ein Luftpirat eine zweistrahlige Tu-134 der Aeroflot in seine Gewalt zu bringen und nach Norwegen zu entführen. Die Maschine war auf einem Linienflug von Leningrad nach Murmansk gewesen, landete jetzt aber im karelischen Petrosawodsk, wo der Entführer verhaftet wurde. In der Folge wurde er zu sechs Jahren Gefängnis verurteilt.

10. November 1978
MIT der Behauptung, er verfüge über einen Sprengsatz, versuchte ein Passagier eine Turboprop-Maschine des Typs An-24 der Aeroflot, die in der UdSSR von Charkow nach Suchumi fliegen sollte, in die Türkei zu entführen. Nachdem sie statt dessen im georgischen Batumi gelandet war, wurde der Attentäter verhaftet und später zu acht Jahren Gefängnis verurteilt.

23. November 1978
EIN potentieller Entführer fuhr auf dem Flughafen Mitchell Field bei Madison/Wisconsin mit seinem Auto durch einen Zaun und direkt zu einer zweistrahligen DC-9 der North Central Airlines, die als Flug 468 operierte. Dann bestieg er das Flugzeug und behauptete, er habe in seinem Müllsack einen Sprengsatz, der sich aber als Attrappe erwies. Er wurde später im Cockpit der DC-9 von der Polizei festgenommen – zu einer Anklage kam es jedoch nicht, da er geistesgestört war.

20. Dezember 1978
ZWEI Attentäter, die drohend mit einer, wie es schien, Pistole und einer Handgranate herumfuchtelten, bemächtigten sich einer Boeing 737 der Indian Airlines, die als Flug 410 die innerindische Strecke Lucknow – Neu-Delhi befliegen sollte, und zwangen sie zur Landung in Varanasi/Pradesch. Sie verlangten die Freilassung der früheren Premierministerin Indira Gandhi, die damals im Gefängnis saß. Nach Freilassung der Passagiere und der Besatzung wurden die Entführer mit einem Leichtflugzeug nach Lucknow geflogen, wo die Polizei sie festnahm: die Pistole war ein Spielzeug, und die Handgranate erwies sich als Kricketball.

21. Dezember 1978
EIN 17jähriges Mädchen, das vorgab, es habe Dynamit um seinen Körper gebunden, entführte eine DC-9 der Trans World Airlines, die als Flug 541 mit 89 Personen an Bord in Missouri von Saint Louis nach Kansas City fliegen sollte. Sie forderte die Freilassung eines Häftlings, der für eine Flugzeugentführung 1972 zu lebenslanger Haft verurteilt worden war. Das Flugzeug landete in Marion/Illinois, wo neun Stunden lang verhandelt wurde, ehe das Mädchen von zwei Polizeibeamten verhaftet werden konnte.

Die Entführerin, die lediglich über drei Eisenbahnfackeln verfügte, wurde nach dem Jugendrecht der Luftpiraterie angeklagt und bis zu ihrem 21. Geburtstag in ein Pflegeheim eingewiesen, anschließend sollte sie auf Bewährung freigelassen werden.

27. Januar 1979
EINE Frau, die vortäuschte, Nitroglyzerin bei sich zu haben, kaperte Flug 8 der United Air Lines, eine Boeing 747, die 131 Personen von Los Angeles nach New York City transportierte. Sie verlangte, daß bestimmte Personen im Fernsehen eine Botschaft verläsen, die sie verfaßt hatte. Nach sechsstündigen Verhandlungen auf dem internationalen John-F.-Kennedy-Flughafen, dem Ziel des Fluges, wurde sie verhaftet. Es wurde kein Sprengstoff bei ihr gefunden. Sie wurde wegen Nötigung ersten Grades angeklagt und zu fünf Jahren Haft auf Bewährung verurteilt.

27. Februar 1979
DREI Attentäter, von denen einer einen Molotowcocktail anzündete, versuchten eine Tu-154 der Aeroflot zu kapern, die die Route Oslo – Moskau beflog. Sie wurden von anderen Fluggästen und Besatzungsmitgliedern außer Gefecht gesetzt, dann landete das sowjetische Flugzeug wie geplant in Stockholm. Ein schwedisches Gericht verurteilte zwei der Piraten zu je drei Jahren Gefängnis, den dritten zu 18 Monaten.

1. April 1979
ZWEI Geiselnehmer versuchten, eine dreistrahlige Jak-40 der Aeroflot in die Türkei zu entführen, nachdem sie als Flug 546 im ukrainischen Simferopol gestartet war, einem Zwischenstopp auf dem innersowjetischen Flug von Odessa nach Kutaisi/Georgien. Beide wurden überwältigt und der Polizei übergeben. Später wurden sie zu sieben beziehungsweise fünf Jahren Gefängnis verurteilt.

26. April 1979

EIN hochexplosiver Sprengsatz explodierte nahe dem vorderen Waschraum einer Boeing Advanced 737-2A8 (VT-ECR) der Indian Airlines, nachdem die Zweistrahlige auf planmäßigem Inlandflug von Trivandrum den Sinkflug von 8100 m Höhe für die Landung auf dem Flughafen Madras eingeleitet hatte. Nach der Explosion fiel die gesamte Bordelektrik mit allen Instrumenten aus, und Cockpit wie vordere Kabine füllten sich mit Rauch.

Bei der Landung mit ausgefahrenem Fahrwerk, aber ohne Klappen, setzte die Maschine etwa 750 m hinter der Schwelle von Landebahn 25 auf. Weil die Landegeschwindigkeit zu hoch war, die Schubumkehr nicht funktionierte und das Antiblockiersystem der Bremsen durch die Explosion beschädigt war, überschoß das Flugzeug das Ende der Landebahn und schlitterte über ein Feld. Von den 61 Passagieren und sechs Besatzungsmitgliedern wurden acht Personen erheblich verletzt. Das Flugzeug wurde durch die Explosion und die Bruchlandung, die sich zur Mittagszeit ereignete, zerstört.

8. Juni 1979

EIN Luftpirat mit Schrotflinte brachte eine zweistrahlige DC-9 der Trans-Australia Airlines in seine Gewalt, als sie planmäßig ihren Inlandflug von Coolangotta nach Brisbane/Queensland absolvierte. Er erlaubte der Besatzung, den vorgesehenen Zielort anzufliegen, und ließ dort die 41 Passagiere von Bord gehen. Etwas später wurde er von Flug- und Kabinenbesatzung überwältigt und von der Polizei festgesetzt.

20. Juni 1979

AMERICAN Airlines Flug' 293, eine Boeing 727 auf Inlandflug von New York City nach Chicago mit 136 Personen an Bord, kaperte ein Luftpirat, der mit zwei Simulationsprojektilen und, wie er sagte, einem Beutel Dynamit bewaffnet war. Er forderte die Freilassung eines amerikanischen Bundespolizei-Häftlings und einen Flug nach Peru, den er erst auf Südafrika und dann Irland abänderte.

Der Luftpirat, zu dem dann auch sein Anwalt stieß, stieg in New York City für den Transatlantikflug auf eine Boeing 707 mit größerer Reichweite um. In Irland ergab er sich und wurde danach an die USA ausgeliefert, wo er wegen verschiedener Verbrechen zu mehr als 40 Jahren Gefängnis verurteilt wurde.

9. Juli 1979

ES war ein rundum schlechter Tag für den Möchtegern-Entführer einer zweistrahligen Turboprop-Maschine des Typs Fairchild F-27 der Cóndor Aerovías Nacionales, die innerhalb Ecuadors von Tulcan nach Quito fliegen sollte. Obwohl er einen Flug nach Costa Rica angeordnet hatte, landete die Maschine in Quito, wo die Passagiere durch eine

Kabinentür entkamen. Nachdem er – offenbar versehentlich – zwei Schüsse abfeuerte, hatte seine Waffe Ladehemmung. Dann versuchte er, einen Dynamitstab anzuzünden, aber sein Feuerzeug funktionierte nicht. Schließlich wurde er niedergerungen und verhaftet.

25. Juli 1979

EIN Attentäter, der mit einem Messer und, wie sich später herausstellte, einer Spielzeugpistole bewaffnet war, bemächtigte sich einer Fokker F.27 der Bangladesh Biman, die mit 43 Insassen von Jessore nach Dacca unterwegs war, und beorderte sie ins indische Kalkutta. Er forderte Lösegeld und ein Fluchtflugzeug, aber nach zehnstündigen Verhandlungen gab er auf. Später wurde er an Bangladesch zur Strafverfolgung ausgeliefert.

5. August 1979

DREI Deserteure der spanischen Fremdenlegion brachten eine DC-9 der Iberia in ihre Gewalt, die gerade in Puerto del Rosario auf der kanarischen Insel Fuerteventura gelandet war und Passagiere von Bord gehen ließ. Sie flogen zunächst nach Lissabon, wo alle Geiseln bis auf zwei Mann der Flugbesatzung freigelassen wurden, und dann nach Genf, wo sie sich ergaben. Sie wurden später von einem Schweizer Gericht zu 20 Monaten Haft verurteilt.

22. August 1979

EINE zweistrahlige Turboprop-Maschine des Typs Hawker Siddeley HS 748 Serie 2A (FAC-1101), die der kolumbianischen Fluggesellschaft Servicio de Aeronavegación a Territorios Nacionales gehörte, stürzte in ein Wohngebiet von Bogotá, nachdem ein Mechaniker und sein Komplize sie gestohlen hatten. Beide Insassen und drei Menschen am Boden kamen dabei ums Leben.

22. August 1979

EINE Boeing 727 der United Air Lines, die als Flug 739 mit 120 Insassen in den USA von Portland/Oregon nach Los Angeles fliegen sollte, wurde von einem Passagier gekapert, der vorgab, einen Sprengsatz bei sich zu haben. Nachdem seiner Forderung, das Flugzeug solle nach Portland zurückfliegen, nachgekommen worden war, gab der Geiselnehmer auf. Er wurde zu 60 Jahren Gefängnis wegen Menschenraubs verurteilt.

12. September 1979

BEWAFFNET mit einer täuschend echten Spielzeugpistole brachte ein Luftpirat eine Boeing 727 der Deutschen Lufthansa (DLH) in seine Gewalt, die mit 128 Personen an Bord die innerdeutsche Linie Frankfurt – Köln beflog. Nach siebenstündigen Verhandlungen verlas er eine lange Erklärung für eine humane Welt und nach weiteren Verhandlungen gab er auf.

30. Oktober 1979

FLUG 784 der Pacific Southwest Airlines, eine Boeing 727-214 auf der südkalifornischen Kurzstrecke Los Angeles–San Diego, wurde mit 108 Personen an Bord von einem Geiselnehmer gekapert, der angab, einen Sprengsatz zu haben, und nach Mexico City geflogen werden wollte. Er wurde bei einer Auftank-Zwischenlandung im nordmexikanischen Tijuana festgenommen und in die USA überstellt, wo er wegen Nötigung einer Flugbesatzung zu 16 Monaten Gefängnis verurteilt wurde.

13. November 1979

DER Pilot einer DC-10 der Japan Air Lines, die bei einem Inlandflug von Osaka nach Tokio mit 356 Personen an Bord gekapert worden war, überwältigte den Jumbo-Entführer, nachdem der eine Stewardeß mit einem Dosenöffner bedroht und gefordert hatte, nach Moskau geflogen zu werden.

15. November 1979

EINE Boeing 727 der American Airlines, die als Flug 444 innerhalb der USA von Chicago nach Washington/DC unterwegs war, landete sicher, obwohl der Pilot Rauch gemeldet hatte, von dem später bekannt wurde, daß er von der Explosion eines Sprengsatzes im Frachtraum herrührte. Von den 78 Personen an Bord wurde niemand ernsthaft verletzt.

Untersuchungen dieses versuchten Sabotageaktes führten zu Theodore Kaczynski, dem sogenannten »Una-Bomber«, der die USA 17 Jahre lang mit zahlreichen Sprengstoffanschlägen terrorisiert hatte, die insgesamt drei Menschenleben kosteten. Nachdem er sich dieser Verbrechen schuldig bekannt hatte, wurde er im Mai 1998 zu lebenslanger Haft verurteilt.

24. November 1979

EIN 18jähriger Mann, bewaffnet mit einem Jagdmesser, versuchte, eine Boeing 727 der American Airlines in den Iran zu entführen, während sie als Flug 395 mit 74 Insassen in Texas von San Antonio nach El Paso flog. Auf dem Flughafen von El Paso wurde der Geiselnehmer von FBI-Agenten überwältigt und später zu zehn Jahren Gefängnis verurteilt.

30. Januar 1980

ZWEI Männer wurden von anderen Passagieren und Besatzungsmitgliedern überwältigt, als sie versuchten, eine Turboprop-Maschine des Typs Il-18 der ostdeutschen Fluggesellschaft Interflug zu entführen, die einen regulären Inlandflug von Erfurt nach Ost-Berlin durchführte.

29. Februar 1980

MIT einem Arsenal von Waffen versehen, darunter ein Gewehr und zwei Dynamitstäbe, nahm sich ein Gewalttäter auf dem Flughafen von Guayaquil in Ekuador vier Geiseln und versuchte, an Bord einer Boeing 707 der Compañía Ecuatoriana de Aviación SA zu gelangen. Als ihm das nicht gelang, ergab er sich den Behörden.

20. März 1980

WEGEN seiner Forderung, in die Türkei geflogen zu werden, wurde ein messerbewehrter Geiselnehmer von anderen Passagieren und Mitgliedern der Besatzung einer Tu-134 der Aeroflot überwältigt, während sie als Flug 6647 innerhalb der UdSSR von Baku nach Eriwan unterwegs war. Er wurde später zu acht Jahren Gefängnis verurteilt.

14. April 1980

IN Denver/Colorado stieg ein messerschwingender Attentäter an Bord von Flug 11 der Continental Air Lines, einer Boeing 727, die nach Kalifornien fliegen sollte. Er befahl, sofort zu starten, gab aber auf, als er von einem möglichen mechanischen Problem des Flugzeugs erfuhr. Wegen Luftpiraterie wurde er später zu 20 Jahren Gefängnis verurteilt.

1. Mai 1980

PACIFIC Southwest Airlines' Flug 818, eine Boeing 727, die sich in Stockton/Kalifornien auf den Start vorbereitete, war das Ziel eines pistolenbewehrten Luftpiraten. Er wurde aber vom Bordingenieur entwaffnet und ergab sich. Später wurde er zu 15 Jahren Haft verurteilt.

6. Mai 1980

FLUG 131 der Air Portugal, eine Boeing 727, die mit 90 Personen an Bord einen Inlandflug von Lissabon nach Faro absolvierte, wurde von einem 16jährigen Jungen gekapert, der Lösegeld forderte und in die Schweiz geflogen werden wollte. Auf dem Flughafen von Madrid ließ er seine Forderungen fallen, und als er wieder in Lissabon eintraf, wurde er verhaftet.

6. Juni 1980

EIN Sprengsatz, der offensichtlich nicht gezündet hatte, wurde im Frachtraum einer zweistrahligen Boeing 737 der Dutch Transavia gefunden, als sie – nach einem außerplanmäßigen Flug von Amsterdam kommend – mit 96 Insassen auf der griechischen Insel Rhodos gelandet war.

27. Juni 1980

DER anfängliche Verdacht auf Sabotage sollte sich – viele Jahre später – bei diesem katastrophalen Flugzeugabsturz doch noch erhärten.

Flug 870 der Aerolinee Italia SpA, eine zweistrahlige Douglas DC-9 Serie 15 (I-TIGI), war in Bologna zu einem Inlandflug nach Palermo auf Sizilien gestartet. Sie war in der Dunkelheit in etwa 7500 m Höhe fast genau auf Südkurs geflogen und befand sich über dem Tyrrhenischen Meer, als kurz vor 20.00 Uhr Ortszeit irgend etwas Unvorhergesehenes und Katastrophales mit dem Flugzeug passiert sein muß. Die Leichen von mehr als 40 Opfern wurden anschließend geborgen, und es gab keine Hoffnung auf Überlebende unter den 81 Personen an Bord (77 Passagieren und vier Besatzungsmitgliedern). Die Absturzstelle lag etwa 25 km nordöstlich der italienischen Insel Ustica, wo das Wasser etwa 3600 m tief ist.

Die Überprüfung von geborgenen Wrackteilen und pathologische Untersuchungen der Toten schien darauf hinzuweisen, daß die Verkehrsmaschine von einer Rakete entweder getroffen oder von einer Raketenexplosion in ihrer Nähe beschädigt worden war. Auch 1990 war eine Untersuchungskommission noch nicht in der Lage festzustellen, ob der Verlust der DC-9 auf einen Raketentreffer oder eine interne Explosion zurückzuführen sei. Später wurde dann jedoch eine internationale Kommission zusammengestellt, die das Geheimnis von Flug 870 ergründen sollte und ihre Erkenntnisse 1994 veröffentlichte.

Jetzt wurden zahlreiche Wrackteile vom Meeresboden gehoben – und sie führten zur wahrscheinlichen Ursache der Tragödie. Besonders auffällig waren die Schäden und Verformungen um den hinteren rechten Waschraum, die nach Ansicht der Kommission dem Zerbersten des Flugzeugs in der Luft vorausgegangen sein müssen. Nach Meinung der Kommission konnte nur die Explosion eines Sprengsatzes derartige interne Schäden hervorrufen. Ein Versagen der Zelle durch Materialermüdung, Korrosion oder Überladen wurde ausgeschlossen. Ebenso verworfen wurde die ursprüngliche Raketentheorie, die nur haltbar gewesen war, als lediglich wenige Wrackteile zur Verfügung standen – die inneren Schäden konnte sie jetzt nicht mehr erklären.

Die Kommission kam zu dem Schluß, daß die Explosion eine Schockwelle ausgelöst hat, die einen beträchtlichen Teil der Außenhaut über dem hinteren Rumpf wegriß, wodurch Innenteile und auch Passagiere aus der Kabine geschleudert wurden. Dann brachen beide Triebwerke weg, und als nächstes trennte sich das Leitwerk vom Rumpf. Das jetzt folgende Abkippen des restlichen Flugzeugs nach unten erzeugte eine Belastung, die die Spitze der linken Tragfläche abknicken ließ. Dieses Zerbersten des Flugzeugs vollzog sich innerhalb nur weniger Sekunden; danach stürzten die Flugzeugteile fast senkrecht ins Wasser.

Der Sprengsatz, der I-TIGI zerplatzen ließ, muß aus relativ wenig Sprengstoff bestanden haben, der wahrscheinlich in Plastik verpackt war. Das Fehlen von Löchern oder Dellen in geborgenen Wrackteilen deutete darauf hin, daß er sich nicht in einem harten Behälter befand. Höchstwahrscheinlich war der Sprengsatz zwischen der Außenwand des Waschraums und der Außenhaut des Flugzeugs

versteckt worden – dorthin konnte man auf verschiedenen Wegen gelangen, und dort war er nur schwer zu finden.

In Verbindung mit dem DC-9-Desaster wurde nie jemand verantwortlich gemacht. Es kann aber sehr wohl mit der Welle von Terrorismus zu haben, der weitgehend Rechtsextremisten zugeschrieben wird und Italien von Ende der 60er bis in die 80er Jahre zu schaffen machte. Der schlimmste derartige Fall war der Bombenanschlag auf den Bahnhof von Bologna etwa fünf Wochen nach dem Anschlag auf Flug 870, er kostete 85 Menschenleben.

30. Juni 1980

MIT einer Pistole und einer Handgranate kaperte ein Luftpirat eine zweistrahlige Boeing 737 der Aerolíneas Argentinas, die einen planmäßigen Inlandflug von Mar del Plata nach Buenos Aires durchführte. Er forderte Lösegeld und einen Flug nach Mexiko. Als das Flugzeug dann jedoch trotzdem auf seinem vorgesehenen Zielflughafen landete, konnte der Pilot den Geiselnehmer zur Aufgabe überreden.

12. Juli 1980

EIN Erpresser brachte eine Boeing 727 der Philippine Air Lines, die gemäß Flugplan einen Inlandflug von Manila nach Cebu absolvierte, mit Hilfe einer Bombendrohung in seine Gewalt; er verlangte sechs Millionen Dollar. Dann allerdings wurde er von der Besatzung überlistet. Sie verschloß die Tür des Cockpits und kehrte zur Hauptstadt zurück, wo der Erpresser von Sicherheitskräften verhaftet wurde.

29. August 1980

EINE große Schar kubanischer Flüchtlinge stürmte Flug 920 der Braniff International Airways, als die DC-8 auf dem Flughafen von Lima/Peru abgestellt war. Drei Personen wurden verletzt, nachdem die Polizei geschossen und die Rampe vom US-Flugzeug weggezogen hatte. Nach einer 23stündigen Belagerung, während der man sie überzeugen konnte, daß sie bestraft würden, wenn man sie in die USA flöge, ergaben sich die 168 Flüchtlinge.

9. September 1980

UNGEFÄHR zwei Minuten, nachdem eine Boeing 727 der United Air Lines, die von Portland/Oregon kam, im kalifornischen Sacramento gelandet war, explodierte ein Sprengsatz in einer Pappschachtel. Die Passagiere gingen bereits von Bord, aber zwei Frachtarbeiter wurden durch der Detonation verletzt.

17. September 1980

EIN Bombenspezialist des französischen Heeres, der auf dem Flughafen Le Raizet bei Pointe-à-Pitre auf Guadeloupe versucht hatte, einen Sprengsatz zu entschärfen, der außen an einer Boeing 737 der Air France angebracht war, kam ums Leben, als der Sprengsatz detonierte. Das Düsenverkehrsflugzeug wurde dabei stark beschädigt.

4. Dezember 1980
EIN Luftpirat bemächtigte sich einer Turboprop-Maschine des Typs An-24 der polnischen Fluggesellschaft LOT, die mit 25 Personen an Bord als Flug 770 in Polen von Grünberg nach Warschau unterwegs war, und entführte sie nach West-Berlin. Dort bat er um Asyl, wurde aber erst einmal zu vier Jahren Gefängnis verurteilt.

5. Dezember 1980
VERMUTLICH aus Protest gegen die Tatsache, daß in Venezuela Personen freigesprochen worden waren, die verdächtigt wurden, 1976 ein kubanisches Verkehrsflugzeug gesprengt zu haben, bemächtigten sich vier Luftpiraten einer DC-9 der Línea Aeropostal Venezolana, die 120 Personen auf einem planmäßigen Inlandflug von Porlamar nach Caracas beförderte. Nach der Landung in Higuerote/Venezuela stahlen die Entführer aus der Maschine zwei Kisten mit 7,5 Millionen Bolívar. Als das Geld danach wieder auftauchte, wurden 35 Personen im Zusammenhang mit diesem Verbrechen verhaftet.

21. Dezember 1980
EINE Sud Aviation Caravelle VI-R (HK-1810) der Aerovías del Cesar (Aerocesar Colombia) stürzte etwa 25 km südlich des Flugplatzes Riohacha auf der Halbinsel Guajira ab, auf dem sie etwa fünf Minuten zuvor zu einem planmäßigen Inlandflug nach Medellín gestartet war. Alle 70 Personen an Bord (63 Passagiere und sieben Besatzungsmitglieder) verloren dabei ihr Leben.

Es sah so aus, als habe es einen Brand rechts hinten im Rumpf gegeben, bevor die zweistrahlige Maschine um etwa 14.25 Uhr Ortszeit in der Guajira-Wüste aufschlug und ihre Wrackteile über eine 800 m lange Strecke verteilte. Das Wetter war zur Absturzzeit gut. Alle in Kolumbien registrierten Caravelle erhielten daraufhin Startverbot, um sie auf Lufttüchtigkeit zu überprüfen, aber der Absturz lag nicht an technischem Versagen. Daher wurde angenommen, daß ein Explosivstoff, möglicherweise Nitroglyzerin, in einem der hinteren Waschräume detoniert war und das Flugzeug beschädigt hatte. Vor allem die Bordhydraulik war betroffen, was dann vermutlich zum Verlust der Steuerbarkeit führte.

10. Januar 1981
VIER Männer versuchten vergeblich, eine Turboprop-Maschine des Typs An-24 der Polskie Linie Lotnicze (LOT), die in Polen von Kattowitz nach Warschau flog, in den Westen zu entführen. Nachdem die An-24 an ihrem vorgesehenen Ziel gelan-

det war, möglicherweise zum Nachtanken, wurden die Täter festgenommen, als sie in ein anderes Flugzeug umsteigen wollten.

6. Februar 1981
AUS Protest gegen das politische System Kolumbiens versuchten zwei Männer, eine Boeing 727 der AVIANCA zu entführen, die mit 77 Personen an Bord einen Inlandflug von Bucaramanga nach Cucuta durchführte. Nach zehnstündiger Belagerung auf dem Zielflughafen gaben sie schließlich auf.

5. März 1981
EIN Attentäter nahm sich auf dem internationalen Flughafen von Los Angeles in einer Boeing 727 der Continental Air Lines, die als Flug 72 starten sollte, sieben Geiseln und forderte drei Millionen Dollar. Nach stundenlangen Verhandlungen ließ er sie wieder frei und stellte sich.

27.–28. März 1981
MIT der Behauptung, sie seien Rebellen und gegen die honduranische Regierung, brachten drei Männer und eine Frau eine Boeing 727 der Servicio Aéreo de Honduras SA in ihre Gewalt, die als Flug 414 mit 87 Personen an Bord von Tegucigalpa nach San Pedro Sula fliegen sollte. Das Flugzeug landete erst in Managua/Nicaragua und flog dann am nächsten Tag nach Panamá, wo die Entführer sich den Behörden stellten.

2. Mai 1981
IN der Hoffnung, daß Zeitungen eine lange religiöse Erklärung von ihm veröffentlichen würden, bemächtigte sich ein Luftpirat mit Benzinflaschen einer Boeing 737 der irischen Aer Lingus Teoranta (ALT), die mit 118 Insassen als Flug 164 von Dublin kam, kurz vor ihrer Landung in London. Das Flugzeug setzte nunmehr im französischen Le Touquet auf, wo heimlich Polizeibeamte an Bord kamen und ihn festnahmen.

24.–25. Mai 1981
VIER Terroristen kaperten Flug 104, eine zweistrahlige DC-9 der Türk Hava Yollari (THY), die mit 84 Personen an Bord in der Türkei von Istanbul nach Ankara fliegen sollte, und entführten sie nach Burgas in Bulgarien. Sie verlangten Lösegeld und die Freilassung von 47 Gesinnungsgenossen, die im Gefängnis saßen. Am folgenden Tag wurden zwei der Terroristen gefaßt, als sie zu einer Pressekonferenz von Bord gingen. Die verbliebenen zwei Geiselnehmer wurden von Passagieren überwältigt, wobei sie und vier weitere Personen verletzt wurden. Bulgarien verurteilte die Terroristen anschließend zu je drei Jahren Gefängnis.

21. Juli 1981
MIT einer Handgranaten-Attrappe entführte ein Attentäter eine An-24 der polnischen Fluglinie

LOT nach West-Berlin. Die Turboprop-Maschine sollte mit 55 Insassen die Inlandstrecke Kattowitz–Danzig fliegen. Der Entführer wurde später von einem deutschen Gericht zu drei Jahren Haft verurteilt.

5. August 1981
EIN potentieller Entführer versuchte eine An-24 der Polish Airlines (LOT) in die Hand zu bekommen, die mit 49 Insassen im Inland von Kattowitz nach Danzig flog, wurde aber verhaftet, als die Turboprop-Maschine an ihrem vorgegebenen Zielort landete.

11. August 1981
DEM Entführer einer Turboprop-Maschine des Typs An-24 der Polskie Linie Lotnicze (LOT) wurde vom Piloten vorgetäuscht, er sei in West-Berlin gelandet – in Wirklichkeit hatte er in Warschau aufgesetzt, und der Täter wurde verhaftet.

22. August 1981
DIESE erfolgreiche Entführung einer An-24 der Polish Airlines, die auf planmäßigem Inlandflug von Breslau nach Warschau gewesen war, endete damit, daß sich der Entführer in West-Berlin den Behörden stellte.

Ein deutsches Gericht verurteilte ihn anschließend zu fünfeinhalb Jahren Haft.

18. September 1981
ZWÖLF Jugendliche im Alter von 17 bis 22 Jahren bemächtigten sich einer An-24 der polnischen Fluglinie LOT, als sie mit 49 Insassen gemäß Flugplan von Kattowitz nach Warschau fliegen wollte. Nach der Landung des Turboprop in West-Berlin ergaben sie sich amerikanischen Dienststellen. Acht der Entführer wurden später von einem deutschen Gericht zu ein bis vier Jahren Gefängnis verurteilt.

22. September 1981
DREI Männer und eine Frau versuchten eine An-24 der Polish Airlines (LOT) nach West-Berlin zu entführen, wurden aber festgenommen, als der Turboprop in Warschau landete, wo er zuvor zu einem regulären Inlandflug nach Köslin gestartet war.

26. September 1981
EINE Boeing 727 der Jugoslovenski Aerotransport (JAT), die mit 101 Insassen in Jugoslawien von Podgorica nach Belgrad fliegen sollte, wurde von drei Luftpiraten gekapert, die nach Italien und dann nach Israel gebracht werden wollten. Beide Länder jedoch verweigerten die Einfluggenehmigung, und so landete die Maschine in Larnaka auf Zypern, wo sich die Entführer stellten. Sie wurden zu Gefängnisstrafen von dreieinhalb bis achteinhalb Jahren verurteilt.

29.–30. September 1981
MIT Dolchen, die sie aus religiösen Gründen tragen durften, brachten sechs Attentäter Flug 425 der Indian Airlines in ihre Gewalt, eine Boeing 737, die mit 117 Personen an Bord in Indien von Neu-Delhi nach Srinagar fliegen sollte. Sie entführten das Flugzeug nach Lahore in Pakistan und forderten unter anderem eine halbe Million Dollar und die Freilassung anderer Sikh-Separatisten durch Indien. Kurz nach 08.00 Uhr Ortszeit am Tage darauf, als die Erpresser gerade verhandelten, kamen verkleidete Soldaten des pakistanischen Heeres an Bord und nahmen sie fest.

29. September 1981
EIN Attentäter, der mit einer Rasierklinge »bewaffnet« war, versuchte sich auf dem Flughafen Warschau einer An-24 der polnischen Flugverkehrsgesellschaft LOT zu bemächtigen, wurde aber seinerseits von Passagieren bedroht und dann von der Polizei verhaftet.

5. Oktober 1981
EIN Passagier, der behauptete, er habe einen Sprengkörper, versuchte eine BAC One-Eleven der US Air, die mit 66 Insassen als Flug 455 im Staat New York von Albany nach Buffalo unterwegs war, in die Sowjetunion zu entführen. Er gab aber auf. Von einer Anklage gegen ihn wurde abgesehen, da er geistig verwirrt war.

21. Oktober 1981
ZWEI Männer und zwei Frauen, die eine Curtiss C-46 der Aeropesca Colombia gechartert hatten, entführten die Zweimotorige, die Waffen geladen hatte, und zwangen sie auf der kolumbianischen Halbinsel Guajira zur Landung. Fünf Angestellte der Fluggesellschaft, die als Geiseln genommen worden waren, wurden im Folgemonat freigelassen.

23. Oktober 1981
AUF der Strecke von San Juan auf Puerto Rico nach New York City war Flug 676 der American Airlines, eine DC-10 mit 109 Personen an Bord, Ziel eines Entführungsversuchs durch einen Mann, der vorgab, einen Sprengsatz bei sich zu haben, und nach Quebec in Kanada fliegen wollte. Er gab aber auf, als der Jumbo in New York City zum Nachtanken landete. Eine Anklage gegen ihn wegen Luftpiraterie wurde später fallengelassen.

29.–30. Oktober 1981
EINE zweistrahlige Turboprop-Maschine des Typs CASA C-212 Aviocar der Servicios Aéreos Nacionales (SAN) brachten fünf Terroristen in ihre Gewalt, nachdem sie in Costa Rica, von Quepos kommend, gerade in San José gelandet war. Sie forderten die Freilassung von sieben Häftlingen, von denen sechs tags darauf zu den Entführern

stießen – der siebte zog es vor, in Costa Rica zu bleiben. Die Erpresser flogen dann nach El Salvador, wo sie in Haft genommen wurden.

25. November 1981

VIERUNDVIERZIG Männer – Teil einer Gruppe, die versucht hatte, den Flughafen der Seychellen, der auf der Insel Mahé liegt, zu besetzen – stürmten an Bord einer Boeing 707 der Air India, die als Flug 224 mit 79 Insassen auf dem Weg von Salisbury/Simbabwe gerade in Bombay gelandet war. Die Vierstrahlige mußte jetzt nach Durban in Südafrika fliegen. Nachdem dort etwa sechs Stunden lang verhandelt worden war, wurden die Geiseln freigelassen, und die Geiselnehmer ergaben sich. Ihr Anführer wurde wegen Luftpiraterie zu 20 Jahren Gefängnis verurteilt, sieben weitere erhielten Strafen von einem Jahr bis zu fünf Jahren, und 34 weitere erhielten sechs Monate Gefängnis.

12. Dezember 1981

WÄHREND sie auf dem internationalen Flughafen von Mexico City stand, erschütterte eine Explosion eine Boeing 727-25 der Aerolíneas Nicaraguenses (Aeronica), die als Flug 527 eingesetzt war und 117 Personen an Bord hatte. Drei Besatzungsmitglieder und drei Frachtarbeiter außerhalb erlitten Verletzungen durch den Sprengsatz, der um etwa 12.40 Uhr Ortszeit detoniert war. Die Maschine bereitete sich gerade auf den Start nach San Salvador in El Salvador vor, Teil einer Route, die in Managua/Nicaragua begonnen hatte. Der Sprengsatz war hinter dem letzten Sitz links und der Kabinenwand explodiert und hatte ein Loch in den Rumpf der 727 gerissen.

7. Januar 1982

IN der Absicht, seinen Bruder freizupressen, der für einen fehlgeschlagenen Entführungsversuch, der vier Jahre zuvor stattfand, im Gefängnis saß, versuchte ein Gewalttäter mit Benzinflasche und Dynamitstab eine Boeing 727 der Aerotal Colombia auf der Strecke von Santa Marta nach Barranquilla zu entführen. Er hatte nicht mehr Glück als sein Bruder: Er wurde von anderen Fluggästen überwältigt und später der Polizei übergeben.

13. Februar 1982

MIT der Forderung nach einem Piloten bestieg ein unbewaffneter Mann eine nicht einsatzklare Boeing 727 der Braniff International Airways, die auf dem Flughafen von Amarillo/Texas abgestellt war. Er gab später auf, wurde aber nicht angeklagt, da er unzurechnungsfähig war.

20. Februar 1982

DREI Frachtarbeiter wurden getötet und vier weitere Personen verletzt, als auf dem internationalen Flughafen von Managua/Nicaragua ein in einem Koffer verborgener Sprengsatz auf einem Förderband explodierte. Der Sprengstoff-Koffer war gerade aus einer Boeing 737 der Servicio Aéreo de Honduras SA (SAHSA) ausgeladen worden – sie war etwa 15 Minuten zuvor nach einem planmäßigen Streckenflug von Tegucigalpa/Honduras gelandet.

26. Februar – 1. März 1982

FÜNF Luftpiraten, die behaupteten, Angehörige der tansanischen revolutionären Jugendbewegung zu sein, ergriffen das Kommando über Flug 206 der Air Tanzania, eine Boeing 737, die mit 99 Insassen die Inlandstrecke Mwanza – Daressalam beflog. Sie forderten den Rücktritt des Präsidenten von Tansania. Während der Entführung wurde der Kopilot angeschossen und verwundet. Das Flugzeug landete schließlich auf dem Flughafen Stansted im englischen Essex. Von einem britischen Gericht wurden die Entführer anschließend zu acht bis drei Jahren Gefängnis verurteilt.

30. April 1982

ACHT Männer entwaffneten die sechs Sicherheitsbeamten an Bord einer An-24 der polnischen Fluglinie LOT, wobei sie zwei von ihnen verletzten, und entführten anschließend die zweistrahlige Turboprop-Maschine nach West-Berlin. Diese befand sich zu dem Zeitpunkt mit 52 Insassen auf einem planmäßigen Inlandflug von Breslau nach Warschau. Mehr als die Hälfte der restlichen Passagiere, die mit den Entführern verwandt waren, stiegen in Berlin mit ihnen aus, wo die Luftpiraten wegen »Gefährdung des Luftverkehrs« zu zweieinhalb bis vier Jahren Gefängnis verurteilt wurden.

10. Mai 1982

WÄHREND eines Inlandfluges wurde eine zweimotorige C-46 der nicaraguanischen Fluggesellschaft Aerolíneas Nicaraguenses (Aeronica) nach Limon in Costa Rica entführt, wo die beiden Luftpiraten um politisches Asyl baten.

21. Mai 1982

MIT einer Handgranate bewaffnet, brachte ein Luftpirat eine zweistrahlige BAC One-Eleven der Philippine Air Lines in seine Gewalt, die mit 114 Insassen einen Inlandsflug von Bacolod nach Cebu durchführte. Neben 60 000 Pesos forderte er verschiedene Regierungsreformen, wurde aber überwältigt und festgenommen.

9. Juni 1982

ZWEI Männer, die versucht hatten, eine Turboprop-Maschine des Typs An-24 der Polish Airlines (LOT) während eines Inlandfluges von Kattowitz nach Warschau zu entführen, wurden von der Polizei festgesetzt.

23. Juni 1982

EINE Frau, die vorgab, bewaffnet zu sein, stand auf dem Flughafen von Staunton/Virginia plötzlich dem Kopiloten von Flug 611 der Henson Airlines gegenüber, einer vierstrahligen Turboprop-Maschine des Typs DHC Dash 7. Zunächst forderte sie, ausgeflogen zu werden, als der Kopilot dann aber entkam, ging sie zurück ins Flughafengebäude und wurde dort von der Polizei festgenommen. Eine Anklage gegen sie wurde später fallengelassen.

30. Juni – 1. Juli 1982
EINE Boeing 747 der italienischen Alitalia wurde mit 261 Personen an Bord während eines planmäßigen Fluges von Neu-Delhi nach Bangkok entführt. Der Geiselnehmer verlangte Lösegeld und wollte seine Frau und sein Kind aus Italien bei sich haben. Diese trafen am nächsten Tag in Bangkok ein. Dann wurden die drei nach Sri Lanka ausgeflogen, wo er später festgenommen und zu 20 Jahren bis lebenslänglicher Haft verurteilt wurde.

3. Juli 1982
IN einer Notiz an die Besatzung forderte ein Passagier von Flug 8690 der Aeroflot, einer Tu-154 auf sowjetischem Inlandflug von Murmansk nach Leningrad, 250 000 Rubel und ein Flugzeug, das »in eine Richtung, die wir bestimmen« fliegen solle. Statt dessen wurde er festgenommen und später zu fünf Jahren Gefängnis verurteilt.

25. Juli 1982
FÜNF Attentäter erfuhren die ganze Härte chinesischer Gesetze am eigenen Leib, als sie versuchten, eine Il-18 der Civil Aviation Administration of China (CAAC) nach Taiwan zu entführen, die als Flug 2502 einen Inlandflug von Xian nach Schanghai durchführte. Sie verwundeten zwei Mitglieder der Besatzung und etwa ein Dutzend weitere Personen, als ein Sprengsatz detonierte. Trotzdem wurden sie überwältigt, und die vierstrahlige Turboprop-Maschine landete sicher am Zielort. Die fünf Luftpiraten wurden im Monat darauf hingerichtet.

4. August 1982
FLUG 423 der Indian Airlines, eine zweistrahlige Boeing 737, die mit 135 Insassen einen Inlandflug von Neu-Delhi nach Srinagar mit einer Zwischenlandung in Amritsar durchführte, wurde von einem Luftpiraten entführt, der etwas in der Hand hielt, das er einen Sprengkörper nannte. Da für das pakistanische Lahore keine Landegenehmigung erteilt wurde, setzte das Flugzeug in Amritsar auf, wo der Entführer anschließend überwältigt wurde. Sein Sprengkörper erwies sich als Gummiball.

25. August 1982
EINE Turboprop-Maschine des Typs Il-18 der polnischen Fluglinie LOT war auf einem planmäßigen Flug von Budapest nach Warschau, als sie von zwei Männern nach Westdeutschland entführt wurde. Dort wurden die beiden Täter zu jeweils viereinhalb Jahren Gefängnis verurteilt.

25. September 1982
EINE Boeing 727 der italienischen Alitalia, die als Flug 871 mit 109 Menschen an Bord von Algier nach Rom flog, wurde von einem Luftpiraten gekapert, der mit einem Messer bewaffnet war. Sowohl Libyen als auch Malta verweigerten die Einreise, so daß die Maschine schließlich in Catania auf Sizilien landete. Hier wurde der Entführer außer Gefecht gesetzt und verletzt, auch ein Polizeibeamter wurde verwundet.

14. Oktober 1982
EIN Ehepaar bemächtigte sich einer zweistrahligen Tu-134 der Balkan Bulgarian Airlines, die gemäß Flugplan von Burgas/Bulgarien nach Warschau unterwegs war, und verlangte, nach Westdeutschland geflogen zu werden. Da der Kraftstoff zur Neige ging, landete das Flugzeug in Wien. Dort wurde der Mann wegen Luftpiraterie zu zwei Jahren Gefängnis verurteilt, seine Frau zu einem Jahr auf Bewährung.

27. Oktober 1982
AUF dem internationalen Flughafen von Los Angeles erzwang sich ein Mann in offensichtlicher Entführungsabsicht den Zutritt zu Flug 72 der Trans World Airlines, einer L-1011 mit 109 Personen an Bord. Er wurde jedoch von einem Passagier aus der Tür gestoßen und verletzte sich bei dem Sturz. Wegen Luftpiraterie wurde er zu zwölf Jahren Gefängnis verurteilt.

7. November 1982
DREI Männer bemächtigten sich einer zweistrahligen An-24 der Aeroflot, die planmäßig in der UdSSR von Nowosibirsk nach Odessa flog, und verletzten dabei den Bordingenieur und einen Passagier. Nach der Landung auf einem NATO-Flugplatz in der Türkei stellten sie sich. Später wurden sie zu neun und acht Jahren Gefängnis verurteilt.

22. November 1982
EINER von drei Sicherheitsbeamten, die einer An-24 der Polish Airlines (LOT) zugeteilt waren, als diese mit 38 Personen an Bord in Polen planmäßig von Breslau nach Warschau fliegen sollte, entführte die Turboprop-Maschine nach West-Berlin. Obwohl er angeschossen und verwundet wurde und sich noch einmal verletzte, als er nach der Landung aus dem Flugzeug sprang, überlebte der Entführer und wurde von amerikanischen Dienststellen in Haft genommen.

27. November 1982
EIN uniformierter Mann, der ein Sicherheitsbeamter zu sein schien, versuchte eine Tu-154 der ungarischen Fluggesellschaft Magyar Legiközleke-

desi Vallalat (MALEV) zu entführen, die planmäßig von Warschau nach Budapest unterwegs war. Er wurde aber niedergerungen.

30. Dezember 1982
EIN Passagier, der an Bord einer Boeing 727 der United Air Lines, die als Flug 702 von Chicago/Illinois nach Pittsburgh/Pennsylvania flog, vorgab, einen Sprengkörper bei sich zu tragen, verlangte, nach Washington/DC gebracht zu werden. Nachdem der Bordingenieur ihn überzeugen konnte, daß dafür der Kraftstoff nicht ausreiche, willigte er ein, das im Flugplan vorgegebene Ziel anzufliegen – dort gab er auf. Die Strafverfolgung wurde ausgesetzt, aber er mußte sich zunächst einer psychiatrischen Behandlung unterziehen.

7. Januar 1983
EIN geistig verwirrter Fluggast an Bord von Flug 177 der Delta Air Lines, einer Boeing 727, die mit 30 Insassen die Inlandroute Portland/Maine – Boston/Massachusetts beflog, bat darum, nach Las Vegas/Nevada gebracht zu werden. Eine Tasche, die angeblich Sprengstoff enthielt, entwendete man ihm, dann nahm man ihn fest. Von einer Anklage gegen ihn wurde abgesehen, da er nicht zurechnungsfähig war.

13. Februar 1983
EINE A300 der Trans-Australia Airlines (TAA), die als Flug 5 mit 204 Personen an Bord die Inlandstrecke Perth/Western Australia – Melbourne/Victoria bediente, war Ziel des Entführungsversuchs durch einen Mann, der angab, einen Sprengsatz bei sich zu haben, und nach Adelaide/South Australia gebracht werden wollte. Er erlaubte aber die Landung am vorgesehenen Zielort, auf dessen Flughafen Tullamarine er sich ergab. Sein Sprengsatz erwies sich als Attrappe.

15. April 1983
EIN Luftpirat, der mit einem Messer und, wie er sagte, einer Flasche flüssigen Sprengstoffs bewaffnet war, kaperte eine Boeing 727 der Turkish Airlines, die mit 115 Insassen planmäßig die Inlandroute Istanbul – Izmir befliegen sollte, und forderte, nach Australien gebracht zu werden. Als die Maschine zum Nachtanken in Athen gelandet war, wurde er von der Polizei gefaßt. Ein griechisches Gericht verurteilte ihn zu $13^1/_2$ Jahren Gefängnis.

5. Mai 1983
FÜNF Entführer bemächtigten sich einer Trident 2E der Civil Aviation Administration of China (CAAC), die mit 102 Insassen auf der Inlandstrecke Schenjang – Schanghai unterwegs war. Sie schossen sich den Weg ins Cockpit frei und verwundeten dabei zwei Besatzungsmitglieder. Anschließend erzwangen sie die Landung auf einem Militärflugplatz in Südkorea. Hier wurden sie zu Freiheitsstrafen verurteilt, dann aber aus Südkorea ausgewiesen und nach Taiwan abgeschoben.

1. September 1983
DER Entführer einer Boeing 727 der Compañía Mexicana de Aviación SA, die mit 144 Personen an

Eine Trident der Civil Aviation Administration of China (CAAC), wie sie im Mai 1983 nach Südkorea entführt wurde.

Bord laut Flugplan von Mexico City nach Miami fliegen sollte, wurde von verkleideten Sicherheitskräften festgenommen, als er der Maschine zum Nachtanken eine Zwischenlandung in Mérida auf der Halbinsel Yucatán erlaubte.

15. Oktober 1983
EIN Attentäter, der angeblich eine Schußwaffe bei sich hatte, tatsächlich aber unbewaffnet war, kaperte eine Boeing 737 der People Express Airlines, die als Flug 104 mit 107 Personen an Bord auf der Inlandstrecke Buffalo/New York – Newark/New Jersey unterwegs war. Er befahl, in Atlantic City/New Jersey zu landen, und wurde dort im Flughafengebäude festgenommen, als er sich ein Taxi bestellen wollte. Im Jahr darauf wurde er in eine psychiatrische Klinik eingewiesen.

28. Oktober 1983
EIN Passagier öffnete bei Harrisburg/Pennsylvania die Notfalltür einer zweistrahligen Turboprop-Maschine des Typs Shorts 330 der Pennsylvania Airlines, die in einer Höhe von 1050 m nach Washington/DC unterwegs war, und sprang in den Tod.

21. November 1983
EIN Passagier »störte« Flug 277 der Republic Airlines, eine zweistrahlige DC-9, die mit 41 Personen an Bord in Michigan von Detroit nach Kalamazoo unterwegs war. Er schrie wirre Sätze und drohte damit, das Flugzeug in die Luft zu sprengen. Nach der Landung am Bestimmungsort beorderte er die Maschine nach Chicago.

Auf dem Flug dorthin schlug er eine Anzahl Passagiere – bis einer zurückschlug und er überwältigt wurde. Er wurde zwar wegen Luftpiraterie angeklagt, dann aber wegen der weniger schweren Delikte »tätlicher Angriff und Einschüchterung« zu nur acht Jahren Gefängnis verurteilt.

20. Januar 1984
EIN Passagier kam ums Leben, als eine Douglas DC-6B (YS-37C) der salvadorianischen Fluggesellschaft ALAS bei der Landung in San Miguel/EL Salvador über eine Mine rollte.

9. Februar 1984
KURZ nach ihrem Start in der angolanischen Provinz Huambo zum Flug nach Luanda explodierte ein Sprengkörper im vorderen Frachtraum einer zweistrahligen Boeing 737-2M2 (D2-TBV) der Linhas Aéreas de Angola und machte eine Notlandung in freiem Gelände erforderlich. Das Flugzeug ging dabei zu Bruch, aber von den 142 Passagieren und Besatzungsmitgliedern wurde niemand ernstlich verletzt.

11. Februar 1984
IN Port-au-Prince auf Haiti bestieg ein Unteroffizier des haitianischen Heeres eine Boeing 727 der American Airlines, die 152 Personen an Bord hatte. Er trug eine automatische Waffe und wollte nach New York City, was ohnehin der Bestimmungsort von Flug 658 war. Während des Fluges übergab er seine Waffe der Besatzung und bat später um politisches Asyl. In den USA aber wurde er wegen Luftpiraterie angeklagt und zu zehn Jahren Gefängnis verurteilt.

10. März 1984
EIN Sprengsatz detonierte im hinteren Frachtraum einer DC-8 Super 63PF (F-BOLL) der Union de Transports Aériens (UTA), die sich als Flug 772 in Ndjamena im Tschad auf einen Flug mit dem Endziel Paris vorbereitete. Alle 23 Personen an Bord (18 Fluggäste und fünf Mitglieder der Besatzung) wurden sicher evakuiert, bevor das in Frankreich registrierte Flugzeug durch den anschließenden Brand zerstört wurde.

22. März 1984
BRITISH Airways' Flug 003, eine Boeing 747, die mit 354 Insassen von Hongkong nach Peking unterwegs war, wurde von einem Luftpiraten entführt, der behauptete, einen Sprengkörper zu haben, und nach Taiwan gebracht werden wollte.

Nach der Landung in Taipeh wurde er verhaftet und später wegen »Gefährdung der Sicherheit des Luftverkehrs« zu eineinhalb Jahren Gefängnis verurteilt.

25. Juni 1984
DER Versuch, eine An-24 der Civil Aviation Administration of China (CAAC) während eines planmäßigen innerchinesischen Fluges von Nanchang/Jiangxi nach Fuchou/Funchien zu entführen, scheiterte, als der Täter mattgesetzt wurde.

5.–6. Juli 1984
EINE A300 der Indian Airlines, die als Flug 405 mit 264 Personen an Bord auf einem Inlandflug von Srinagar nach Neu-Delhi war, wurde von acht Luftpiraten gekapert, die die Freilassung von Sikhs forderten, welche im Vormonat bei einer Belagerung verhaftet worden waren. Zudem verlangten sie Wiedergutmachung für die Schäden an ihrem Tempel. Ihren Forderungen wurde aber nicht entsprochen, und so ergaben sich die Entführer am nächsten Tag im pakistanischen Lahore. Zwei von ihnen wurden später zum Tode verurteilt und drei zu lebenslanger Haft.

10. August 1984
EIN Attentäter, der mit etwas bewaffnet war, das sich später als Spielzeugpistole erwies, und auch sein Ziel nicht klar nennen konnte, ergriff das Kommando über eine Boeing 737 der Indian Airlines, die in Indien von Mangalore nach Bangalore flog. Er gab auf, als das Flugzeug am vorgesehenen Bestimmungsort landete.

Eine Boeing 737 der Indian Airlines, von denen im August 1984 zwei auf planmäßigen Inlandflügen gekapert wurden.

24. August 1984

SIEBEN Sikhs bemächtigten sich einer Boeing 737 der Indian Airlines, die als Flug 421 mit 88 Personen an Bord einen Inlandflug durchführte, der in Neu-Delhi begonnen hatte und letztlich in Srinagar enden sollte. Sie forderten die Freilassung einer Gruppe Gleichgesinnter aus indischen Gefängnissen. Das Flugzeug wurde zunächst ins pakistanische Lahore dirigiert und erreichte schließlich Dubai, wo die Erpresser sich den Behörden stellten. Sie wurden alle zu lebenslangen Gefängnisstrafen verurteilt.

24.–27. November 1984

DREI somalische Soldaten, die mit Maschinenpistolen und Handgranaten bewaffnet waren, ergriffen das Kommando über eine Boeing 707 der Somali Airlines, die als Flug 414 mit 111 Insassen von Mogadischu/Somalia nach Dschidda/Saudi-Arabien flog, und steuerten mit ihr Addis Abeba/Äthiopien an. Sie verlangten die Freilassung von politischen Gefangenen aus somalischer Haft und die Aussetzung des Vollzugs von Todesurteilen für sieben weitere Männer. Nachdem die letztere Forderung erfüllt wurde, endete die Entführung nach 75stündigen Verhandlungen, und den Geiselnehmern wurde politisches Asyl zugesagt.

29. November 1984

EIN Mann, der vorgab, Dynamit bei sich zu haben, brachte Flug 1962 der Eastern Metro in seine Ge-

walt, eine zweistrahlige Turboprop-Maschine des Typs Handley Page Jetstream, die mit 13 Personen an Bord in Georgia zwischen Atlanta und Augusta hin- und herpendelte. Er wollte mit bestimmten Freunden und Verwandten sprechen, aber nach Funkverbindung mit einer dieser Personen gab er auf. Er erhielt sechs Jahre Gefängnis wegen Nötigung der Besatzung einer Fluggesellschaft.

4. Januar 1985

EINE Frau, die ohne Flugkarte nach Südamerika wollte, kämpfte sich an Bord einer Boeing 727 der Pan American World Airways, die sich auf dem Flughafen von Cleveland/Ohio als Flug 558 auf den Start nach New York City vorbereitete. Nachdem sie dabei einen Angestellten am Flugkartenschalter angeschossen hatte, wurde sie ihrerseits von der Polizei verletzt und verhaftet. Sie wurde später freigesprochen, da sie geisteskrank war.

23. Januar 1985

ES mag ironisch erscheinen: der Saboteur, der versuchte, ein Linienflugzeug zu zerstören, um durch seinen Selbstmord jemand anderem Geld zukommen zu lassen, hat es wahrscheinlich versehentlich gerettet.

Der Vorfall betraf eine Boeing Advanced 727-2K3 der Lloyd Aéreo Boliviano SA in der Nähe von Santa Cruz/Bolivien. Als Flug 900 befand sich das Flugzeug in einer Höhe von 3000 m im Sinkflug zur Landung auf dem internationalen Flughafen Viru-Viru bei Santa Cruz, als ein Passagier um 22.15 Uhr Ortszeit im vorderen Waschraum einen Dynamitstab zündete. Er war der einzige Tote unter den 127 Personen an Bord, die siebenköpfige Besatzung eingeschlossen. Sein Körper hatte offensichtlich viel von der Druckwelle absorbiert und damit eine Katastrophe für die 727 verhindert. Nur drei weitere Passagiere erlitten Verletzungen.

Das Flugzeug hatte die Route La Paz/Bolivien – Asunción/Paraguay beflogen. Nach diesem Vorfall wurden neue Sicherheitsmaßnahmen für die Beförderung von Kurzstrecken-Passagieren auf internationalen Flügen empfohlen.

27. Februar 1985

SIE schwangen Messer und abgebrochene Flaschen: zwei Männer, die aus Deutschland abgeschoben worden waren, ergriffen das Kommando über eine Boeing 727 der Deutschen Lufthansa (DLH), nachdem sie mit 43 Personen an Bord in Frankfurt gestartet war. Das Flugzeug wurde nach Wien dirigiert, wo die beiden aufgaben. Beide wurden zu Haftstrafen verurteilt.

29. März 1985

EIN geistesgestörter Attentäter, der eine Pistole zu besitzen vorgab, brachte eine Boeing 727 der Deutschen Lufthansa (DLH) in seine Gewalt, die mit 114 Personen an Bord planmäßig von Hamburg nach London flog. Er wollte nach Hawaii gebracht werden, aber nach etwa einer Stunde Wartens auf dem Londoner Flughafen Heathrow gab er auf.

26. April 1985

EIN verärgerter Feldwebel der taiwanischen Luftwaffe, der eine Flasche mit Schwefelsäure bei sich zu tragen behauptete, versuchte eine Boeing 737 der China Airlines, die sich mit 80 Personen an Bord planmäßig auf einem Inlandflug von Taipeh nach Kaohsiung befand, nach Hongkong zu entführen. Der Pilot jedoch ignorierte seine Forderung und flog seinen Bestimmungflughafen an, wo sich der Täter ergab – seine Flasche enthielt nur Wasser.

18. Mai 1985

EIN Luftpirat versuchte eine Boeing 727 der South Korean Air Lines, die mit 118 Insassen einen regulären Inlandflug von Seoul nach Cheju absolvierte, nach Nordkorea zu entführen, indem er behauptete, einen Sprengkörper an Bord versteckt zu haben. Er wurde aber von Sicherheitskräften und anderen Passagieren niedergerungen. Bei einer Durchsuchung der Maschine fand sich kein Sprengsatz.

21. Juni 1985

NORWEGENS erste Flugzeugentführung betraf eine Boeing 737 der Braathens SAFE, die mit 121 Personen an Bord in Norwegen von Trondheim nach Oslo unterwegs war. Mit einer Schußwaffe in der Hand sprach der Täter über seine persönlichen Probleme und seine Unzufriedenheit mit der Gesellschaft im Allgemeinen. Dann ließ er am Bestimmungsort seine Geiseln frei und gab auf.

23. Juni 1985

ZWEI Mann Bodenpersonal verloren ihr Leben und vier wurden verletzt, als ein Sprengsatz in einem Koffer im Passagierbereich des Flughafens Narita bei Tokio explodierte. Der Koffer war gerade von Flug 003 der Canadian Pacific Air Lines (CP Air) entladen worden, der von Vancouver/Kanada gekommen war, und sollte an Bord von Flug 301 der Air India gehen, der Bangkok anfliegen sollte.

Nachforschungen ergaben, daß vier Tage zuvor ein Mann mit indischem Akzent bei CP Air zwei Flüge auf zwei verschiedenen Maschinen für zwei Männer gebucht hatte, die beide seinen Nachnamen trugen. Einer der Flüge war 003, der andere war Flug 60, von dem man auf Air India 181/182 umsteigen konnte – eine Boeing 747, die nur etwa eine halbe Stunde nach der Explosion in Narita in den Atlantik stürzte.

Der gegen Air India 301 gerichtete Sprengkörper war offensichtlich ein Racheakt für den Angriff des indischen Heeres auf den Goldenen Tempel ein Jahr zuvor, ein religiöses Heiligtum der Sikhs in Amritsar im Pandschab. Die vorzeitige Explosion beruhte wahrscheinlich auf einem ungenau eingestellten Zeitzünder. Später wurde in Kanada ein Mann wegen seiner Verstrickung in die Explosion von Narita zu zehn Jahren Gefängnis verurteilt.

23. Juni 1985

DER schlimmste Einzelfall von Luftfahrtsabotage und gleichzeitig das größte Desaster der Fluggeschichte über See betraf Flug 182 der Air India, eine Boeing 747-237B (VT-EFO), die einen Transatlantikflug von Montreal nach London durchführte, Teilstrecke einer Route, die im indischen Bombay enden sollte. Der Jumbo stürzte etwa 175 km östlich von Cork/Irland in die Keltische See, wobei alle 329 Menschen an Bord (307 Passagiere und 22 Besatzungsmitglieder) ihr Leben verloren.

Als Flug 181 war die Unglücksmaschine im kanadischen Toronto gestartet; ab Montreal wurde sie dann als Flug 182 geführt. Auf dem Radarbildschirm wurde sie zuletzt gesehen, als sie über einer geschlossenen Wolkendecke in Flugfläche 310 (31 000 ft = etwa 9300 m) flog. Dann aber, um etwa 07.15 Uhr Ortszeit, brach ihre Struktur auseinander und stürzte in die See, die hier etwa 2100 m tief ist. Suchtrupps bargen nach und nach die Leichen von 132 Opfern und etwa drei bis fünf Prozent des Flugzeugs. Eine fotografische und videografische Karte der Wrackteile, die am Meeresboden angefertigt wurde, bestätigte, daß die 747 in

Wrackteil einer Boeing 747 der Air-India im Atlantik vor der irischen Küste – sie fiel im Juni 1985 einem Sabotageakt zum Opfer.

der Luft auseinandergebrochen war. Weitere Untersuchungen einschließlich der Begutachtung geborgener Trümmer und der Auswertung von Flugdatenschreiber und Cockpit-Gesprächsaufzeichnungsanlage deuteten auf eine Explosion im vorderen Frachtraum hin. Das ließ die indische Untersuchungskommission zu dem Schluß kommen, daß das Flugzeug einem Sabotageakt zum Opfer gefallen war.

Die Explosion, die zuvor auf Tokios Flughafen Narita stattgefunden hatte, sowie die gleichzeitige Buchung für einen Mann mit demselben Nachnamen auf zwei Flügen der CP Air, die Anschluß hatten an die Flüge 181/182 und 301 der Air India – das offensichtliche Ziel des Sprengkörpers, der in Japan detoniert war –, erhärteten diesen Verdacht. Der Sprengsatz, der VT-EFO zerstört hatte, war vermutlich ebenfalls aus Vancouver gekommen, wo am Tag zuvor ein Passagier, der einen Platz auf dem für Toronto bestimmten Flug 60 der CP Air gebucht hatte, darum gebeten hatte, daß sein Koffer im voraus an Bord der Unglücks-747 der Air India gebracht werde.

Da sein Platz in der 747 aber nur unter Vorbehalt und nicht fest gebucht war, erklärte ihm der Angestellte am Flugkartenschalter, daß das nicht möglich sei. Der Mann bestand jedoch darauf, und der Angestellte gab schließlich nach. Da es bei der Air India an Ausrüstung und Personal mangelte, wurde das Gepäck nicht sorgfältig genug durchsucht. So war der Sprengsatz wahrscheinlich in einem herrenlosen Koffer an Bord von Flug 182 gelangt – entgegen allen Richtlinien der Fluggesellschaft.

Sieben Jahre später wurde ein 30jähriger verdächtiger Sikh-Terrorist, den man für die Explosion verantwortlich hielt, in Bombay verhaftet. Im Juni 1997 wurde ohne nähere Erläuterungen verkündet, er sei im Polizeigewahrsam getötet worden.

28. Juni 1985

EIN Attentäter rannte ins Cockpit einer 727 der türkischen Fluggesellschaft Türk Hava Yollari, die gemäß Flugplan von Frankfurt am Main nach Istanbul unterwegs war, und rief, er werde das Flugzeug sprengen. Gleichzeitig besprühte er die Instrumente und die Flugbesatzung mit Schaum. Einige der 81 Passagiere überwältigten ihn, und der Täter wurde nach einer sicheren Landung in Istanbul verhaftet.

27. Oktober 1985

VIER bewaffnete Banditen raubten an Bord einer Turboprop-Maschine des Typs DHC Twin Otter der Aerolíneas Centrales de Colombia SA, die mit 20 Insassen in Kolumbien von El Bagre nach Medellín flog, gewaltsam die Passagiere aus. Danach erzwangen sie eine Landung in Amalfi und verschwanden.

10. November 1985

ZWEI Rebellen bemächtigten sich einer Turboprop-Maschine des Typs Fokker F.27 Friendship der Uganda Airlines, die mit 49 Personen an Bord in Uganda von Entebbe nach Arua fliegen sollte, und zwangen sie zur Landung in Kasese, das von Rebellen beherrscht wurde. Die Freilassung von Geiseln und Flugzeug zog sich über einen Monat hin.

19. November 1985

EIN Mann, der mit einem Feuerzeug und einem elektrischen Schalter herumfuchtelte, drohte damit, Flug 261 zu entführen, eine zweistrahlige Boeing 737 der America West Airlines, die sich mit 63 Personen an Bord auf dem internationalen Flughafen Sky Harbour bei Phoenix/Arizona auf einen Flug nach Ontario/Kalifornien vorbereitete. Er wurde aus dem Flugzeug entfernt, aber nicht angeklagt, da er schwachsinnig war.

19. Dezember 1985

EINE An-24 der Aeroflot, die mit 44 Personen innerhalb der UdSSR von Jakutsk nach Irkutsk unterwegs war, wurde von ihrem Ersten Offizier (Kopiloten) entführt. Als der Kraftstoff zur Neige ging, machte die Turboprop-Maschine eine Notlandung auf einer Weide bei Gannon in der chinesischen Provinz Heilongjiang.

Ein chinesisches Gericht verurteilte ihn zu acht Jahren Gefängnis.

8. Januar 1986

Es war ein gefährlicher Zwischenfall und eventuell sogar ein versuchter Selbstmord. An Bord einer Twin Otter der Allegheny Commuter, die von Atlantic City/New Jersey nach Islip/New York flog, drehte ein Passagier durch. Sein Kampf mit der Flugbesatzung ließ die Turboprop-Maschine von 1500 m Höhe auf 450 m durchsacken, bevor zwei Passagiere ihn überwältigen konnten. Er kam anschließend in Haft.

5. Februar 1986

EIN messerbewehrter Gewalttäter nahm eine Stewardeß an Bord von Flug 139 der Delta Air Lines als Geisel.

Der Jumbo, eine L-1011 mit 232 Personen an Bord, war gerade auf dem internationalen Flughafen von Dallas/Fort Worth gelandet, der zwischen den beiden Städten bei Irving/Texas liegt, ein Zwischenstopp auf der Route Fort Lauderdale – Los Angeles. Er gab aber bald auf und wurde später aufgrund seiner Unzurechnungsfähigkeit freigesprochen.

25. Februar 1986

EINE Gruppe Soldaten ergriff nach der Landung in Cotabato auf Mindanao das Kommando über eine zweistrahlige BAC One-Eleven der Pilippine Air Lines und ließ sich nach Manila fliegen, um dort zu weiteren Aufständischen zu stoßen. Nach der Landung wurden sie dort alle verhaftet.

14. März 1986

EIN Bewaffneter stieg auf dem Flughafen von Daytona Beach/Florida an Bord einer DC-9 der Delta Air Lines, die gerade gelandet war und die Passagiere hatte aussteigen lassen. Er befahl dem Kopiloten zu starten, als aber die Polizei die Reifen der DC-9 zerschoß, gab der Mann auf.

2. Mai 1986

EINE Turboprop-Maschine des Typs Metroliner der Horizon Air, die in Oregon mit 14 Personen an Bord zwischen Portland und Medford regulären Pendeldienst flog, wurde von einem Mann gekapert, der vorgab, er habe eine Schußwaffe, und die Landung in Hillsboro/Oregon erzwang. Hier ließ er seine Geiseln frei und gab nach dreistündiger Belagerung auf. Später nahm er sich im Gefängnis das Leben.

3. Mai 1986

EINE in Taiwan registrierte Boeing 747 der China Airlines, die laut Flugplan von Bangkok nach Hongkong fliegen sollte, wurde von ihrem Piloten, der seine beiden Cockpitinsassen überwältigt hatte, nach Guangzhou (Kanton) in der Volksrepublik China geflogen: er wollte seinen 82jährigen Vater wiedersehen.

3. Mai 1986

TAMILISCHE Separatisten vermutete man hinter der Sprengung einer Lockheed L-1011-100 TriStar (4R-ULD) der Air Lanka auf dem internationalen Bandaranaike-Flughafen von Colombo/Sri Lanka. Als Flug 101 bereitete sich der Jumbo gerade auf einen Flug nach Male auf den Malediven vor, als sich kurz nach 09.00 Uhr Ortszeit eine Explosion im hinteren Frachtraum ereignete. 16 der 128 Menschen an Bord starben, darunter ein Angehöriger der 16köpfigen Besatzung. Mehr als 40 weitere erlitten Verletzungen, und die TriStar wurde zerstört, da ihr Rumpf in zwei Teile zerbrochen war.

Als einziger Verdächtiger wurde später ein Zollangestellter verhaftet – er soll den Sprengsatz mit dem Frachtbrief einer Ladung Tee an Bord gebracht haben.

23. Mai 1986

EINE DC-10 der Swissair, die sich als Flug 125 auf einen Flug nach Zürich vorbereitete, bestieg auf dem internationalen Flughafen O'Hare bei Chicago ein Mann, der eine halbe Stunde lang ein Messer an die Kehle einer Frau hielt, bevor er aufgab. Das Opfer wurde leicht verletzt.

6. Juni 1986

EIN Gewalttäter ergriff auf dem Flughafen von Managua/Nicaragua das Kommando über Flug 726 der Aerolíneas Nicaraguenses (Aeronica), als sich die Boeing 727 gerade auf einen Flug nach El

Salvador vorbereitete. Er hielt Passagiere und Besatzung so lange als Geiseln, bis die Polizei ihn festnehmen konnte.

28. August 1986
IN der Absicht, eine Tu-134 der Polish Airlines (LOT), die in Polen planmäßig die Route Breslau – Warschau beflog, zu entführen, hielt ein Passagier eine Rasierklinge an die Kehle einer Stewardeß. Er wurde aber von Sicherheitskräften überwältigt und später zu fünf Jahren Gefängnis verurteilt.

26. Oktober 1986
EIN Airbus A300B-600 der Thai Airways International, der als Flug 620 insgesamt 249 Personen beförderte, flog gerade in einer Höhe von 9900 m in der Nähe von Kochi auf der japanischen Insel Shikoku seinem Ziel Osaka entgegen, als in einem der hinteren Waschräume eine Explosion stattfand, der ein rapider Druckabfall in der Kabine folgte. Der Jumbo, der von Bangkok kam, landete sicher an seinem Bestimmungsort, obwohl zwei Hydrauliksysteme ausgefallen waren, was es für die Flugbesatzung schwierig machte, den Jumbo zu steuern. Verletzt, entweder durch die Explosion oder die unkontrollierten Flugmanöver oder die hohe Belastung beim Notsinkflug, wurden 62 Personen, davon acht schwer – fünf Passagiere und drei Besatzungsangehörige. Zu den Schwerverletzten gehörte auch der Saboteur. Er wollte eine Handgranate nach Japan schmuggeln und warf sie in einen Abfallbehälter, als versehentlich der Sicherungsstift herausfiel.

10. Januar 1987
KURZ nach dem Start in Newark/New Jersey mit dem Ziel Washington/DC wurde Flug 681, eine DC-9 der New York Air, die 50 Menschen an Bord hatte, von einem Mann gekapert, der drohte, sie in Brand zu setzen. Er gab aber auf, als das Flugzeug auf dem internationalen Flughafen Dulles landete – dem vorgesehenen Ziel.

19. Mai 1987
EINE Boeing 747 der Air New Zealand, die mit 129 Personen an Bord von Tokio nach Auckland/Neuseeland unterwegs war, wurde nach ihrer Landung auf dem internationalen Flughafen Nadi bei Suva auf der Fidschi-Insel Viti Levu von einem Mann gekapert, der behauptete, er habe sich Dynamit um den Körper gebunden. Er forderte die Freilassung der elfköpfigen Regierung Timoci Bavadra, die gestürzt und unter Hausarrest gestellt worden war. Der Luftpirat wurde von der Besatzung überwältigt und der Polizei übergeben.

6. September 1987
EIN Luftpirat wurde von anderen Passagieren mattgesetzt, als er versuchte, eine An-24 der pol-nischen Fluglinie LOT nach Westdeutschland zu entführen, die einen regulären Inlandflug von Warschau nach Krakau durchführte.

13. September 1987
DER Versuch eines Attentäters, eine zweistrahlige Tu-134 der Aeroflot nach Paris zu entführen, als sie in der UdSSR die Route Minsk – Rostow beflog, endete damit, daß der Pilot zwar zum Schein darauf einging, aber dennoch in Rostow landete, wo der Geiselnehmer verhaftet wurde. Da man ihn für labil hielt, wurde er in eine Nervenheilanstalt eingewiesen.

6. November 1987
EINE Boeing 767 der Air Canada, die gerade von Toronto gekommen war und deren Passagiere bereits von Bord gegangen waren, wurde auf dem internationalen Flughafen von San Francisco von einem Attentäter bestiegen, der den Piloten mit einer Axt bedrohte. Zunächst wollte er nach England oder nach Irland geflogen werden, gab dann aber nach etwa drei Stunden auf. In der Folge wurde er als zu schwachsinnig eingestuft, um ein Gerichtsverfahren durchzustehen.

29. November 1987
KOREAN Air, die sich bereits vier Jahre zuvor auf der weltpolitischen Bühne gesehen hatte, als ihr Flug 007 von sowjetischen Jägern abgeschossen wurde, war Ziel dieses terroristischen Angriffs, und auch er hatte internationale Auswirkungen.

Flug 858, eine Boeing 707-358C (HL-7406), hatte im irakischen Bagdad begonnen und Seoul/Südkorea als Endziel. Zwischenlandungen sollten in Abu Dhabi in den Vereinigten Arabischen Emiraten und in Bangkok/Thailand erfolgen. Auf der zweiten Teilstrecke verschwand das Verkehrsflugzeug mit 104 Passagieren und seiner elfköpfigen Besatzung über der Andamanensee vor der Westküste Birmas (Myanmar).

Es wurden weder Überlebenden noch Leichname gefunden, lediglich ein halb aufgeblasenes Rettungsboot und ein klappbares Eßpult vom Rücken eines Passagiersitzes, die zu HL-7406 gehört hatten, wurden etwa 50 km südwestlich der Mündung des Flusses Ye aus dem Meer geborgen. Augenzeugen, die in diesem Gebiet gefischt hatten, berichteten, sie hätten am Himmel einen grellen Blitz gesehen und dann eine Rauchfahne, die im Meer verschwand, danach schwarzen Rauch, der von der Aufschlagstelle aufstieg, all das etwa 110 km nordwestlich der Stadt Tavoy.

Die plötzliche und katastrophale Art des Absturzes schien auf ein Gewaltverbrechen hinzudeuten und veranlaßte die Fluggesellschaft, sofort mit Nachforschungen zu beginnen, angefangen mit der Passagierliste. Zwei der Passagiere, die in Abu Dhabi von Bord gegangen waren, waren Japaner, die sich als Vater und Tochter ausgaben. Nachfor-

schungen jedoch ergaben, daß der Paß der Frau ge-
fälscht war. Als sie in Bahrein, wohin sie zwei Tage nach dem Verschwinden von Flug 858 geflogen
waren, von den Einwanderungsbehörden in Haft
genommen wurden, schluckte das Paar Zyanid-
ampullen, die in Zigarettenfiltern verborgen waren. Der Mann, den man später als den 70jährigen
Kim Sungil identifizierte, starb, aber seine Komplizin, die 24jährige Kim Hyon Hui, überlebte den
Selbstmordversuch. Sie bekannte sich später zu
dem Sabotageakt und sagte, sie hätten auf Befehl
nordkoreanischer Regierungsstellen gehandelt –
möglicherweise war es deren Absicht, andere Staaten von einer Teilnahme an den Olympischen Spielen von 1988 in Seoul abzuhalten. Der Terrorakt
war mit einer Zeitbombe mit dem Präparat C-4
verübt worden, die in einem tragbaren Radio verborgen war, und einer Flasche flüssigen PLX-
Sprengstoffs, den sie in der Passagierkabine in einem Ablagefach über der Sitzreihe Nr. 7 liegenge-
lassen hatten. Es ist durchaus möglich, daß der
explosive Druckabfall der Kabine in der Reisehöhe
von 11 100 m und der dann rasch um sich greifen-
de Brand für die Insassen der 707 den sofortigen
Tod bedeutet hatten.

Die überlebende Terroristin, die in ihrem Gerichtsverfahren gesagt hatte: »Es ist nur natürlich,
daß ich für meine Sünden hundertemal bestraft und
getötet werde!«, wurde zum Tode verurteilt, später
allerdings vom Präsidenten Südkoreas begnadigt.

7. Dezember 1987

DIESES Desaster – das an das Unglück der Pacific Air Lines vom 7. Mai 1964 erinnert, das sich ja
auch in Kalifornien abgespielt hatte – dieser Fall
von Freitod und Massenmord hatte seinen Ursprung in einem Zerwürfnis zwischen Arbeitgeber
und Arbeitnehmer.

Die Ursache dieser tragischen Geschichte lag
etwa drei Wochen zurück. Am 19. November war
David Burke, ein 35jähriger Kundendienstvertreter
von US Air, der Muttergesellschaft der Pacific
Southwest Airlines (PSA), gefeuert worden, weil
er angeblich einen geringen Betrag, der aus Cock-
tailverkäufen an Bord stammte, veruntreut haben
sollte. Direkt verantwortlich für diese Kündigung
war sein Vorgesetzter, der 48 Jahre alte Ray Thom-
son, der in Los Angeles arbeitete, aber an der Bucht
von San Francisco lebte und an Werktagen per
Flugzeug hin- und herpendelte. Er war auf dem
Heimweg, als er an diesem Montag nachmittag auf
dem internationalen Flughafen von Los Angeles an
Bord von PSA-Flug 1771 stieg.

Um etwa 16.15 Uhr Ortszeit flog die BAe 146
Serie 200 (N350PS) bei schönem Wetter in rund
6600 m Höhe und hatte die Hälfte der Strecke nach
San Francisco bereits zurückgelegt, als das Flug-
sicherungs-Kontrollzentrum in Oakland ein Signal
des Flugzeugtransponders auffing, das einen Not-
fall an Bord meldete. Der Pilot hatte zusätzlich
über Funk gemeldet, daß in der Kabine Schüsse ge-

*Eine British Aerospace BAe 146 Serie 200 der Pacific Southwest Airlines – sie entspricht dem Flugzeug, das am
7. Dezember 1987 abstürzte, nachdem die Flugbesatzung erschossen worden war.*

Hunderte von Wrackteilen bedecken das Gebiet bei Paso Robles in Kalifornien, wo Flug 1771 der Pacific Southwest Airlines am Boden aufschlug.

fallen seien. Weniger als 30 Sekunden später beobachteten Augenzeugen die Vierstrahlige mit der Nase nach unten im Sturzflug. Sie schlug auf dem abfallenden Gelände einer Rinderfarm in der Nähe von Paso Robles auf.

Alle 43 Menschen an Bord verloren ihr Leben, auch die fünfköpfige Besatzung. Viel von dem, was sich an Bord von Flug 1771 ereignet hatte, war durch den Absturz nicht mehr nachvollziehbar – aber zwischen den weit verstreuten und verbrannten Wrackteilen und den traurigen menschlichen Resten lagen auch einige Antworten.

Auf einem Luftkrankheitsbeutel fand sich die nicht unterschriebene Notiz: »Hallo Ray. Ich meine, es ist schon irgendwie ironisch, daß wir so enden.« Und weiter: »Wegen meiner Familie hatte ich Dich um Nachsicht und Milde gebeten, erinnerst Du Dich? Nun gut: ich habe sie nicht bekommen – aber Du bekommst sie auch nicht!« Darüber hinaus fand man in den Wrackteilen einen 11-mm-Revolver der Marke Smith & Wesson, der leergeschossen war. Am Abzug der Waffe fand sich ein Teil eines menschlichen Fingers, sein Abdruck identifizierte ihn als den von David Burke. Zudem

hatte Burke auf dem Anrufbeantworter seiner Freundin eine prophetische Nachricht hinterlassen, in der er ihr mitteilte, daß er mit Flug 1771 nach San Francisco fliege; sie endete mit den Worten: »Ich wollte wirklich, ich könnte Dir mehr sagen – aber ich liebe Dich sehr!«

Der Rest der Geschichte war der Cockpit-Gesprächsaufzeichnungsanlage zu entnehmen, die den Absturz heil überstanden hatte. Man hörte zwei Schüsse, die offensichtlich in der Passagierkabine abgegeben worden waren. Dann kam eine Stewardeß ins Cockpit und sagte: »Captain, wir haben ein Problem!« Eine männliche Stimme unterbrach sie: »Ich bin das Problem!« Es folgten die Geräusche einer Schlägerei, und dann fielen – im oder nahe beim Cockpit – drei weitere Schüsse, die vermutlich den beiden Piloten und vielleicht auch einem Flugbegleiter galten. Von einem letzten Schuß glaubte man, daß Burke sich mit ihm das Leben nahm.

Die damals von der amerikanischen Bundesluftfahrtbehörde erlassenen Bestimmungen erlaubten Angestellten der Fluggesellschaften, die Sicherheits-Kontrollpunkte zu umgehen, was erklärt, wie der Revolver an Bord gelangen konnte. Zwei Wochen nach der Tragödie wurden diese Bestimmungen geändert, so daß jetzt selbst Fluglinienangehörige durchsucht werden mußten, bevor sie an Bord gingen.

23. Dezember 1987

EIN männlicher Teenager, der von sich behauptete, er habe einen Sprengkörper, brachte Flug 343 der holländischen Koninklijke Luchtvaart Maatschappij (KLM) in seine Gewalt, eine zweistrahlige Boeing 737, die mit 97 Insassen von Amsterdam nach Mailand flog. Er zwang sie zur Landung in Rom und forderte eine Million Dollar, konnte aber – nachdem er etwa die Hälfte der Passagiere freigelassen hatte – von der Polizei überwältigt werden.

4. Januar 1988

EINE DC-9 Serie 32 der Aeromexico, die als Flug 179 mit 119 Personen an Bord innerhalb Mexikos von Tijuana nach Mexico City unterwegs war, wurde von einem Mann gekapert, der behauptete, einen Sprengsatz bei sich zu haben, und verlangte, über die amerikanische Grenze nach Brownsville/Texas gebracht zu werden. Er gab aber auf, nachdem das Flugzeug zum Nachtanken im nordmexikanischen Monterrey gelandet war. In der anschließenden Haft beging er dann Selbstmord.

13. Februar 1988

VIER junge Männer, die mit Messern bewaffnet waren, ergriffen das Kommando über eine Boeing 737 der Air Tanzania, die mit 76 Insassen einen planmäßigen Inlandflug von Daressalam zum Kilimandscharo durchführte, und verlangten, nach London gebracht zu werden. Der Pilot jedoch überlistete die Erpresser und landete auf dem abgedunkelten Flughafen von Daressalam. Er und der Kopilot wurden allerdings angegriffen, als die Täuschung entdeckt wurde. Trotzdem konnten die Geiselnehmer überwältigt und verhaftet werden. Später wurden sie zu jeweils 15 Jahren Gefängnis verurteilt.

22. Februar 1988

DER Versuch, eine A300 der China Airlines, die in Taiwan einen Inlandflug absolvierte, in die Volksrepublik China zu entführen, endete, als der Luftpirat überwältigt wurde.

1. März 1988

OBWOHL dies vielleicht gar kein vorsätzlicher Sabotageakt war, wurde die Detonation kommerziellen Sprengstoffs zweifelsfrei als Ursache für den Absturz einer EMBRAER EMB-110P1 Bandeirante (ZS-LGP) der Commercial Airways Ltd (Comair) festgestellt. Als Flug 206 stürzte die in Brasilien hergestellte zweistrahlige Turboprop-Maschine, die von Bophuthatswana Air gepachtet war und in Südafrika einen Inlandflug von Phalaborwa nach Johannesburg durchführte, etwa 13 km südwestlich des Jan-Smuts-Flughafens, wo sie hätte landen sollen, zu Boden und brannte aus. Alle 17 Menschen an Bord verloren ihr Leben, auch die zweiköpfige Flugbesatzung.

Das regionale Pendelflugzeug befand sich zuletzt auf der Hauptbake des Instrumentenlandesystems ILS im Anflug auf Landebahn 03 links bei durch Wolkenbänke eingeschränkter Sicht, als es in einer absoluten Höhe von etwa 2300 m – oder 750 m über Grund – plötzlich von einer Explosion erschüttert wurde. Das Cockpit mit den beiden Piloten wurde durch die Wucht der Detonation vom Rest des Rumpfes abgetrennt, und das Flugzeug fiel dann in Teilen in ein Fabrikgelände.

Die Zeit des Absturzes wurde mit 17.28 Uhr festgehalten. Untersuchungen bestätigten Spuren von Nitroglyzerin und Ammoniumsalpeter. Nachforschungen der südafrikanischen Polizei, wer dieses Material an Bord gebracht und auf welche Weise gezündet haben könnte, verliefen ergebnislos. Wie im Untersuchungsbericht allerdings festgestellt wurde, kann Nitroglyzerin mit zunehmendem Alter extrem instabil werden. Es ist vielleicht bedeutsam, daß eine Aktentasche, von der man wußte, daß sie in Phalaborwa an Bord gebracht worden war, trotz intensiver Suche nicht gefunden wurde.

Damals gab es noch keine Vorschriften, die eine Durchsuchung von vor dem Abflug an Bord gebrachten Gepäcks gefordert hätten. Im Zuge dieser Tragödie jedoch empfahl man dringend die Einführung von Maßnahmen, die das Zuladen gefährlicher Güter in kommerzielle Flugzeuge auf Flugplätzen verhinderten, die keine ausreichende Sicherheit aufwiesen.

12. März 1988

EIN Luftpirat, der entweder nach Indien oder nach Afghanistan gebracht werden wollte, versuchte Flug 320 der Pakistan International Airlines zu kapern, einen A300-Airbus, der mit 156 Personen an Bord einen Inlandflug von Karatschi nach Quetta durchführte. Er schoß einen Sicherheitsbeamten an und verwundete ihn, konnte dann aber überwältigt und festgenommen werden.

29. März 1988

EIN Bewaffneter, der entweder nach Indien oder nach Afghanistan geflogen zu werden forderte, wollte sich einer Boeing 707 der Pakistan International Airlines bemächtigen, die mit 143 Insassen einen planmäßigen Inlandflug von Karatschi nach Quetta absolvierte. Er wurde überwältigt und verhaftet.

30. März 1988

ES war absolut nicht zum Lachen, als an Bord von Flug 38422 der Aeroflot, einer Tu-134, die in der

UdSSR vom kirgisischen Frunse nach Moskau flog, ein Fluggast einer Stewardeß eine Notiz übergab, auf der stand: »Fliegen Sie nach Istanbul!« Der Passagier, der das geschrieben hatte, sagte später aus, er habe sich nur einen Scherz erlauben wollen – trotzdem wurde er nach der Landung in Moskau verhaftet.

13. April 1988

EIN mit einer Schere bewaffneter Mann, der behauptete, unheilbar krank zu sein, versuchte eine Boeing 747 der Korean Air Lines zu entführen, die gemäß Flugplan von Seoul nach New York City flog. Er und ein paar weitere Personen erlitten bei dem anschließenden Handgemenge Verletzungen, aber der Jumbo landete unbeschadet in Anchorage/Alaska.

12. Mai 1988

EINE Boeing 737 der rotchinesischen Xiamen Airlines, die in China mit 118 Personen an Bord von Xiamen nach Kanton flog, wurde von zwei Überläufern entführt, die sie zur Landung in Taiwan zwangen. Hier erhielten sie Asyl.

5. August 1988

EIN geistesgestörter Mann versuchte in das Cockpit einer DC-9 der Delta Air Lines einzudringen, die sich mit 47 Personen im Landeanflug auf den Flughafen Greenville-Spartanburg in South Carolina befand. Er warf einen Flugbegleiter zu Boden, konnte dann aber niedergerungen werden. Später wurde er wegen Geisteskrankheit freigesprochen.

1. Oktober 1988

DREI haitianische Soldaten stiegen an Bord von Flug 658 der American Airlines, einer A300, die sich auf dem Flughafen von Port-au-Prince in Haiti auf den Start vorbereitete, und hielten sie zeitweilig in ihrer Gewalt. Als der Jumbo mit 233 Menschen an Bord in Richtung New York City gestartet war, gaben sie ihre Waffen ab. Bei der Ankunft am Zielort baten sie um Asyl.

1.–2. Dezember 1988

VIER schwerbewaffnete Männer kaperten im kaukasischen Ordschonikidse zunächst einen Schulbus, dann forderten sie zwei Millionen Dollar und den Flug in ein kapitalistisches Land, das keine diplomatischen Beziehungen zur Sowjetunion unterhielt. Man stellte ihnen eine große Il-76 der Aeroflot, die sie nach Israel ausflog. Die israelischen Behörden jedoch schoben sie wieder in die Sowjetunion ab, wo sie anschließend zu 14 bis 15 Jahren Gefängnis verurteilt wurden.

20. Januar 1989

MIT der Drohung, er werde das Flugzeug sprengen, wenn er nicht in das rumänische Bukarest geflogen werde, bemächtigte sich ein Attentäter einer Tu-134 der Aeroflot, die in der UdSSR planmäßig die Strecke Archangelsk – Odessa beflog. Er wurde verhaftet, als die Zweistrahlige trotzdem in Odessa aufsetzte.

21. Januar 1989

VIELLEICHT war es ein Entführungsversuch: ein Fluggast an Bord einer An-24 der Aeroflot hielt eine Flasche Benzin und ein Feuerzeug hoch, als die zweistrahlige Turboprop-Maschine noch auf dem ukrainischen Flugplatz Iwano-Frankowsk stand und sich auf den Start in Richtung Kiew vorbereitete. Er wurde festgenommen. In der Folge stellte man fest, daß er schon seit fast einem Jahrzehnt schizophren war.

31. Januar 1989

EINE Boeing 727 der Aerolíneas Centrales de Colombia SA (ACES), die mit 123 Insassen in Kolumbien von der Insel San Andrés nach Medellín unterwegs war, wurde von einem Luftpiraten gekapert, der einen anderen Passagier mit Benzin überschüttete und damit drohte, ihn in Brand zu setzen. Das Flugzeug landete daraufhin in der costaricanischen Hauptstadt San José, wo der Rädelsführer und drei weitere Komplizen festgenommen wurden.

29. März 1989

ZWEI halbwüchsige Jungen bemächtigten sich im tschechoslowakischen Prag, wo sie auf dem Weg von Budapest nach Amsterdam zwischengelandet war, einer Tu-154 der ungarischen Fluggesellschaft MALEV und zwangen sie zur Landung in Frankfurt am Main.

30. März 1989

EIN Attentäter, der vorgab, einen Sprengkörper zu besitzen, versuchte eine Tu-154 der Aeroflot, die in der UdSSR in Astrachan gestartet war, nach Pakistan oder Nepal zu entführen. Darüber hinaus forderte er 500 000 Dollar. Er wurde verhaftet, als das Flugzeug im aserbeidschanischen Baku landete, dem vorgesehenen Bestimmungsort der Maschine. Ein Sprengsatz wurde nicht gefunden.

24. Mai 1989

MIT 13 Personen an Bord wurde ein Turbinenhubschrauber des Typs Bell 212 der kolumbianischen Fluglinie Helico gekapert, als er Medellín zu einem Inlandflug nach Antioquia verließ. Die sechs Luftpiraten, die möglicherweise mit Kokain handelten, beraubten die anderen Passagiere und entkamen, nachdem sie die Landung an einem Ort erzwungen hatten, an dem eine Anzahl von Komplizen auf sie wartete.

31. Mai 1989

ZWEI Männer, die angaben, sie verfügten über einen Sprengkörper und wollten nach Israel geflogen werden, brachten eine zweistrahlige MD-82 der ALM Antillean Airlines in ihre Gewalt, die gemäß Flugplan von Miami nach Curaçao in den niederländischen Antillen fliegen sollte. Die Maschine landete aber in New York City, wo die beiden Entführer festgenommen wurden.

19. September 1989
EIN Turboprop-Verkehrsflugzeug des Typs Avion de Transport Régional (Aérospatiale/Aeritalia) ATR-42 der Royal Air Maroc mit zehn Insassen wurde während eines planmäßigen Inlandfluges nach Gran Canaria auf den spanischen Kanarischen Inseln entführt, wo sich der Luftpirat den Behörden stellte.

6. Oktober 1989
ZWEI Studenten bemächtigten sich einer Fokker F.28 Fellowship der Myanmar Airways, die in Birma mit 85 Personen an Bord planmäßig von Mergui nach Rangun unterwegs war, und zwangen sie zur Landung auf einem Militärflugplatz in Thailand, wo sie sich ergaben.

27. November 1989
FÜNF Polizeispitzel, die als Passagiere flogen und von einem Drogenkartell zum Tode verurteilt worden waren, verloren ihr Leben zusammen mit allen anderen Insassen von Flug 203 der Aerovías Nacionales de Colombia SA (AVIANCA).

Die Boeing 727-21 (HK-1803) war auf dem El-Dorado-Flughafen von Bogotá zu einem Inlandflug nach Cali/Tolima gestartet. Fünf Minuten später stürzte sie brennend in hügeliges Gelände. Zu den insgesamt 110 Toten zählten sechs Besatzungsmitglieder und drei unidentifizierte Opfer, die entweder Passagiere waren, die nicht auf der Passagierliste standen, oder aber Personen, die am Boden getötet worden waren.

Die Detonation eines Sprengsatzes, der offensichtlich in einem Sitz auf der rechten Seite der Passagierkabine verborgen war, hatte die Kraftstofftanks des Flugzeugs aufgerissen und noch weitere schwere Schäden verursacht. Der Passagier, der diesen Sprengsatz an Bord der 727 gebracht hatte, war sicherlich vor dem Abflug wieder von Bord gegangen.

Der Terroristenführer, den man für diesen Sabotageakt verantwortlich machte, wurde 1992 bei einer Polizeiaktion getötet. Ein Komplize wurde in den USA verhaftet und vor Gericht gestellt, wo er 1994 dieses und zahlreicher anderer Verbrechen schuldig gesprochen und zu lebenslanger Haft verurteilt wurde.

Die verkohlten Überreste einer Boeing 727 der kolumbianischen AVIANCA, die im November 1989 einem Sabotageakt zum Opfer fiel, der offensichtlich mit der Drogenszene zu tun hatte.

16. Dezember 1989

EINE Boeing 747 der Air China, die als Flug 981 mit 233 Personen an Bord in Rotchina von Peking nach Schanghai flog, wurde nach Fukuoka/Japan entführt. Der Luftpirat wurde jedoch im folgenden April von den japanischen Behörden wieder nach China abgeschoben.

14. Januar 1990

IN offensichtlich selbstmörderischer Absicht warf sich ein amerikanischer Tourist in ein Triebwerk einer Boeing 747 der British Airways, die sich in Port-of-Spain auf Trinidad auf ihren Start vorbereitete. Er hatte zuvor einen Jeep gestohlen und damit den Jumbo gerammt – danach schmierte er Fett auf seine blutende Schulter und brachte sich um.

26. April 1990

EIN Kandidat für die Präsidentschaft Kolumbiens wurde von einem Mitglied der Insurgentengruppe »M-19« an Bord einer Boeing 727 der AVIANCA ermordet, kurz nachdem sie in Bogotá zu einem planmäßigen Inlandflug nach Barranquilla gestartet war. Der Mörder wurde daraufhin ermordet.

6. Juni 1990

MIT einer Handgranate, die sich später als Ausbildungsgerät erwies, entführte ein Teenager eine Tu-154 der Aeroflot, die in der Sowjetunion von Minsk nach Murmansk flog, nach Stockholm. Er wurde anschließend an die UdSSR ausgeliefert und dort zu vier Jahren Gefängnis verurteilt.

19. Juni 1990

MIT der Behauptung, er sei im Besitz eines Sprengkörpers, entführte ein Luftpirat eine Tu-134 der Aeroflot, die in der UdSSR vom estnischen Reval ins ukrainische Lwow unterwegs war. Die Zweistrahlige landete in Helsinki, wo man den Täter aber zur Strafverfolgung an die UdSSR überstellte. Er wurde danach zu vier Jahren Gefängnis verurteilt.

30. Juni 1990

EINE Tu-154 der Aeroflot, die in der Sowjetunion einen Linienflug von Lwow nach Leningrad durchführte, wurde von einem Passagier, der eine Handgranate trug, die sich dann als harmlose Attrappe erwies, nach Stockholm entführt. Er wurde jedoch von den schwedischen Behörden an die UdSSR ausgeliefert und dort zu drei Jahren Gefängnis verurteilt.

5. Juli 1990

AUF einem Linienflug von Leningrad nach Lwow wurde eine weitere Tu-154 der Aeroflot von einem Luftpiraten, der sich der Wehrpflicht entziehen wollte, nach Schweden entführt.

Er wurde in Schweden zu vier Jahren Haft verurteilt.

10. Juli 1990

EIN Luftpirat versuchte eine Tu-154 der Aeroflot nach Paris zu entführen, nachdem sie in Leningrad gestartet war, einem Zwischenstopp auf der Inlandroute Nikolajew – Murmansk. Der vermeintliche Sprengkörper, den er bei sich trug, wurde von der Besatzung als harmlos eingestuft. Die Maschine kehrte nach Leningrad zurück, und der Erpresser wurde danach zu acht Jahren Gefängnis verurteilt.

28. Juli 1990

MIT der Drohung, giftiges Gas zu versprühen, versuchte ein halbwüchsiger Junge eine Tu-154 der Aeroflot, die in der Sowjetunion einen Linienflug von Krasnodar nach Krasnojarsk absolvierte, in die Türkei zu entführen. Die Besatzung konnte ihn jedoch davon überzeugen, daß das Flugzeug laut Flugplan im russischen Orenburg zwischenlanden müsse – dort wurde er verhaftet.

19. August 1990

EINE Gruppe Strafgefangener, die vermutlich von drei Polizisten begleitet wurde, bemächtigte sich nach dem Start im transbaikalischen Nerjungri einer Tu-154 der Aeroflot, die gemäß Flugplan nach Jakutsk fliegen sollte. Die Dreistrahlige landete schließlich in Karatschi/Pakistan, wo die Entführer aufgaben.

13. September 1990

EIN junger Mann, der nach Australien wollte, versuchte Flug 534 der Indian Airlines zu kapern, eine Boeing 737, die in Indien von Coimbatore nach Bangalore unterwegs war.

Der Pilot konnte ihn jedoch davon überzeugen, daß das Flugzeug zum Auftanken am Bestimmungsort zwischenlanden müsse – und hier stellte sich der Geiselnehmer.

10. November 1990

FLUG 305 der Thai Airways International, eine A300 mit 221 Personen an Bord, wurde auf einem Linienflug von Bangkok/Thailand nach Rangun/Birma ins indische Kalkutta entführt. Die beiden Täter verlangten die Freilassung eines demokratischen Führers, der in Birma unter Hausarrest stand, sowie zwei weiterer Häftlinge, die wegen einer Flugzeugentführung im Jahr zuvor einsaßen. Wenige Stunden später ergaben sie sich.

23. November 1990

AUF einem Linienflug von Santiago/Chile nach Tahiti wurde Flug 33 der LAN-Chile, eine Boeing 707, nach ihrer Zwischenlandung auf den Osterinseln von einer Gruppe Passagiere gekapert, die eine Senkung der Flugpreise durch die chilenische Regierung forderte.

Der bizarre Protest endete mit der Freilassung der Geiseln.

15. Dezember 1990

EINE EMB-110P Bandeirante (HK-3195X) der Aires Colombia wurde nach ihrer Landung in Villa Garzon/Kolumbien von Aufständischen besetzt. Nachdem sie die acht Insassen vertrieben hatten, tränkten sie die zweistrahlige Turboprop-Maschine mit Benzin, zündeten sie an und verbrannten sie.

28.–30. Dezember 1990

EINE zweistrahlige Boeing 737 der Air Algérie, die mit 88 Personen an Bord einen planmäßigen Inlandflug von Ghardaria nach Algier durchführte, wurde von zwei jungen Männern gekapert, die offensichtlich gegen das harte Durchgreifen gegenüber muslimischen Fundamentalisten in Tunesien protestieren wollten. Aber Tunesien und Ägypten verweigerten eine Landeerlaubnis, und so landete das Flugzeug schließlich im algerischen Annaba.

Nach zweitägiger Belagerung wurden die Geiselnehmer festgenommen.

21. Januar 1991

EINE Tu-154 der Aeroflot, die in der Sowjetunion einen Linienflug durchführte, wurde von einem Geiselnehmer entführt und landete in Bulgarien, nachdem die Türkei die Einreise verweigert hatte.

28. März 1991

NACH dem Versuch, eine zweistrahlige Tu-134 der Aeroflot, die einen Inland-Linienflug in der UdSSR absolvierte, nach Schweden zu entführen, fesselten die Piloten den unbewaffneten Täter und sperrten ihn in den Frachtraum, bis sie – wie geplant – in Königsberg gelandet waren.

31. März 1991

IN offensichtlichem Protest gegen eine Wahl in Algerien sollte eine Boeing 737 der Air Algérie bei einem planmäßigen Inlandflug von Bechar nach Algier entführt werden – der Entführer gab aber auf, nachdem das Flugzeug in Algier, seinem Bestimmungsort, gelandet war.

29. April 1991

EIN Düsenverkehrsflugzeug der Aeroflot, möglicherweise eine Tu-154, wurde auf einem Linienflug in der UdSSR im russischen Barnaul gekapert. Die drei Entführer wurden auf dem Moskauer Flughafen Domodedowo verhaftet.

19. September 1991

DER Versuch, ein Verkehrsflugzeug der italienischen Alitalia, das mit 117 Personen an Bord einen Linienflug von Rom nach Tunis durchführte, nach Algerien zu entführen, endete damit, daß das Flugzeug, möglicherweise ein Airbus, am vorgesehenen Bestimmungsort landete und der Täter von Sicherheitskräften verhaftet wurde.

9. November 1991

IN den letzten Tagen der Union der Sozialistischen Sowjetrepubliken wurde eine Tu-154 der Aeroflot mit 178 Insassen auf einem Inland-Linienflug von vier Männern gekapert und nach Ankara in der Türkei geflogen, wo die Täter sich ergaben.

15. Juni 1992

EINE zweistrahlige Turboprop-Maschine des Typs EMB-110P1 Bandeirante der RUTACA wurde mit 14 Personen an Bord während eines Linienflugs in Venezuela gekapert.

29. August 1992

EINE Boeing 727 der Ethopian Airlines wurde mit 94 Insassen von fünf Männern auf einem planmäßigen Flug von Addis Abeba/Äthiopien nach Dschibuti entführt. Die Luftpiraten ergaben sich, als das Flugzeug in Rom gelandet war.

29. Dezember 1992

EINE Turboprop-Maschine des Typs An-26 der Aero Caribbean wurde auf einem Inlandflug, der von Havanna nach Varadero führen sollte, von seinem Piloten, der seine beiden Besatzungsmitglieder gefesselt hatte, nach Miami geflogen. Bis auf fünf Passagiere baten hier fast alle der 53 Personen an Bord um Asyl.

11. Februar 1993

EIN A310-Jumbo der Deutschen Lufthansa (DLH), der als Flug 592 von Frankfurt am Main nach Kairo fliegen sollte, wurde unterwegs von einem Entführer gekapert, der mit einer Startpistole bewaffnet war. Der Airbus überquerte den Atlantik und landete schließlich auf dem John-F.-Kennedy-Flughafen von New York City, wo der Geiselnehmer aufgab. Er wurde später von einem US-Bundesgericht zu 20 Jahren Gefängnis verurteilt.

20. Februar 1993

EIN bewaffneter Mann, der auf einem Inland-Linienflug in Rußland eine Tu-134 der Aeroflot in seine Gewalt gebracht hatte, gab erst auf, als die Zweistrahlige im schwedischen Stockholm gelandet war.

6. April 1993

EINE Boeing 757 der China Southern Airlines wurde auf einem Inlandflug von Peking nach Shenzhen mit 204 Personen an Bord nach Taiwan entführt, wo die zwei Luftpiraten um politisches Asyl baten.

4. Juli 1993

BEI dem Versuch, eine zweistrahlige Fokker F.28 der Royal Swazi National Airways nach Australien zu entführen, wurde der Täter auf dem Jan-Smuts-Flughafen des südafrikanischen Johannesburg angeschossen und verwundet.

10. August 1993

EINE Boeing 767 der Air China wurde auf einem Linienflug von der indonesischen Hauptstadt Jakarta nach Peking von einem Luftpiraten nach Taiwan entführt.

15. September 1993

EINE Tu-134 der Aeroflot wurde auf der Route Baku – Perm nach Norwegen entführt, wo sich die drei Täter den Behörden stellten.

30. September 1993

ZUSAMMEN mit seiner Frau und seiner sechsjährigen Tochter bemächtigte sich ein Mann einer Tupolew Tu-154 der Sichuan Airlines, die in China einen Linienflug von Jinan nach Guangzhou durchführte, und dirigierte sie nach Taiwan, wo er um politisches Asyl bat.

6. November 1993

EINE Boeing 737 der chinesischen Xiamen Airlines wurde auf der Inlandstrecke Guangzhou – Xiamen mit 140 Insassen von einem Geiselnehmer nach Taiwan entführt.

12. November 1993

ZWEI Männer, einer von ihnen ein Arzt, bemächtigten sich einer zweistrahligen McDonnell Douglas MD-82 der China Northern Airlines, die in China mit 81 Personen an Bord von Changchun nach Fujian fliegen sollte, und entführten sie nach Taiwan.

10. Dezember 1993

EINEN Airbus A320 der Air France mit 129 Insassen brachte auf dem Côte-d'Azur-Flughafen von Nizza ein zuvor verurteilter Dieb in seine Gewalt, der behauptete, er habe Sprengkörper, und der nach Libyen geflogen werden wollte. Als er die anderen Passagiere freiließ, nahm ihn die Polizei fest.

28. Dezember 1993

EINE weitere Entführung chinesischer Inland-Linienflugzeuge betraf eine zweistrahlige Turboprop-Maschine des Typs Harbin Yun-7 der Fujian Airlines. Sie wurde von einem Ehepaar gekapert, das von seinem elfjährigen Sohn begleitet wurde, und nach Taiwan entführt.

28. Februar 1994

DREI Polizeibeamte brachten ein Düsenverkehrsflugzeug der Air Algérie in ihre Gewalt, als es mit 131 Insassen einen Inland-Linienflug durchführte. Nachdem das Flugzeug in Südspanien gelandet war, stellten sie sich.

21. März 1994

EIN Verkehrsflugzeug der Alitalia, wahrscheinlich eine zweistrahlige DC-9, versuchte ein Attentäter auf der Route Palermo/Sizilien – Rom in seine Gewalt zu bringen. Als die DC-9 in Rom, ihrem planmäßigen Ziel, gelandet war, wurde der Attentäter von Polizisten überwältigt.

7. April 1994

EIN Pilot, der dienstfrei hatte und als Passagier mitflog, darüber hinaus einem Disziplinarverfahren wegen Fälschung seiner Arbeitspapiere entgegensah, griff die drei regulären Flugbegleiter einer DC-10 der Fluglinie Federal Express tätlich an, kurz nachdem sie in Memphis/Tennessee zu einem Inlandflug nach Los Angeles gestartet war. Alle vier Männer wurden dabei verletzt, das Flugzeug jedoch kehrte unbeschadet zum Ausgangspunkt zurück. Der Attentäter, der bei dem Angriff einen Hammer und eine Harpunenbüchse eingesetzt hatte, wurde später wegen Luftpiraterie verurteilt.

7. August 1994

EIN Luftpirat kaperte eine Boeing 737 der panamaischen Compañía Panameña de Aviación SA (COPA), die mit 78 Insassen einen Linienflug von Guatemala nach El Salvador unternahm. Der Entführer wurde nach der Landung im nicaraguanischen Managua festgenommen.

21. August 1994

ES ist der einzige bekannte Fall dieser Art. Der Flugkapitän einer Avion de Transport Régional ATR-42 (CN-CDT) der Royal Air Maroc beging offensichtlich Selbstmord, indem er seine zweistrahlige Turboprop-Maschine nahe dem marokkanischen Tzuonine – rund 35 km nördlich von Agadir, wo er etwa zehn Minuten zuvor gestartet war – zum Absturz brachte. Flug 630 war auf einem Inlandflug nach Casablanca, als er aus einer Höhe von 4500 m plötzlich in den Sturzflug überging und auf dem Boden aufschlug. Alle 44 Personen an Bord (40 Passagiere und vier Besatzungsangehörige) verloren bei diesem Desaster, das um etwa 18.50 Uhr Ortszeit geschah, ihr Leben. Die Tat des Piloten mag ihr Motiv in einer unerfüllten Romanze gehabt haben – die Marokkanische Pilotenvereinigung allerdings fand das Ergebnis der Untersuchungskommission »schwer zu akzeptieren«.

22. Oktober 1994

EIN Inland-Linienflug der brasilianischen Regionalfluggesellschaft Transportes Aéreos Regionais da Bacia Amazonica SA (TABA) war Opfer dieser Entführung durch fünf bewaffnete Männer. Sie waren an der Fracht der zweistrahligen Turboprop-Maschine des Typs de Havilland Canada DHC-8-300 Dash 8 interessiert, einer Ladung Gold im Wert von etwa einer Million Dollar.

Das nach Belém fliegende Zubringerflugzeug wurde kurz nach dem Start in Itaituba/Pará gekapert und gezwungen, nach Itaituba zurückzukehren. Die Entführer sagten dem Piloten, er solle mechanische Schwierigkeiten als Grund angeben. Nach der Landung in Itaituba raubten die Luftpiraten das Gold aus dem Frachtraum und verschwanden mit der Beute unter dem Schutz der Dunkelheit im dichten Wald.

3. November 1994
FLUG 347 der Scandinavian Airlines System (SAS), eine MD-82 mit 128 Personen an Bord, wurde auf einem norwegischen Inlandflug von Bardufoss nach Oslo gekapert. Nach achtstündigen Verhandlungen auf dem Flugplatz Gardermoen bei Oslo ergab sich der Attentäter.

8. November 1994
EINE zweistrahlige Boeing 737 der Olympic Airways wurde mit 77 Insassen auf einem Linienflug von Deutschland nach Griechenland gekapert. Als sie im griechischen Saloniki landete, ergab sich der potentielle Entführer.

13. November 1994
EINE Fokker F.27 Friendship der Air Algérie wurde auf der Inlandroute Algier – Ouargla nach Mallorca entführt, wo sich die drei Piraten den Behörden stellten.

15. Dezember 1994
EINE EMB-110 Bandeirante der Transportes Aéreos da Bacia Amazonica SA (TABA) wurde auf einem Inland-Linienflug von Caryari nach Teti mit neun Insassen gekapert.

21.–22. Juni 1995
MIT 365 Personen an Bord bemächtigte sich ein Mann auf der Inlandroute Tokio – Hakodate einer Boeing 747 der All Nippon Airways; sie landete dennoch in Hakodate. Der Erpresser verlangte die Freilassung eines religiösen Führers, der in Verbindung mit einem Gasangriff auf die U-Bahn von Tokio, der zwölf Menschenleben forderte, in Haft saß.

In der Morgendämmerung des zweiten Tages der Flugzeugentführung stürmte die Polizei das Flugzeug und überwältigte den Täter. Er und ein weiterer Passagier wurden dabei verletzt.

3. September 1995
AUF einem Linienflug von der Baleareninsel Mallorca nach Paris wurde ein Airbus A300 der französischen Inland-Fluggesellschaft Air Inter mit 298 Personen an Bord von einem Mann entführt, der gegen Frankreichs Wiederaufnahme von Atomtests im Südpazifik protestierte. Der Jumbo landete in Genf, wo sich der Luftpirat – der behauptet hatte, er verfüge über einen ferngesteuerten Sprengsatz, der sich dann aber nur als Mobiltelefon mit angehefteten Batterien erwies – den Behörden ergab.

9. November 1995
EINE Boeing 747 der Olympic Airways brachte ein Äthiopier in seine Gewalt, der verkündete, er wolle nicht in sein Land zurückkehren, und ein Messer an die Kehle einer Stewardeß hielt. Das geschah etwa 30 Minuten, bevor der aus Sydney/Australien kommende, in Griechenland registrierte Jumbo in Athen aufsetzen sollte. Nach der Landung am Bestimmungsort wurde der Attentäter überwältigt und verhaftet.

6. Januar 1996
ERFOLGLOS verlief der Versuch, ein Flugzeug der Transavia Airways – vermutlich eine zweistrahlige Turboprop-Maschine des Typs ATR-72 – auf einem innertaiwanischen Linienflug zu entführen.

8.–9. März 1996
NACH ihrem Start in Ercan auf Zypern wurde eine Boeing 727 der Türk Hava Yollari (THY) auf dem Linienflug nach Istanbul mit 110 Insassen von einem Mann mit einer Pistolenattrappe gekapert. Er entführte das Flugzeug nach München, wo der Attentäter am folgenden Tag verhaftet wurde, nachdem er alle seine Geiseln freigelassen hatte.

10. März 1996
ZUMINDEST ein Luftpirat, der ein Messer und eine Dynamitstange schwang, versuchte eine Boeing 737 der rotchinesischen Hainan Airlines auf der innerchinesischen Strecke Yiwu–Guangzhou nach Taiwan zu entführen. Der Versuch scheiterte, als das Flugzeug in Zhuhai auf dem Festland anstatt in Taipeh landete.

24. März 1996
EINEN zweistrahligen Airbus der Sudan Airways brachten zwei Attentäter in ihre Gewalt, als er mit 40 Insassen im Sudan einen Linienflug absolvierte, und entführten ihn ins äthiopische Asmara, wo sie sich stellten.

4. April 1996
DETAILS über die versuchte Entführung eines Flugzeugs der Biman Bangladesh Airlines, die sich auf einem Inland-Linienflug befand, waren nicht zu erhalten.

7. Juli 1996
EIN Verkehrsflugzeug der Empresa Consolidada Cubana de Aviación, wahrscheinlich eine zweistrahlige Turboprop-Maschine des Typs An-24, wurde von einem bewaffneten Gewalttäter gekapert und gezwungen, auf dem amerikanischen Marinestützpunkt Guantanamo Bay zu landen.

9. August 1996
DER Versuch, eine F.28 Fellowship der Air Mauritanie zu entführen, die in Mauretanien einen Linienflug durchführte, schlug fehl.

16. August 1996

NUR einen Monat später wurde schon wieder eine Maschine der Empresa Consolidada Cubana de Aviación in die USA entführt. Dieses Mal war es eine kleine einmotorige Wilga, die Touristen von Havanna nach Varadero brachte. Sie wurde angeblich mit vorgehaltenem Messer von drei Männern gekapert, die anschließend auf einem Stützpunkt der US-Küstenwache festgenommen wurden.

7. Januar 1997

EIN messerbewehrter bosnischer Flüchtling, dem seine Abschiebung drohte, bemächtigte sich einer MD-87 der Austrian Airlines, die als Flug 104 mit 33 Personen an Bord von Berlin nach Wien unterwegs war. Das Flugzeug kehrte nach Berlin-Tegel zurück, wo der Entführer von einem Polizeikommando überwältigt und – nachdem er aus einer offenen Tür auf das Vorfeld gefallen war – verhaftet wurde.

9. Juni 1997

EINE Boeing 737 der Air Malta wurde mit 81 Personen an Bord bei einem Linienflug von Valetta/Malta nach Istanbul gekapert und nach Köln entführt. Hier ließen die beiden Täter, die vermutlich den Mann unterstützen wollten, der in Italien eine lebenslange Haftstrafe wegen eines Mordanschlags auf den Papst 16 Jahre zuvor absaß, alle ihre Geiseln frei und stellten sich den Behörden.

Einer der beiden Attentäter hatte – wie sich später herausstellte – eine Sprengkörperattrappe um die Brust gebunden.

11. Juni 1997

ES war ein offensichtlicher Akt von Vandalismus. Unter dem Cockpit eines Airbus A300 der Pan American, die auf dem John-F.-Kennedy-Flughafen von New York City stand, waren im Vorderrumpf Drähte durchtrennt worden. Der Schaden wurde von einem Mechaniker um etwa 05.30 Uhr Ortszeit entdeckt – drei Stunden, bevor der Jumbo als Flug 21 nach Miami fliegen sollte.

9. Juli 1997

EINE Explosion erschütterte den Rumpf einer Fokker F.100 (PT-MRK) der Transportes Aéreos Regionais SA (TAM), die in Brasilien mit 60 Personen an Bord einen Linienflug von São José dos Campos nach São Paulo durchführte. Ein Passagier wurde aus dem Flugzeug geschleudert und starb, das Flugzeug jedoch landete sicher auf dem Congonhas-Flughafen von São Paulo. Später fand man heraus, daß die Explosion von einem Sprengsatz verursacht worden war, der im hinteren Teil der Kabine unter einem Sitz versteckt war. Er detonierte, als das Flugzeug im Steigflug eine Höhe von 2500 m durchflog.

10. Dezember 1997

EIN Spezialkommando überwältigte den Entführer einer Il-62 der Aeroflot, nachdem sie mit 155 Insassen auf dem Moskauer Flughafen gelandet war. Der Attentäter hatte behauptet, er habe sich mit Sprengkörpern verdrahtet, und zehn Millionen Dollar sowie freies Geleit in die Schweiz gefordert. Das Flugzeug hatte einen Inland-Linienflug von Magadan in die russische Hauptstadt durchgeführt.

Stichwortverzeichnis

Flugzeugentführungen

Aer Lingus Teoranta (ALT, Irland) = 2.5.81: *145*

Aero Caribbean (Kuba) = 29.12.92: *162*

Aeroflot (UdSSR / GUS) = 21.8.60: *17*; Herbst 64: *20*;
Frühjahr 65: *20*; August 66: *21*; 3.6.69: *50*;
15.10.70: *51*; 27.10.70: *124*; 13.11.70: *125*;
23.4.73: *56*; 18.5.73: *57*; 8.7.73: *132*; 26.7.73: *132*;
2.11.73: *57*; 26.1.76: *135*; 26.5.77: *137*; 17.6.77: *137*;
10.–12.7.77: *137*; 9.4.78: *139*; 1.5.78: *61*;
31.10.78: *141*; 9.11.78: *61*; 10.11.78: *141*;
27.2.79: *141*; 1.4.79: *141*; 20.3.80: *143*; 3.7.82: *148*;
7.11.82: *148*; 5.7.83: *62*; 18.11.83: *62*; 19.12.85: *154*;
20.9.86: *62*; 13.9.87: *155*; 8.3.88: *63*; 30.3.88: *158*;
1.–2.12.88: *159*; 20.1.89: *159*; 21.1.89: *159*;
30.3.89: *159*; 6.6.90: *161*; 19.6.90: *161*; 30.6.90: *161*;
5.7.90: *161*; 10.7.90: *161*; 28.7.90: *161*; 19.8.90: *161*;
21.1.91: *162*; 3.3.91: *64*; 28.3.91: *162*; 29.4.91: *162*;
9.11.91: *162*; 8.6.92: *64*; 20.2.93: *162*; 15.9.93: *163*

Aerolíneas Argentinas (Argentinien) = 28.9.66: *21*;
8.10.69: *30*; 24.–25.3.70: *32*; 28.7.70: *34*; 4.7.73: *39*;
20.10.73: *39*; 5.10.75: *135*; 30.6.80: *144*

Aerolíneas Argo (Uruguay) = 12.11.80: *42*

Aerolíneas Centrales de Colombia (ACES, Kolumbien) =
29.2.76: *59*; 27.10.85: *153*; 31.1.89: *159*

Aerolíneas Nicaraguenses (Aeronica, Nicaragua) =
10.5.82: *147*, 6.6.86: *154*

Aerolíneas Peruanas SA (APSA, Peru) = 11.1.69: *26*

Aerolineas TAO (Kolumbien) = 25.8.72: *38*

Aeromaya SA (Mexiko) = 6.10.68: *24*

Aeronaves de Mexico SA / Aeromexico (Mexiko) =
25.7.70: *34*; 16.5.78: *139*; 24.6.83: *45*; 4.1.88: *158*

Aeropesca Colombia (Kolumbien) = 21.1.74: *39*;
21.10.81: *146*

Aerotaca (Kolumbien) = 16.5.92: *64*

Aerotal Colombia (Kolumbien) = 7.1.82: *147*;
27.–29.1.82: *43*

Aero Trasporti Italiana SpA (ATI, Italien) = 6.10.72: *56*

Aerovías Cóndor de Colombia SA (Aerocóndor,
Kolumbien) = 6.8.67: *23*; 15.3.69: *27*

Aerovías Nacionales de Colombia SA (AVIANCA,
Kolumbien) = 9.9.67: *23*; 5.3.68: *23*; 22.9.68: *24*;
7.1.69: *25*; 20.5.69: *28*; 10.7.69: *29*; 4.8.69: *29*;
23.8.69: *29*; 13.11.69: *31*; 11.3.70: *32*; 21.5.70: *33*;
31.5.70: *33*; 26.6.70: *33*; 25.4.71: *36*; 29.4.71: *36*;
8.5.71: *126*; 21.6.71: *36*; 10.–11.5.74: *58*; 24.7.74: *58*;
24.4.76: *135*; 11.5.78: *139*; 15.12.80: *42*; 6.2.81: *145*;
23.5.88: *47*; 26.4.90: *161*

Aerovías Nacionales de Honduras SA (ANHSA,
Honduras) = 28.4.–1.5.82: *43*

Aerivías »Q« (Kuba) = 16.4.59: *16*; 29.10.60: *18*;
8.12.60: *18*; 9.8.61: *20*

Aerovías Quiqueyanas C por A (Dominikanische
Republik) = 26.1.71: *36* Aerovías Venezolanas SA
(AVENSA, Venezuela) = 27.11.61: *20*, 28.11.63: *20*;
21.3.68: *23*; 12.10.71: *36*; 18.5.73: *38*; 31.10.73: *39*;
6.11.80: *42*; 7.12.81: *43*

Air Afrique (Afrikanisches Konsortium) = 24.7.87: *88*

Air Algérie (Algerien) = 31.8.70: *124*; 28.–30.12.90: *162*;
31.3.91: *162*; 28.2.94: *163*; 13.11.94: *164*

Air Canada (Kanada) = 11.9.68: *24*; 12.–13.11.71: *100*;
26.12.71: *37*; 24.11.72: *56*; 6.11.87: *155*

Aires Colombia (Kolumbien) = 15.12.90: *162*

Air Florida (USA) = 10.8.80: *41*; 13.8.80: *41*; 2.2.82: *43*;
7.7.83: *45*

Air France (Frankreich) = 8.10.73: *57*; 27.6.–3.7.76: *77*;
28.8.76: *60*; 12.8.77: *78*; 27.8.83: *82*; 7.3.84: *82*;
31.7.–1.8.84: *82*; 23.8.89: *90*; 10.12.93: *163*;
24.–26.12.94: *93*

Air India (Indien) = 25.12.74: *133*; 25.11.81: *147*

Air Inter (Frankreich) = 30.9.77: *60*; 3.9.95: *164*

Air Jamaica (Jamaika) = 3.1.74: *132*

Air Malta (Malta) = 9.6.97: *165*

Air Mauritanie (Mauretanien) = 9.8.96: *164*

Air New England (USA) = 2.3.75: *133*

Air New Zealand (Neuseeland) = 19.5.87: *155*

Air Tanzania (Tansania) = 26.2.–1.3.82: *147*;
13.2.88: *158*

Air Vietnam (Südvietnam) = 22.7.70: *124*; 20.2.74: *57*;
29.10.77: *60*

Alas del Caribe Air (Dominikanische Republik) =
22.12.71: *127*

Alaska Airlines (USA) = 17.4.72: *128*; 7.3.87: *47*

Alia Royal Jordanian Airlines (Jordanien) = 8.9.71: *72*;

Fujian Airlines (China) = 28.12.93: *163*
Garuda Indonesian Airlines (Indonesien) = 5.9.77: *137*;
    28.–30.3.81: *61*
Gulf Air Ltd (Bahrein / Oman / Qatar / Vereinigte Ara-
    bische Emirate) = 29.6.77: *78*
Hainan Airlines (China) = 10.3.96: *164*
Haiti Air Inter (Haiti) = 9.9.75: *39*
Hawaiian Airlines (USA) = 31.8.65: *20*
Helico (Kolumbien) = 24.5.89: *159*
Henson Airlines (USA) = 23.6.82: *147*
Horizon Air (USA) = 2.5.86: *154*
Hughes Airwest (USA) = 20.1.72: *101*; 30.6.72: *103*
Iberia / Líneas Aéreas de España SA (Spanien) =
    7.1.70: *122*; 14.–16.3.77: *136*; 2.5.77: *137*;
    5.8.79: *142*; 26.7.96: *93*
Indian Airlines (Indien) = 30.1.–2.2.71: *125*;
    10.9.76: *135*; 20.12.78: *141*; 29.–30.9.81: *146*;
    4.8.82: *148*; 20.8.82: *61*; 5.–6.7.84: *150*; 10.8.84: *150*;
    24.8.84: *151*; 13.9.90: *161*; 24.–25.4.93: *65*
Interflug GmbH (DDR) = 10.3.70: *50*; 30.1.80: *143*
Iran Asseman Airlines (Iran) = 5.1.85: *83*
Iran National Airlines / Iran Air (Iran) = 21.6.70: *70*;
    10.10.70: *72*; 9.11.70: *72*; 6.7.83: *81*; 26.–27.6.84: *82*;
    7.8.84: *82*; 28.8.84: *82*; 8.9.84: *83*; 12.9.84: *83*;
    11.1.85: *84*; 5.8.85: *86*; 2.11.85: *86*; 23.12.85: *87*;
    25.1.90: *91*; 29.11.93: *92*
Iraqui Airways (Irak) = 1.3.75: *77*; 12.9.84: *83*
Japan Air Lines (Japan) = 6.11.72: *38*; 31.3.–3.4.70: *122*;
    20.–24.7.73: *74*; 12.3.74: *103*; 15.7.74: *132*;
    23.11.74: *133*; 9.4.75: *133*; 5.1.76: *135*;
    28.9.–1.10.77: *137*; 13.11.79: *143*
Jugoslovenski Aerotransport (JAT, Jugoslawien) =
    4.6.48: *11*; 17.10.51: *13*; 26.6.52: *13*; 8.7.59: *17*;
    26.9.81: *146*
Kish Air (Iran) = 19.9.95: *93*
KLM Royal Dutch Airlines (Holland) = 2.10.73: *132*;
    25.11.73: *75*; 4.9.76: *78*; 6.8.78: *139*; 23.12.87: *158*;
    14.–15.8.93: *91*
Korean National Airlines / Korean Air Lines / Korean Air
    (Südkorea) = 16.2.58: *16*; 11.12.69: *121*; 18.5.85: *152*;
    13.4.88: *159*
Kuwait Airways (Kuwait) = 8.7.77: *78*; 24.7.80: *80*;
    24.2.82: *81*; 4.–8.12.84: *83*; 5.–20.4.88: *88*
Libyan Arab Airlines (Libyen) = 6.7.76: *78*; 24.8.79: *80*;
    16.–17.10.79: *80*; 7.–10.12.81: *81*; 20.–23.2.83: *81*;
    22.6.83: *81*
Línea Aérea del Cobre SA (LADECO, Chile) =
    5.7.77: *137*
Línea Aérea Nacional de Chile (LAN-Chile) =
    12.11.69: *30*; 19.12.69: *31*; 6.2.70: *50*; 21.6.77: *137*;
    23.11.90: *161*
Línea Aeropostal Venezolana (Venezuela) = 11.2.69: *27*;
    5.12.80: *145*; 7.12.81: *43*; 29.–30.7.84: *62*
Líneas Aéreas Costaricenses SA (LASCA, Costa Rica) =
    23.12.69: *31*; 21.10.70: *35*
Líneas Aéreas de Nicaragua SA (LANICA, Nicaragua) =
    29.7.69: *29*; 4.11.69: *30*; 12.12.71: *52*
Líneas Aéreas del Caribe Ltda (Costa Rica) = 2.10.84: *46*
Líneas Aéreas La Urraca (Kolumbien) = 20.6.69: *28*
Lloyd Aéreo Boliviano SA (Bolivien) = 16.12.71: *53*

Magyar Legiközlekedesi Vallalat (MALEV, Ungarn) =
    4.1.49: *11*; 13.7.56: *16*; 27.11.82: *148*; 29.3.89: *159*
Marco Island Airways (USA) = 22.7.82: *44*
Merpati Nusantara Airlines (Indonesien) = 5.4.72: *54*
Middle East Airlines (Libanon) = 16.8.73: *74*;
    5.6.77: *78*; 16.1.79: *79*; 18.1.80: *80*; 28.1.80: *80*;
    10.3.80: *80*; 21.7.84: *82*; 23.2.85: *84*; 1.4.85: *85*;
    12.6.85: *85*
Mohawk Airlines (USA) = 26.–27.1.72: *53*
Myanmar Airways (Birma) = 6.10.89: *160*
National Airlines (USA) = 1.5.61: *18*; 26.10.65: *20*;
    17.11.65: *20*; 12.3.68: *23*; 17.7.68: *24*; 4.11.68: *24*;
    3.12.68: *25*; 24.1.69: *26*; 28.1.69: *26*; 31.1.69: *26*;
    3.2.69: *26*; 5.3.69: *27*; 5.5.69: *28*; 29.8.69: *30*;
    24.9.69: *30*; 9.10.69: *30*; 1.7.70: *33*; 30.10.70: *35*;
    3.1.71: *35*; 8.3.71: *125*; 24.7.71: *36*; 7.3.72: *128*;
    12.7.72: *103*; 30.3.74: *132*; 3.1.75: *133*; 14.12.78: *40*;
    14.8.80: *41*
New York Air (USA) = 10.1.87: *155*
Nigeria Airways (Nigeria) = 23.4.67: *119*;
    25.–28.10.93: *65*
North Central Airlines (USA) = 23.4.70: *123*;
    23.11.78: *141*
Northeast Airlines (USA) = 26.5.69: *28*; 14.8.69: *29*
Northwest Airlines (USA) = 1.7.68: *23*; 22.1.71: *35*;
    24.11.71: *100*; 24.12.71: *101*; 8.5.77: *137*;
    11.7.80: *103*; 20.1.83: *61*; 21.7.83: *46*
Olympic Airways (Griechenland) = 8.11.68: *120*;
    2.1.69: *120*; 16.8.69: *120*; 22.7.70: *70*; 16.10.71: *72*;
    26.10.71: *127*; 28.5.72: *129*; 27.9.75: *135*; 4.3.86: *87*;
    8.11.94: *164*; 9.11.95: *164*
Pacific Southwest Airlines (PSA, USA) = 7.1.72: *37*;
    9.4.72: *102*; 5.7.72: *55*; 6.7.72: *103*; 30.10.79: *143*;
    1.5.80: *143*; 7.12.87: *156*
Pacific Western Airlines (Kanada) = 4.1.73: *131*
Pakistan International Airlines (Pakistan) = 3.12.71: *127*;
    20.1.78: *138*; 2.3.78: *139*; 2.–14.3.81: *61*;
    12.3.88: *158*; 29.3.88: *158*
Panair do Brasil (Brasilien) = 2.12.59: *17*
Pan American World Airways (USA) = 21.2.31: *10*;
    9.8.61: *19*; 9.2.68: *119*; 24.11.68: *24*; 13.4.69: *28*;
    21.10.69: *30*; 22.6.70: *70*; 2.8.70: *34*; 3.8.70: *124*;
    6.–12.9.70: *70*; 29.5.71: *36*; 2.7.72: *55*; 4.4.79: *61*;
    2.7.83: *45*; 2.8.83: *46*; 4.1.85: *151*
People Express Airlines (USA) = 15.10.83: *150*
Philippine Air Lines (Philippinen) = 30.12.52: *14*;
    30.3.71: *126*; 11.10.73: *132*; 25.2.75: *133*;
    7.–13.4.76: *135*; 12.7.80: *144*; 21.5.82: *147*;
    25.2.86: *154*
Piedmont Airlines (USA) = 18.6.71: *36*; 2.1.73: *131*;
    28.1.78: *40*; 1.4.78: *139*; 27.3.84: *46*
Polskie Linie Lotnicze (LOT, Polen) = 29.4.49: *12*;
    16.12.49: *12*; 19.10.69: *121*; 20.11.69: *121*;
    5.6.70: *123*; 9.6.70: *123*; 7.8.70: *124*; 19.8.70: *124*;
    26.8.70: *124*; 4.11.76: *136*; 24.4.77: *137*;
    18.10.77: *138*; 30.8.78: *140*; 4.12.80: *145*;
    10.1.81: *145*; 21.7.81: *145*; 5.8.81: *146*; 11.8.81: *146*;
    22.8.81: *146*; 18.9.81: *146*; 22.9.81: *146*; 29.9.81: *146*;
    30.4.82: *147*; 9.6.82: *147*; 25.8.82: *148*; 22.11.82: *148*;
    28.8.86: *155*; 6.9.87: *155*

Flugzeugentführungen, die zu Abstürzen und/oder vielen Toten führten

Malaysian Airline System (Malaysia) = 4.12.77: *60*
Pan American World Airways (USA) = 6.9.86: *88*
Tajikistan International Airlines (Tadschikistan) =
  28.8.93: *65*
Xiamen Airlines (China) = 2.10.90: *63*

Sabotage / versuchte Sabotage mit Sprengstoff

Aden Airways (Jemen) = 22.11.66: *21*
Aerocesar Colombia (Kolumbien) = 21.12.80: *145*
Aerovías Cóndor de Colombia Ltda (Aerocondor,
  Kolumbien) = 29.5.67: *119*
Aerolíneas Abaroa (Bolivien) = 8.12.64: *20*
Aerolíneas Nicaraguenses (Aeronica, Nicaragua) =
  12.12.81: *147*
Aerolinee Itavia SpA (Italien) = 27.6.80: *143*
Aerovías Nacionales de Colombia SA (AVIANCA,
  Kolumbien) = 27.11.89: *160*
Air Ceylon (Sri Lanka) = 7.9.78: *140*
Air France (Frankreich) = 19.12.57: *16*; 10.5.61: *18*;
  17.9.80: *144*
Air India (Indien) = 11.4.55: *15*; 23.6.85: *152*
Air Lanka (Sri Lanka) = 3.5.86: *154*
Air Malta (Malta) = 13.10.81: *80*
Air Manila (Philippinen) = 15.9.72: *131*
Air Vietnam (Südvietnam) = 22.12.69: *121*; 19.3.73: *131*
Alia Royal Jordanian Airlines (Jordanien) = 24.8.71: *126*
American Airlines (USA) = 12.11.67: *119*; 15.11.79: *143*
British European Airways (BEA, Großbritannien) =
  13.4.50: *12*; 12.10.67: *119*
Burma Airways (Birma) = 26.8.78: *140*
Canadian Pacific Air Lines (CP Air, Kanada) =
  8.7.65: *99*; 23.6.85: *152*
Cathay Pacific Airways (Großbritannien) = 15.6.72: *129*
China Airlines (Taiwan) = 20.11.71: *127*
Commercial Airways (Comair, Südafrika) = 1.3.88: *158*
Compañía Alas Chiricanas SA (Panama) = 19.7.94: *92*
Compañía Mexicana de Aviación SA (Mexiko) =
  24.9.52: *14*; 8.9.59: *17*
Continental Air Lines (USA) = 22.5.62: *98*; 19.11.68: *120*
El Al Israel Airlines (Israel) = 16.8.72: *74*; 17.4.86: *87*;
  26.6.86: *88*
Empresa Consolidada Cubana de Aviación (Kuba) =
  6.10.76: *136*
Ethiopian Airlines (Äthiopien) = 11.3.69: *120*
Gulf Air (Bahrain / Oman / Qatar / Vereinigte Arabische
  Emirate) = 23.9.83: *82*
Indian Airlines (Indien) = 26.4.79: *142*
Jugoslovenski Aerotransport (JAT, Jugoslawien) =
  26.1.72: *127*
Korean Air (Südkorea) = 29.11.87: *155*
Línea Aeropostal Venezolana (Venezuela) = 28.4.60: *17*
Línea Aérea Nacional de Chile (Chile) = 25.5.72: *129*
Líneas Aéreas de España SA (Iberia, Spanien) =
  11.5.70: *123*
Linhas Aéreas de Angola (Angola) = 9.2.84: *150*
Lloyd Aéreo Boliviano SA (Bolivien) = 23.1.85: *151*
Middle East Airlines (Libanon) = 1.1.76: *77*; 31.8.81: *80*

National Airlines (USA) = 16.11.59: *95*; 6.1.60: *97*
Pan American World Airways (USA) = 11.8.82: *81*;
  21.12.88: *89*
Philippine Air Lines (Philippinen) = 7.5.49: *12*;
  6.9.69: *120*; 21.4.70: *122*; 2.6.70: *123*; 3.6.75: *134*;
  18.8.78: *139*; 11.12.94: *92*
Quebec Airways (Kanada) = 9.9.49: *12*
Saudi Arabian Airlines (Saudi-Arabien) = 23.11.89: *91*
Servicio Aéreo de Honduras SA (SAHSA, Honduras) =
  20.2.82: *147*
Skyways Ltd (Großbritannien) = 4.3.56: *15*
Swissair AG (Schweiz) = 21.2.70: *68*
Thai Airways International (Thailand) = 26.10.86: *155*
Transavia (Holland) = 6.6.80: *143*
Transportes Aéreos Regionais SA (TAM, Brasilien) =
  9.7.97: *165*
Trans World Airlines (USA) = 7.–8.3.72: *128*;
  26.8.74: *76*; 8.9.74: *76*; 2.4.86: *87*
Union de Transports Aériens (UTA, Frankreich) =
  10.3.84: *150*; 19.9.89: *90*
United Air Lines (USA) = 10.10.33: *10*; 17.4.50: *13*;
  1.11.55: *94*; 9.9.80: *144*
United Arab Airlines (Ägypten) = 14.3.70: *70*
Western Air Lines (USA) = 25.7.57: *95*

Sabotage durch Brand

Imperial Airways (Großbritannien) = 28.3.33: *10*
National Airlines (USA) = 15.7.75: *134*

Sabotage durch Schüsse

Pacific Air Lines (USA) = 7.5.64: *98*
Pacific Southwest Airlines (PSA, USA) = 7.10.87: *156*

Angriffe auf Flugzeuge in der Luft

Aero Express (USA) = 9.3.87: *114*
Aeroflot (UdSSR / GUS) = 27.7.53: *107*; 12.6.90: *116*;
  27.3.92: *116*
Aerolíneas Nacionales SA (Costa Rica) = 1.6.59: *108*
Aero O/Y (Finnland) = 14.6.40: *105*
Aeroshasqui SA (Peru) = 10.7.91: *116*
African Air Carriers (USA) = 21.4.88: *114*
African Lux (Zaire) = 26.11.77: *110*
Air Cambodge (Kambodscha) = 28.11.74: *110*
Air Malawi (Malawi) = 6.11.87: *114*
Air France (Frankreich) = 20.6.40: *105*; 7.7.40: *105*;
  27.11.40: *105*; 13.8.42: *106*; 29.4.52: *107*
Air Rhodesia (Rhodesien) = 3.9.78: *111*; 12.2.79: *111*
Air Vietnam (Südvietnam) = 16.9.65: *108*; 12.3.75: *110*
Aktiebolaget Aerotransport (ABA, Schweden) =
  27.8.43: *106*; 22.10.43: *106*
Alitalia (Italien) = 26.6.70: *109*
Ariana Afghan Airlines (Afghanistan) = 21.9.84: *113*;
  29.5.92: *116*
Aviaçao Ligeira (Angola) = 28.1.95: *117*

Angriffe auf Flugzeuge am Boden

Weitere Gewalttaten

Faszination Luftfahrt

http://www.flug-revue.rotor.com

FLUG REVUE zeigt Ihnen monatlich die ganze Welt der Militär- und Zivil-Luftfahrt: mit den Top-News, aktuellen Hintergrundberichten und Reportagen über Raumfahrt, Luftfahrt-Wirtschaft und Technik. Dazu die faszinierende Serie „Superlative der Luftfahrt", Portraits legendärer historischer Flugzeuge plus Tips und Infos für Modellbauer.

Monatlich aktuell am Kiosk!

Sparen Sie beim *FLUG REVUE*-Abo – gleich bestellen beim *FLUG REVUE* Leserservice, Postfach, 20080 Hamburg, Tel. 040/3703-4041, Fax 040/3703-5657, E-Mail mps-service@guj.de